全国普通高等学校人文社会科学重点研究基地
北京师范大学史学理论与史学史研究中心　主办
中文社会科学引文索引（CSSCI）来源集刊

史学理论与史学史学刊

JOURNAL OF HISTORICAL THEORY
AND HISTORIOGRAPHY

2021年下卷（总第25卷）

杨共乐　主编

史学理论与史学史学刊

JOURNAL OF HISTORICAL THEORY
AND HISTORIOGRAPHY

（2012年卷总第10卷）

主编 瞿林东

《史学理论与史学史学刊》编委会

顾　　问　　刘家和　瞿林东

编　　委　　（以姓氏笔画为序）
　　　　　　于　沛　王记录　乔治忠　向燕南　刘北成
　　　　　　刘林海　许殿才　李　珍　杨共乐　汪高鑫
　　　　　　张　越　张广智　张昭军　陈其泰　周少川
　　　　　　周文玖　庞卓恒　胡逢祥　倪玉平　郭小凌
　　　　　　董立河

主　　编　　杨共乐

副 主 编　　周文玖

卷 首 语

杨共乐

《史学理论与史学史学刊》2021年下卷（总第25卷）即将付印，现将本卷内容略做介绍。

本卷设立"学习习近平总书记给《文史哲》编辑部全体编辑人员的回信""新时代中国特色历史学基本理论问题研究""中国古代史学研究""中国近现代史学研究""外国史学研究""历史文献学研究""历史教育研究""当代史学评论""会议综述"，刊发文章25篇，另有两篇附录，即反映北京师范大学史学理论与史学史研究中心一年学术活动的《北京师范大学史学理论与史学史研究中心大事记》和反映一年来国内史学理论、史学史研究成果的《史学理论与史学史论著要目》。

2021年5月9日，习近平总书记给《文史哲》编辑部全体编辑人员的回信，为包括《文史哲》在内的全国所有学术刊物指明了方向，提出了新的要求，意义深远。为此，北京师范大学史学理论与史学史研究中心召开了一次学习研讨会。本卷特设专栏，刊发四位教授根据研讨会发言整理的文章。杨共乐的《努力在增强做中国人的骨气和底气方面奉献力量》认为，"增强做中国人的骨气和底气，让世界更好认识中国、了解中国"是习总书记给办刊人提出的重要任务。中国人的骨气和底气来自何处？来自悠久的历史,来自伟大的实践,来自与时俱进乃至超越时代的不断创造。总结好、研究好、传承好中华优秀文化,发表好、传播好精品力作是办刊人的初心,为往圣继绝学、为后世添新枝是办刊人的使命和责任。汪高鑫的《坚守初心、引领创新:〈史学史研究〉秉持的办刊理念》结合习总书记回信,回顾了《史学史研究》创刊及发展历程,总结了多年来《史学史研究》形成的特色和坚持的原则,表示要认真学习和领会习总书记的回信精神,继续"坚守初心、引领创新",在已有成绩的基础上争取更大的进步。周文玖的《学术期刊的崇高使命》在阐释回信意蕴的基础上,认为"在历史理论、史学理论的广度和深度方面,在史学史研究的范围方面,在史学史领域新史料的发掘、发现和运用方面,在刊物走向世界、扩大在海外的影响方面,《史学史研究》《史学理论与史学史学刊》都还有很大的发展空间。"董立河的《把握时代脉搏·吃透中外文化·讲好中国故事》认为,学术期刊担负着讲好中国故事的使命,要完成好这个使命,需要把握时代脉搏,通过中外比较,吃透中外文化。只有批判地吸收国外优秀文化,我们所讲述的民族文化才能更具韧性和力量,从而最终达到文化自觉和自信的目的。

赵梅春的《"原始察终"——古代史家考察历史的重要方法》和邹兆辰的《史学社会功能在历史进程中的演变与提升》是瞿林东先生主持的国家社科基金重大项目"新时代中国特色历史学基本理论问题研究"的阶段性成果。前者认为,"原始察终"是我国古代史家考察历史所运用的一种重要方法,它要求通过对历史现象、事物发展过程的考察,揭示其变化、发展及原因。到了近代,这一方法与进化史观相结合,发展为"历史的方法",并成为民国时期历史研究的主要方法。后者认为,史学社会功能在近现代逐渐发生演变和提升。新时期以来,史学社会功能面临新的全面提升，史学不仅要更好地发挥"资政育人"的功能，而且要在揭示人类社会发展规律和促进民族文化认同上发挥更大作用。

在"中国古代史学研究"栏目，赵琪的《论断代史〈左传〉中的通史精神》通过揭示和阐发《左传》的通史精神，对中西历史思维进行比较，认为中国先秦史学的思维方式体现了中国古代历史理性的发达，希腊古典史学的思维方式则体现了西方古代逻辑理性的发达。丁文的《刘知幾的华夷观与史学批评》探讨了刘知幾的华夷观及其对史学批评的影响，认为刘知幾主张华夷无别，反对夷夏之防。但刘知幾的华夷观存在矛盾，他既有开阔的民族平等思想，又有浓厚的正统观意识。2021年是刘知幾逝世1300年。发表该文，也有本刊向这位史学理论家表达纪念之意。张家伟的《元祐中后期"调停"说辨析——兼论苏辙〈颍滨遗老传〉对史书的误导》通过辨析元祐时期与"调停"说相关的史实，对勘苏辙《颍滨遗老传》等私人记述，论证苏辙所持吕大防、刘挚力主"调停"的说法不实。贾亿宝的《清官修〈明史·兵志〉"边防"细目史源问题考述》梳理了《明史》"兵志"中的细目"边防"的写作过程。由万斯同《明史稿》的"天下镇戍兵"，经王鸿绪《明史稿》的"防边"，最后才确立为"边防"。这个变化表明，编撰者撰述理念不同导致标题改易，史源变化也影响到后来学者对明代九边军镇制度的研究与认知。

在"中国近现代史学研究"栏目，薛艳伟的《朱希祖与傅振伦的师生交谊与学术传承》对朱希祖、傅振伦的师生之情和学术传承做了论述，有益于对这两位著名史学家学术成果的研究扩展和深化。林磊的《考据学的时代关怀及思想史转向——北平沦陷时期的陈垣及其"有意义之史学"》对陈垣在抗日战争时期史学思想的变化做了深细挖掘，认为北平的沦陷使陈垣不得不直面政治，撰于这一时期的"宗教三书"正可看作陈垣本人寻求现实出路的"政治三书"，《通鉴胡注表微》则让他由历史的外表迹象进入深层的思想世界。王传的《变与常：吕思勉与"汉族的由来"问题研究》论述了吕思勉关于汉族起源的观点及其变化，并从这一事例揭示吕思勉既坚守中国考据学的理论与方法，又与学俱进，将传统史学的绵密考据与域外学术最新研究成果熔为一炉的研究特色。焦润明的《从阅历、时代、身份三维度看傅斯年史学思想之构建》剖析了傅斯年史学思想的三个维度（阅历、时代、身份）的来源。在时空维度下阐释傅斯年史学思想的独特性，探讨其政治态度与学术上的关联性及其史观的内在结构，归纳其史学得失之故，不失为一种新的尝试。崔存明、江建红的《侯外庐与马克思主义在中国的传播》论述了侯外庐在传播马克思主义方面的重大贡献。侯外庐在李大钊的影响与指导下，确立了对马克思主义的信仰，并确定了以翻译《资本论》作为起点，以及毕生研究与传播马克思主义的努力方向。在翻译《资本论》的基础上，侯外庐通过参加组织活动、执教于大学讲堂、公开发表演讲、与其他马克思主义者进行交流与论辩、著书立说等方式，广泛地宣传马克思主义，促进了马克思主义在中国的传播，同时也为探索马克思主义史学中国化做出了卓越贡献。王嘉淳的《论浙江大学教授群体的抗战思想——以〈国命旬刊〉为中心》对抗战时期浙江大学创办的《国命旬刊》进行研究，认为浙江大学教授以此刊为媒介，阐扬中国传统文化道德，提高民族精神与民族自信力，宣传抗战，呼吁民众担负起救亡图存的民族责任。该刊所载文章具有相当高的学术水平和史料价值，体现了抗战时期学术与政治之间的密切关系，以及知识分子的民族责任感与担当意识。况明祺的《是"学者"，还是"士人"？——章学诚在民国时期研究中的两种形象》认为，民国时期对章学诚的研究有两种取向，一种是援西释中的研究取向，一种是立足传统的研究取向。在前者的笔下，章氏是学者；在后者的笔下，章氏是士人。两种形象折射出民国时期章学诚研究之于中国史学近代转型的重要价值，同时引发了章学诚研究领域中延续至今的学术争论。

李渊的《希罗多德〈历史〉记载与其求真精神》认为，希罗多德作为希腊史学发展中的关键性人物，不仅关注史家的求真问题，也对求真能力的局限性有着清晰的认识。希罗多德求真意识和《历史》记载之间的矛盾，除了缘于史家个人能力以及当时的城邦语境外，也是史学形成阶段，史家独立批判能力的产物，而其背后则反映了这一时期希腊文史二者之间的密切互动。

贾鹏涛、赵梦鑫发现了《童书业著作集》《童书业杂著辑存》未收的童书业于1949年前发表的文章，并对这些文章的内容做了介绍和评述，有益于童书业著述的增补。

李凯、胡小溪的《中国历史教育的时代逻辑》指出历史教育应遵循的时代逻辑，认为当下历史教育工作者的任务是：在阐释历史现象过程中凸显中华优秀传统文化、革命文化和社会主义先进文化的合理性；通过宏观叙事框架使学生形成健全的历史知识结构；要着眼世界，立足中华文化土壤，深入挖掘中华文明自身的因果链条，厘清中华优秀传统文化与革命文化、社会主义先进文化三者的关联；要突出中华民族伟大复兴过程中的具体实践，特别是中国后来者居上的现代化成就。

2021年是不平凡的一年，中国共产党100年诞辰纪念和辛亥革命110周年纪念都是国家重大的政治活动。史学界与时俱进，研究工作既严谨求实，又闪烁着时代的色彩。史学理论与史学史学科具有引领史学发展的责任，特别是在构建中国史学的学科体系、学术体系、话语体系方面，肩负着义不容辞的重要使命，因此，尽管本学科在这一年取得诸多成就，却没有丝毫松懈的理由。新的一年即将到来，让我们以饱满的热情、踏实的作风去迎接它吧！——2022年，继续努力！

目 录

·学习习近平总书记给《文史哲》编辑部全体编辑人员的回信·

努力在增强做中国人的骨气和底气方面奉献力量……………… 杨共乐 / 3
坚守初心、引领创新：《史学史研究》秉持的办刊理念…… 汪高鑫 / 6
学术期刊的崇高使命…………………………………………… 周文玖 / 10
把握时代脉搏·吃透中外文化·讲好中国故事…………… 董立河 / 14

·新时代中国特色历史学基本理论问题研究·

"原始察终"
　　——古代史家考察历史的重要方法………………………… 赵梅春 / 19
史学社会功能在历史进程中的演变与提升………………… 邹兆辰 / 33

·中国古代史学研究·

论断代史《左传》中的通史精神……………………………… 赵　琪 / 55
刘知幾的华夷观与史学批评…………………………………… 丁　文 / 69
元祐中后期"调停"说辨析
　　——兼论苏辙《颍滨遗老传》对史书的误导……………… 张家伟 / 82
清官修《明史·兵志》"边防"细目史源问题考述………… 贾亿宝 / 101

·中国近现代史学研究·

朱希祖与傅振伦的师生交谊与学术传承…………………… 薛艳伟 / 115

考据学的时代关怀及思想史转向
　　——北平沦陷时期的陈垣及其"有意义之史学" … 林　磊 / 135
历史巨变下的陈垣与胡适
　　——兼论陈垣的马克思主义转向 …………… 孙贝贝 / 151
变与常：吕思勉与"汉族的由来"问题研究 ………… 王　传 / 168
从阅历、时代、身份三维度看傅斯年史学思想之构建 …… 焦润明 / 184
侯外庐与马克思主义在中国的传播 ………… 崔存明　江建红 / 203
论浙江大学教授群体的抗战思想
　　——以《国命旬刊》为中心 ……………… 王嘉淳 / 217
是"学者"，还是"士人"？
　　——章学诚在民国时期研究中的两种形象 …… 况明祺 / 233

·外国史学研究·

希罗多德《历史》记载与其求真精神 ……………… 李　渊 / 251

·历史文献学研究·

"家谱刻辞"续说
　　——兼谈作伪材料在史料辨伪中的价值 …… 黄国辉 / 269
新发现《童书业著作集》及《童书业杂著辑存》佚文
　　（1949年前）述论 ……………………… 贾鹏涛　赵梦鑫 / 277

·历史教育研究·

中国历史教育的时代逻辑 ………………… 李　凯　胡小溪 / 291

·当代史学评论·

七卷本《中国古代史学批评史》的几个特点 ………… 许洪冲 / 307

互鉴交融　共书中华
　　——评汪受宽教授主编《中国少数民族史学史》
　　………………………………………………徐黎丽　黄　嫚 / 313
别具匠心的党史建构
　　——评李颖著《文献中的百年党史》………… 张延华 / 320

·会议综述·

史学思想研究与构建中国特色史学
　　——吴怀祺先生逝世周年纪念会综述 ………… 孙广辉 / 329

附录一　北京师范大学史学理论与史学史研究中心大事记
　　　　（2020 年 9 月~2021 年 8 月）………………李　艳 / 336
附录二　史学理论与史学史论著要目（2020 年 9 月~2021 年 8 月）
　　　　………………………………………………崔高翔 / 346

《史学理论与史学史学刊》稿约 ………………………………… / 374
《史学理论与史学史学刊》匿名审稿实施办法………………… / 376

CONTENTS

Studies of General Secretary Xi Jinping's Reply to the Editorial Staff of *Journal of Literature, History and Philosophy*

Dedicating Ourselves to Contributing to Enhancing the Backbone and
  Confidence of Being Chinese　　　　　　　　　　　　Yang Gongle / 3
Sticking to the Original Heart and Leading Innovation: *Journal of
  Historiography*'s Conception of Editing　　　　　　　Wang Gaoxin / 6
The Lofty Mission of Academic Journals　　　　　　　　Zhou Wenjiu / 10
Grasping the Pulse of the Times, Understanding both Chinese and Foreign
  Cultures, and Telling the Chinese Stories　　　　　　　Dong Lihe / 14

The Basic Theoretical Issues of Historiography with Chinese Characteristics in the New Era

Looking into the Beginning to See the End: An Important Method Used by
  Ancient Historians to Study History　　　　　　　　Zhao Meichun / 19
The Evolution and Promotion of the Social Function of Historiography
  in the Course of History　　　　　　　　　　　　　Zou Zhaochen / 33

Ancient Chinese Historiography

The General History Spirit of *Zuo Zhuan*　　　　　　　　　Zhao Qi / 55
Liu Zhiji's Concept of Chinese and Foreign and Historical Criticism
　　　　　　　　　　　　　　　　　　　　　　　　　　　Ding Wen / 69

Analysing the Statement of "Mediate" in Mid to Late Yuanyou's Reign:
　　Also on the misdirection of Su Zhe's *Yingbin yilao zhuan* on historical
　　books　　　　　　　　　　　　　　　　　　　　　　　Zhang Jiawei / 82
An Investigation of the Historical Sources of the Detailed Catalogue of
　　"Border Defence" in the Official Compiling *Bing Zhi* in *The History
　　of Ming Dynasty* in Qing Dynasty　　　　　　　　　　　Jia Yibao / 101

Modern Chinese Historiography

The Friendship and Academic Inheritance Between Zhu Xizu and
　　Fu Zhenlun　　　　　　　　　　　　　　　　　　　　Xue Yanwei / 115
Textology's Age Concern and its Ideological History Turn: Chen Yuan and
　　his "Meaningful Historiography" during the occupied Period of Peiping
　　　　　　　　　　　　　　　　　　　　　　　　　　　　　Lin Lei / 135
Chen Yuan and Hu Shih under the Great changes in History: also on
　　Chen Yuan's Marxist turn　　　　　　　　　　　　　　Sun Beibei / 151
Change and Constancy: Lu Simian and the Research on the "Origin of the
　　Han Nationality"　　　　　　　　　　　　　　　　　Wang Chuan / 168
View the Construction of Fu Sinian's Historiography Thought from
　　Three Dimensions of Experience, Time and Identity　Jiao Runming / 184
Hou Wailu and the Spread of Marxism in China
　　　　　　　　　　　　　　　　　　　　　Cui Cunming　Jiang Jianhong / 203
On the Anti-Japanese War Thoughts of Professors of Zhejiang
　　University: Based on *Guo Ming Xun Kan*　　　　　Wang Jiachun / 217
Modern or Ancient Scholar? Two Images of Zhang Xuecheng in the Study
　　of the Republic of China Era　　　　　　　　　　　Kuang Mingqi / 233

Foreign Historiography

Recordation of Herodotus's *History* and its Truth-Seeking Spirit　Li Yuan / 251

Historical Philology

A Continued Discussion on "Jiapukeci": also on The Value of Artificial
　　Oracle Materials in Distinguishing the False of Historical Materials
　　　　　　　　　　　　　　　　　　　　　　　　　　　Huang Guohui / 269

New Discovery of the Lost Articles in *The Collection of Tong Shuye's Works* and *The Collection and Storage of Tong Shuye's Other Works* before 1949
　　　　　　　　　　　　　　　　　　　　Jia Pengtao　Zhao Mengxin/ 277

Historical Education

The Time Logic of Chinese Historical Education　　Li Kai　Hu Xiaoxi / 291

Reviews on Contemporary Historiography

Characteristics of the Seven-Volume *Criticism History of Ancient Chinese Historiography*　　　　　　　　　　　　　　　　Xu Hongchong / 307

Mutual Learning and Communication, Writing Chinese History Together: Comments on *Chinese Minorities Historiography* Edited by Professor Wang Shoukuan　　　　　　　　　　　　　Xu Lili　Huang Man / 313

Ingenious Construction in Party History: Comments on *Documents Testify to The Century of Struggles of The CPC* Written by Li Ying
　　　　　　　　　　　　　　　　　　　　　　Zhang Yanhua / 320

Symposium Summary

The Study of Historical Thought and the Construction of the Historiography with Chinese Characteristics: Symposium on the Anniversary of the Death of Wu Huaiqi　　　　　　　　　　　　　　Sun Guanghui / 329

Appendix I　A Chronicle of Events of the Center of Studies of Historical Theory and Historiography in Beijing Normal University (From September 2020 to August 2021)　　　　　　Li Yan / 336

Appendix II　Principle Publications on Historical Theory and Historiography (From September 2020 to August 2021)　　　Cui Gaoxiang / 346

Journal of Historical Theory and Historiography's Instructions for Authors
　　　　　　　　　　　　　　　　　　　　　　　　　　　/ 374

Measures for the Anonymous Referee System of *Journal of Historical Theory and Historiography*　　　　　　　　　　　　　　　/ 376

学习习近平总书记给《文史哲》编辑部全体编辑人员的回信

努力在增强做中国人的骨气和底气方面奉献力量

杨共乐

(北京师范大学历史学院、史学理论与史学史研究中心，北京 100875)

2021年5月9日，习近平总书记给《文史哲》编辑部全体编辑人员回信，为包括《文史哲》在内的全国所有学术刊物指明了方向，提出了新的要求，意义深远。大家深受鼓舞，也深感责任重大。

在回信中，习近平总书记首先对《文史哲》创刊70年以来，在党的领导下所取得的成绩给予了肯定，充分体现了党和国家对办刊事业的重视和对办刊人的关心。

习近平总书记在回信中特别强调，"增强做中国人的骨气和底气，让世界更好认识中国、了解中国"。笔者自己理解，这是总书记给办刊人提出的重要任务。而要完成这一任务，尤其是"增强做中国人的骨气和底气"，需要有硬实力，也需要有文化软实力，需要办刊人和作者"深入理解中华文明，从历史和现实、理论和实践相结合的角度深入阐释如何更好坚持中国道路、弘扬中国精神、凝聚中国力量"，更"需要广大哲学社会科学工作者共同努力，在新的时代条件下推动中华优秀传统文化创造性转化、创新性发展"。

中国人的骨气和底气来自何处？来自悠久的历史，来自伟大的实践，来自与时俱进乃至超越时代的不断创造。总结好、研究好、传承好中华优秀文化，发表好、传播好精品力作是办刊人的初心，为往圣继绝学，为后世添新枝，是办刊人的使命和责任。

作为刊物的编辑人员，我们必须按总书记的要求，把刊物办好。坚持唯物史观指导，继承传统，不断创新，在民族性上著史篇，在时代性上开新章，在专业性上显国威，不断推出精品力作，支持和培养优秀年轻研究力量，努力在"增强做中国人的骨气和底气"方面，在"让世界更好认识中国、了解中国"方面做贡献，献力量。

习总书记的回信，不仅对办刊人提出了新的希望，而且为所有哲学社会科学工作者指出了研究的方向——增强做中国人的骨气和底气。这是新课题，也是新任务。从历史上看，教材在何谓中国人、如何做中国人、"增强做中国人的骨气和底气"方面起着极其重要的作用。

习近平总书记指出："人类社会发展的历史表明，对一个民族、一个国家来说，最持久、最深层的力量是全社会共同认可的核心价值观。"① 教育显然是核心价值理念形成的主要渠道，而教材则是传播核心价值理念的重要途径。早在先秦时期，中国人就十分重视教材素材的收集和教材的编纂。孔子编修的《诗》《书》《礼》《易》《乐》《春秋》实际上就是当时的教材。教材在塑造中国人、塑造中国人的文化认同方面影响巨大。伟大的史学家司马迁曾对孔子及其编修的教科书做过极高的评价。司马迁在《史记·孔子世家》中说："天下君王至于贤人众矣，当时则荣，没则已焉。孔子布衣，传十余世，学者宗之。自天子王侯，中国言六艺者折中于夫子，可谓至圣矣。"这里所说的"言六艺者"中的"六艺"就是指《诗》《书》《礼》《易》《乐》《春秋》。它们都是中国人在很长时间里所使用的教科书。在这些教科书里，有众多影响中国人的价值理念和思想传统：有人生价值的理想境界——修身、齐家、治国、平天下；有立身行事的基本准则——仁义忠信；有做人处事的基本方法——适可而止，"中庸"之道。一切都不要过激，也不要不及。"过"与"不及"都不是最佳途径。

《隋书·经籍志》总序云：

> 夫经籍也者，机神之妙旨，圣哲之能事，所以经天地，纬阴阳，正纪纲，弘道德，显仁足以利物，藏用足以独善，学之者将殖焉，不学者将落焉。大业崇之，则成钦明之德，匹夫克念，则有王公之重。其王者之所以树风声，流显号，美教化，移风俗，何莫由乎斯道？故曰："其为人也，温柔敦厚，《诗》教也；疏通知远，《书》教也；广博易良，《乐》教也；洁静精微，《易》教也；恭俭庄敬，《礼》教

---

① 习近平：《习近平谈治国理政》，外文出版社，2014，第168页。

也；属辞比事，《春秋》教也。"遭时制宜，质文迭用，应之以通变，通变之以中庸。中庸则可久，通变则可大，其教有适，其用无穷，实仁义之陶钧，诚道德之橐籥也。其为用大矣，随时之义深矣，言无得而称焉。故曰："不疾而速，不行而至。"今之所以知古，后之所以知今，其斯之谓也。

孔子编修的《诗》《书》《礼》《易》《乐》《春秋》，经过董仲舒、孔颖达、朱熹等人的一次又一次阐发和总结，构成了传统中国的经典。

出自这些经典的中国成语大约有数百条。这些作为教材的经典，承载着无数的中华美德、人文精神和实践经验，滋养并影响着一代又一代的中国人。

我们的先人创造了丰富的授人"自律"的文化。教材中的许多"自律"文化教会了中国人自强不息，哺育着中国人厚德载物，激励着中国人守正创新。中华民族精神把中国人紧紧相连，使中华文明在连续不断中又有新的发展。

现在，中国进入了新时代，进入了中国特色社会主义建设的新时代，强起来的中国更需要有新的精神气质与文明风貌。要"增强做中国人的骨气和底气"是时代的呼声。教材编写应在已有成就的基础上，更自觉地顺乎时代之需，在培养学生形成文化共同意识、传承中华优秀传统文化方面，在传播社会核心价值观念、帮助学生树立四个自信方面，在铸牢中华民族共同体意识、坚持中国道路、弘扬中国精神、凝聚中国力量方面，在吸收国外优秀成果和构建人类命运共同体方面，发挥作用，产生影响。因为青年学生是文明传承的重要力量，是全面建成社会主义现代化强国的主力军，而高校哲学社会科学又"有重要的育人功能，要面向全体学生，帮助学生形成正确的世界观、人生观、价值观，提高道德修养和精神境界，养成科学思维习惯，促进身心和人格健康发展"[①]。教材承担着传承文明、培养中国特色社会主义事业接班人的不可替代的职责。编好教科书也是哲学社会科学工作者不可推卸的神圣使命。

"增强做中国人的骨气和底气"是一个时代命题，也是一个永恒的命题，不是完成式，而是进行式，需要一代代中国人不断努力，需要一代代中国人不断奋斗。

---

① 习近平：《习近平谈治国理政》第二卷，外文出版社，2017，第345页。

坚守初心、引领创新：
《史学史研究》秉持的办刊理念

汪高鑫

（北京师范大学历史学院、史学理论与史学史研究中心，
北京 100875）

习近平总书记在《文史哲》创刊70周年给编辑部全体编辑人员的回信中，明确提出"高品质的学术期刊就是要坚守初心、引领创新，展示高水平研究成果，支持优秀学术人才成长，促进中外学术交流"。这是对新时期学术期刊的殷切要求，也是对办刊人的精神鼓舞。

《史学史研究》是1961年由我国著名的史学家、历史教育家白寿彝先生创办的历史理论、历史教育、历史文献学和历史编纂学的专门刊物，现主办单位为北京师范大学，承办单位为历史学院史学研究所、教育部人文社会科学重点研究基地史学理论与史学史研究中心。刊物自创立迄今，已经走过60个整年，在国内外享有较好的学术声誉，不但成为全国高校和科研单位学者从事史学理论与史学史教学、研究的重要参考资料和发表学术观点的重要平台，而且对海外学者了解中国史学理论与史学史的研究状况，使中国史学理论与史学史的研究走向世界发挥了重要作用。

习近平总书记在回信中对学术期刊提出的要求和期望，让我们明确了《史学史研究》今后的办刊方向，那就是要"坚守初心、引领创新"，只有这样，才能如习总书记所说的，使学术期刊更好地"在新的时代条件下推动中华优秀传统文化创造性转化、创新性发展"。那么，如何"坚守初心，引领创新"？

首先，要坚持以马克思主义唯物史观为指导，重视理论联系实际。指导思想决定着刊物的思想方向，唯物史观是迄今为止人类最正确的历史

观，理应也必须成为史学研究的指导思想，否则史学研究就会迷失方向，也不能真正解决具体的史学问题。在《史学史研究》创刊30周年之际，白寿彝先生就明确说过："《史学史研究》始终坚持了马克思主义的办刊方向，不为社会思潮所动。"① 白先生所谓"不为社会思潮所动"，是指不迎合时尚，不搞实用主义。60年来，《史学史研究》一直秉持这一办刊方向，始终坚持以马克思主义唯物史观为指导，在刊文上严把政治关，坚决杜绝刊登宣传各种非马克思主义的东西，这是几代办刊人持守的信念。当然，马克思主义者不只是要说明世界，更重要的是要改造世界。因此，理论联系实际是马克思主义唯物史观的一个基本要求，它要求学术研究必须关注社会，关注现实，积极开展关于社会热点问题的讨论，引领学术发展方向。《史学史研究》自从由早期的资料性刊物转向理论性刊物后，一直非常重视和关注理论热点与学术前沿问题，及时反映理论动态。刊物通过"专论""历史理论"等栏目，发表了大量反映前沿理论的文章，探讨的问题起到了引领学术理论研究方向的作用。近年来，《史学史研究》探讨的理论问题主要有：史学研究以马克思主义唯物史观为指导的必然性与必要性、历史的发展及其规律、历史和现实的关系、史学与统一多民族国家的巩固、史学与培育和弘扬民族精神、史学在教育工作中的重大意义、史学工作者的历史责任与使命担当、史学的民族性与时代性、史学的"求真"与"致用"之关系、传统史学的二重性特征等。这些理论问题的时代性与现实性特点非常鲜明，加深了史学与社会的关系，同时提高了人们对于史学理论与史学史的认识，在全国史学界引起了很大的反响。

其次，要积极服务于史学理论与史学史的学科建设。《史学史研究》创刊时刊名叫《中国史学史参考资料》，创刊的初衷，按照白寿彝先生的说法，是"辅助史学史的教学和史学史教材的编写"②。《中国史学史参考资料》内部发行4期后，由陈垣先生题字，从第5期改名为《中国史学史资料》。自1961年6月至1964年10月，刊物共出了11期，刊文注重名著介绍，"带有史学史本身的文献性质"③；1979年复刊后（1965~1979年停刊十余年），改名为《史学史资料》，随后两年间，刊物也出了11期，刊文内容出现明显变化，理论性、系统性、综合性的文章逐渐增多；自1981

---

① 白寿彝：《这三十年》，《史学史研究》1991年第4期。
② 白寿彝：《这三十年》，《史学史研究》1991年第4期。
③ 白寿彝：《这三十年》，《史学史研究》1991年第4期。

年始，刊物改名为《史学史研究》，开始公开向社会发行，成为历史理论、历史教育、历史文献学和历史编纂学的专门刊物。《史学史研究》无论是最初的资料性刊物，还是后来的史学理论与史学史的理论性专刊，都始终积极服务于史学理论与史学史的学科建设。史学理论与史学史学科最初是由史学史学科发展起来的，而史学史学科是在1961年全国文科教材会议之后逐渐兴起的。在学科起步阶段，人们对于这门学科包含的内容还不清晰，因此关于学科介绍性质的资料建设就显得尤为重要。白寿彝先生在谈起《中国史学史参考资料》创刊的初衷时作如是说："我最初的想法有三个，一是看看中国旧有的史学史是怎样的，一是看看外国史学史包括西方史学史、日本和苏联的史学史是怎样写的，一是这三方面已有成果的大概情况。这也是《中国史学史参考资料》创办初期的着眼点。"① 实际上，在20世纪60年代初期的史学史教学与教材编写中，《中国史学史参考资料》发挥了重要作用。《史学史研究》成为史学理论与史学史理论专刊之后，设置了历史理论、中外史学史、历史教育、历史文献学、历史编纂学、人物志、方志学、史林偶拾等栏目。近年来又将中国史学细化为"中国古代史学""中国近现代史学""中国少数民族史学"等栏目，使得其阶段性和多民族性特点更为清晰；"外国史学"栏目得到加强，更加重视引介西方学人的学术研究与学术观点，重视对中西史学理论与史学史的比较研究。这些栏目的设置与内容的改进，也是紧紧服务于学科建设的需要。在几代办刊人的共同努力下，《史学史研究》不但对史学理论与史学史学科的研究对象和理论方法进行了深入讨论，而且有意识地培养出了一批分支学科，如历史理论、史学理论、历史教育、历史文献学、历史编纂学等，对于史学理论与史学史学科的建设与发展发挥了重大作用。

最后，要重视总结和传承中国史学的优秀文化遗产，加强中外史学交流。作为《史学史研究》的创刊人，白寿彝先生非常重视总结中国史学的优秀文化遗产。早在1961年《史学史研究》创刊前夕，白先生就发表了《谈史学遗产》一文，提出了中国史学遗产的七个"花圃"说，即史学基本观点遗产、史料学遗产、历史编纂学遗产、历史文献学遗产、重大历史问题已有研究成果遗产、有代表性的史学著作研究遗产、历史启蒙方面的遗产，全面总结了中国史学的优秀文化遗产。20世纪80年代初期，他又先后发表了《关于〈谈史学遗产〉》《谈历史文献学》《谈史书的编撰》

---

① 白寿彝：《这三十年》，《史学史研究》1991年第4期。

《谈历史文学》《再谈历史文献学》等五篇答客问,其中前四篇答客问连续登载在《史学史研究》1981年第1期至第4期上。这些论文的发表,对中国史学的优秀文化遗产进行了更加深入而全面的总结,在国内史学界产生了重大影响。《史学史研究》不但重视总结中国史学的优秀文化传统,而且重视中外史学的交流,积极发挥中外史学交流的平台作用。这种交流的目的有二:一是向世界介绍中国史学的成就、民族性特点以及深邃的史学理论,诚如习总书记在信中所说的,要"让世界更好认识中国、了解中国",从史学研究的角度来讲,就是要更好地认识中国史学、了解中国史学;二是在中外史学交流中要拥有自己的话语权,要勇于成为中外史学研究的引领者。

  此外,提倡严谨扎实的学风和文风,也是《史学史研究》秉持的一贯理念。在《史学史研究》创刊30周年之际,主编白寿彝先生曾专门在刊物上刊发了《这三十年》一文,对《史学史研究》一贯持守的学风、文风做了这样的总结,他说:"在学风方面,我们主张不说没有根据的话,不简单重复别人的论断,不赶浪潮,也不墨守成规、苟于立异。在总的方向上,努力在马克思主义指导下进行工作。在文风方面,我们力求做到剪裁浮辞,言必有物,写给更多人看。"① 在几代办刊人的坚守下,这样的学风和文风已经逐渐成为刊物的风格。几十年来,《史学史研究》强调作者来稿既要有正确的、独到的理论观点,追求学术原创性,又要充分地占有史料,强调理论与资料的结合,做到言必有据、言必有物。

  综上所述,60年来《史学史研究》一直坚持以马克思主义唯物史观为指导,重视理论联系实际,积极发挥史学的社会功能;重视以史学研究服务于学科建设,为史学理论与史学史学科的建设与发展做出了重要贡献;重视总结和传承中国史学的优秀文化遗产,积极向世界介绍中国史学,加强中外史学交流;重视提倡严谨扎实的学风和文风,强调刊文要有学术原创性和言之有物。《史学史研究》一直秉持这些办刊理念,这是刊物在国内外产生重要影响和具有良好声誉的重要原因。展望未来,我们要认真学习和领会习总书记的回信精神,继续"坚守初心、引领创新",在已有成绩的基础上争取更大的进步。

---

① 白寿彝:《这三十年》,《史学史研究》1991年第4期。

学术期刊的崇高使命

周文玖

(北京师范大学历史学院、史学理论与史学史研究中心，
北京 100875)

一

习近平总书记于2021年5月9日给《文史哲》编辑部全体编辑人员的回信，虽然文字不多，但意蕴丰富。信中一方面肯定了该编辑部的办刊成绩，另一方面也向全国的哲学社会科学学术期刊提出了办刊指针和殷切希望。

第一，哲学社会科学学术期刊肩负着弘扬中华文明、繁荣学术的重大任务。中华文明有悠久的历史，是中国人创造的优秀文化遗产，是中国人对世界文明的宝贵贡献，需要保存、延续和发扬光大。这不仅对中国社会的发展是非常必要的，对世界的繁荣和稳定，也具有重要的价值。因为它蕴藏极其丰富的中国智慧。《文史哲》作为新中国成立后较早创刊的综合性高校学报，在弘扬中华文化方面受到了总书记的肯定。

第二，信中再次强调了坚持中国道路，弘扬中国精神，凝聚中国力量。当今世界处于百年未有之变局：一方面中国和平崛起，中国人民依靠自己的勤劳和智慧，摆脱了绝对贫困，综合国力显著提升，国内生产总值位居世界第二，以强劲的势头追赶美国，国际格局发生了重大变化；另一方面以美国为首的西方国家，为了一己私利，极力对中国进行压制，从政治、经济、外交、科技等方面遏制中国发展，中国发展的外部环境可谓荆棘丛生。这就需要我们做到两点：一是坚定自信，即要相信自己，依靠自己，自己的事情自己办，不要把希望完全寄托在别人身上，指望别人对我们发慈悲；二是让世界了解中国，要让世界人民看到中国发展的重大积极

意义。要做到这两点，就需要深入理解中华文明。而这，恰是中国哲学社会科学学界义不容辞的职责。

第三，要"增强做中国人的骨气和底气"。近代以来，中国遭到西方列强的欺凌。"国家蒙辱、人民蒙难、文明蒙尘"，但中国人民始终没有屈服，在反帝反封建的斗争中，高举爱国主义旗帜，展现了不畏强暴、自强不息、不屈不挠的民族精神。新中国成立后，在中国共产党的领导下，中国人民与一切来犯之敌浴血奋战，保家卫国，赢得了国家安宁和国际地位。在当今复杂的国际背景下，我们更要"增强做中国人的骨气和底气"，这是我们战胜一切艰难困苦、取得胜利的法宝。坚定四个自信，即坚定中国特色社会主义道路自信、理论自信、制度自信、文化自信，其中文化自信是更基本、更深沉、更持久的力量。以文化人是人文学科的属性。从事人文学科教学研究工作的学者，要自觉地把自己的学术工作与振奋民族精神，增强国民的精、气、神紧密结合起来。

第四，要对中国优秀传统文化进行"创造性转化、创新性发展"。这也是哲学社会科学工作者在新时期的工作指针。对历史遗产，过去我们常说要汲取精华、剔除糟粕。现在，这个方针仍是正确的，仍是需要坚持的。而对中国优秀传统文化进行"创造性转化、创新性发展"，则是新时代对广大哲学社会科学工作者提出的更高的要求。

第五，学术刊物在推动哲学社会科学发展中具有重要作用。习近平总书记对此说得很明确，那就是"要坚守初心、引领创新，展示高水平研究成果，支持优秀学术人才成长，促进中外学术交流"①。这四个方面是相互联系的，是四位一体的。

二

2021 年是《史学史研究》创刊 60 周年，《史学理论与史学史学刊》创刊即将 20 周年。这两份刊物在学术期刊界均有较高的地位，受到学界同行的尊重。《史学史研究》诞生于 1961 年，经过几代人的努力，形成了自己的特色。多年来，它引领了中国的史学史和史学理论研究，团结了国内外同仁，帮助培育了大批学术新秀。它是全国中文（历史类）核心期刊，

---

① 《习近平给〈文史哲〉编辑部全体编辑人员的回信》，http://www.xinhuanet.com/politics/2021-05/10/c_1127428314.htm。

中文社会科学引文索引（CSSCI）来源期刊，美国《历史文摘》（*Historical Abstracts*）和《美国：历史和生活》（*America：History and Life*）摘要、索引的来源期刊。《史学理论与史学史学刊》于2002年出版第一卷，它是因教育部在全国高校设立人文社会科学研究基地而成立的北京师范大学史学理论与史学史研究中心主办的集刊。从2002年至2015年，除了2004/2005年合刊为一卷外，其余年份都是每年一卷。自2016年至今，改为一年两卷。《史学理论与史学史学刊》入选首批中文社会科学引文索引（CSSCI）来源集刊，多次被评为优秀集刊。《史学史研究》《史学理论与史学史学刊》的创办是新中国史学史研究从起步到繁荣的反映，它们刊发了许多史学理论和中外史学史研究带有标志性的成果，有力推动了学科的建设和发展。2011年在纪念《史学史研究》创刊50周年的文章中，笔者总结了《史学史研究》在长期的办刊过程中，逐步形成的特色：第一，办刊主旨明确；第二，对史学史学刊建设具有高度的责任感和前瞻性；第三，注重发表原创性研究论文；第四，多种形式、不同风格的学术文章兼顾并用；第五，主张扎实严谨的学风，坚持质朴平实的文风；第六，重视提携后学，热心培养学术新人。① 又一个十年过去了，这些特色依旧保持着，它们也是《史学理论与史学史学刊》追求的目标。

这里笔者还想强调的是，白寿彝先生所倡导的学术研究要坚持马克思主义的指导、研究历史是为了推动历史，一直深刻地影响着两份刊物的编辑，成为其编选稿件的重要遵循。

马克思主义是科学的理论体系，是人类在其历史发展到19世纪时对社会发展规律的揭示，是人类最优秀成果的结晶。同时，它又是开放的学术体系，它将随着人类历史的发展而发展，并积极吸收各个时期人类文明的优秀成果。马克思主义唯物史观是唯一科学的历史观，是正确认识历史的根本方法论。白寿彝先生非常强调正确的理论指导的重要性。1989年，在"史学史研究四十年"座谈会上，他说："我们现在最要注意的，一个就是还要重新学习马克思主义。建国四十年来，我们都在学。现在看起来，还是比较肤浅，不那么深入。从过去接触到的情况看，对马克思主义采取实用主义的态度，还是相当严重的，这个毛病很大。""现在我们要开创史学工作的新局面，应该从头学起。"② 近20年来，各种新理论、新方法、新范式层出不穷，

---

① 参见周文玖《〈史学史研究〉与史学史学科建设》，《史学史研究》2011年第4期。
② 白寿彝：《史学史工作四十年》，《史学史研究》1989年第4期。

有的甚至形成学术潮流。这是学术发展的正常现象，甚至可以说是必然现象。但无论怎样新，我们都应运用马克思主义理论对之进行分析，认识它产生的历史条件，评判它的价值，吸收它的合理成分。新理论、新方法、新范式与马克思主义历史观和方法论不属于一个层次，马克思主义历史观和方法论是最高层次的历史观和方法论，它们之间不能相互替代。马克思主义是《史学史研究》《史学理论与史学史学刊》沿着正确方向前行的理论指南。多年来，《史学史研究》《史学理论与史学史学刊》既不守旧，也不跟风、不趋时，踏踏实实地研究学问，实事求是，始终体现深厚、稳健、扎实的学术风格，这与自觉坚持马克思主义的理论指导是密不可分的。

白寿彝先生说："了解过去，为的是更好地了解现在，很好地观察未来，研究历史的重大意义就在于此。"①"我们中国历史学家有个传统，就是察往观来：说明过去的事情，展望将来的事情。这是个好传统。"② 也就是说，研究历史、研究史学，都是为了更好地认识现实，为今天的社会发展服务。为此，既要反对实用主义地对待历史研究，古今混同，胡乱联系，生搬硬套历史，甚至搞影射史学，又要反对搞烦琐考据，过于关注细碎问题，把史学搞成脱离社会的象牙塔里的学问。在史学史的研究旨趣上，要以发掘和阐释史学遗产中的优秀成分为主。这样的办刊思想与习近平总书记提出的"要推动中华文明创造性转化、创新性发展，激活其生命力"③ 的主张是一致的。

史学理论、史学史是反思性的学科。该学科的学术期刊更要具有反思意识，更要自觉地总结自己学科期刊发展的经验和教训，提出高标准和高要求。未来，在历史理论、史学理论的广度和深度方面，在史学史研究的范围方面，在史学史领域新史料的发掘、发现和运用方面，在刊物走向世界、扩大在海外的影响方面，《史学史研究》《史学理论与史学史学刊》都还有很大的发展空间。

要而言之，无论是繁荣我国的哲学社会科学研究，还是推进新时代中国特色社会主义事业，学术期刊的作用和地位都是不容忽视的。研读习近平总书记给《文史哲》编辑部全体编辑人员的回信，作为参与编辑《史学史研究》《史学理论与史学史学刊》的社会科学工作者，笔者深感责任重大，使命光荣。

---

① 白寿彝：《民族宗教论集》，河北教育出版社，2000，第71页。
② 白寿彝：《民族宗教论集》，河北教育出版社，2000，第69页。
③ 习近平：《在哲学社会科学工作座谈会上的讲话》，《人民日报》2016年5月19日。

把握时代脉搏·吃透中外文化·讲好中国故事

董立河

(北京师范大学历史学院、史学理论与史学史研究中心)

2021年5月9日,习近平总书记在给《文史哲》编辑部全体编辑人员的回信中指出,"增强做中国人的骨气和底气,让世界更好认识中国、了解中国,需要深入理解中华文明,从历史和现实、理论和实践相结合的角度深入阐释如何更好坚持中国道路、弘扬中国精神、凝聚中国力量。回答好这一重大课题,需要广大哲学社会科学工作者共同努力,在新的时代条件下推动中华优秀传统文化创造性转化、创新性发展。高品质的学术期刊就是要坚守初心、引领创新,展示高水平研究成果,支持优秀学术人才成长,促进中外学术交流"。5月31日,在主持中共中央政治局第三十次集体学习时,习总书记又指出,"讲好中国故事,传播好中国声音,展示真实、立体、全面的中国,是加强我国国际传播能力建设的重要任务"。从一定意义上讲,这其实就是要求文化工作者,在新的时代条件下,在深入理解中外文化精髓的基础上,推进我国优秀文化的创新发展,讲好中国故事,以提高我们的文化自信心。就此,笔者谈一点自己粗浅的体会和认识。

当前,世界正发生百年未有之大变局,国际形势风云变幻,我国正在努力实现民族复兴的宏伟梦想。在这种国内外形势下,特别是在新冠肺炎疫情全球大流行的特殊情势下,不同文化和价值观念的差异让人印象深刻。生活在这个星球上的人们,迫切需要彼此进行更加深入的文化交流和价值观理解。

另外,全球生态变化和科技发展也逐渐成为人们讨论的热门话题,其带来的新问题新挑战也日益引起人们的关切。根据西方学者的最新研究，人类正进入所谓"人类世"。在他们看来，人类对地球的人为影响将可能导致地球生态系统的突变，从而出现一个不再能够维持人类生存的全新状态。计算机功能的增强，特别是人工智能的发展将会继续加速，这可能最终引发一场智力失控，导致前所未有的技术和社会颠覆。对此，我们也应该予以关注，做到未雨绸缪，防患于未然。

我们可以在这样的时代背景下，去考虑如何推动中华优秀传统文化的创造性转化和创新性发展，讲好中国故事，传播好中国声音。为此，哲学社会科学工作者的确可以做出自己应有的贡献。

为了让世界真切、立体和全面地认识中国，了解我们的道路和精神，我们应该想办法动脑筋努力把自己的故事讲好。而要做到这一点，其实并不容易，这是一项具有挑战性的课题。为此，我们必须首先从中华文化内在的发展理路出发，立足于我们自己的文化生长语境，达成对其原始而本真的把握。深刻领悟我们民族的文化内涵，正确理解我们的精神谱系，是讲好中国故事的当然前提和基础。当然，单单做到这一点也还是不充分的。有比较才有鉴别。只有将中外文化加以对比，清楚各自的精华所在，才可能有针对性地把我们优秀的特色文化呈现给世界。这又进一步要求我们对外国特别是西方文化有较深入的领会，尽力把握其精髓，吃透其精神。

我们只有对中外文化了然于胸，如同熟悉自己的右手和左手，才能打造出融通中外的新概念、新范畴和新表述，从而更充分和更鲜明地展现中国故事的精神魅力和思想力量。也只有如此，我们向世界讲述的具有中国特色的文化故事，才能贴近不同文化背景的受众群体，让他们听得懂、听得进，从而增强自身的感召力、亲和力和说服力。

不同文化的比较、交流和融合也是文化创新的必要条件。中国特色社会主义就是马克思主义与我国具体国情和本土观念相结合的产物。步入新时代，我们正在推动马克思主义基本原理和我国优秀传统文化的进一步融合。在全球文明交流互鉴已成大势的时代背景下，要促成中华优秀传统文化的创造性转化和创新性发展，也同样需要西方文化的启发。只有批判地吸收国外优秀文化，我们所讲述的民族文化才能更具韧性和力量，从而最终达成文化自觉和自信的目的。在这方面，崇洋媚外之心断不可有，而盲目排外的态度也不可取。

要讲好中国故事，除了充分领会中西方文化精神内涵，创新民族文化，还要把握全球时代脉搏，瞩目世界未来发展。尽管世界各地出现了一些反全球化倾向，但这只是暂时的现象。总的说来，全球化趋势已不可逆转，它是当下人类生存的一种语境。仍在全球肆虐的新冠肺炎疫情，也证明了这一点。而且，随着地球生态环境出现不确定性变化，以及信息网络和人工智能等高科技的升级换代，无论从主观愿望还是从客观压力上，我们都需要与其他各国人民一道，共同应对危机，共谋生存发展。只有响应时代要求和未来呼声，我们才可能更好地发出有关人类命运共同体的中国声音，从而获得世界范围内的广泛倾听和共鸣。

要讲好中国故事，还要了解各国人民的价值关怀，关照全人类共同的价值诉求。"一花独放不是春，百花齐放春满园。"世界文化斑斓多彩，丰富多样，这既是人类文明的魅力所在，也是其充满活力的表现。如同每一曲音乐都有一个主旋律，任何一种文化都有一种灵魂，这便是蕴含其中的价值。价值是一个文化共同体经年累月的精神沉淀，也是其成员借以凝聚认同的心灵家园。文化的外在差异反映的是人们不同的价值观或价值取向。当然，在世界文明演进的总体进程中，不同的文明模式或形态在不同的发展阶段，也会呈现一些共同的价值追求。在2021年的"七一"重要讲话中，习近平总书记提出的"和平""发展""公平""正义""民主""自由"的全人类共同价值，为人类建设更加美好的世界提供了正确的理念指引，是对当今全人类共同价值诉求的一种准确概括。只有掌握人类价值要求的最大公约数，同时做到既开放自信又谦逊谦和，我们才能更好地向世界阐释推介具有中国特色、体现中国精神、蕴藏中国智慧的优秀文化。

新时代中国特色历史学
基本理论问题研究

"原始察终"
——古代史家考察历史的重要方法*

赵梅春
（兰州大学历史文化学院，甘肃兰州　730000）

摘　要："原始察终"是我国古代史家考察历史所运用的一种重要方法。这一方法要求通过对历史现象、事物发展过程的考察，揭示其变化发展及原因。司马迁、杜佑、马端临等分别运用这种方法以"通古今之变"、"探政理"、推寻典章经制"变通张弛之故"。班固、荀悦、郑樵等也倡导采用这一方法考察历史，刘知幾、章学诚等则运用这一方法考察学术史。到近代，这一方法与进化史观相结合，发展为"历史的方法"，并成为民国时期历史研究的主要方法。

关键词：史学方法　原始察终　古今之变　变通张弛之故

中国古代史家对于历史的考察，曾采用过多种方法，如原始察终的方法、比较的方法、历史与逻辑相一致的方法、不可"将后事以酌前旨"的方法等。其中，"原始察终"是最重要，也是最基本的一种。这一方法由司马迁提出并为后来的史家所继承与发展，[①] 在某种程度上具有方法论的意义，探讨这一古代史家观察历史的重要方法有助于进一步发掘古代史学

---

* 本文系国家社科基金重大研究专项项目"新时代中国特色历史学基本理论问题研究"（18VXK006）的阶段性成果。
① 较早地指出司马迁采用"原始要终，见盛观衰"方法以"通古今之变"的，是白寿彝先生《司马迁与班固》（《北京师范大学学报》1963年第4期）一文。其他学者的有关论述多是对白先生观点的阐发与深化。

的理论遗产。

一 "原始察终"以"通古今之变"

"通古今之变"是司马迁研究历史的重要目标,而实现这一目标的方法则是"原始察终"。在《报任安书》中论及《史记》的撰述旨趣时,司马迁指出:"亦欲以究天人之际,通古今之变,成一家之言。"① 这表明他试图通过"究天人之际""通古今之变",形成有关历史认识的一家之言。刘家和指出,"通"在司马迁笔下实际有两重含义:一是指历史过程由变而通,如承弊通变;二是指通晓,"通古今之变"就是通晓古今变化的意思。② 这表明,在司马迁心中,历史是一个不断发展变化的过程,这个过程由变而通,史学研究的任务之一就是揭示出这一过程的古今变化。而要实现这一目标,则需"网罗天下放失旧闻,王迹所兴,原始察终,见盛观衰,论考之行事","厥协《六经》异传,整齐百家杂语"。③ 这里所说的"网罗天下放失旧闻""厥协《六经》异传,整齐百家杂语",是就文献的搜集整理而言的;"原始察终,见盛观衰,论考之行事",则是考察历史的方法。白寿彝指出:"'原始察终,见盛观衰',是《史记》提出来的通古今之变的方法。总的来说,这八个字有要求考察诸历史现象、诸历史事件全部发展过程的意思。"④ 在这里,白寿彝一方面指出司马迁"通古今之变"所使用的方法,另一方面对这一方法的内涵进行了阐述。

"原始察终"这一方法,体现在《史记》之本纪、世家、列传、书、表各部分,而"在'通古今之变'的问题上","最大限度地集中体现这一要求的"⑤ 十表表现得尤为突出。在《十二诸侯年表序》中,司马迁批评"儒者断其义,驰说者骋其辞,不务综其终始",故而不能明白"盛衰大指"。⑥ 在《六国年表序》中,他指出:"学者牵于所闻,见秦在帝位日浅,不察其终始,因举而笑之,不敢道,此与以耳食无异。"⑦ 所谓"以耳

---

① 班固:《汉书》卷62《司马迁传》,中华书局,1962,第2735页。
② 刘家和:《论司马迁思想中的变与常》,《北京师范大学学报》2002年第2期。
③ 司马迁:《史记》卷130《太史公自序》,中华书局,1974,第3319~3320页。
④ 白寿彝:《司马迁与班固》,《白寿彝史学论集》(下),北京师范大学出版社,1994,第733页。
⑤ 白寿彝:《史学遗产六讲·附〈史记〉新论》,北京出版社,2004,第170页。
⑥ 司马迁:《史记》卷14《十二诸侯年表序》,511页。
⑦ 司马迁:《史记》卷15《六国年表序》,第686页。

食"是指以耳朵吃饭,不能知味,意谓不得要领。这是批评人们对秦朝历史缺乏真正理解和认识,其症结在于未能采用原始察终的方法考察其历史,故而只看到秦的暴兴暴灭,看不到"秦取天下多暴,然世异变,成功大"。① 在《高祖功臣侯者表序》《惠景间侯者年表序》中,他强调:"谨其终始,表其文"②;"咸表始终,当世仁义成功之著者也"③。阮芝生论及"原始要终"这一方法时,指出:"司马迁将'原始察终'的方法又分成三层次功夫:'谨其终始','察其终始','综其终始'。'谨'、'察'、'综'三字的含义,一层深入一层。'谨其终始'是记其文,把事件的终始得失都记下来,也就是'咸表始终';'察其终始'是察其迹,观察事情的演变发展;'综其终始'是得其理,通过对事件整体的综合考察,而从中寻出演变的规律,看出历史的意义。"④ 这表明,谨其终始、察其终始、综其终始等,都是"原始察终"这一考察历史方法的不同表现形式。不难看出,在《史记》十表中,司马迁再三强调只有采用"原始察终"的方法,才能"通古今之变"。

要真正通古今之变,不但要考察历史的变化,而且要在此基础上进一步探索历史变化的规律,这就是司马迁所提出的"稽其成败兴坏之纪"。他指出:"仆窃不逊,近自托于无能之辞,网罗天下放失旧闻,略考其行事,综其终始,稽其成败兴坏之纪,上计轩辕,下至于兹,为十表,本纪十二,书八章,世家三十,列传七十,凡百三十篇"。⑤ 刘家和认为:"司马迁不仅重视历史上的变,而且重视历史上的常,尤为重要的是,他也重视历史上变与常二者之间的内在关系。"并指出所谓"常","其中绝大多数表示法则、范型、常规的意思",也就是规律。⑥ 这里所说"重视历史上的常"就是司马迁所强调的"稽其成败兴坏之纪",值得注意的是"稽其成败兴坏之纪"所使用的方法。所谓"略考其行事,综其终始",是指通

---

① 司马迁:《史记》卷15《六国年表序》,第686页。
② 司马迁:《史记》卷18《高祖功臣侯者年表序》,第878页。
③ 司马迁:《史记》卷19《惠景间侯者年表》,第977页。
④ 阮芝生:《试论司马迁所说的"通古今之变"》,杜维运、陈锦忠编《中国史学史论文选集》(三),华世出版社,1980,第191页。
⑤ 萧统编,李善注《文选》卷41《报任少卿书一首》,中华书局,2019(重印),第581页。《汉书·司马迁传》所载《报任安书》这段内容略有不同,其为:"仆窃不逊,近自托于无能之辞,网罗天下放失旧闻,考之行事,稽其成败兴坏之理,凡百三十篇"。
⑥ 刘家和:《论司马迁史学思想中的变与常》,《北京师范大学学报》(人文社会科学版)2000年第2期。

过对各种历史现象、历史事件发展过程的分析、考察，揭示其变化发展规律。不难看出，无论是观察历史上的变，还是考察历史上的常，司马迁都强调"原始察终"。

司马迁倡导以"原始察终"的方法"通古今之变"，一是受《易》经影响，对此，学者多有讨论，故不赘述；① 二是源自他对历史运动方式的认识。

> 太史公曰：夏之政忠。忠之敝，小人以野，故殷人承之以敬。敬之敝，小人以鬼，故周人承之以文。文之敝，小人以僿，故救僿莫若以忠。三王之道若循环，终而复始。周秦之间，可谓文敝矣。秦政不改，反酷刑法，岂不缪乎？故汉兴，承敝易变，使人不倦，得天统矣。②

这是对夏商以来历史变化的理论概括。在司马迁看来，夏代为政崇尚质朴，其弊为粗鄙，故承夏而起的商朝代之以威仪而救其弊，然而崇尚威仪的弊端却是谄事鬼神，先鬼而后人。周人有鉴于此，以崇尚礼乐制度救其弊。崇尚礼乐制度的弊端则是人们不诚实，司马迁认为救"文"弊的最好的方法就是崇尚质朴。这又回到了夏朝的为政之道。继周而来的秦朝本应承弊通变，以"忠"救"文"之弊，却反其道而行之，实行严刑峻法，以重"文"弊，这岂不是太荒谬了。汉朝建立后，改弦更张，天下安宁，符合历史变化之道。所谓"三王之道若循环，终而复始"，表明司马迁认为历史的变化就是一种终始之变。"忠""敬""文"是历史变化的秩序，也是历史变化的形式，人类历史好像就是这样终而复始地不断循环。有关历史变化的这种认识，似乎表明司马迁是历史循环论者，与董仲舒等人没有什么区别，但实际上并非如此。金春峰指出："这里'终而复始'形式上是循环论。但因为忠、敬、文，一者否定一者，两次否定之后，新的否定虽然回到了原来的出发点，实质已经不同了。所以形式上的循环包含着内容的变化、发展。忠、敬、文的循环往复，构成历史的内容，也就是历史发展的客观趋势——'天统'。""因此董仲舒与司马迁虽然同样讲忠、敬、文三者若循环，在董仲舒是形而上学的历史不变论，在司马迁这里，

---

① 庞天佑：《中国史学思想会通·历史盛衰论卷》，福建人民出版社，2017，第34~35页。
② 司马迁：《史记》卷8《高祖本纪》，第393~394页。

则是'物极必反'的变化发展的辩证观。"① 刘家和也指出:"如果把上述忠、敬、文的常规不解释为封闭的圆圈而解释为螺旋线,那也许会更为准确一些。"② 这说明司马迁将历史看作具有阶段性的连续发展的过程。既然历史发展是一种终始之变,那么,无论考察历史发展阶段,还是考察历史发展过程,都应原始察终。

如果说终始之变是历史变化的形式,那么盛衰之变则是历史变化的内容。司马迁指出:"是以物盛则衰,时极而转,一质一文,终始之变也。"③"物盛而衰,固其变也。"④ 这是说,历史发展到一定的阶段就会发生变化,或由盛转衰,或由衰而盛。因此,司马迁认为,在运用"原始察终"的方法考察历史变化时,还应当"见盛观衰",关注历史的变化与转折。司马迁"通古今之变"旨在"述往事,思来者",他指出:"居今之世,志古之道,所以自镜也,未必尽同。帝王者各殊礼而异务,要以成功为统纪,岂可绲乎?"⑤ 期待人们关注盛衰之变,能够从盛观衰,从衰察变,从而"承敝通变,使民不倦"。所以,施丁认为"承敝通变"是"'通古今之变'的重要结晶"。⑥

二 "究始终"以"探政理"

司马迁所倡导的"原始察终"这一考察历史的方法,对后来的史家产生了深刻的影响。唐代史家杜佑考察历代典章制度的沿革变迁,提出"究始终"以"探政理",从而将这一方法推到一个新的阶段。

谢保成曾指出:"杜佑纂修《通典》并非专为考察'古今制度沿革',而是从'体要'出发'探政理',这是《通典》一书的基本宗旨。"⑦ 这种有关《通典》编纂旨趣的评论,颇中肯綮。《通典》成书后,因卷帙浩繁,阅读不易,杜佑将其精要摘录为《理道要诀》一书。"理道要诀"这一书名直观地说明杜佑撰史旨在探索治国为政之要道。需要指出的是,杜佑纂

---

① 金春峰:《汉代思想史》(修订增补版),中国社会科学出版社,1997,第275页。
② 刘家和:《论司马迁史学思想中的变与常》,《北京师范大学学报》(人文社会科学版) 2000年第2期。
③ 司马迁:《史记》卷30《平准书》,第1442页。
④ 司马迁:《史记》卷30《平准书》,第1420页。
⑤ 司马迁:《史记》卷18《高祖功臣侯者年表序》,第878页。
⑥ 施丁:《说"通"》,《史学史研究》1989年第2期。
⑦ 谢保成:《增订中国史学史》(二),商务印书馆,2016,第641页。

《通典》虽然并非专为考察古今制度沿革,但其"探政理"却是通过系统考察古今制度沿革而进行的。在《进通典表》中,杜佑指出,儒家经典《孝经》、《尚书》、《毛诗》、《周易》、"三传"等"率多记言,罕存法制",而"历代众贤高论,多陈紊失之弊,或缺匡拯之方"。有鉴于此,他决定详细考察历代礼法刑政制度的发展变化,进而探究政理。"臣既庸浅,宁详损益,未原其始,莫畅其终。"① 这是说不追溯礼法刑政制度之"原",就难以畅论其流,只有对历代典章制度的发展变化原始察终,才能探求出治国良策。"详古今之要,酌时宜可行。"② 这一观点在《理道要诀》自序中表现得更为明快。《理道要诀》自序指出:"隋李文博《理道集》多主于规谏而略于体要,臣颇探政理,窃究始终。遂假问答,方冀发明。"在这里,杜佑一方面批评李文博,另一方面阐述自己的撰述旨趣与方法。他认为隋代李文博的《理道集》虽名为理道,却以议论、规谏为主,而对与治道关系密切的礼法刑政制度不甚措意,颇不得要领。在《进理道要诀表》中,他指出:"窃思理道,不录空言。由是累纪修纂《通典》,包罗数千年事,探讨礼法刑政,遂成二百卷。"③ 这是说,与李文博《理道集》以空言说教不同,《通典》是通过对数千年礼法刑政制度的探讨,寻求"政理"。至于"探政理"的方法,则是"究始终",即通过对历代典章制度变化原始察终,探索治国为政之道,挽救时弊。"酌古之要,适今之宜,既弊而思变,乃泽流无竭。"④

自称颇详《通典》旨趣而为其作序的李翰,对杜佑运用"究始终"这一方法以"探政理"有较深刻的认识。他指出:"君子致用,在乎经邦,经邦在乎立事,立事在乎师古,师古在乎随时。"因而,"必参今古之宜,穷始终之要,始可以度其古,终可以行于今,问而辨之,端如贯珠,举而行之,审如中鹄"。如此,则"施于文学,可为通儒,施于政事,可建皇极"。但是,一般学者往往博而寡要,劳而无功,只有杜佑能够达到这样的高度。"学者以多阅为广见,以异端为博闻,是非纷然,塞胸满腹,颅洞茫昧,而无条贯。或举其中而不知其本,原其始而不要其终。高谈有余,待问则泥。"而杜佑撰《通典》则"采五经群史,上自黄帝,至于我唐天宝之末,每事以类相从,举其始终,历代沿革废置及当时群士论议得

---

① 杜佑:《进通典表》,杜佑撰、王文锦等点校《通典》,中华书局,2016,第1页。
② 王应麟辑《玉海》卷51《唐通典 理道要诀》,广陵书社,2016,第1003页。
③ 以上引文均见王应麟辑《玉海》卷51《唐通典 理道要诀》,第1003页。
④ 杜佑撰,王文锦等点校《通典》卷12《食货十二》,第299页。

失,靡不条载,附之于事"。一般学者"高谈有余,待问则泥",无益于治国安邦。杜佑《通典》"若使学者得而观之,不出户知天下,未从政达人情,罕更事知时变,为功易而速,为学精而要。其道甚直而不径,其文甚详而不烦,推而通,放而准,语备而理尽,例明而事中,举而措之,如指诸掌,不假从师聚学,而区以别矣"。其原因在于,杜佑能够"举其始终""参今古之宜,穷始终之要",而一般学者则"举其中而不知其本,原其始而不要其终"。① 在此,李翰准确地抓住了《通典》"究始终"以"探政理"这一特点,真不愧是杜佑的知音。

在杜佑看来,考察礼法刑政制度,若不"究始终",则难以"探政理"。论及历史上有关分封制与郡县制之争时,他指出,无论是主张分封制者,还是赞成郡县制者,都存在一个共同的缺陷,这就是对其渊源流变缺乏详细考察,"虽备征利病,而终莫究详",② 故而难以有正确的认识。主张分封制者认为,这种制度是先王或先圣设计以安定天下的良法。曹冏曾指出:"先王知独治之不能久也,故与人共治之;知独守之不能固也,故与人共守之。兼亲疏而两用,参同异而并建。是以轻重足以相镇,亲疏足以相卫,并兼路塞,逆节不生。""三代之君,与天下共其民,故天下同其忧。秦王独制其民,故倾危而莫救。"③ 陆机也指出:"夫王者知帝业至重,天下至广。广不可以偏制,重不可以独任。任重必于借力,制广终乎因人。故设官分职,所以轻其任也;并建伍长,所以弘其制也。于是乎立其封疆之典,裁其亲疏之宜,使万国相维,以成磐石之固;宗庶杂居,而定维城之业。"④ 杜佑不赞成这种认识,他通过对分封制的溯源,指出:"在昔制置,事皆相因。物土疆,建万国,成则肇于轩后,方有可称。不应创择万人,首令分宰。盖因其豪而伏众,即其地而名国。"这是说,分封制是沿袭古老的部落传统而来的,使其部落酋帅统领其众,以其所据之地为一国,并非先王预知封建则理、郡县则乱而创设的。"自昔建侯,多旧国也。周立藩屏,唯数十焉,余皆先封,不废其爵。谅无择其利遂建诸国,惧其害不立郡县。"⑤ 杜佑还进一步从认识论方面对先王"择其利遂建

---

① 上引皆出自李翰《通典序》,见杜佑撰,王文锦等点校《通典》,第1~2页。
② 杜佑:《通典》卷31《职官十三·王侯总叙》,第843页。
③ 陈寿撰,裴松之注《三国志》卷20《魏书·武文世王公传》,中华书局,1959,第591页注引《魏氏春秋》。
④ 陆机:《五等论》,《晋书》卷54《陆机传》,中华书局,1974,第1476页。
⑤ 杜佑撰,王文锦等点校《通典》卷31《职官十三·王侯总叙》,第845页。

诸国，惧其害不立郡县"之说进行分析。他指出："自五帝至于三王，相习建国之制，当时未先知封建则理，郡县则乱。而后人睹秦汉一家天下，分置列郡，有溃叛陵篡之祸，便以为先王建万国之时，本防其萌，务固其业，冀其分乐同忧，缭利共害之虑。乃将后事以酌前旨，岂非强为之说乎？"① 这是说，先王分封是沿袭传统，并非事先预知封建优于郡县而实施封建制，是后人看到秦废分封建立郡县二世而亡，误以为如此。所谓"将后事以酌前旨，岂非强为之说乎"，是批评封建论者将后人的认识强加于前人，强词夺理，犯了逻辑错误。至于秦以后之废封建，立郡县，杜佑通过对封建、郡县制度流变的考察，认为这是形势发展的必然结果。他指出，从黄帝时的万国，经过不断众暴寡，大灭小的兼并，到秦始皇平定诸侯，天下一家，"秦睹其弊，不复建侯"。② 此后，汉初、晋初鉴于前朝孤立而亡，封建勋亲，结果汉之异姓诸侯被杀，同姓诸侯叛乱，晋则因此速亡。刘宋以来，"建侯日削，欲行古道，势莫能遵"。③ 所谓"欲行古道，势莫能遵"，表明分封制的衰落，以及郡县制代替封建制是历史的必然。

在考察封建制、郡县制沿革变化的基础上，杜佑进一步探讨这两种政制的利弊得失。他指出，各种制度都有利弊，比较而言，封建制之患远远超过郡县制。"政在列国也，其初有维城磐石之固，其末有下堂中肩之辱。远则万国屠灭，近则鼎峙战争，所谓其患也长。政在列郡也，其初有四海一家之盛，其末有土崩瓦解之虞。高、光及于国初，戡定之勋易集，所谓其患也短。"相对而言，封建制利于一家一姓之世代绵延，郡县制利于天下万姓之安宁。"若以为人而置君，欲求既庶，诚宜政在列郡，然则主祀或促矣。若以为君而生人，不病既寡，诚宜政在列国，然则主祀可永矣。主祀虽永乃人鲜，主祀虽促则人繁。建国利一宗，列郡利万姓，损益之理，较然可知。"基于这种认识，他指出，主张封建制的曹冏、陆机仅从利一宗出发而罔顾天下万姓，劝谏唐太宗实施分封的李百药、马周不论"法度得失"，"政理否臧"，着意于"祚之长短，必在于天时"，"龟鼎之祚已悬定于杳冥也"，都难以对封建与郡县之制有深刻的认识。"览曹、陆著论，诚谓文高理明，不本为人树君，不稽烝氓损益。观李、马陈谏，乃称冥数素定，不在法度得失，不关政理否臧。故曰'终莫究详'，斯之谓

---

① 杜佑撰，王文锦等点校《通典》卷31《职官十三·王侯总叙》，第845页自注。
② 杜佑撰，王文锦等点校《通典》卷31《职官十三·王侯总叙》，第843页。
③ 杜佑撰，王文锦等点校《通典》卷31《职官十三·王侯总叙》，第844页。

矣。"杜佑认为，一种制度是否可行，在于这种制度能否使天下安宁、政治稳定、人口增加。"但立制可久，施教得宜，君尊臣卑，干强枝弱，致人庶富，享代长远。为理之道，其在兹乎！"① 他指出："三代以前，天下列国更相征伐，未尝暂宁。陪臣制诸侯，诸侯陵天子，人毙锋镝，月耗岁歼。自秦氏罢侯置守，两汉及有隋、大唐，户口皆多于周室之前矣。"② 这是说，分封引发争夺，战争绵延不断，天下不得安宁。秦废封建置郡县，"汉、隋、大唐，海内统一，人户滋殖，三代莫俦"③。很显然，在杜佑看来，郡县制是治国之良法，为理之道，其原因就在于此。这一认识，正是杜佑通过究封建制之始终而得出来的。

三 "原始要终"推寻"变通张弛之故"

马端临《文献通考》是继杜佑《通典》之后又一部典章制度通史，旨在"原始要终"以推寻历代典章经制"变通张弛之故"。学者对《文献通考》的评价往往不如《通典》，大多认为杜佑主张经世致用，而马端临的兴趣更多地表现在文献方面。尽管因研究旨趣的差异，他们考察历代典章制度各有侧重，但都继承和发展了司马迁所提出的"原始察终"方法。杜佑"所纂《通典》，实采群言，征诸人事，将施有政"，④ 故其"究始终"意在"探政理"。马端临则认为"考制度，审宪章，博闻而强识之，固通儒事也"，⑤ 所以其"原始要终"重在推寻历代典章制度"变通张弛之故"。在他看来，杜佑《通典》也是如此。"唐杜岐公始作《通典》，肇自上古，以至唐之天宝，凡历代因革之故，粲然可考。"⑥ 所谓"历代因革之故，粲然可考"，与其说是杜佑《通典》的特点，不如说是马端临之自况。

马端临指出："窃尝以为理乱兴衰，不相因者也，晋之得国异乎汉，隋之丧邦殊乎唐，代各有史，自足以该一代之始终，无以参稽互察为也。典章经制，实相因者也，殷因夏，周因殷，继周者之损益，百世可知，圣

---

① 以上引文见杜佑撰，王文锦等点校《通典》卷31《职官十三·王侯总叙》，第844~845页。
② 杜佑撰，王文锦等点校《通典》卷185《边防典一·边防序自注》，第4970页。
③ 杜佑撰，王文锦等点校《通典》卷31《职官十三·王侯总叙》，第844页。
④ 杜佑撰，王文锦等点校《通典》卷1《食货一》，第1页。
⑤ 马端临：《文献通考·自序》，中华书局，2011，第1页。
⑥ 马端临：《文献通考·自序》，第1页。

人盖已预言之矣。爰自秦汉以至唐宋，礼乐兵刑之制，赋敛选举之规，以至官名之更张，地理之沿革，虽其终不能以尽同，而其初亦不能以遽异。如汉之朝仪、官制，本秦规也，唐之府卫、租庸，本周制也，其变通张弛之故，非融会错综，原始要终而推寻之，固未易言也。"① 这里所说的 "理乱兴衰，不相因者也"，"代各有史，自足以该一代之始终，无以参稽互察为也"，并不准确。但马端临强调的是 "典章经制，实相因者也"，必须采取融会错综、原始要终的方法，才能揭示其变通张弛之规律。所谓 "融会错综"，是从横的方面而言的。马端临认为各种制度是相互关联的，如井田制与分封制是联系在一起的，秦废封建以后，井田制不可复存。"虽其间如元魏之泰和、李唐之贞观，稍欲复三代之规，然不久而其制遂隳者，盖以不封建而井田不可复行故也。"② 因此，对于各种制度，须 "参稽互考，曲畅旁通，而因革之故可以类推"。③ 所谓 "原始要终"，是从纵的方面而言。马端临认为后代之典制一方面因袭前代，另一方面又有所损益，从秦到唐宋，其礼乐兵刑之制、赋敛选举之规，以至官名更张、地理沿革，莫不如此。因此，有关各种制度 "变通张弛之故" 的考察和认识，需要采取 "原始要终" 的方法，所谓 "必能备究古今之事情，然后可以断其议论之是非，法制之得失"④。如论及市籴、平籴时，他指出，古代 "泉府与平籴之立法也，皆所以便民"，其在后世却成为官府搜刮民脂民膏的弊政。对这种变化，需原始要终才能察其故。"盖古人恤民之事，后世反藉以厉民，不可不究其颠末也。"⑤

推寻典章经制 "变通张弛之故" 这一撰述旨趣，使马端临将考察目标聚焦于通古今而代有因革之各种制度，至于古有今无，或古无今有者，则不甚措意。论及礼制时，他指出，秦汉以后，因革不同，有古有而今无者，如大射、聘礼、士相见、乡饮酒、投壶之类；有古无而今有者，如圣节、上寿、上尊号、拜表之类；有其事通乎古今而后世未尝制为一定之礼者，如臣庶以下冠、昏、丧、祭等。"凡若是者，皆本无沿革，不烦纪录。"因为 "其本无沿革者，若古礼则经传所载、先儒所述，自有专书可以寻求，毋庸赘叙，若今礼则虽不能无失，而议礼制度又非书生所得预闻

---

① 马端临：《文献通考·自序》，第 1 页。
② 马端临：《文献通考·自序》，第 4 页。
③ 马端临：《文献通考·自序》，第 11 页。
④ 马端临：《文献通考》卷 275《封建考十六》，第 7522 页。
⑤ 马端临：《文献通考·自序》，第 7 页。

也，是以亦不复措辞焉"。通乎古今而代有因革者如国家祭祀、学校、选举，以至朝仪、巡狩、田猎、冠冕、服章、圭璧、符玺、车旗、卤簿及凶礼等，需要"备著历代之事迹"。① 所谓"备著历代之事迹"，表明马端临试图通过对这些礼仪制度原始要终的考察，揭示其沿革变迁之故。其考田赋、户口、学校、职役、国用、郊祀、乐制、兵制等，皆是如此。这就是马端临所说的"其变通张弛之故"，须"原始要终而推寻之"。

通过对典章经制原始要终的考察，马端临揭示出"古今异宜"是其"变通张弛"的一个重要原因。其论田制、租税、封建与郡县等，多以"古今异宜故也""不容不然""不容不如此""不能违时""其势然也"等分析其沿革变化。如其论及田赋之变化时，指出：

> 随田之在民者税之，而不复问其多寡，始于商鞅。随民之有田者税之，而不复视其丁中，始于杨炎。三代井田之良法坏于鞅，唐租庸调之良法坏于炎。二人之事，君子所羞称，而后之为国者莫不一遵其法，一或变之，则反至于烦扰无稽，而国与民俱受其病，则以古今异宜故也。②

井田制、租庸调虽是良法，但随着封建制的废弃、均田制的破坏，其亦变得弊端无穷。商鞅、杨炎变法，虽不合理，但合时宜，为救弊之良法。如"炎变法而人安之，则以其随顺人情"③。两税法"虽非盛世事，而救时之策不容不然，未宜遽非也"④。古今形势不同，制度也随之变化。这里所谓"古今异宜故也"，"不容不然"，是从时代变化的角度肯定商鞅、杨炎变法的合法性，同时也说明了这种变法的原因。

与杜佑一样，马端临也将封建制、郡县制的变迁作为考察的重点。如果说杜佑论封建制、郡县制旨在探讨治国政体，论证郡县制代替封建制的合理性，那么马端临考封建则重在探讨封建制、郡县制嬗变之故。马端临通过对历代封建制的考察，指出具公心，存良法，才能实行封建制度，否则，必定引发争端，造成生灵涂炭。"必有公天下之心，而后可以行封建。自其出于公心，则选贤与能，而小大相维之势，足以绵千载。自其出于私

---

① 马端临：《文献通考·自序》，第12页。
② 马端临：《文献通考·自序》，第4页。
③ 马端临：《文献通考》卷3《田赋考三》，第59页。
④ 马端临：《文献通考》卷3《田赋考三》，第68页。

心，则忌疏畏逼，而上下相猜之形，不能以一朝居矣。"① 所谓公心就是封建诸侯以贤能功德而不专以亲贵，良法就是所封之诸侯大小相维，尊卑相制。这要求分封制帝王"未尝以天下为己私"，受封之诸侯"亦未尝视封内为己物，上下之际，均一至公"。② 马端临认为，只有唐虞时期能如此。三代之初帝王始家天下，封建之弊端已现。尧舜"当时之众建诸侯也，有德者爵之，功加于民者爵之，尧舜无容心也。居天下之上而与天下之贤且能者分治之，逮其倦勤，则必求天下之有圣德者而禅之"。所封诸侯也不敢以其国自私。"是以虽有土地之广，人民之众，甲兵之强，其势足以为乱而莫不帖服于其下，如臂指之相使，以为当然。"故而无弊端。"是则唐虞以公天下之心行封建，而当时封建所以无敝也。"③ 夏始将公天下变为家天下，周则大封同姓以屏藩王室，"故封建之敝，始于夏而成于周"。夏启时有有扈氏之征，仲康时有羲、和之征。"自是而后，天子私其天位，而世守之诸侯亦私其国之土地、甲兵而擅用之。"至周代，"文昭武穆之封遍于天下，封建之法益详，经制益密而示人益褊矣"。数传之后，诸侯形成尾大不掉之势，争城争地，相互攻击如仇雠，天子不能禁止。马端临指出，在"时不唐虞，君不尧舜"的时代行封建制如同为夺攘之人提供武器，会成为社会不得安宁的根源。"必有公天下之心，然后能行封建，否则莫如郡县；无公天下之心，而欲行封建，是授之以作乱之具也。"故而"此后世封建之所以不可行，而郡县所以为良法也"。恢复封建制绝无可能。"世之不古久矣，圣人不能违时，不容复以上古之法治之也。"所谓"圣人不能违时"，是指废封建、置郡县，是时势发展的必然。这是因为，唐虞是天下为公的大同之世，三代以来则是天下为家的小康时代，时代不同，实施的制度因之也不同。天下为家之世，难以天下为公之法治之。"然则官天下与家天下者其规模之广隘，治效之优劣，虽圣人不能比而同之矣。"基于这种认识，他批评那些企图废除郡县制、恢复封建制者昧于历史的变化。"盖时不唐虞，君不尧舜，终不可复行封建。谓郡县之法出于秦而必欲易之者，则书生不识变之论也。"④ 至于秦汉以后，马端临指出，秦灭六国后，"举宇内而郡县之，尺土一民始皆视为己有"。在这样的情形之下，再实行分封制只会带来灾难。如"汉惩秦之弊，复行封建，然

---

① 马端临：《文献通考》卷268《封建考九》，第7335~7336页。
② 马端临：《文献通考·自序》，第17页。
③ 马端临：《文献通考》卷265《封建考六》，第7209~7210页。
④ 上引皆出自马端临《文献通考》卷265《封建考六》，第7208~7211页。

为人上者苟慕美名而实无唐、虞、三代之公心,为诸侯者既获裂土,则遽欲效春秋、战国之余习,故不久而遂废"。① 曹魏、晋、齐、梁之分封更是如此。"盖其初也唯务私其宗亲,未尝有择德而授之意。故有国者,不皆可使南面之人,而复不能固结之以恩义,绳律之以法度。故仁恕者则流于纵恣,西晋是也;克核者则过于猜防,曹魏是也。而晋、魏皆缘是以亡。"② 这表明,在公心良法不存的时代强慕美名以行封建,不但不能起到屏藩王室的作用,反而会亡国灭族。马端临认为这不是封建制本身的问题,而是这种制度不合私天下之宜所致。"晋、魏皆缘是以亡,是岂封建误之哉?先王之意之法不存,而强慕美名,则适足以为祸乱之阶耳!……方追咎其不能力行,此书生之论,所以不能通古今之变也。"③ 这里所说的"方追咎其不能力行",是指唐太宗时分封刺史,因魏徵、李百药、于志宁等的劝谏而终止,"后之儒者,往往追恨当时诸臣不能将明英主之美意,使生民复见三代之治,以为遗憾"。④ 这种认识,在马端临看来,不过是不能通古今之变的书生迂腐之见。

现代学者指出,封建制的基础是血缘-地域关系的国家形态,郡县制则基于地缘关系。早期王制国家是以血缘关系为纽带的氏族的延伸、扩展,帝制国家是通过国家政权力量对社会按地域进行重新组织。郡县制取代分封制的本质,是在国家体制中以地缘关系取代血缘关系,由部族国家变成疆域国家。⑤ 马端临当然不可能有这种认识,但他敏锐地发现国家政体的阶段性变化,以公心、良法为标准,将其划分为唐虞、三代、秦汉以来三个历史阶段,说明随着时代的变化,唐虞时期完美的封建制到三代之初弊端已现,在三代之末则成为社会动乱的根源,秦汉以来郡县制必然代替封建制。从时势的变化揭示封建制、郡县制的嬗变,正是马端临"原始要终"推寻典章经制"变通张弛之故"的积极成果。

由司马迁提出的"原始察终"这一考察历史的方法,为后来众多的史家所继承和发展,成为古代史家考察历史、史学的重要方法。杜佑、马端临是运用这一方法考察历史的杰出代表。他们将中国历史视为一个不断发

---

① 马端临:《文献通考》卷 268《封建考九》,第 7336 页。
② 马端临:《文献通考》卷 275《封建考十六》,第 7523 页。
③ 马端临:《文献通考》卷 275《封建考十六》,第 7523 页。
④ 马端临:《文献通考》卷 275《封建考十六》,第 7524 页。
⑤ 参见徐勇《"郡县制""封建制"的历史纠缠与斗争:以关系叠加为视角》,《南国学术》2020 年第 2 期。

展的具有阶段性的过程，并运用"原始察终"的方法对这个过程进行贯通考察，或探讨治国安邦之道，或推寻典章经制"变通张弛之故"。此外，班固、荀悦、郑樵、王夫之等史家也主张运用这种方法考察历史。如班固认为研究历史应"究其终始强弱之变"以"明监戒焉"。① 荀悦指出，若"守其一端，而不究终始"，则难以明了复杂的历史现象。② 郑樵强调"同天下之文，贯二帝三王而通为一家"以"极古今之变"。③ 王夫之指出，观察历史应"通古今而计之"，不可囿于一时之利害。④ 刘知幾、章学诚等则用这种方法考察学术发展。如刘知幾"通过'原始要终'来贯通古今史学"，⑤ 章学诚要求校雠学以"辨章学术，考镜源流"为宗旨。凡此等等，皆是古代史家运用原始察终这一方法考察历史的具体表现。到近代，原始察终这一方法与进化史观相结合，发展为胡适所说"历史的方法——'祖孙的方法'"，即"从来不把一个制度或学说看作一个孤立的东西，总把它看作一个中段：一头是他所以发生的原因，一头是他自己发生的效果；上头有他的祖父，下面有他的子孙"。⑥ 胡适认为顾颉刚正是运用这一方法从事古史辨，提出了"层累地造成的古史"观的。在《古史讨论的读后感》一文中，他对这种方法做了具体的阐述，"（1）把每一件史事的种种传说，依先后出现的次序，排列起来。（2）研究这件史事在每一个时代有什么样子的传说。（3）研究这件史事的渐演进：由简单变为复杂，由陋野变为雅驯，由地方的（局部的）变为全国的，由神变为人，由神话变为史事，由寓言变为事实。（4）遇可能时，解释每一次演变的原因"。⑦ 总而言之，"这个方法便是用历史演化的眼光来追求每一个传说演变的历程"。胡适认为这是其"最精彩的方法论"。⑧ 所谓历史的方法对民国时期的史学产生了深刻影响，并成为这一时期历史研究的主要方法之一。

---

① 班固：《汉书》卷14《诸侯王表序》，第396页。
② 荀悦：《汉纪》卷6《高后纪》，中华书局，2002，第86页。
③ 郑樵：《通志·总序》，中华书局，1987，第1页。
④ 王夫之：《读通鉴论》卷3《汉武帝》，世界书局，1936，第41页。
⑤ 张三夕：《批判史学的批判——刘知幾及其史通研究》，华中师范大学出版社，2010，第82页。
⑥ 胡适：《杜威先生与中国》，《东方杂志》第18卷第13期，1921年。
⑦ 胡适：《古史讨论的读后感》，《读书杂志》第18期，1924年。
⑧ 胡适：《介绍我自己的思想》，《新月》第3卷第4期，第1930年。

史学社会功能在历史进程中的演变与提升*

邹兆辰

(首都师范大学历史学院,北京 100089)

摘　要：史学的社会功能问题历来是史学理论中的重要问题。历代执政者都十分重视"以史为鉴",为巩固政权服务。同时史学不仅具有政治上的借鉴功能,还有教育的功能、文化认同的功能。近现代以来,史学随着社会形势的变化增添了很多新的功能,在近现代的新形势、新任务下,史学社会功能逐渐演变和提升。新时代以来,史学社会功能面临新的全面提升,史学不仅要更好地发挥"资政育人"的功能,进行新的科学探索,而且要在揭示人类社会发展规律和促进民族文化认同上发挥更大作用。

关键词：史学　社会功能　以史为鉴　文化认同

史学的社会功能问题是一个老话题,也是一个常谈常新的话题。从史书问世起直到今天,历代的政治家、史学家和关心史学的人都十分关注这个问题,提出了一些非常睿智的见解并且流传至今。不同时代的史学著作,都是不同时代的产物,因此随着社会发展进程的推进,人们对史学的地位和作用的认识也会有新的变化。本文将讨论不同时代条件下史学的社会功能的演变与提升,特别是要着重探讨在新时代条件下历史学如何更好地发挥其社会功能。

---

* 本文系国家社科基金重大研究专项项目"新时代中国特色历史学基本理论问题研究"(18VXK006)的阶段性成果。

一　传统史学的社会功能

1. 史学在政治上的借鉴功能

唐代史学家刘知幾在《史通》中对史学的功用曾经这样定义：

> 苟史官不绝，竹帛长存，则其人已亡，杳成空寂，而其事如在，皎同星汉，用使后之学者，坐披囊箧，而神交万古，不出户庭，而穷览千载，见贤而思齐，见不贤而内自省。若乃《春秋》成而逆子惧，南史至而贼臣书，其记事载言也则如彼，其劝善惩恶也又如此。由斯而言，则史之为用，其利甚博，乃生人之急务，为国家之要道。有国有家者，其可缺之哉！①

刘知幾在这里说得很形象，也很深刻。他说，如果史官制度能够代代相传，大量的史学著作被保存下来，那么千百年以后，即使这些历史的当事人已经作古，但他们的历史活动仍然会被后人知晓。人们坐在家里就可以和古人对话，能够了解千百年来历史发展的路径。在这个过程中，人们不仅可以知晓古人，赞赏古人，还可以批评古人。历史上成就大业的人们可以成为道德的榜样，而那些祸乱国家社会的人会被钉在历史的耻辱柱上。人们学习那些有益社会的贤人，摒弃那些有害社会的恶人。于是史学不仅有着记事载言的功能，还能起到劝善惩恶的作用。因此，史学的功用是很广博的，涉及社会上每个普通人都应该知道的紧迫问题，更为国家治理者提供了借鉴。大到管理国家，小到治理家庭，人们都能够从历史中得到启发。

传统史学在治国理政方面的借鉴功能表现在许多方面，瞿林东在《史学在社会中的位置》等论著中曾对此进行过多方探讨，对我们很有启发。

首先，古代史家著史具有忧患意识并且对治国者有所影响。

中国古代史家历来有一种忧患意识。这种意识主要表现为对国家兴亡盛衰的关注，以及对社会治乱、人民休戚的关注。这是同史学的本质与功能密切相关的，也是史学中人文精神最集中的表现。《孟子·滕文公下》言："世衰道微，邪说暴行有作，臣弑其君者有之，子弑其父者有之。孔

---

① 刘知幾：《史通·史官建置》，浦起龙通释，上海古籍出版社，1978，第303~304页。

子惧,作《春秋》。"说明孔子作《春秋》时的一种忧患意识。到了西汉前期,司马迁言《春秋》"辩是非,故长于治人","《春秋》以道义","拨乱世反之正,莫近于《春秋》"。① 司马迁强调了《春秋》"辩是非"、"治人"、"道义"、拨乱反正等,把《春秋》的社会作用阐述得更加清晰,其主旨仍在于政治统治的原则。司马迁对汉武帝统治下的社会前景表现出种种忧虑。当是时,西汉由鼎盛开始走向衰落,司马迁看到了这一变化,故而发出"物盛而衰,固其变也"的感叹。他说:"居今之世,志古之道,所以自镜也。"这就是以史为"鉴"的思想。司马迁所说的"自镜"以"居今之世,志古之道"为前提,他是就史学的社会作用来说明"自镜"的价值的。

史家吴兢生活在唐代武则天至唐玄宗时期,他目睹"开元盛世"的繁华,同时也敏锐地觉察到唐玄宗开元后期政治上的颓势,于是著《贞观政要》一书。此书以《君道》开篇,以《慎终》结尾,反映了这位董狐式史家的忧患意识。《贞观政要》对后世产生了一定影响,唐宣宗曾经把它书写在屏风上,"每正色拱手而读之",辽、金、元、清四朝的最高统治者,都曾把《贞观政要》译成本民族文字,认真披览。

清人龚自珍说:"智者受三千年史氏之书,则能以良史之忧忧天下。"② 历代史家是怀着对社会深刻的忧患意识来著史的,治国者如果能从史著中感受到这种忧患意识,从而有所警醒,就说明史家著史的巨大社会功能。

其次,以史为镜,可以知兴替。

唐太宗对史书编纂的意义有深刻的认识。贞观十七年(643),魏徵病逝,唐太宗非常悲痛,对身边大臣说:"夫以铜为镜,可以正衣冠;以史为镜,可以知兴替;以人为镜,可以明得失。"③ 这里"以史为镜,可以知兴替"表达的就是后来人们常说的"以史为鉴"的思想。

唐代初年,唐太宗非常重视编纂史书,他命房玄龄、魏徵等撰写梁、陈、齐、周、隋五代史。贞观十年书成,他很高兴,并深刻地指出:

> 朕睹前代史书,彰善瘅恶,足为将来之戒。秦始皇奢淫无度,志存隐恶,焚书坑儒,用缄谈者之口。隋炀帝虽好文儒,尤疾学者,前

---

① 司马迁:《史记》卷130《太史公自序》,中华书局,1959。
② 龚自珍:《乙丙之际箸议第九》,《龚自珍全集》第一辑,上海古籍出版社,1973。
③ 欧阳修:《新唐书·魏徵传》,中华书局,1975,第3880页。

世史籍竟无所成，数代之事殆将泯绝，朕意则不然，将欲览前王之得失，为在身之龟镜。公辈数年之间，勒成五代之史，深副朕怀，极可嘉尚。①

可见唐太宗让魏徵等编纂梁、陈、齐、周、隋五代之史书，就是要从这段历史中吸取教训，即"览前王之得失，为在身之龟镜"。应该说唐太宗对秦始皇、隋炀帝的批评是正确的，他"览前王之得失，为在身之龟镜"的态度是诚恳的，这从"贞观之治"的政治作风和社会面貌可以得到充分的证明。我们甚至可以说，唐太宗对历史经验和史学的重视程度，在中国封建社会的几百个皇帝中，是前无古人，后无来者的。②唐太宗曾在《修晋书诏》中以赞叹的口吻说道："大矣哉，盖史籍之为用也。"③ 这句话，凝聚了他对史学在社会中的地位的全部认识。

历史学家们常常把自己的著作当作令执政者警惕的镜鉴。最有代表性的作品就是北宋史家司马光的《资治通鉴》。书编纂完成后，他在给宋英宗的《进书表》中，恳切地期望英宗：

    时赐省览，监前世之兴衰，考当今之得失，嘉善矜恶，取是舍非，足以懋稽古之盛德，跻无前之至治，俾四海群生，咸蒙其福，则臣虽委骨九泉，志愿永毕矣。④

《资治通鉴》为编年体史书，读者们不容易从书中了解一件史事的始末，于是南宋史家袁枢以《资治通鉴》为资料来源，编纂了纪事本末体史书《通鉴纪事本末》，便于人们了解历史事件的始末，进而从历史中吸取教训。难怪与袁枢同时代的文学家杨万里读了《通鉴纪事本末》以后，感叹道："今读子袁子此书，如生乎其时，亲见乎其事，使人喜，使人悲，使人鼓舞未既而继之以叹且泣也！"⑤ 反映了该书可能产生的社会影响。

最后，传统史学具有广泛的经世功能。

唐初史家把史书分为13类，即正史、古史、杂史、霸史、起居注、旧

---

① 王钦若等编《册府元龟》卷 554《国史部·恩奖》，中华书局，1960。
② 瞿林东：《中国古代史学十讲》，北京出版社，2017，第 215 页。
③ 宋敏求等编《唐大诏令集》卷 81，商务印书馆，1959。
④ 司马光：《资治通鉴》卷 20，中华书局，1956，第 9608 页。
⑤ 杨万里：《通鉴纪事本末叙》，见袁枢《通鉴纪事本末》卷首，中华书局，1964。

事、职官、仪注、刑法、杂传、地理、谱系、簿录，并说明每类史书的性质、源流、著述成就。从各类目录名称来看，史学在社会中的地位更高了，作用更大了：政治仍占有主要的分量，而民族、家族、人物、文献积累等，也从不同的方面显示了史学内涵的丰富以及史学对于社会面貌的影响，历史、天文、地理、人事，都在史学的视野之内；彰善、垂戒、揭示执政者治国安邦的智慧、描述朝代兴盛的风貌，都是史学社会功能的表现。① 传统史学著作的这种经世功能主要以种种制度的模式为后代的执政者提供参考，其中以典制体史书最为突出。例如唐代大史学家杜佑在他的《通典》的序言中表明，他"所纂《通典》，实采群言，征诸人事，将施有政"。

我们可以从王夫之对《资治通鉴》的评价来说明传统史学多方面的功能。王夫之说：

> 其曰"通"者，何也？君道在焉，国是在焉，民情在焉，边防在焉，臣谊在焉，臣节在焉，士之行己以无辱者在焉，学之守正而不陂者在焉。虽扼穷独处，而可以自淑，可以诲人，可以知道而乐，故曰"通"也。②

一部《资治通鉴》可作如是观，更何况全部传统史学呢！

2. 史学的教育功能

传统史学著作具有明显的教育功能。这种教育功能在古代就已经显现，直到今天，我们仍然可以感受到史学的这种功能。

古代统治者重视史学在人才培养方面的作用。例如春秋时期，楚国大夫申叔时论教导太子，认为应该教之"春秋"，教之"世"，教之"令"，教之"语"，教之"故志"，教之"训典"等，以便从各方面提高太子的素养。十六国时期，后赵石勒设史学祭酒一职，史学立为官学之一，与经学、律学鼎足而立。南朝宋时，国子学有玄、儒、文、史四科。唐朝国子学设有"文史直者"，其弘文馆弘文生要通过《史记》、两《汉书》和《三国志》的考试；科举考试有"史科"从一史科到三史科，"每史问大义一百条，策三道，义通七、策通二以上，为及第"。

---

① 瞿林东：《中国古代史学十讲》，北京出版社，2017，第213页。
② 王夫之：《读通鉴论》卷末《叙论四》，中华书局，1975。

除了人才培养之外，史书能以伦理的或道德的准则警醒人们、教育人们，协调或维护社会秩序。孟子曰："孔子成《春秋》而乱臣贼子惧。"司马迁说："《春秋》辩是非，故长于治人。""拨乱世反之正，莫近于《春秋》。"刘知幾说："史之为务，申以劝戒，树之风声。"都表达的是这个意思。传统史书尤其"正史"，都是纪传体，保留了丰富的历史人物的事迹，其中很多历史人物的事迹、言论，为人们树立了做人的标准，"见贤而思齐，见不贤而内自省"。时代不同，价值判断标准也不同，但史书仍然可以给人们带来启示，为人们提供镜鉴，起到一种特殊的人生教科书的作用。

3. 史学的文化认同功能

中国丰富的历史著作，是中国优秀传统文化的载体。每一部优秀的历史著作，都体现了中国传统文化的内涵。中国传统文化，尤其是作为其核心的思想文化的形成和发展，大体经历了先秦诸子百家争鸣、两汉经学兴盛、魏晋南北朝玄学流行、隋唐儒释道并立、宋明理学发展等几个历史时期。从历史的角度看，中国传统文化中的优秀成分，对中华文明形成并延续发展几千年而从未中断，对形成和维护中国团结统一的政治局面，对中国多民族"联结一体"，对形成和丰富中华民族精神，对激励中华儿女维护民族独立、反抗外来侵略，对推动中国社会发展进步、促进中国社会利益和社会关系平衡，都发挥了十分重要的作用。

中国古代优秀的历史著作有助于促进中华民族凝聚力的形成。仅以《史记》为例，看该书如何促进中华民族凝聚力的形成，这很值得我们思考。

首先，"大一统"的政治观。突出表现为《史记》明确记载了中国历史始于何时，谁是中华文明的始祖。司马迁能深刻把握中华民族的精神和历史前进的趋势，具有杰出的对历史文献的整理、综合能力，又具有将自己在广阔的范围内调查访问所得与文献记载相印证的高明的治史方法。他确定黄帝为华夏民族的人文初祖，这对于几千年来中华民族的发展具有非凡的文化认同意义。司马迁在《史记》的首篇《五帝本纪》中记载黄帝、颛顼、帝喾、尧、舜五个古代帝王的历史，这是中国历史的最早阶段，也是中华民族意识的源头。在司马迁的笔下，黄帝不但是华夏文明初祖和华夏民族走向统一的奠基者，而且其后起称帝者都是黄帝的血胤。

其次，《史记》极为重视民族活动，以大量史实表达各民族"联结一体"这一重要观念。《史记》开创了中国史学重视周边民族历史记载的传统，对于促进全国各民族的融合产生了极其深远的影响。如《史记》中有《匈奴列传》《南越列传》《朝鲜列传》《西南夷列传》《大宛列传》等，在这些篇章中司马迁认为周边民族与中原民族出于同源。在《匈奴列传》中，他一开头就说明："匈奴，其先祖夏后氏之苗裔也，曰淳维。"这就说明匈奴这一北方边境民族与中原民族是兄弟关系。

最后，《史记》具有广采兼容的文化观，为中华民族历史记载的连续性树立了不朽的典范。《史记》有这样一个特点，它善于吸收古代各派学术的精华，体现出拥抱全民族文化的广阔胸怀。应该说，这一点是很不容易的，在当时要经受巨大的考验。当时，汉武帝采纳董仲舒的建议，实行"罢黜百家，独尊儒术"的政策。司马迁重视儒家思想，但对诸子百家也是广采兼容。司马迁并不把尊重儒学与其他学派对立起来，他明确肯定百家之学各有自己的价值。

陈其泰在评述《史记》的文化认同作用时指出，《史记》把中华民族的历史写进书中，将各家各派的学术思想都囊括其内，把各具智慧和光彩的历史人物都载入史册。司马迁这种具有重大进步意义的广采兼容的文化观，与其"大一统"的政治观和各民族"联结一体"的民族观紧密交织，三者相得益彰。因此，"《史记》是在古代国家实现空前统一和全国范围内各民族的融合达到空前规模的汉代著成的，它的成就为中华民族的文化认同进一步奠定了深厚牢固的基础，在两千多年漫长岁月中不断发挥其增强民族凝聚力的巨大作用，其深远影响一直存在到今日！"[①]

二 近现代史学功能的提升

由于社会背景的变化，近现代史学的内容和撰史的宗旨、编撰的方式等都有了很大的变化，因而史学的社会功能也有了不同程度的扩展和提升。从鸦片战争以来的中国近代史学到20世纪以来的中国新史学，从马克思主义史学诞生以来的中国史学到改革开放以来的新时期史学，随着史学本身的发展，史学的社会功能也出现诸多新变化、新特点。

1. 近代史学的开眼看世界

第一，经世致用功能的提升。

晚清以来，中国社会局势发生深刻变化。鸦片战争失败，《南京条约》

---

① 陈其泰：《历史学新视野》，商务印书馆，2017，第135页。

和一系列不平等条约的签订，使中国逐渐沦为半殖民地半封建社会。社会环境的变化，使史学著作的编撰形式和理念都发生了变化，出现了与传统史学不同的新趋势。严酷的社会现实，促使有识之士把眼光转向社会，对黑暗的社会现实进行了尖锐的批判。

在史学思想上最突出的代表是龚自珍。他利用公羊资料锻造现实斗争所需要的哲学思想并取得了出色的成果，这昭示着社会的动向，标志着公羊学发展史上的巨大飞跃。在举世昏昏时，他感受到社会危机的深重，忧虑憔悴、日夜不安。他发出有力警告："乱亦竟不远矣！"他所阐发的公羊三世哲学观点，新鲜活泼，容易触发人们对现实的感受，启发人们警醒起来投身改革事业。

一些原来锐意攻训诂、习考证的学者开始改变风气，走上了诵史鉴、考掌故、慷慨论天下事的史地研究道路。西北史地学就是在19世纪中叶经世致用的史学思潮推动下发展起来的。在这个方面，成就最大的是张穆和何秋涛。张穆的《蒙古游牧记》是我国第一部较系统的蒙古地志，它的出现可补辽、金、元三史之阙，同时提供了清代蒙古各部的沿革变迁与社会风貌，此书在近代西北史地学发展史上占有突出位置。何秋涛的《朔方备乘》也是近代的一部史学名著。该书不仅取材广，考订精，而且经世的意图十分鲜明。何秋涛对清代前期的历史进行考证和总结，希望清政府能从中吸取经验教训，像康熙帝那样有所作为，可见其用心之深。

第二，"开眼看世界"的开始。

鸦片战争时期，中国史学界兴起了研究外国史地的热潮。这股热潮为中国的史学发展注入了新的血液，同时在介绍和输入西方近代思想文化方面也起到了桥梁作用。

林则徐和姚莹是"开眼看世界"的杰出代表。他们都亲身参加了东南沿海的抗英斗争，从残酷的现实中认识到清廷之所以在鸦片战争中惨败，是由于中国书生"不勤远略"，不了解海外事势，一旦与外夷交战，便"惊若鬼神，畏如雷霆"，以致"偾败至此"。林则徐、姚莹不仅提出了"开眼看世界"的主张，并且身体力行，积极从事世界形势及各国历史地理的研究。林则徐在广东时，就经常令人搜集西方材料，翻译西书，积累了大量资料。他所编的《四洲志》是根据英人慕瑞的《世界地理大全》译出，介绍了世界三十多个地区和国家的历史与地理情况，是我国近代第一部较系统的世界史地译作。姚莹的《康輶纪行》记录了不少有关英、法、俄、印度等国的历史地理知识，考察了天主教、伊斯兰教、佛教的源流，绘制了世界和中国西南边疆地图，揭露了英国对西藏的觊觎和英俄在中亚、西亚的争斗情况。

真正把"开眼看世界"的思想付诸史学实践，并且取得较大影响的是魏源的《海国图志》。1841年6月，林则徐被革去四品卿衔，由浙江发往伊犁，途经京口遇见魏源。林则徐将他主持编译的《四洲志》等有关外国资料交给魏源，嘱他继续编纂。《海国图志》是中国人编纂的第一部世界史地志。当时中国刚经历鸦片战争失败的巨痛，人们渴望了解世界大势，故此书一出，即风行天下，给思想界以极大的启示，其不仅对西学在近代中国的传播起了凿破鸿蒙的启示作用，且在史学上也有独特建树，为中国近代的世界史地研究奠定了基础。①

19世纪六七十年代洋务运动兴起，随着运动的开展，适合时代需要的世界史研究进一步展开，黄遵宪的《日本国志》就是其中代表性著作。《日本国志》写的是日本明治维新"改从西法，革故取新"的历史，所涉既详又广，具有极高的史学价值，在近代中日文化交流史和中国近代思想史上占有重要地位。《日本国志》由于提供了国人迫切需要的外国史地和世界潮流的知识，故被时人誉为"奇作"。黄遵宪的《日本国志》所表现的杰出创造力在近代史学史上有重要意义。

> 在当时，中国要改变积贫积弱的状态，就应该效法日本，走维新道路，学习西法，发展资本主义制度。故《日本国志》就成为符合19世纪末中国社会进步的迫切需要之"千秋史鉴"，是一部反映时代精神、体现时代脉搏的杰出史著。也是孔子、司马迁以来史学与社会密切联系，发挥经世致用社会功能这一优良传统的大发扬。②

第三，振兴民族精神的史学著作出现。

由于文化专制主义，特别是康雍乾三朝的"文字狱"影响，清代的明清史研究为学术"禁区"。鸦片战争以后，一些史家为解决社会面临的军事和财政危机，把眼光转向清史研究，希望以此来追本溯源，探求国家积贫积弱的原因。魏源的《圣武记》就是其中最有影响的清代军事政治史著。

---

① 胡逢祥、张文建：《中国近代史学思潮与流派》，华东师范大学出版社，1991，第61页。
② 陈其泰：《历史学新视野》，商务印书馆，2017，第309页。

魏源认为，国家欲兴数百年之利弊，士大夫就必须能够"舍楷书贴括而讨朝章、讨国故始"。他很早就开始留意这方面的研究。道光九年（1829）以后，他利用在京任职的机会，广泛阅读"史馆秘阁官书及士大夫私家著述，故老传说"，搜集了大量的资料为清史的撰写做准备。鸦片战争中，清军节节败退的消息传来，他悲愤异常，于是开始奋笔书写《圣武记》。《圣武记》对晚清时期的历史研究具有开创性的意义。《圣武记》是近代第一部系统记载道光以前清朝军事史的私家著述，《圣武记》的强烈的经世色彩及其在清史研究中取得的成就，为它在社会上赢得了很大声誉。《圣武记》成为一部振奋民族精神的史学著作，体现了近代史学功能的提升。

2. 20世纪新史学对史学功能的提升

"新史学"开始了对中国历史进程的探索。20世纪初，梁启超在他的《中国史叙论》（1901年）、《新史学》（1902年）等文章中提出了改革旧史学、创立"新史学"的急迫主张，大声疾呼"史界革命"。在批判旧史学的基础上，从"史界革命"的高度，梁启超提出了建立"新史学"的理论。他认为，"新史学"应该以进化论为指导，探讨人群进化和历史事件的因果关系，揭示人类社会的发展规律。他认为"新史学"的任务，在于叙述人群进化之现象而求得公理公例，使后人能够循其理率其例而增幸福于无疆。

梁启超批评旧史学有"四弊"，认为其治史的观念是以古人、死人为本位，他说：

> 旧史中无论何体何家总不离贵族姓，其读客皆限于少数特别阶级，或官阀阶级，或智识阶级。故其效果，也一如其所期，助成国民性之畸形的发达。此二千年史家所不能逃罪也……历史为死人古人而作耶？为生人今人而作耶？据吾侪所见，此盖不成问题，得直答曰为生人耳。[①]

夏曾佑的《中国古代史》就是适应这种潮流的第一部中国通史著作。夏曾佑在该书序言中说明，自己研究中国古代史就是为了寻找救国之法。他认为，历史和现状之间有密切的因果关系，现实社会中的种种迹象，必

---

① 梁启超：《中国历史研究法》，《梁启超全集》第七册，北京出版社，1999，第4102页。

须也只有从历史中才能找到根源。他也是为了当时维新变法的政治需要，才潜心于历史研究的。这部 30 万字的《中国古代史》的特殊之处在于，它从"传疑时代"即太古三代的神话传说写起，一直写到隋朝。虽然只是半部中国通史，但是它突破了传统史学的编撰方法，采用章节体，贯彻今文经学和社会进化论的历史进化观点，显示了与传统史学完全不同的面貌。他能够把中国历史放在连续发展过程中来考察，强调古今历史的因果联系，注重揭示社会历史的进化规律，显示了 20 世纪新史学的新功能，在当时获得了一定的社会声誉。

此外，20 世纪上半叶还有一些历史学家运用进化论的理论和爱国主义的思想编著中国历史，教育广大民众。如吕思勉早在 1922 年就出版了四册《白话本国史》，这是中国第一部用语体文写出的中国通史，对当时的历史研究和历史教学都有不小的影响。20 世纪 40 年代，他又先后完成了《先秦史》《秦汉史》《两晋南北朝史》，于 1946 年写成两卷本《中国通史》。吕思勉的这些著作，材料详备、考订深入，涉及社会经济、政治制度、文化学术，为当时学习中国历史提供了很大方便。他还激励广大青年，通过学习历史了解社会进化的道理，告诫青年读者，要加强对历史的学习，"读了历史，才会有革命思想"，"才知道人类社会有进化的道理"。

每当中国处于民族危机关头，就会有史学家以史学著作阐扬中华民族的历史传统，并试图以此来振奋民族精神。萧一山在他的清史研究中就表现了一种"民族革命史观"。

萧一山在 1923 年至 1927 年著成的《清代通史》中就已经形成了"民族革命史观"，主要表现在以下方面：在清代三百年历史主线中肯定了郑成功的抗清事业，重视天地会的作用，评价太平天国运动是民族革命的巨大洪流，论述了列强侵略造成的中华民族的无穷灾难等。在抗日战争时期，萧一山在前一段学术探索的基础上，丰富和发展了他的"民族革命史观"。1943 年，他撰成《清史大纲》一书，标志着他的"民族革命史观"的升华。

萧一山的"民族革命史观"发展的标志有两个：一是他总结清代三百年民族革命经历了三个阶段，"天地会肇其端，太平军扬其波，革命党竟其功"；二是他极其明确地以鸦片战争作为近代社会开始的标志，并强调由此"才走到剧烈变动的时期"，此后中国最主要的问题是面临帝国主义列强的野蛮侵略。抗战时期萧一山"民族革命史观"的发展，表现在他明确提出了"民族革命是支配整个中国近代社会的总枢纽"的重要观点。这显示了萧一山论述历史演进之因果关系及内在规则性的高明史识。他提出研究晚清史的重要任务，是要"勿忘国耻"，确凿记载，深刻揭露帝国主义如何对中国实施侵略、掠夺，并造成中华民族的深重灾难。他通过独立的学术研究而形成的"民族革命史观"，在对清代三百年历史演进基本线索、鸦片战争后社会的主要矛盾是帝国主义列强的肆意侵略、救亡图存成为民族革命的重要任务等一系列重大问题的认识上，与坚持唯物史观的学者相呼应，甚至有诸多吻合之处。①

3. 马克思主义史学的产生与史学功能的全面提升

从1919年到1949年这30年，是中国马克思主义史学的产生和初步发展的时期。中国马克思主义史学产生于中国革命的发展历程中，同时也配合革命任务发挥了自己的作用。

五四运动以后，唯物史观在中国的传播为马克思主义史学的诞生创造了条件。李大钊从1920年开始，就在北京大学等高校讲授唯物史观、史学思想史、史学要论等课程，并且开启了把唯物史观运用于史学研究的过程。1924年出版的《史学要论》就体现了他为这个结合所做的努力，这也意味着李大钊为中国马克思主义史学的诞生，进行了必要的理论准备。在《史学要论》中，李大钊特别强调了史学与人生的关系，为史学的社会功能做出了新的解释。他认为，史学既能成为一种学问，一种知识，自然要于人生有用。他认为，研究历史是为了看清现在、预见未来。他说：

> 我们登这过去的崇楼登的愈高，愈能把未来人生的光景及其道路，认识的愈清。无限的未来世界，只有在过去的崇楼顶上，才能看得清楚；无限的过去的崇楼，只有老成练达踏实奋进的健足，才能登得上去。一切过去，都是供我们利用的材料。我们的将来，是我们凭借过去的材料、现在的劳作创造出来的。这是现代史学给我们的科学的态度。②

大革命失败以后，思想界开展了长达十年之久的关于中国社会性质和社会史问题的论战。中国马克思主义史学在同各种不同观点的论战中，初步对中国原始社会、奴隶社会、封建社会和近代半殖民地半封建社会问

---

① 陈其泰：《历史学新视野》，商务印书馆，2017，第354页。
② 李大钊：《史学要论》，《李大钊全集》第四卷，人民出版社，2006，第444页。

题，进行了贯通性的系统考察，在此基础上探索出中国历史的发展体系。这个过程锻炼了我国第一批马克思主义史学工作者。其中，郭沫若以《中国古代社会研究》一书立首创之功。在这个理论的指导下，他系统地研究了先秦的历史，从渔猎、畜牧、耕种、工艺、贸易等社会生产活动中，找出了社会形态的经济基础和相应的政治法律制度，以及社会意识形态，并从生产力的发展所引起的生产关系的变革、阶级的产生与对立中说明社会的发展与变迁。吕振羽的《史前期中国社会研究》于1934年出版，该书对殷商以前远古社会的分析，根据摩尔根、恩格斯著作的精神，以仰韶各地出土器物为主要史料，从古籍、神话传说、民间习俗中探求史前期中国社会，探寻出中国原始社会的一般特征，确定传说中的尧舜禹时代是"母系氏族社会"，传说中的夏代为父系氏族社会，是对中国的原始社会研究的开创性贡献。1936年出版的《殷周时代的中国社会》一书，对殷代社会经济基础和上层建筑进行了具体分析，论证了殷代为奴隶社会，这一研究成果在当时的史学界具有开创性。

在抗日战争和解放战争中，马克思主义史学得到迅速发展，革命史学工作者的队伍日益壮大。他们聚集在延安和重庆两地，开展各种形式的斗争。

这一时期，毛泽东在延安对学习历史的重要性有过很多重要论述。他号召延安的人要通古今，全国、全世界的人也要通古今。他说：

> 古人讲过："人不通古今，马牛而襟裾"，就是说：人不知道古今，等于牛马穿了衣裳一样。什么叫"古"？"古"就是"历史"，过去的都叫"古"，自盘古开天地，一直到如今，这个中间过程就叫"古"。"今"就是现在。我们单通现在是不够的，还须通过去。延安的人要通古今，全国的人要通古今，全世界的人也要通古今，尤其是我们共产党员，要知道更多的古今。通古今就要学习，不但我们要学习，后人也要学习，所以学习运动也有它的普遍性和永久性。①

这一时期，史学研究在广度和深度上都有所突破。主要表现为马克思主义历史哲学的专论问世，古代社会史历史阶段划分问题讨论的展开，封建社会发展长期性和农民战争问题的探讨，近代社会研究的开展，思想史

---

① 《毛泽东文集》第2卷，人民出版社，1993，第177页。

研究的开展，等等。翦伯赞的《历史哲学教程》于1938年出版，书中提出了具有中国特点的马克思主义历史理论，论述了"历史发展的合法则性""历史的关联性""历史的实践性""历史的适应性"等问题。始作于抗日战争期间的一系列中国通史著作，区别于传统的正史模式，遵循历史唯物主义的基本原理，把中国史作为一个有规律的过程来看待，如范文澜的《中国通史简编》（上册1941年，中册1943年），吕振羽的《简明中国通史》（前七章1941年，后八章1948年），翦伯赞的《中国史纲》（第一卷1943年，第二卷1947年），邓初民的《中国社会史教程》（1941年），吴泽的《中国社会简史》（1942年）等。这些通史著作，按照社会发展的客观进程，既从纵的方面来体现历史发展的阶段性，又从横的方面表现了社会生活的多方面特点。这批通史著作的问世，体现了中国马克思主义新史学逐步趋于成熟。

4. 新中国史学的科学探索功能

新中国成立以后，马克思主义史学工作者们开始对将马克思主义基本原理与中国历史实际相结合的一些重大问题进行探讨，如中国历史分期、中国资本主义萌芽、中国历史上的农民战争、中国封建社会土地所有制形式和汉民族形成问题。这些讨论关注的是中国历史中的长时段和重大理论问题。如历史分期问题所讨论的殷周之际、春秋战国之际、秦汉之际、汉魏之际、隋唐之际、宋元之际、明清之际、鸦片战争之际，都是中国历史发展中的重大节点，牵涉到政治、经济、社会、思想文化上的一系列重大变化。历史分期的讨论并不仅仅是奴隶社会、封建社会、中国近代史的开端等概念问题，而是广泛涉及周秦至明清、近代的社会经济、政治制度、阶级关系、民族关系等许多问题。尽管在这些问题上他们没有形成完全统一的认识，但这些讨论大大深化了人们对中国历史的认识，推动了人们从宏观上、理论上把握中国历史发展的进程与变革。①

新中国成立以来，历史学研究取得了重大的成果，无论是中国古代史、中国近代史、中国现代史、中共党史还是世界史、史学理论研究，都呈现繁花似锦的局面，各个领域都有代表性著作问世。至于各具体领域的学术论文和学术专著，更是不胜枚举。政治、经济、社会、思想文化、对外关系、法律、军事、民族、生态环境、灾害与救灾等领域，都有大量论著问世。以中国通史方面的研究成果为例，就有范文澜、蔡美彪等著的

---

① 卜宪群：《新中国七十年的史学发展道路》，《中国史研究》2019年第3期。

《中国通史》十卷，郭沫若曾任主编后由编写组完成的《中国史稿》七卷，白寿彝总主编的《中国通史》十二卷，林甘泉等主编的《中国经济通史》九卷，龚书铎总主编的《中国社会通史》八卷，郑师渠总主编的《中国文化通史》十卷等。这些成果都有助于人们用唯物史观来科学地了解中国的过去，全面认识中国历史的发展进程。

三　新时期史学功能的全面提升

1. 改革开放为历史学功能的提升创造条件

第一，历史学的资政育人功能的新体现。

新中国成立以来，国家高度重视历史学的政治教育的功能。新中国成立初期，国家就重视对全民、特别是青少年进行帝国主义侵华历史的教育。在改革开放初期，为动员全民投入改革开放的各项工作，国家告诫全民"落后就要挨打"，引导广大干部群众积极学习从鸦片战争到五四运动的历史，胡绳的《从鸦片战争到五四运动》成为最热门的书。这种针对实际的历史教育对动员全民积极投入改革开放的社会实践起到了非常大的作用。

21世纪以来，党和国家把中国近现代史的教育列入高校政治教育课的内容。"中国近现代史纲要"就是全国高等学校本科生必修的思想政治理论课之一。这门课程主要是要求学生认识近现代中国社会发展和革命、建设、改革的历史进程及其内在的规律性，了解国史、国情，深刻领会历史和人民是怎样选择了马克思主义，选择了中国共产党，选择了社会主义道路，选择了改革开放的。

第二，科学探索功能的进一步提升。

改革开放以来，历史学的科学探索功能有了更大的提升。国家重点投入组织实施了一批史学重大项目，如夏商周断代工程、中华文明探源工程、《清史》纂修工程、《中华大典·历史典》编纂工程、《儒藏》工程、边疆历史与现状综合研究项目、抗战研究专项工程等。这些工程的实行，大大地提升了史学的科学探索功能。其中1996年启动的"夏商周断代工程"，促进了三代年代学研究从单个分散遗址研究走向贯通、整合性研究，推动了三代考古学文化分期断代序列及其标尺的建立。

《清史》的纂修工程意义也是非常重大的。清史研究是一个新兴的研究领域。清朝灭亡以后，社会总体上对清朝的评价非常低，认为清朝政治腐败、丧权辱国、大兴文字狱等，其统治一无是处。这种评价不是科学客观的。清王朝也有做出贡献的一面。比如，清朝的疆域版图基本奠定了中国的领土范围，这样大的领土面积在世界上也是很少见的。如果仔细去分析，仔细去研究，就会发现整个清代其实是有可以继承和学习的地方的。我们用这样的思路去拓展研究，会对清代有一个更全面客观的认识。①

第三，历史学的人才培养功能的提升。

历史学在新中国成立以后，特别是改革开放以后成为具有人才培养功能的一门重要学科。党和国家对教育与科研的重视，使史学人才培养和史学研究队伍建设很快走上了制度化的道路。1977年恢复了高等学校招生考试制度，1978年研究生招生得以恢复，1981年正式确立了新中国自己的学位制度，这些都极大地推动了历史学人才队伍的培养。一大批历史研究机构和高校史学教学机构的设立，使历史学学科建设有了稳固阵地。从20世纪90年代到21世纪，教育部人文社会科学重点研究基地、"211"工程大学、"985"工程大学、"双一流"高校建设等措施，对于高校史学人才的培养起到了重要作用。

第四，历史学的国际交流功能。

一方面，历史学具有重要的了解世界的功能。新中国成立前的中国世界史学科无论在教学教材体系，还是在研究队伍和研究成果上都很薄弱。新中国成立初期，中国学者主要通过学习借鉴苏联史学成果，开启了中国的世界史研究。改革开放以来，现实需要我们更多地了解世界，这有力地促进了世界史研究的繁荣发展。世界史研究在组织机构、学科建设、人才培养、学术成果上都取得了可观成绩。1978年后，世界史的相关学会、研究和教学机构也开始建立，世界史研究所创办了《世界历史》。相关单位开始组织翻译西方世界史研究的重要学术成果，如"汉译世界学术名著丛书"中就包括很多西方史学名著。此外，年鉴学派、西方马克思主义史学论著、剑桥世界史系列等著作的引进，开阔了世界史研究者们的视野。在世界史教材、专著的编写方面也取得成果，如周一良、吴于廑主编的《世界通史》，吴于廑、齐世荣主编的《世界史》，武寅总主编的《世界历史》等，对于历史专业的大学生和广大读者了解世界历史，起了重要作用。

---

① 郭飞：《丹青难写是精神——戴逸先生谈清史研究及相关问题》，《中国社会科学报》2020年4月10日。

另一方面，历史学科特别是世界史也是进行中外学术交流的重要媒介。改革开放以来，越来越多的学者走出国门，直接从国外的历史研究机构中学习、研究历史，也有更多海外学者来到中国开展学术交流。众多重要的史学名著被翻译到中国。广泛的学术交流有力推进了学术发展，中外学者在很多历史问题的研究上拥有了更多相同或相似的主题与话语。改革开放使我国历史研究工作者与其他国家历史学者有了广泛接触，各种国际性学术讨论对于我国历史学发展起到重要推动作用。有的科研项目由于中外学者的合作而取得了积极的进展。中国史学会代表团出席了1980年及以后历届国际历史科学大会，2015年还在山东济南成功举办了第二十二届国际历史科学大会，这些大会让国际史学界的同行们听到中国学者的声音。史学有力地促进了中外学者的交流与合作。

2. 新时代历史学期待更好发挥其社会功能

中国特色社会主义进入新时代以来，党和国家对历史学的任务提出了更高的要求，史学工作者必须认真学习习近平新时代中国特色社会主义思想，特别是习近平总书记关于历史学的一系列重要论述，深刻领会精神实质，自觉担负起构建历史学的学科体系、学术体系和话语体系的任务。

第一，要进一步提升"知古鉴今、资政育人"的功能。习近平指出：

> "明镜所以照形，古事所以知今。"今天，我们回顾历史，不是为了从成功中寻求慰藉，更不是为了躺在功劳簿上、为回避今天面临的困难和问题寻找借口，而是为了总结历史经验、把握历史规律，增强开拓前进的勇气和力量。①

习近平的这段话是对"以史为鉴"精神的最好诠释。2015年8月23日，他在致第二十二届国际历史科学大会的贺信中强调"历史是人类最好的老师"。他说：

> 世界的今天是从世界的昨天发展而来的。今天世界遇到的很多事情可以在历史上找到影子，历史上发生的很多事情也可以作为今天的镜鉴。重视历史、研究历史、借鉴历史，可以给人类带来很多了解昨

---

① 习近平：《在庆祝中国共产党成立九十五周年大会上的讲话》，《论中国共产党历史》，中央文献出版社，2021，第121页。

天、把握今天、开创明天的智慧。所以说，历史是人类最好的老师。①

关于"历史是最好的老师""历史是人类最好的老师""历史是最好的教科书"的思想，是习近平一贯的思想。这些论述把历史学在今天的社会功能提升到一个新的高度。

第二，强调历史学需要更加深刻地把握人类发展历史规律。

习近平曾不止一次引用司马迁在论述《史记》的撰写宗旨时说过的"究天人之际，通古今之变"的话，来表明对历史学在今天的使命的期待。2015年8月，习近平在致第二十二届国际历史科学大会的贺信中又说："人事有代谢，往来成古今。历史研究是一切社会科学的基础，承担着'究天人之际，通古今之变'的使命。"

2019年1月3日，中国社会科学院中国历史研究院在京成立，体现了党和国家对历史研究的高度重视。习近平总书记在贺信中指出：

> 历史是一面镜子，鉴古知今，学史明智。重视历史、研究历史、借鉴历史是中华民族5000多年文明史的一个优良传统。当代中国是历史中国的延续和发展。新时代坚持和发展中国特色社会主义，更加需要系统研究中国历史和文化，更加需要深刻把握人类发展历史规律，在对历史的深入思考中汲取智慧、走向未来。②

2021年2月20日，习近平在党史学习动员大会上再次强调把握历史发展规律问题，他说：

> 进一步把握历史发展规律和大势，始终掌握党和国家事业发展的历史主动。历史发展有其规律，但人在其中不是完全消极被动的。只要把握住历史发展规律和大势，抓住历史变革时机，顺势而为，奋发有为，我们就能够更好前进。马克思、恩格斯早在170多年前就科学揭示了社会主义必然代替资本主义的历史规律。这是人类社会发展不可逆转的总趋势，但需要经历一个很长的历史过程。在这个过程中，

---

① 习近平：《致第二十二届国际历史科学大会的贺信》，《人民日报》2015年8月24日。
② 习近平：《贺信》，《人民日报》2019年1月4日。

我们要立足现实,把握好每个阶段的历史大势,做好当下的事情。①

习近平的这些论述把历史学的社会功能提升到一个新的高度,他指出了我们今天到底需要怎样的历史学,或者说,历史学应该扮演什么样的角色,发挥哪些社会功能。史学的真正使命是探索社会变迁的内在逻辑与规律,为文明的升华提供借鉴与参考。今天,新时代对史学发展提出了新的更高要求,在实现中华民族伟大复兴的征途上,历史研究不能缺席,也不会缺席。史学工作者要深切理解时代需求,继承弘扬中国史学优良传统,在理论创新、经世致用、学科融合、服务公众等方面下功夫,推动构建中国特色历史学学科体系、学术体系、话语体系。

第三,历史学要为促进中华各民族历史文化认同发挥作用。

习近平多次阐述过促进中华各民族历史文化认同的重要性,他说:

> 文化是一个民族的魂魄,文化认同是民族团结的根脉。各民族在文化上要相互尊重、相互欣赏,相互学习、相互借鉴。在各族群众中加强社会主义核心价值观教育,牢固树立正确的祖国观、民族观、文化观、历史观,对构筑各民族共有精神家园,铸牢中华民族共同体意识至关重要。要以此为引领,推动各民族文化的传承保护和创新交融,树立和突出各民族共享的中华文化符号和中华民族形象,增强各族群众对中华文化的认同。②

中华民族的历史,是中华各族儿女共同创造的,要树立正确的祖国观、民族观、文化观、历史观,就要学习好中国的历史,在这方面史学工作者是可以大有作为的。新时代的史学工作者,首先要牢固树立中华民族共同体意识,并且将其体现在自己的学术工作中,不断推出促进各族群众认同中华文化的精品力作。2013年河北人民出版社出版了瞿林东主编的五卷本《历史文化认同与中国统一多民族国家》就是这方面的一项重要成果,该书被学术界评为"再现民族间心灵沟通的历史长卷"。③

第四,适应党员干部和广大群众学习历史的新要求。

---

① 习近平:《在党史学习教育动员大会上的讲话》,《求是》2021年第7期。
② 《习近平谈治国理政》第三卷,外文出版社,2020,第300~301页。
③ 刘开军:《再现民族间心灵沟通的历史长卷——评瞿林东教授主编〈历史文化认同与中国统一多民族国家〉》,《史学理论与史学史学刊》2015年。

自 2016 年 12 月 7 日在全国高校思想政治工作会议上的讲话中首次提出学好党史、新中国史、改革开放史、社会主义发展史以来，习近平多次在不同场合强调党员、干部要学好这"四史"。2021 年 2 月，习近平在党史学习教育动员大会上，再次强调要重点学习党史、新中国史、改革开放史、社会主义发展史，广大党员要以学习党的历史为重点，做到知史爱党、知史爱国，在学习领悟中坚定理想信念，在奋发有为中践行初心使命。习近平强调，对学习党史要做到学史明理、学史增信、学史崇德、学史力行，教育引导全党同志学党史、悟思想、办实事、开新局。习近平对党员、干部学习历史提出的新要求，也是对史学工作者提出的新要求，史学工作者必须用这些领域的新成果为这个学习服务。

总之，在新时代中国特色社会主义的条件下，历史学的社会功能已经不仅仅是"以史为镜，可知兴替"，历史学不但要让人们了解历史、借鉴历史，而且要能够通过对历史规律的把握，对历史逻辑的分析，让人们更好地认识今天，放眼未来。不仅要知道我们从哪里来，更要知道我们要向哪里去，即把握人类历史发展的规律。只有如此，历史学才能充分显示它作为一门社会科学所应有的作用。因此，新时代历史学任重道远，历史学的社会功能将有全面的提升，每个历史学工作者都必须了解时代的要求，自觉地认识自己所担负的庄严使命，出色地完成符合时代需要的新课题、新任务。

中国古代史学研究

民族学の眼

论断代史《左传》中的通史精神

赵 琪

(苏州科技大学社会发展与公共管理学院,江苏苏州 215009)

摘 要:从体例上看,《左传》是一部春秋时期的断代史。但是,《左传》在叙述春秋史时,却又总是将前代古史与春秋当代史放在一起讲,因为它认为历史是具有连续性的,是变与常的统一,两者不可分割,常是变中之常,变是常中之变,从而体现出了一种通史精神。将《左传》与同时期希腊古典史学加以比较后可以发现,与《左传》的通史精神不同,希腊古典史学属于黑格尔所说的"原始的历史"。造成中西方史学异趣的原因,有经验层面的不同,但更根本的则是双方思维方式的不同。中国古代史学认为要把握事件的本质,就必须将它放到古今历史中去考察,通史精神由此孕育;希腊古典史学认为要把握事件的本质,就必须跳出变动不居的历史,通过哲学的抽象概括来达成,故无通史精神的孕育。前者的思维方式体现了中国古代历史理性的发达,而后者的思维方式则体现了西方古代逻辑理性的发达。

关键词:《左传》 通史精神 历史理性 逻辑理性

《左传》以编年体的形式记载了从鲁隐公元年(前722)至鲁哀公二十七年(前468)的历史,其叙事范围大体与春秋时期相吻合,故学界通常以"记述春秋时期历史的编年体史书"[①]来界定《左传》,即将其视为

---

① 瞿林东:《中国史学史纲》,北京出版社,1999,第140页。此外,如金毓黻从经史关系角度将《左传》定义为"为备《春秋》二百四十二年之事迹",实际上也是将《左传》视为春秋时期的断代史。参见金毓黻《中国史学史》,河北教育出版社,2000,第42页。

断代史，这当然是可以成立的。不过，《左传》在叙述春秋历史时，总是将前代古史与春秋当代史放在一起讲，考察它们之间的变中之常和常中之变，从而体现出一种通史精神。① 所谓通史精神，就是"通古今之变"，即将历史视为变与常的统一。② 作为"轴心时代"中国史学的代表作，《左传》体现了中国史学的通史精神，那么同时期的希腊古典史学作品与《左传》相比有哪些不同之处，造成彼此差异的原因又是什么，这些正是本文拟探讨的问题。

一 《左传》对古今之变的认识

春秋时期是一个社会大变革的时代，以政治史为主要记载对象的《左传》对当时政治领域出现的古今之变有敏锐的观察和记载，更站在历史发展规律的高度，肯定古今之变的合理性与必然性。

（一）政权更迭方式之变

春秋时期，随着周王室权力的日渐式微以及宗法制、分封制的逐渐解体，在各诸侯国内部，公室与卿室、旧贵族与新贵族之间的政治力量博弈暗流涌动。至鲁昭公（前541~前510年）时期，三家分晋、田氏代齐等与三代征诛不同的新的政权更迭方式已逐渐明朗。

鲁昭公三年（前539），齐国大夫晏子受齐景公之命出使晋国求亲，在两国的订婚宴上，晏子与晋国大夫叔向就两国国内的政治走向交换了彼此的看法：

> 叔向曰："齐其何如？"晏子曰："此季世也。吾弗知齐其为陈氏矣。公弃其民，而归于陈氏。齐旧四量，豆、区、釜、钟，四升为豆，各自其四，以登于釜。釜十则钟。陈氏三量皆登一焉，钟乃大矣。以家量贷，而以公量收之。山木如市，弗加于山。鱼、盐、蜃、蛤，弗加于海。民参其力，二入于公，而衣食其一。公聚朽蠹，而三

---

① 按，刘家和在《中西古代历史、史学与理论比较研究》第二编《古代中国与西方的史学概论》的"引言"部分，首次指出了《左传》具有通史精神。参见刘家和主编《中西古代历史、史学与理论比较研究》，北京师范大学出版社，2013，第187页

② 刘家和：《论断代史〈汉书〉中的通史精神》，《北京师范大学学报》（社会科学版）2012年第3期，第67页。

老冻馁。国之诸市，屡贱踊贵。民人痛疾，而或燠休之。其爱之如父母，而归之如流水。欲无获民。将焉辟之？"

叔向曰："然。虽吾公室，今亦季世也。戎马不驾，卿无军行，公乘无人，卒列无长，庶民罢敝，而宫室滋侈。道殣相望，而女富溢尤。民闻公命，如逃寇仇。栾、郤、胥、原、狐、续、庆、伯，降在皂隶。政在家门，民无所依。君日不悛，以乐慆忧。公室之卑，其何日之有？"①

首先，晏子认为齐国国内的政治形势已进入"季世"，其具体表现是姜姓公室的力量日渐式微，卿大夫田氏的力量不断增强。晏子更预言田氏终将代齐而有之。随后，叔向对晏子的观点表示赞同，并认为晋国现在亦属"季世"，因为公室大权已旁落至六卿之门，同姓旧贵族更是"降在皂隶"。至于"季世"的最终结果，叔向也预言晋国公室终将覆亡。最后，晏子、叔向都将"季世"出现的原因归结为本国国君对民心的丧失。晏子和叔向用"季世"来评价新的政权更迭方式，表明他们的政治立场是维护旧有的统治秩序，但身处变局中的两位政治家对古今之变的感受和把握无疑是十分敏锐的。不仅如此，他们又都通过理性的分析认为公室的衰落并非"无妄之灾"，而是与其丧失民心直接相关，实际上也就承认了它的合理性。

如果说晏子、叔向因自身政治立场而表现出某种矛盾心理的话，鲁昭公三十二年（前510），晋国太史史墨对鲁昭公被季平子逐出鲁国一事的评价，则已经旗帜鲜明地主张古今之变的合理性与必然性了。

赵简子问于史墨曰："季氏出其君，而民服焉，诸侯与之；君死于外而莫之或罪也？"对曰："……鲁君世从其失，季氏世修其勤，民忘君矣。虽死于外，其谁矜之？社稷无常奉，君臣无常位，自古以然。故《诗》曰：'高岸为谷，深谷为陵。'三后之姓，于今为庶，王所知也。"②

赵简子对季平子以臣逐君，而各国诸侯却表示支持，鲁国百姓也毫无

---

① （清）阮元校刻《十三经注疏·春秋左传正义·昭公三年》，中华书局，1980，第2031页。
② （清）阮元校刻《十三经注疏·春秋左传正义·昭公三十二年》，第2128页。

异议的"怪现象"感到不解,遂问询于史墨。赵简子的提问实际上包含两个问题:以卿逐君的现象为何会出现?又该如何看待?对第一个问题,史墨认为那是数代鲁君不勤民事,数代季氏勤劳民事,政治力量长期博弈所导致的结果,这与晏子、叔向对本国公室衰落的解释是一致的。至于第二个问题,史墨结合"三后之姓,于今为庶"的前代历史,指出"社稷无常奉,君臣无常位"的历史发展规律,也就是说,历史始终处在不断变化之中,变化本身即历史发展的规律之一。与晏子、叔向不同的是,史墨跳出了现实政治的立场,站在历史发展规律的高度肯定古今之变的合理性与必然性。

综上所述,《左传》首先在事实层面对三家分晋、田氏代齐、季氏逐君等春秋时期的变局加以记载,并通过这些具有共时性的历史事件将卿室渐取公室而有之的历时性之变突显出来。因此,《左传》实际上已经涉及纵向历史性之变与横向共时性发展之间的关系。① 其次,《左传》借史墨等人之口,表达了自己对古今之变的基本态度,即肯定变的合理性与必然性。

(二) 统治方式之变

西周初年周公制礼作乐,奠定了西周时期国家运行的基石,礼乐教化成为国家最主要的统治方式。"礼主刑辅"的理论与实践逐渐成为人们的共识。至春秋后期,随着社会经济活动的日益复杂,传统礼制在治理国家上的不足日益凸显,郑、晋等国为应对新时势,纷纷制定法令,将统治方式由"礼主刑辅"变为"礼刑并行",更加突出法在维护社会秩序上的重要性。②《左传》无疑注意到了春秋时期的这一古今之变及其所引发的激烈争论。

鲁昭公六年(前536),郑国执政大夫子产颁布刑书,晋国大夫叔向听闻此事后写信给子产,对其做法提出批评。

> 叔向使诒子产书,曰:"始吾有虞于子,今则已矣。昔先王议事以制,不为刑辟。惧民之有争心也。犹不可禁御,是故闲之以义,纠

---

① 关于这两者的关系,可以参阅刘家和《关于通史》一文中的相关论述。刘家和:《关于通史》,载刘家和《史学、经学与思想》,北京师范大学出版社,2005,第103页。
② 刘光胜:《德刑分途:春秋时期破解礼崩乐坏困局的不同路径——以清华简〈子产〉为中心的考察》,《孔子研究》2019年第1期。

之以政，行之以礼，守之以信，奉之以仁；制为禄位，以劝其从；严断刑罚，以威其淫。惧其未也，故诲之以忠，耸之以行，教之以务。使之以和，临之以敬，莅之以强，断之以刚；犹求圣哲之上、明察之官、忠信之长、慈惠之师，民于是乎可任使也，而不生祸乱。民知有辟，则不忌于上，并有争心，以征于书，而侥幸以成之，弗可为矣。夏有乱政，而作《禹刑》；商有乱政，而作《汤刑》；周有乱政，而作《九刑》。三辟之兴，皆叔世也。今吾子相郑国，作封洫、立谤政、制参辟、铸刑书，将以靖民，不亦难乎？《诗》曰：'仪式刑文王之德，日靖四方。'又曰：'仪刑文王，万邦作孚。'如是，何辟之有？民知争端矣，将弃礼而征于书。锥刀之末，将尽争之。乱狱滋丰，贿赂并行。终子之世，郑其败乎？肸闻之，国将亡，必多制，其此之谓乎！"

复书曰："若吾子之言。侨不才，不能及子孙。吾以救世也。既不承命。敢忘大惠！"①

叔向开宗明义，认为子产"铸刑书"的行为是与先王时期"议事以制"的做法背道而驰的。随后，叔向用大段文字详细阐述了先王是如何用"礼主刑辅"的方式来治民的。最后，叔向结合自己所理解的三代历史，认为刑书的出现是"叔世"，即末世的象征，并劝说子产应该"仪刑文王之德"，即坚持旧有的"礼主刑辅"的统治方式才可治理好国家，如若一意孤行，"弃礼而征于书"，则必将导致国家的败亡。与叔向信中的言之凿凿不同，子产的回信并未正面反驳叔向的观点，而只是用"救世"来为自己"铸刑书"的更张之举做辩解。

就书信的内容还可做如下分析。首先，叔向、子产二人都承认"铸刑书"是对西周以来"礼主刑辅"的旧有统治方式的变革，是古今之变，尽管他们对此的态度是相反的。其次，子产对"铸刑书"的辩护显得有些"底气不足"，原因可能有二：其一，子产本是崇尚礼治之人②，这也正是叔向说"始吾有虞于子"的原因所在；其二，子产的身份是郑国执政大夫，作为肩负国家安危的政治家，子产在统治方式的选择上必须考虑政策的有效性，即"救世"的效果。故无论子产内心对两种统治方式的情感倾

---

① （清）阮元校刻《十三经注疏·春秋左传正义·昭公六年》，第 2043~2044 页。
② 宁全红：《春秋法制史研究》，四川大学出版社，2009，第 155~156 页。

向为何，他都要将"铸刑书"的改革向前推进。换言之，接受这一古今之变。众所周知，《左传》一书深受儒家思想的影响，这从它详引叔向的言论及鲁昭公二十九年（前513）晋铸刑鼎时孔子的评论便可见一斑①，但从《左传》记载子产的"救世"之论及肯定子产在执政期间所取得的内外成就可推知，《左传》对子产的应"变"救"世"是持肯定态度的。如果说子产表现出了一位优秀政治家对客观历史形势的尊重的话，那么《左传》则表现出了一部优秀史学著作对古今之变的承认与接受。

综上所述，我们可以将《左传》对古今之变的认识总结如下。首先，《左传》重视古今之变。其次，《左传》善于写古今之变。它以横向共时性的历史事件，突显出纵向历时性的古今之变。最后，《左传》站在历史发展规律的角度，肯定古今之变的合理性与必然性。

二　《左传》对变与常关系的认识

上文已述，《左传》对古今之变不仅有敏锐的观察，而且持肯定的态度。那么在《左传》看来，古今之变会导致古今历史间的断裂吗？如若不然，《左传》对历史中变与常的关系又有怎样的认识？对上述问题的解答，是我们理解《左传》通史精神的关键。

（一）《左传》认为历史具有连续性

《左传》一书，虽然在体例上是以春秋为断代的编年体史书，但是在对春秋史事加以解读和评价时，却常常援引《诗经》《尚书》等春秋以前的文献以及时人对古代历史的解说为依据。"拿古代的事情验证当代"②，是《左传》历史叙事的典型特征之一，前文所引史墨、叔向的言论便都具有这一特征。这种历史叙事表明《左传》认为在古今历史间并不是所谓断裂的，而是具有连续性的。

鲁昭公元年（前541），晋、楚、齐、宋、鲁、卫等国在虢地召开盟会。鲁国季武子在盟会期间攻取了莒国的郓地，鲁国使臣叔孙豹因此被楚国拘禁。晋国赵文子认为鲁、莒两国的边疆冲突并不足以破坏

---

① （清）阮元校刻《十三经注疏·春秋左传正义·昭公二十九年》，第2124页。
② 刘家和：《理性的结构——比较中西思维的根本异同》，《北京师范大学学报》（社会科学版）2020年第3期。

盟会，因此向楚国建议释放叔孙豹。在向楚人阐述自己的理由时，赵文子说道：

> 王、伯之令也，引其封疆，而树之官，举之表旗，而著之制令，过则有刑，犹不可壹。于是乎虞有三苗，夏有观、扈，商有姺、邳，周有徐、奄。自无令王，诸侯逐进，狎主齐盟，其又可壹乎？恤大舍小，足以为盟主，又焉用之？封疆之削，何国蔑有？①

赵文子认为，即便古代先王们曾为解决边疆冲突订立许多制度，但仍不免有冲突发生，故虞时有三苗，夏时有观、扈，商时有姺、邳，周时有徐、奄等战事。至春秋时期，王纲解纽，晋、楚等大国轮流主盟，各国间的边疆冲突更早已是司空见惯之事。作为盟主，晋、楚两国应该"恤大舍小"，只要冲突"无大害于其社稷"，即控制在一定范围内，便当置而不论。

在上述发言中，赵文子援引虞、夏、商、周时期的边疆冲突来论证春秋时期边疆冲突的合理性。虽然从严格的逻辑出发，赵文子所举虞、夏、商、周时期与三苗等部落或国家的战争，与春秋时期鲁国与莒国之间的冲突，在性质上并不具有可比性，因为前者是中央政权与周边部落或国家的战争，后者是诸侯国之间的战争。但赵文子"拿古代的事情验证当代"的做法无疑表明，他认为从虞、夏、商、周时期至鲁昭公时期的当代历史是连续的，因为只有存在这种连续性，上述"验证"才是可以成立的。楚人最终释放了叔孙豹，这当然主要是晋、楚两国国力博弈的结果，但楚人并未对赵文子的论证提出任何反驳，这说明楚人对赵文子的论证逻辑本身是接受的。

事实上，楚人与晋人一样，也习惯于"拿古代的事情验证当代"。鲁昭公四年（前 538），楚灵王在申地召集诸侯会盟，想借此宣示楚国的霸主地位。楚国大臣椒举就会盟时的礼仪提醒楚灵王道：

> 臣闻诸侯无归，礼以为归。今君始得诸侯，其慎礼矣。霸之济否，在此会也。夏启有钧台之享，商汤有景亳之命，周武有孟津之誓，成有岐阳之蒐，康有酆宫之朝，穆有涂山之会。齐桓有召陵之师，晋文有践土之盟。君其何用？

---

① （清）阮元校刻《十三经注疏·春秋左传正义·昭公元年》，第 2021 页。

椒举列举了前代六王、二公共八种会盟礼仪供楚灵王选择。楚灵王虽然选择了齐桓公召陵会盟时的礼仪，但在会盟时并未据礼行事，而是"示诸侯侈"，椒举由是评论道：

> 夫六王、二公之事，皆所以示诸侯礼也，诸侯所由用命也。夏桀为仍之会，有缗叛之。商纣为黎之蒐，东夷叛之。周幽为大室之盟，戎狄叛之，皆所以示诸侯汰也，诸侯所由弃命也。今君以汰，无乃不济乎！①

椒举援引夏、商、周以来的历史，通过正、反两方面的例证，阐明了会盟用礼与否的重要性，并认为楚灵王"示诸侯侈"的行为走的是夏桀、商纣、周幽王的覆辙，故其最终结局也只能是以失败而告终。在此，椒举也在"拿古代的事情验证当代"，这表明他也认为从夏、商、周时期至鲁昭公时期的当代历史具有连续性。概言之，从椒举、赵文子等人的言论可知，《左传》认为中国自虞、夏、商、周至春秋时期的当代历史是连续的，不存在所谓的断裂。

（二）《左传》认为历史是变与常的统一

古今历史有变，但这种变并不会导致历史的断裂，原因在于《左传》认为变与常是变中有常，常中有变，两者不可分割。需要说明的是，这里所说的常，并非古希腊哲学家所说的永恒不变的实质或形而上学的不变的"一"，而是变化本身的、具有长久稳定性的属性，是变中之常。②

上文曾经谈到，《左传》将春秋时期卿室渐取公室而有之的政权转移方式视为古今之变，并说明《左传》借晏子等人之口，从理性的角度肯定变的合理性。那么，晏子等人又是如何论证变的合理性呢？

晏子认为，齐国公室衰落、卿室崛起的原因是"公弃其民，而归于陈氏"，随后便叙述了公室是如何丧失民心，陈氏又是如何收揽民心的。针对晋国公室衰落的原因，叔向重点描写了百姓与公室离心离德的局面，"民闻公命，如逃寇仇"。至于季平子逐君而民服的原因，史墨也是从民心向背的角度来讲的，"鲁君世从其失，季氏世修其勤，民忘君矣"。一言以

---

① （清）阮元校刻《十三经注疏·春秋左传正义·昭公四年》，第2035页。
② 刘家和：《司马迁史学思想中的变与常》，载刘家和《史学、经学与思想》，第43页。

蔽之,针对春秋时期在晋、齐等国出现的古今之变,《左传》认为背后的原因都是民心的背离。

再来看《左传》对春秋以前的政权更迭是如何认识的。鲁宣公三年（前606）,楚庄王观兵周疆。周定王使王孙满劳师,楚庄王遂问王孙满象征王权的周鼎重量几何。面对楚庄王的挑衅,王孙满答道:

> 在德不在鼎。昔夏之方有德也,远方图物,贡金九牧,铸鼎象物,百物而为之备,使民知神、奸。故民入川泽、山林,不逢不若。螭魅罔两,莫能逢之。用能协于上下,以承天休。桀有昏德,鼎迁于商,载祀六百。商纣暴虐,鼎迁于周。德之休明,虽小,重也。其奸回昏乱,虽大,轻也。①

首先,王孙满认为政权的关键不在鼎而在德。随后,王孙满概述了作为政权象征的鼎是如何在夏、商、周三代之间转移的,夏"方有德"时,鼎在夏,夏桀"有昏德",鼎便从夏转移到了商,商纣暴虐失德,鼎又从商转移到了周。可见,王孙满认为是德而不是鼎决定了政权的转移。王孙满的观点实际上是对《尚书·周书》中周公提出的"敬德保民"思想的继承与发展,只有敬德才能保民,只有保民才能维系政权。夏、商两代都是因为不敬德而失民心,进而走向覆亡的。

夏、商、周三代间的政权转移是通过征诛的方式实现的,而春秋时期政权转移的方式则是卿室渐取公室而有之,两者在具体方式上并不相同,这体现的是古今之变。但无论是征诛还是渐取,起决定作用的都是民心,故民心是变中之常。民心在不同历史时期以不同的方式发挥作用,则又体现了常中之变。总之,《左传》认为历史具有连续性,是变与常的统一,两者不可分割,常是变中之常,变是常中之变,这正是《左传》通史精神的集中体现。

三 《左传》与希腊古典史学的比较

与"轴心时代"中国的《左传》大致同一时期的是希罗多德（约

---

① （清）阮元校刻《十三经注疏·春秋左传正义·宣公三年》,第1868页。

前485~前425年）和修昔底德（约前460~前400/396年）的历史著作。① 黑格尔曾将希罗多德、修昔底德的作品定义为"原始的历史"。所谓"原始的历史"具有两个特征：其一，当代人写当代史；其二，历史学家的精神与所写历史的时代精神是同一的。"在这样〔一种〕历史中，著作者的教养、精神和他叙述的业绩的铸成，〔因而〕他的精神和他描述的行动的〔的铸成〕，都是同一的。"② 正因为历史学家与他所写时代的精神是同一的，所以这样的历史著作具有直接性，是生动而活泼的。

黑格尔对"原始的历史"的定义是否符合希罗多德、修昔底德的历史著作的实际情况呢？首先是第一点，当代人写当代史。希罗多德的《历史》虽然涉及一些东方国家的历史传说，但其核心内容无疑是希波战争史。希罗多德的母邦哈利卡纳苏斯曾参与其中，希罗多德本人也是战争过程的目击者，并且正是这场战争促使他动笔写下《历史》。③ 修昔底德的《伯罗奔尼撒战争史》更是直接以书的主题来命名。对于这场战争，修昔底德不仅曾以雅典十将军之一的身份率军作战，而且即便是在后来的流放期间，仍始终关注着这场战争。修昔底德一直活到战争的结束，可以说他是这场战争完整过程的亲历者。④ 因此，二人都是以当代人写当代史，黑格尔说的第一点符合二人著作的实际情况。

第二点，历史学家的精神与所写历史的时代精神是同一的。我们可以用修昔底德书中那些著名的演说为例来加以说明。关于书中的演说，不仅修昔底德本人坦陈其并非实录⑤，现代的历史学家和读者们也倾向于否定它们的真实性⑥，但是又不得不承认"至少在雅典，受过良好教育的人能够以修昔底德让他们说话的那种方式来说话"⑦。伯里克利在雅典阵亡将士

---

① 学界通常认为《左传》的最终成书是在战国中期（约前375~前360年之间），但正如顾炎武所说，"左氏之书，成之者非一人，录之者非一世"，它开始撰写的时间肯定要更早。参见王和《〈左传〉的成书年代与编纂过程》，《中国史研究》2003年第4期。
② 〔德〕黑格尔：《世界史哲学讲演录》，载《黑格尔全集》第27卷第1分册，刘立群等译，商务印书馆，2014，第13页。
③ 《希罗多德 历史》，王以铸译，商务印书馆，1959，第1页。
④ 郭小凌：《古代西方史学概论》，载刘家和主编《中西古代历史、史学与理论比较研究》，北京师范大学出版社，2013，第269页。
⑤ 〔古希腊〕修昔底德：《伯罗奔尼撒战争史》，谢德风译，商务印书馆，1960，第19~20页。
⑥ Simon Hornblower, *Thucydides*, Baltimore, 1987, pp. 45-72.
⑦ 〔意〕阿纳尔多·莫米利亚诺：《现代史学的古典基础》，冯洁音译，华东师范大学出版社，2009，第53页。

国葬典礼上的演说（epitaphios logos）中，通过与希腊其他国家的对比，热情歌颂雅典的政治制度、教育制度和生活方式，极力强调雅典作为"全希腊的学校"的身份认同，这些都无疑是雅典人当时精神状态的鲜活体现。①因此，修昔底德撰写的演说既是真的又不是真的，说它非真，是从事实层面说，说它真，则是从精神层面讲，而造成这一现象的主要原因之一正是历史学家与他所写时代之间精神的同一性，故黑格尔所说的第二点也符合二人著作的实际情况。

概言之，以当代人写当代史，是城邦时代希腊古典史学的典型特征。这样书写的历史具有直接性，这是其优点，不过其局限性也很明显。柯林伍德在《历史的观念》中曾对此评价道："他们的方法把他们束缚在一截绳子上，它那长度也就是活的记忆的长度……一旦希腊的历史著作企图超出它那截绳子，它就变成非常软弱不定的东西。"② 柯林伍德所说的"他们的方法"是指希罗多德，尤其是修昔底德发展出的对自己的所见所闻以及和历史学家有过接触的事件目击者们的证词加以考证的一套方法。古希腊人的"历史"（historia）一词最早出现在希罗多德的《历史》中，该词是由动词"historeo"演变而来，它的原义是"访问""调查""对目击者提出质问"③，可见其名称是由其方法而来。与中国古代史学的文、献（贤）并重不同④，希腊古典史学认为口述材料的价值远高于文献记录⑤，这便决定了古希腊的历史学家只能撰写不超过活的记忆长度的历史，这样的历史当然只能是"一截绳子"，只能是两端有头的"线段"而非可以无限延长的"直线"。⑥希腊古典史学不仅在体例上是断代的，在精神上也是断代的（当代精神），这与《左传》在体例上是断代的，在精神上是通史的特点相异趣。

---

① 〔古希腊〕修昔底德：《伯罗奔尼撒战争史》，谢德风译，第145~155页。
② 〔英〕柯林伍德：《历史的观念》（增补版），何兆武、张文杰、陈新译，北京大学出版社，2010，第27页。
③ 朱本源：《"〈诗〉亡然后〈春秋〉作"论》，《史学理论研究》1992年第2期。
④ 《论语·八佾》："子曰：'夏礼，吾能言之，杞不足征也；殷礼，吾能言之，宋不足征也。文献不足故也。足，则吾能征之矣。'"郑玄注："献，犹贤也。"在此，文、献分指口述材料和文献记录。（清）刘宝楠撰，高流水点校《论语正义》，中华书局，1990，第91~92页。
⑤ 按，在公元前2世纪的希腊史家波利比乌斯身上仍能明显看到这一史料倾向。Guido Schepens, "History and Historia: Inquiry in the Greek Historians," in John Marincola ed. *A Companion to Greek and Roman Historiography*, Vol. 1, Blackwell, 2007, p.51.
⑥ 刘家和：《理性的结构——比较中西思维的根本异同》，《北京师范大学学报》（社会科学版）2020年第3期。

前文已述,《左传》在写当代春秋史时,是将春秋史放在自夏商周以来的整个历史中加以考察的,赵文子、椒举、王孙满等人的言论莫不如此,故它能看出古今历史间的变中之常和常中之变。在《伯罗奔尼撒战争史》的"考古篇"中,修昔底德也尝试撰写古典时代以前的历史。但修昔底德对古代历史的整体评价是:"过去的时代,无论在战争方面,或在其他方面,都不是伟大的时代。"① 在谈到特洛伊战争、希波战争和伯罗奔尼撒战争时,修昔底德只是从战争的规模来对古今的战争加以简单的对比,意大利历史学家阿纳尔多·莫米利亚诺(Arnaldo Momigliano)对此评价道:"修昔底德认为时代的不同大多只是量的不同,而非质的不同。"② 这样来看待古今历史,实际上便泯灭了古今间的变与常,故法国历史学家雅克利娜·德·罗米伊(Jacqueline de Romilly)说修昔底德"赋予历史的进程永远不变的意义。"③ 所谓"永远不变的意义",指的便是历史学家所着力表达的当代精神。显然,《左传》这种"拿古代的事情验证当代"的反映通史精神的史学实践是与修昔底德等人"原始的历史"截然不同的。

造成中西方史学上述差异的原因是什么?笔者认为可以从经验和思想两个层面来加以探讨。从经验层面看,如果从周初的诰辞算起,至《左传》成书的战国中期(约前375~前360年之间),中国史学经数百年的发展已相当发达,这从传世文献的相关记载及近些年出土的大量"书"类、"语"类等不同类别的历史文献皆可得证明。因此,在《左传》成书时其作者有大量的历史文献可资利用,这是《左传》能够"拿古代的事情验证当代"的经验基础。与中国史学的源远流长相比,古希腊史学的起步要晚许多。公元前8世纪中叶,希腊字母文字问世,而最早以铭文形式出现的文字记载则大约要到公元前650年④,直到希罗多德、修昔底德撰写历史的公元前5世纪,可资利用的文献材料仍然十分有限。由此可见希腊古典史学缺乏孕育通史精神的经验基础。

思想层面,则涉及中西方不同的思维方式。在《尚书·周书》的《多士》《无逸》《康诰》《酒诰》等篇中,周公在总结商周之际的历史

---

① 〔古希腊〕修昔底德:《伯罗奔尼撒战争史》,谢德风译,第2页。
② 〔意〕阿纳尔多·莫米利亚诺:《现代史学的古典基础》,冯洁音译,第52页。
③ 转引自〔意〕阿纳尔多·莫米利亚诺《现代史学的古典基础》,冯洁音译,第57页。
④ 郭小凌:《古代西方史学概论》,载刘家和主编《中西古代历史、史学与理论比较研究》,第252页。

时，始终将其与夏商之际的历史放在一起分析，并从中看出了三代递嬗的规律。周公已经认识到，要想真正把握当代某一历史事件的本质，就必须将它放到古今历史中加以考察，只有"承百代之流"，才能"会乎当今之变。"① 前文已述，《左传》常常"拿古代的事情验证当代"，其思维方式正是与周公一脉相承的，共同体现了中国古代历史理性的发达。② 在希罗多德、修昔底德的历史著作中，我们看不到"拿古代的事情验证当代"的思维方式。修昔底德在分析伯罗奔尼撒战争的爆发及战争期间城邦关系的演变、邦国内部党派冲突的原因时，都立足于现实利益的冲突和力量的博弈。至于这些现实原因的产生，修昔底德则认为都源于永恒不变的人性。③ 修昔底德笔下的人性既与历史有关系，因为它是推动历史事件的终极原因，又超出历史之外，因为它在过去、现在和将来都永恒不变。古希腊哲学的知识论认为具体历史现象是变动不居的，只有经过哲学抽象概括的东西才是永恒的，因此修昔底德的人性便不是历史的，其人性观体现了古希腊哲学对其的影响。正因此，格思里（Guthrie）才说："要理解智者时代的特点，最好是从哲学化的历史学家修昔底德入手。"④ 柯林伍德才说："到了修昔底德那里，历史观点就开始被实质主义（substantialism）弄得黯淡无光了。"⑤ 无论是格思里的"哲学化的历史学家"还是柯林伍德的"实质主义"，都表明希腊古典史学从修昔底德开始受到哲学日益深刻的影响。概言之，中国古代史学认为要把握事件的本质，就必须将它放到古今历史中去考察，通史精神由此孕育；希腊古典史学认为要把握事件的本质，就必须跳出变动不居的历史，通过哲学的抽象概括来达成，故无通史精神的孕育。前者的思维方式体现了中国古代历史理性的发达，而后者的思维方式则体现了西方

---

① （清）郭庆藩撰，王孝鱼点校《庄子集释》，中华书局，1961，第529页。
② 刘家和曾对历史理性的两层含义加以界定，分别是"历史（作为客观过程）的理性"和"史学（作为研究过程）的理性"。参见刘家和《历史理性在古代中国的发生》，载刘家和《史学、经学与思想》，第50页。
③ 易宁、李永明：《修昔底德的人性说及其历史观》，《北京师范大学学报》（社会科学版）2005年第6期，第83页。
④ W. K. C. Guthrie. *A Hitory of Greek Philosophy*, Vol. 3, Cambridge, 1969。转引自易宁、李永明《修昔底德的人性说及其历史观》，《北京师范大学学报》（社会科学版）2005年第6期。
⑤ 〔英〕柯林伍德：《历史的观念》（增补版），何兆武、张文杰、陈新译，第44页。

古代逻辑理性的发达。① 这是造成"轴心时代"中西方史学特点不同的深层原因所在。

综上所述,"轴心时代"中国的历史著作《左传》体现了通史精神,古希腊的历史著作则以"原始的历史"见长,并愈益表现出哲学化的倾向,这是两者不同的历史条件、史学传统和思维方式造成的。

---

① 关于历史理性与逻辑理性的区别与联系,刘家和曾有精彩的分析。参见刘家和《理性的结构——比较中西思维的根本异同》,《北京师范大学学报》(社会科学版) 2020 年第 3 期。

刘知幾的华夷观与史学批评

丁 文

（南开大学历史学院，天津 300350）

摘 要：刘知幾在《史通》中多处探讨华夷问题，其华夷观主要体现在对十六国史书的评价上。他认为"华夷无别"，具体表现为反对夷夏之防，泯灭华夷之别，这一主张与当时整个唐王朝的社会主流思潮关系密切。刘知幾对少数民族史籍进行评论，主张史家修史要注意区分史书里的鄙俗俚语，尊重少数民族的文化和风俗。其华夷观也存在矛盾之处，他一方面有华夷无别的思想，另一方面又有浓厚的正统意识。

关键词：刘知幾 史通 十六国史 华夷无别 史学批评

刘知幾评论史学，不可避免地涉及对魏晋南北朝时期少数民族史书的评论，亦不可避免地涉及对"华夷"问题的认识。《史通·古今正史》对十六国史书的评论，就直接体现了刘知幾的华夷观。"中国是一个多民族的国家，中国史学史应该反映历史上各个民族的史学成就。"[①] 刘知幾对十六国史书的评论，不仅涉及如何对待少数民族政权的问题，而且涉及如何对待少数民族史书的问题，这些问题值得我们进行深入探讨。

一 平等书写：少数民族史书的地位

刘知幾以十六国史书为正史是他"华夷无别"观的具体体现，他在

---

① 周文玖：《历史学如何认识自身的历史——读〈中国史学史纲〉》，《中国图书评论》2001年第3期，第30页。

《古今正史》中承认十六国政权的历史地位,并对十六国史书做出肯定的评价。

在《史通·古今正史》中,刘知幾将唐代以前历代所编纂的史书进行了系统的总结,并对历代可称作"正史"的史书一一做了条分缕析的介绍。张振佩为此篇解题曰:"正史之名,最早见于梁阮孝绪之《正史削繁》。其书虽已失传,然就阮氏《七录·纪传录》考之,一曰国史,七曰伪史,则其所谓正史,盖即'国史'。伪史既别为一部,国史实兼包纪传、编年二种史体。"① 但在篇中刘知幾详述十六国史书,视十六国史书为正史,这和《七录》又有不同,《古今正史》:"魏世黄门侍郎崔鸿,乃考核众家,辨其同异,除烦补阙,错综纲纪,易其国书曰录,主纪曰传,都谓之《十六国春秋》。鸿始以景明之初求诸国逸史,逮正始元年,鸠集稽备,而犹阙蜀事,不果成书。推求十有五年,始于江东购获,乃增其篇目,勒为一百二(原书为'十')卷。鸿殁后,永安中,其子缮写奏上,请藏诸秘阁。由是伪史宣布,大行于时。"② 由此可知,刘知幾视《十六国春秋》为正史,正如张振佩所说,刘知幾"是将编年与伪史,视同正史矣"③。可见,刘知幾治史有其自觉的独立意识。

刘知幾在《史通》中的多处论述体现出其对"正史"含义的扩大,刘知幾对不同史籍的同等重视,或许可为我们进一步理解其把十六国史书视为正史的思想以及"华夷无别"观提供帮助。《史通·二体》:"既而丘明传《春秋》,子长著《史记》,载笔之体,于斯备矣。后来继作,相与因循,假有改张,变其名目,区域有限,孰能踰此!"④ 文中以编年和纪传同为正史,认为"载笔之体,于斯备矣"。如果说仅以刘知幾将编年体史书列为正史,不足以证明其华夷无别的思想,那么在《古今正史》中,刘知幾详述十六国典籍,以少数民族史籍入正史,就足以体现出刘知幾的华夷观,即刘知幾在对待少数民族史籍问题上是提倡"华夷无别"的。《史通·因习》篇所载也是例证,刘知幾在《史通·因习》论及伪史问题,认为时移世易,而《隋志》在对待伪史问题上仍依照《七录》,他对此提出质疑,"当晋宅江、淮,实膺正朔,嫉彼群雄,称为僭盗。故阮氏《七录》,以田、范、裴、段诸记,刘、石、苻、姚等书,别创一名,题为

---

① (唐)刘知幾著,张振佩笺注《史通笺注》,贵州人民出版社,1985,第416页。
② (唐)刘知幾撰,赵吕甫校注《史通新校注》,重庆出版社,1990,第740页。
③ (唐)刘知幾著,张振佩笺注《史通笺注》,第417页。
④ (唐)刘知幾撰,赵吕甫校注《史通新校注》,第64页。

《伪史》。……而世有撰《隋书·经籍志》者，其流别群书，还依阮《录》"①。又"案国之有伪，其来尚矣。如杜宇作帝，勾践称王，孙权建鼎峙之业……而扬雄撰《蜀纪》，子贡著《越绝》，虞裁《江表传》，蔡述《后梁史》。考斯众作，咸是伪书，自可类聚相从，合成一部，何止取东晋一世十有六家而已乎？"②刘知幾据此认为这是《隋志》没有给十六国政权以合理的政治地位，因此特别在文中对《隋书·经籍志》因循《七录》以十六国史为伪史的做法提出不满，认为《隋志》应给予十六国史以平等的历史地位，十六国史理应称为正史，史家应正视十六国历史。

刘知幾有着明显的"华夷无别"的思想倾向，具体表现为对史家作史中所论"贵中华贱夷狄"的言论十分不满。以孙盛所评《左传》《汉纪》为例，《史通·探赜》："孙盛称《左氏春秋》书吴、楚则略，荀悦《汉纪》述匈奴则简，盖所以贱夷狄而贵诸夏也。"③刘知幾结合史料对相关史事进行分析，并对孙盛所提"贱夷狄而贵诸夏"的观点给予驳斥。刘知幾指出，"按春秋之时，诸国错峙，关梁不通，史官所书，罕能周悉。异乎炎汉之世，四海一家，马迁乘传，求自古遗文，而州郡上计，皆先集太史，若斯之备也。况彼吴、楚者，僻居南裔，地隔江山，去彼鲁邦，尤为迂阔，丘明所录，安能备诸？且必以蛮夷而固略也……中外一概，夷夏皆均，非是独简胡乡，而偏详汉室。盛既疑丘明之摈吴、楚，遂诬仲豫之抑匈奴，可谓强奏庸音，持为足曲者也"④。刘知幾以《左传》《汉纪》两书为切入点展开评析，并对两书中叙述中夏诸国和汉朝史事详密，以及记载吴、楚及匈奴史事疏略的原因进行分析，认为当时的吴、楚，居于偏僻的南方，地理上与中原相隔大江高山，距离鲁国更是迂曲遥远，左丘明所载不可能完备无缺，作为后人的史家不能苛求古人。刘知幾以此揭示孙盛所提《左传》《汉纪》"贱夷狄""贵诸夏""独简胡乡""偏详汉室"等结论是谬妄之言不足信从。这一点体现了刘知幾从历史事实出发，严肃地看待各民族历史的态度和思想，由此可知刘知幾思想中有着强烈的"华夷无别"意识。

其次，刘知幾对史家在修史过程中贬低其他政权的行为进行抨击，对南北朝史籍互为"夷狄"的言论表示不满。华夷互相攻讦最典型的史料莫

---

① （唐）刘知幾撰，赵吕甫校注《史通新校注》，第338~339页。
② （唐）刘知幾撰，赵吕甫校注《史通新校注》，第339页。
③ （唐）刘知幾撰，赵吕甫校注《史通新校注》，第481页。
④ （唐）刘知幾撰，赵吕甫校注《史通新校注》，第481~482页。

过于《宋书》、《南齐书》和《魏书》中对敌对政权的用词与称谓。沈约在《宋书》中创《索虏传》，记载北魏及南北战争、通好、和议、互市的史事。在《宋书·索虏传》中，沈约称北魏为索虏，对北魏历史的起源进行阐述，"索头虏姓托跋氏，其先汉将李陵后也。陵降匈奴，有数百千种，各立名号，索头亦其一也"①。又对南北战争进行评价："逆虏乱疆场，边将婴寇仇。坚城效贞节，攻战无暂休。覆沈不可拾，离机难复收。势谢归途单，于焉见幽囚。烈烈制邑守，舍命蹈前修。忠臣表年暮，贞柯见严秋。"② 沈约称北魏为"逆虏"，以南朝宋为正统，表现出强烈的正统意识。与之相对，魏收《魏书》称桓玄、刘裕为岛夷，冯跋为海夷。"岛夷桓玄，字敬道，本谯国龙亢楚也。"③ "岛夷刘裕，字德舆，晋陵丹徒人也。"④ 以及"海夷冯跋，字文起，小名乞直伐，本出长乐信都"⑤。魏收以东晋皇朝为"僭越"政权，以证明北魏是正统皇朝，又称南朝宋、齐、梁为"岛夷"，说明北魏是中原先进文化的继承者，亦体现出强烈的正统意识。此外，《南齐书》也是如此，南齐作为南北朝时期最短促的一个朝代，统治时间仅有二十三年，当时同南齐政权对峙的是割据北方的北魏政权。南朝齐梁时期的史学家萧子显在《南齐书》中以《魏虏传》记前赵北魏史事，在性质上同于《宋书·索虏传》。《南齐书·魏虏传》："魏虏，匈奴种也，姓托跋氏。晋永嘉六年，并州刺史刘琨为屠各胡刘聪所攻，索头猗卢遣子曰利孙将兵救琨于太原，猗卢入居代郡，亦谓鲜卑。被发左衽，呼为索头。"⑥ 又称"佛狸已来，稍僭华典，胡风国俗，杂相揉乱"⑦。他不仅称北魏为"魏虏"，而且还对北魏的政令风俗进行抨击，这些都是史家互相攻讦的例证。

以上论"索虏""岛夷"的言论让提倡"华夷无别"的刘知幾十分不满。首先，刘知幾反对史家"爱憎出于方寸，与夺由其笔端"的修史行为，刘知幾认为史家在修史时掺杂主观感情的行为与唐朝所提倡的民族团结主流思想相违背，他认为史家修史要客观公正对待各民族各时期的政

---

① （梁）沈约撰《宋书》卷九十五，中华书局，1974，第2321页。
② （梁）沈约撰《宋书》卷九十五，第2334页。
③ （北齐）魏收撰《魏书》卷九十七，中华书局，1974，第2117页。
④ （北齐）魏收撰《魏书》卷九十七，第2129页。
⑤ （北齐）魏收撰《魏书》卷九十七，第2126页。
⑥ （梁）萧子显撰《南齐书》卷五十七，中华书局，1974，第983页。
⑦ （梁）萧子显撰《南齐书》卷五十七，第990页。

权，不能高下在心。他特别对魏收《魏书·岛夷传》提出批评，"其撰《魏书》也，乃以平阳王为出帝，司马氏为僭晋，桓、刘已下，通曰岛夷。夫其诋齐则轻抑关右，党魏则深诬江外，爱憎出于方寸，与夺由其笔端，语必不经，名惟骇物"①。不仅如此，刘知幾在《古今正史》中对魏收所著《魏书》中"收诋齐氏，于魏室多不平。既党北朝，又厚诬江左"的行为进行严厉批判。即"收所取史官，惧相凌忽，故刁、辛诸子并乏史才，唯以仿佛学流，凭附得进……收诋齐氏，于魏室多不平。既党北朝，又厚诬江左。性憎胜己，喜念旧恶，甲门盛德与之有怨者，莫不被以丑言，没其善事。迁怒所至，毁及高曾"②。刘知幾认为魏收"性憎胜己，喜念旧恶"。作为史家，受主观偏见的影响，记载史事失实，影响史书之"真"，这些只是一方面，笔者认为其批评的实质更在于魏收所言极不利于民族团结，这与唐王朝实际民族政策不符，甚至与有唐一代的政治策略不相适应，所以引起刘知幾的强烈不满。在《史通》中严厉批判魏收进而贬斥《魏书》，也是刘知幾思想深处"华夷无别"思想的直接体现。

刘知幾的"华夷无别"观还体现在对李延寿父子的赞扬上。李延寿以其父"常以宋、齐、梁、陈、魏、齐、周、隋南北分隔，南书谓北为'索虏'，北书指南为'岛夷'。又各以其本国周悉，书别国并不能备，亦往往失实。常欲改正"③为基础，删节宋、南齐、梁、陈、魏、北齐、周、隋八书，又补充了一些史料，写成《南史》和《北史》。刘知幾在《史通·六家》篇记载"皇家显庆中，符玺郎陇西李延寿抄撮近代诸史，南起自宋，终于陈，北始自魏，卒于隋，合一百八十篇，号曰《南北史》。其君臣流别，纪传群分，皆以类相从，各附于本国。凡此诸作，皆《史记》之流也"④。这段话可以看出刘知幾对李延寿撰《南北史》表示认可。

又《古今正史》："皇家贞观中，有诏以前后晋史十有八家，制作虽多，未能尽善，乃敕史官更加纂录。采正典与杂说数十余部，兼引伪史十六国书，为纪十、志十二、列传七十、载记三十，并叙例、目录合为百三十二卷。自是言晋史者，皆弃其旧本，竞从新撰者焉。"⑤ 刘知幾对《晋书》仿照《东观汉记》"载记"的体例，不论僭伪，不谈华夷的修撰原则

---

① （唐）刘知幾撰，赵吕甫校注《史通新校注》，第272页。
② （唐）刘知幾撰，赵吕甫校注《史通新校注》，第751页。
③ （唐）李延寿：《北史》卷一〇〇《李大师传》，中华书局，1974，第3343页。
④ （唐）刘知幾撰，赵吕甫校注《史通新校注》，第45页。
⑤ （唐）刘知幾撰，赵吕甫校注《史通新校注》，第720页。

给予肯定。他认为《晋书·载记》作为全书的一个组成部分，有着褒贬并存的思想，不仅丰富了纪传体史书的体例，而且对于表现多民族国家历史发展的阶段以及对东晋、十六国时期的历史面貌的整体认识有深远的意义，这更是《晋书》相比其他史书在体例上的一个创造。

此外，刘知幾对萧方等所撰《三十国春秋》在民族关系问题上运用的折中原则表示肯定与赞赏。《史通·称谓》："续以金行版荡，戎、羯称制，各有国家，实同王者。晋世臣子党附君亲，嫉彼乱华（原文为'毕'），比诸群盗。此皆苟徇私忿，忘夫至公。自非坦怀爱憎，无以定其得失。至萧方等始存诸国名谥，僭帝者皆称之以王。此则赵犹人君，加以主号；杞用夷礼，贬同子爵。变通其理，事在合宜，小道可观，见于萧氏者矣。"[1] 文中刘知幾提及西晋政权崩溃，五胡称帝各自建立国家，其地位实同于诸侯王。而晋代的臣子出于自身的私愤，偏袒本朝君主而视五胡为僭盗，致使一部分史家在修史过程中无法做到爱憎分明，辨别是非得失。萧方等所撰《三十国春秋》很好地解决了这个问题，书中不仅保留了各国帝王的谥号，而且"僭帝者皆称之以王"，这种做法和古人"赵犹人君，加以主号；杞用夷礼，贬同子爵"的行为一致。刘知幾认为这种变通的原则是可取的，史家将其运用于史书中可以使记事的安排更为妥当，刘知幾对此表示赞许。这也是刘知幾在史书编纂中追求"华夷无别"的具体表现。

二　语言雅俗：少数民族史书的特征

刘知幾在《史通》中多处对十六国史家记事表示出肯定的态度，如"亦有方以类聚，譬诸昔人。如王隐称诸葛亮挑战，冀获曹咎之利；崔鸿称慕容冲见幸，为有龙阳之姿。其事相符，言之谠矣"[2]。刘知幾将王隐与崔鸿并列，称赞他们"其事相符，言之谠矣"。崔鸿作为一个为少数民族政权写史的史官，刘知幾对其做肯定的评价，表现出对"华夷无别"的思想的认同。

不仅如此，刘知幾还对十六国史中部分史家和其所撰史书表示肯定，例如公师彧、常璩、刘昞、阚骃。"前赵刘聪时，领左国史公师彧撰《高

---

[1]（唐）刘知幾撰，赵吕甫校注《史通新校注》，第270~271页。
[2]（唐）刘知幾撰，赵吕甫校注《史通新校注》，第419页。

祖本纪》及功臣传二十人，甚得良史之体。"① 刘知幾认为公师彧撰《高祖本纪》与二十位功臣的传记很符合良史的体例规范，对其给予很高的评价。刘知幾还在《杂述》篇对十六国时期的史家常璩与刘昞所作郡书表示赞赏。"郡书者，矜其乡贤，美其邦族，施于本国，颇得流行，置于他方，罕闻爱异。其有如常璩之详审，刘昞之该博，而能传诸不朽，见美来裔者，盖无几焉。"② 刘知幾认为像常璩《华阳国志》那样详细周密和刘昞《凉书》《敦煌实录》那样完备广博，流传不朽的史书大概没有几部。

又《杂说下》："交阯远居南裔，越裳之俗也；敦煌僻处西域，昆戎之乡也。求诸人物，自古阙载。盖由地居下国，路绝上京，史官注记，所不能及也。既而士燮著录，刘昞裁书，则磊落英才，粲然盈瞩者矣。向使两贤不出，二郡无记，彼边隅之君子，何以取闻于后世乎？"③ 刘知幾以交阯、敦煌居边远地带，史官著述记录缺少记载为例，对士燮、刘昞著书的功劳给予褒奖。此外，刘知幾还在《杂述》篇对阚骃的《十三州志》进行称赞："地理书者，若朱赣所采，浃于九州；阚骃所书，殚于四国。斯则言皆雅正，事无偏党者矣。"④ 刘知幾认为阚骃作为北朝魏敦煌人，其所撰《十三州志》所记载的地区穷尽全国四方，书中的言辞典雅规范，都是依据事实并未言过其实，这些都值得肯定。这些都反映出刘知幾对十六国史学的重视和肯定，其给予十六国史学与正史平等的历史地位的行为，是其"华夷无别"观的直接体现。

除此之外，刘知幾还从语言雅俗的角度讨论十六国史书。他在《史通》中对少数民族史家修史在史料采集和语言运用等方面提出了严格的标准。刘知幾认为史书中语言雅俗的运用是非常重要的，因此对史家修撰少数民族史书提出了严格要求。刘知幾在《史通》中多处论及少数民族史籍语言的问题，他认为语言在地域上，存在很大差异，不同地区有不同的风俗和语言习惯，史书中重视方言和少数民族口语，恰恰能如实地反映地区、民族的特点，这也是刘知幾"华夷无别"观的表现。

一方面，刘知幾对史家在修史中运用的语言提出要求。"案裴景仁《秦记》称苻坚方食，抚盘而诟；王劭《齐志》述洛干感恩，脱帽而谢。及彦鸾撰以新史，重规删其旧录，乃（原文为'仍'）易'抚盘'以

---

① （唐）刘知幾撰，赵吕甫校注《史通新校注》，第738页。
② （唐）刘知幾撰，赵吕甫校注《史通新校注》，第582页。
③ （唐）刘知幾撰，赵吕甫校注《史通新校注》，第985页。
④ （唐）刘知幾撰，赵吕甫校注《史通新校注》，第583页。

'推案'，变'脱帽'为'免冠'。夫近世通无案食，胡俗不施冠冕，直以事不类古，改从雅言，欲令学者何以考时俗之不同，察古今之有异？"① 刘知幾以裴景仁《秦记》和王劭《齐志》的叙事与"彦鸾撰以新史，重规删其旧录"进行对比，认为史家修史要做到"考时俗之不同，察古今之有异"。他对裴景仁在《秦记》中称苻坚吃饭，抚盘而骂，王劭《齐志》说洛干感恩，脱帽而谢，而崔鸿在十六国史中改"抚盘"为"推案"，把"脱帽"变"免冠"的行为表示异议和不解。笔者认为，这一点也是刘知幾思想中"华夷无别"的外在表现形式之一，刘知幾认为在对待少数民族史籍和涉及少数民族政权问题的史书修撰中，史家应尊重少数民族语言传统，兼采雅俗。据此可知，刘知幾在史籍观上认为华夷是无别的，故在修史中对史家运用少数民族言语方面有要严格要求，要求史家在史籍观上对待华夷问题时依据"华夷无别"的标准。

刘知幾明确指出史家修史不应崇雅鄙俗，任意篡改物名，掩盖历史真实。他提出的"华夷无别"，在修史原则上即具体表现为对史籍语言勿加修饰，真实地反映历史。《史通·言语》篇载："然自咸、洛不守，龟鼎南迁，江左为礼乐之乡，金陵实图书之府，故其俗犹能语存规检，言喜风流，颠沛造次，不忘经籍。……其于中国则不然，何者？于斯时也，先王桑梓，翦为蛮貊，被发左衽，冲轫神州……而彦鸾修伪国诸史，收、弘撰《魏》《周》二书，必讳彼夷音，变为华语……遂使且渠、乞伏，儒雅比于元封；拓跋、宇文，德音同于正始。华而失实，过莫大焉。"② 刘知幾认为自西晋政权南迁，江南逐渐成为礼乐之地。东晋的风俗保存规范，不忘史籍，而此时的中原地区已成蛮貊夷族之地。并指出崔鸿在修撰十六国史以及魏收、牛弘撰《魏书》和《周书》时"讳彼夷音，变为华语"的行为是"华而失实，过莫大焉"。这些可以理解为刘知幾追求史籍语言雅俗共赏，主张恢复历史之真，但从另一角度来看，视此为刘知幾"华夷无别"观的表现形式之一或也不为过。

另一方面，刘知幾对史家讳改少数民族史籍言语的行为表示不满，主张泯灭华夷之分。《史通·叙事》篇记载："又自杂种称制，充轫神州，事异诸华，言多丑俗。至如翼犍昭成原讳；黑獭周文本名。而伯起革以他

---

① （唐）刘知幾撰，赵吕甫校注《史通新校注》，第420页。
② （唐）刘知幾撰，赵吕甫校注《史通新校注》，第362~363页。

语，德棻阙而不载。盖庞降、䏎聴，字之媸也；重耳、黑臀，名之鄙也。"① 刘知幾认为自从诸蛮建国称制，其辖地风俗发生了改变，与过去的中原文化有很大不同，语言大多简陋粗俗。翼犍，是道武帝的名讳；黑獭，是周文帝的本名。而"伯起革以他语"揭示出魏收在《魏书》中讳称翼犍，改作别的称呼，又"德棻阙而不载"指出令狐德棻在《周书》中对周文帝本名缺而不记，以及"旧皆列以《三史》，传诸《五经》，未闻后进谈讲，别加刊定。况齐丘之犊，彰于载籍；河边之狗，著于谣咏。明如日月，难为盖藏，此而不书，何以示后？"② 文中刘知幾以《三史》《五经》中"未闻后进谈讲，别加刊定""齐丘之犊，彰于载籍""河边之狗，著于谣咏"为例，提出对史家在史料收集上的要求，"此而不书，何以示后"。认为史家修史应该兼采雅俗，泯灭华夷之辨。此外，刘知幾提出少数民族史籍在史料采集和语言运用上，要做到兼采雅俗，方言世语皆录，务存直道。又以史家在史籍中追求隐讳文饰，及将少数民族姓氏从复姓改为单字为例，指出其不当之处。刘知幾以"亦有氏姓本复，减省从单，或去'万纽'而留'于'，或止存'狄'而除'库'。求诸自古，罕闻兹例"③ 为例，对魏收在《魏书》中以姓氏本为复姓，却省略成单字的行为提出异议。刘知幾认为自古以来很难听说这样的例子，要求史家在修撰少数民族史书时要正视史实，流露出其"华夷无别"的思想。《杂说中》："然自二京失守，四夷称制，夷夏相杂，音句尤媸。而彦鸾、伯起，务存隐讳；重规、德棻，志在文饰。遂使中国数百年内，其俗无得而言。"④ 上述史料一方面是刘知幾从史籍语言的雅俗角度出发对史家修史中存在的问题进行的评论，另一方面也是他"华夷无别"思想的集中反映。

三 刘知幾华夷观的矛盾

刘知幾的华夷观有其积极的意义，但也存在不足之处。细绎《史通》，笔者发现刘知幾作为传统史家，其思想深处又有浓郁的正统意识，刘知幾是传统儒家士大夫，不可能摆脱封建思想的桎梏，他的正统观主要体现为修史中的正伪之分。正伪与华夷两者虽有交叉但并不相同，尽管刘知幾并

---

① （唐）刘知幾撰，赵吕甫校注《史通新校注》，第420页。
② （唐）刘知幾撰，赵吕甫校注《史通新校注》，第420页。
③ （唐）刘知幾撰，赵吕甫校注《史通新校注》，第420页。
④ （唐）刘知幾撰，赵吕甫校注《史通新校注》，第954页。

未强调"华夷之辨",但正伪之辨在一定意义上也是华夷之辨的一种表现形式。史家修史主张区分正伪,作为传统史家的刘知幾也不例外。作为传统士大夫,刘知幾思想深处有着浓厚的正统意识,并以儒家"春秋之义"作为衡量正伪、区别华夷的标准。

首先,刘知幾认为《春秋》所创立的原则为"史氏之根本"。《春秋》文句简要,措辞含蓄,并隐存褒贬之义,刘知幾对《春秋》的推崇与敬仰,使后世史家对"春秋义理"有了更深入的了解。受《春秋》中所蕴含的"正名分"意识的影响,刘知幾的史学思想中也体现出浓厚的正统观,这种正统观体现为少数民族史籍认识问题中的"正伪之辨"。《古今正史》篇记载:"大抵自古史臣撰录,其梗概如此。盖属词比事,以月系年,为史氏之根本,作生人之耳目者,略尽于斯矣。"① 可知刘知幾的史学思想来自《春秋》,其思想中的"春秋义理"观念已经深深植根于他的撰著和史学批评思想之中。又《史通·载文》:"昔夫子修《春秋》,别是非,申黜陟,而贼臣逆子惧。"② 体现出春秋"别是非""申黜陟"的历史地位和史学功用。

其次,刘知幾对十六国史学的认知也可以体现出他思想中浓厚的"正朔观"。以《史通·探赜》篇对崔鸿《十六国春秋》以东晋为正统表示赞赏,而对魏收所撰《魏书》以东晋为僭越进行抨击为例,可以看出其浓重的正统意识,又从刘知幾对崔鸿与魏收的不同评价可以看出,刘知幾在思想深处以东晋作为正统王朝,并在史籍观方面体现出鲜明的正统意识和正伪之辨,即刘知幾在思想深处是偏袒东晋南朝的。《史通·探赜》篇云:"自二京板荡,五胡称制,崔鸿鸠诸伪史,聚成《春秋》,其所列者,十有六家而已。魏收云:'鸿世仕江左,故不录司马、刘、萧之书,又恐识者尤之,未敢出行于外。'按于时中原乏(原书为'之')主,海内横流,逖彼东南,更为正朔。适使素王再出,南史重生,终不能别有异同,忤非其议……故情私南国,必如是,则其先徙居广固,委质慕容,何得书彼南燕,而与群胡并列……且观鸿书之纪纲,皆以晋为主,亦犹(原书为'扰')班《书》之载吴、项,必系汉年,陈《志》之述孙、刘,皆宗魏世。何止独遗其事,不取其书而已哉!但伯起躬为《魏史》,传列《岛夷》,不欲使中国著书,推崇江表,所以辄假言崔志,用纾魏羞……收之

---

① (唐)刘知幾撰,赵吕甫校注《史通新校注》,第767页。
② (唐)刘知幾撰,赵吕甫校注《史通新校注》,第307页。

矫妄，其可尽言乎！"① 第一，刘知幾在文中叙述了西晋政权危乱，五胡建国称帝，崔鸿收集各伪政权的史书，撰成《十六国春秋》的经过。第二，刘知幾从十六国时期特定的历史环境以及《十六国春秋》编撰思想倾向的角度进行分析，对魏收所提"鸿世仕江左，故不录司马、刘、萧之书，又恐识者尤之，未敢出行于外"之论进行驳斥，揭露魏收所撰《魏书》中的《崔鸿传》是魏收的矫情虚妄之言并对此表示异议。第三，刘知幾认为魏收在撰写《魏史》时把南朝政权列为《岛夷传》，是不希望中原所著史书推崇南方政权，所以他就借《魏书》来抨击崔鸿所著史书，进而以此消除北魏政权地位的尴尬。笔者认为此论属于刘知幾推测之辞，刘知幾是不赞同魏收这一思想倾向的，所以在文中抨击魏收而对崔鸿加以袒护，表面上他是为十六国争历史地位，其实质是对崔鸿在修史中以东晋正统的做法表示肯定，这也体现出刘知幾以东晋王朝为正统的思想意识，反映出刘知幾思想中的"正伪之辨"。

刘知幾的"正朔之辨"在对崔鸿《十六国年表》的评价上也有所体现。如《史通·表历》篇："当晋氏播迁，南据扬、越，魏宗勃起，北雄燕、代，其间诸伪，十有六家，不附正朔，自相君长。崔鸿著表，颇有甄明，比于《史》《汉》群篇，其要为切者矣。"② 刘知幾在文中以崔鸿著《十六国年表》与《史记》《汉书》中各表相比较为例，认为崔鸿所著将各国之间界限区分清楚，更为贴切，这一点也是刘知幾思想中蕴含"正朔之辨"的典型例证。刘知幾认为崔鸿作《十六国年表》比较贴切，正因"十有六家，不附正朔，自相君长"。刘知幾认为十六国是"不附正朔，自相君长"的政权，所以提出年表需要界限分明，而"崔鸿著表，颇有甄明"，刚好符合刘知幾所论。相对而言，《史记》和《汉书》是叙述大一统王朝，自然各表不必区分严格界限。刘知幾认为在这一点上崔鸿做到了著表"颇有甄明"，所以称赞他"其要为切者矣"。刘知幾在这里以《史记》《汉书》与《十六国年表》对比为例，表面上是对崔鸿的肯定，其实也正是"正伪有别"观的显著体现。

表面上看刘知幾的华夷观是自相矛盾的，但如果从中国传统史学的本质去看，则是可以理解的。受政治环境的影响，刘知幾的华夷观一方面体现出他作为中国古代传统士大夫为社会服务的政治情怀，而另一方面又反

---

① （唐）刘知幾撰，赵吕甫校注《史通新校注》，第483~484页。
② （唐）刘知幾撰，赵吕甫校注《史通新校注》，第124页。

映出了他作为中国传统史家,在思想深处所追求的"扬榷群史"的自觉意识。倘若我们把刘知幾的华夷观放到唐代史学这个大背景下,就不难发现,其实刘知幾的史学批评思想是自觉且丰富的,他从政治立场和史书撰写两个层面来解读华夷关系问题,进而提出"华夷无别"和"正朔有别"的双重结论,为我们深入认识中国传统史学理论问题并进行史学批评提供了借鉴和指导。

余 论

对刘知幾华夷观的认识除了要分析《史通》之外,笔者认为还要对有唐一代史家编纂史著的创作因素、社会环境的复杂性等进行分析。

首先,在隋唐统一局面基本形成之后,社会上需要有综合叙述南北各朝历史的新著出现。以刘知幾所著《史通》为代表,分裂的封建政权,互相敌视的言语如"索虏""岛夷""海夷"之类,已与全国统一后南北各民族大融合的形势不相适应。当时唐王朝的社会现实力主民族融合、国家统一,刘知幾受此观念的影响颇深。他从史籍观出发,要求史家在修史中淡化华夷之别,服务于社会现实,更要求史家在史书记载中以追求历史真实为己任,主张"华夷无别"。刘知幾认为这一时期的史家修史应从唐朝统一的局面出发,重新看待南北朝历史。一方面,刘知幾对南北朝史官在史书中对敌对政权称"岛夷""索虏"的做法表示不满,另一方面,刘知幾对李延寿父子所著《南史》《北史》在一定程度上打破了正史与伪史的界限表示称赞,前后态度形成两个极端,上文已详述。这些都是唐朝统一后"天下一家"政治思想观的反映。刘知幾在《古今正史》篇中把十六国史列为正史就足以证明其思想中的政治立场,即追求各民族大一统,友好交流,这与当时唐王朝社会发展的主流意识相一致,也从侧面反映出刘知幾的"华夷无别"观在一定程度上受到当时社会主流思潮的影响。

其次,十六国和南北朝时期是中国历史上的一段大分裂时期,也是华夷互相攻讦的高峰期,这一时期政权众多,社会纷争,政权更迭不断。刘知幾的华夷观深受这一时期政治局势的影响,《史通》中对十六国时期史学的评论,充分体现了刘知幾思想中的对华夷关系的认识,显示出刘知幾作为传统史家在进行史学批评的同时,又兼顾社会政治现实的特点。刘知幾作为传统士大夫,思想深受传统儒家正统意识的影响,《史通》中也多处体现出其思想中的浓厚的正统意识。"华夷无别"与"区分正伪"两者针锋相对，难以相容，这样就形成了刘知幾思想中对华夷之间关系认识的矛盾。其具体表现为既追求"华夷无别，天下一家"，又主张"区分正朔、辨别华夷"的矛盾认识。

除此之外，我们也应该看到刘知幾在对华夷问题的认识上存在的不足之处。刘知幾在《史通》中对前代史籍的评述，其实是站在更高的理论层面上对史家修史提出宏观要求，这是一种理想化的，完美的，甚至有点不切实际的构想。史学家对一定历史时期的事实进行评价，可以从客观角度出发，但不能抹杀基本历史事实。刘知幾所持华夷观有一定的现实意义，但南北朝时期的历史现实就是政权互相攻讦，这是客观存在的史实，史家也是并且只能客观地站在各自政权的角度进行书写。我们不能苛求古人，正如章学诚所说"论古必恕"。《史通》里所涉及的史书中，没有哪一部史书做到了刘知幾所要求的完美主义。现实史家在修史过程中，都会受到很多因素的影响，不可能做到事无巨细，尽善尽美。从唯物的和辩证的观点来看，刘知幾所提出的一些史例包括对少数民族史学的评论，是有服务于政治的因素在内的，并非纯粹客观的理论评价。

元祐中后期"调停"说辨析
——兼论苏辙《颍滨遗老传》对史书的误导

张家伟

(香港理工大学中国文化学系,香港九龙 999077)

摘 要:元祐大臣的笔记、自传、日记是《续资治通鉴长编》等南宋史书的重要史源。然而,元祐大臣在对元祐史事的追述中常因维护自身及盟友而曲写史事。梳理元祐时期与"调停"说相关的史实经过,对勘苏辙《颍滨遗老传》等私人记述,可以说明苏辙所述吕大防、刘挚力主"调停"的说法不实。另外,苏辙、刘安世等人叙述的朝局因"调停"转向"绍述"的逻辑亦不妥。终元祐时期,太皇太后高氏、吕公著、吕大防、刘挚、范纯仁等人为巩固元祐政局而实行有限度的人事包容,但在元祐中后期,这一做法被元祐强硬路线限制而难以展开。元祐政治失败的主因,是一些倾向熙丰却隐藏心志的后进,借助元祐大臣的提拔,参与政争,并逐步攻去元祐大臣,最终鼓动宋哲宗绍述。苏辙的自传,含有推卸参与政争及提携变政者之责的用意。

关键词:元祐 调停 苏辙 《颍滨遗老传》 刘挚 吕大防

一 元祐"调停"说及其问题

因元祐大臣曾亲身参与元祐政治,以及南宋的主流意识是"是元祐而非熙丰",故而其记述常被后世信任。在关于元祐中后期的论述中,"调停"是关键议题之一，其被提出及成为历史认知，主要经历了三个阶段：第一是元祐政治本身的开展，第二是元祐大臣的记录及追述，第三是南宋士大夫根据北宋文字、历史记忆，以及自身时代意识写史，形成南宋人的北宋史观。其中，对后世影响最大的史书莫过于李焘（1115～1184）《续资治通鉴长编》（以下简称《长编》）。

《长编》以"调停"议题带动叙述元祐中后期史事，其中多援用苏辙（1039～1112）《颍滨遗老传》之记载。然而，北宋政治史研究进展至今，传统"调停"说已越发暴露出不足。究竟有无调停、何时调停、谁主调停，皆仍待辨明。探明史事，自然可以看到记述的偏差，并追究其用意。但元祐史事的记述，恰主要来自元祐大臣，因而还原史事，又必须依赖于辨析记述之真伪。本文的关注重点，即元祐政治及元祐大臣的历史书写，亦即"调停"这一历史认知形成的第一、第二阶段。

宏观来看，《长编》采用苏辙自传，将元祐中期政治动向概括为：

> 时宰相吕大防、中书侍郎刘挚建言，欲引用元丰党人，以平旧怨，谓之"调停"。太皇太后颇惑之，故辙言此。①

以《长编》为本的杨仲良《皇宋通鉴长编纪事本末》（以下简称《长编纪事本末》）也列专题，将元祐中后期迁转熙丰旧臣归之于"调停"。其所列重要事件如下。元祐五年（1090）：（1）邓温伯（1027～1094）任命事件。元祐六年：（2）吕大防（1027～1097）、刘挚（1030～1098）请求蔡确（1037～1093）量移之事；（3）诏章惇（1035～1106）复右正议大夫、蔡京知永兴军；（4）吕大防、刘挚拟以李清臣（1032～1102）为吏部尚书、蒲宗孟（1028～1093）为兵部尚书〔遭苏辙、王岩叟（1044～1094）等反对而罢〕；（5）刘挚主张谢景温（1021～1098）知扬州（成），并因李清臣之任命失败而试图以王存（1023～1101）为吏部尚书（未成）；（6）吕大防叙复宋用臣为忠州刺史（王岩叟、刘挚反对，半年后才叙复，旋罢）；（7）刘挚因事被罢相，知郓州；（8）诏吕惠卿（1032～1111）光禄卿、分司（遭姚勔封还而罢）。元祐七年：（9）蔡京（1047～1126）知成都府，蒲宗孟知永兴军、大名府，邓温伯知永兴军；（10）梁焘（1034～

---

① （宋）李焘撰，上海师范大学古籍整理研究所、华东师范大学古籍整理研究所点校《续资治通鉴长编》卷442，中华书局，2004，第10669页。

1097)主张对"先帝大臣"委以名藩,以全始终。元祐八年:(11)李清臣为吏部尚书(时吕大防独相,后因姚勔反对而改李清臣知真定府);(12)范纯仁(1027~1101)被召,复尚书右仆射。①

关于(2),即元祐六年吕、刘量移蔡确之事,"车盖亭诗案"本就是超出政治路线的迫害,触及了北宋士大夫底线,引起所有大臣惊惧,故量移已超出路线问题的范围。② 关于(3)、(5)、(6)、(8)、(9)、(10),熙丰旧臣有复官衔或转任名郡者,本属朝廷迁转、叙复惯例。外置大臣而优待之,也意在阻止其入朝,并安抚人心(强硬派梁焘、苏辙亦有此论,详后)。故回顾史书中所列"调停"事例,需要深入探析的,主要是两种史事:第一种,邓温伯事件,以及(4)、(5)、(11)涉及的吕大防、刘挚任命熙丰旧臣或元祐温和派为尚书之事;第二种,中立者范纯仁回朝重任右相及其后不久朝廷转向"绍述"之事。

而此两种史事,也多为现代学界注意。因苏辙于元祐五年强调元祐路线时,邓温伯任命事件刚发生不久,故学界多关注邓温伯事件,并在传统史书基础上,将元祐中后期政治理解为:以邓温伯事件为标志,吕大防、刘挚开始行"调停",但太皇太后高氏(1032~1093)信从苏辙,终元祐时期坚守既定路线。③ 方诚峰则认为元祐五年对邓温伯之任命并非吕大防、刘挚私意,而是在傅尧俞首倡下,一众宰执揣摩、迎合高氏所致。邓温伯、李清臣、蒲宗孟之任命失败后,高氏将部署重点从温和的"熙丰旧臣"转向温和的"元祐臣僚",故召范纯仁为右相。"调停"实是高氏为

---

① (宋)杨仲良撰,李之亮点校《皇宋通鉴长编纪事本末》卷99《调亭》,黑龙江人民出版社,2006,第1704~1708页。
② 元祐六年八月高氏对蔡确量移之事宣喻:"蔡确不为渠吟诗谤讟,只为此人于社稷不利。若社稷之福,确当便死。"可见高氏有治死蔡确之心。见(宋)李焘撰,上海师范大学古籍整理研究所、华东师范大学古籍整理研究所点校《续资治通鉴长编》卷464,第11088页。
③ 如罗家祥认为,元祐中后期吕大防、刘挚的"调停"方案没有得到高氏认同,致使旧党倾轧新党愈演愈烈,也导致了日后新党的报复。顾宏义论述了元祐三、四年范纯仁力言朝廷无党及援救蔡确所体现出的"调停"思想,以及元祐五年吕大防、刘挚援引元丰党人的"调停"行为,认为反对调停的主要是强硬派苏辙。朱义群认为,吕大防、刘挚"调停",以及元祐末年范纯仁任用新党以化解仇恨的行动皆因宿怨太深而归于失败。见罗家祥《朋党之争与北宋政治》,华中师范大学出版社,2002,第172~174页、第134~141页;顾宏义《范纯仁论朋党——兼析元祐年间"调停"说的起因与影响》,《河北大学学报》(哲学社会科学版)2009年第3期;朱义群《北宋宰相吕大防的政治生涯析论》,载姜锡东主编《宋史研究论丛》第20辑,科学出版社,2017,第51~77页。

应对垂帘体制终结所作部署。①

高氏与吕大防、刘挚，谁才是调停主导？两种说法中，似乎方诚峰之论更符合史实。若依据苏辙笔记及传统史书，认为吕、刘是主导，元祐中后期便存在太多难以解释之现象。第一，若吕、刘调停不合于高氏，则刘为何未被贬黜，反在元祐六年升任右相，吕大防还任首相至元祐终了？第二，刘挚以建立元祐路线起家，何以转向"调停"，放弃政治资本？第三，吕、刘等人在元祐中后期皆不时申述元祐路线，此又与"调停"说相违。另外，哲宗亲政后对吕、刘处罚最重，而对范纯仁明显较优，若吕、刘皆主调停，何以待遇与范相差如此？

对"调停"说的产生及发展影响最大者，是苏辙《颍滨遗老传》。作为元祐大臣，苏辙之记述虽不乏怀疑者，却终究占据历史叙事主流。在苏辙的记述中，客观史事与个人目的交织成一体，因而分辨士大夫真正的参与行动及其后来的叙述改造，是拨开元祐中后期政治迷雾的关键。

二　苏辙所述元祐五年吕大防、
　　刘挚首倡"调停"说

过往研究皆将苏辙劝止"调停"看作针对邓温伯之任命。其实从时间来看，苏辙是针对陆佃（1042~1102）、赵彦若（1033？~1095）之权尚书任命（详后）。重新审视邓温伯事件本末，并对照苏辙自传，可以发现此事件中高氏的心迹，吕大防、刘挚、苏辙等人的政治斗争，以及苏辙上书的用意。

元祐四年九月邓温伯除母丧，被诏为吏部尚书，却被权给事中梁焘指控曾依附王安石（1021~1086）、吕惠卿、吴充（1021~1080）、蔡确，且在为蔡确所撰丞相制词中肯定蔡确"定策"之功。于是高氏诏改邓温伯知亳州。② 此时距离蔡确"车盖亭诗案"事件不久，"蔡确党人"和"定策"

---

① 见方诚峰《北宋晚期的政治体制与政治文化》，北京大学出版社，2015，第83~91页。另外，方氏从元祐七年四月尚书右丞梁焘请求高氏还政，以及建议将"先帝大臣"委以名藩等事，认为梁焘因时间与位份变化，认识到元祐危机而转向调和。笔者同意梁焘在元祐后期认识到强硬路线的缺陷，然而却非因方氏所述理由。外置大臣问题前文已述，还政之请则是君主成年的应有之义，二者未必出于"调停"。梁焘转向的证据，应是元祐八年其求罢左丞时，力请曾被自己排挤出朝的范纯仁回朝任右相。（详后）

② （宋）李焘撰，上海师范大学古籍整理研究所、华东师范大学古籍整理研究所点校《续资治通鉴长编》卷433，第10443~10444页。

事对高氏而言影响力尚在。

元祐五年三月七日，翰林学士承旨苏颂（1021~1101）除尚书左丞，中书侍郎傅尧俞（1024~1091）提议令邓温伯补承旨，刘挚说不久前邓之吏部任命才被论罢。傅尧俞解释仅是让邓返回原职，众人同意，高氏说："温伯兼是延安府笺记，乃随龙人也。"① 三月十四日，诏邓温伯为翰林学士承旨。诏下前中书舍人王岩叟、给事中郑穆（1018~1092）皆封还词头，后由中书舍人郑雍（1030~1098）草制，诏下后侍御史孙升（1038~1099）极力反对，王、孙二人又论邓为"蔡确之党"及其书"定策"事。②

三月二十日诏邓温伯改侍读时，高氏说："谓温伯确党，非也。昔论相州狱事，与确大异，"③ 说明其不再被"蔡确党人"的话术限制。但邓温伯身上仍有熙丰路线的象征问题。侍读任命依然被王岩叟封还词头，梁焘、朱光庭（1037~1094）、刘安世（1048~1125）又以元祐路线问题提醒高氏："渐恐引类不已，消长之势必自此始。"高氏勉强命邓温伯知南京，却抱怨道：

> 言者必疑温伯别有进用，所以如此争论。然止是见得眼前事，向后亦未可知，安能今日扼温伯进也？昨害民之事，更改不少，知他久后如何？每思及此，令人不可堪，然台谏之言不可不行。④

高氏忧虑更改神宗之政太过，日后会有祸患，但对于台谏所言政治路线问题却无法反驳。高氏也叹道并未拟用邓温伯为执政，台谏却未体察自己心意。吕大防、刘挚、许将、傅尧俞捕捉到高氏的态度，请求改回初命。刘对吕言："昨政事更改，皆合人情，无可论。但失意之人无害于政者，合进则与进之可也。"⑤ 既肯定了元祐改政无误，又表示可以容纳"无

---

① （宋）李焘撰，上海师范大学古籍整理研究所、华东师范大学古籍整理研究所点校《续资治通鉴长编》卷443，第10663页。

② （宋）李焘撰，上海师范大学古籍整理研究所、华东师范大学古籍整理研究所点校《续资治通鉴长编》卷439，第10577~10578页、第10580~10581页。

③ （宋）李焘撰，上海师范大学古籍整理研究所、华东师范大学古籍整理研究所点校《续资治通鉴长编》卷443，第10663~10664页。

④ （宋）李焘撰，上海师范大学古籍整理研究所、华东师范大学古籍整理研究所点校《续资治通鉴长编》卷443，第10664页。

⑤ （宋）李焘撰，上海师范大学古籍整理研究所、华东师范大学古籍整理研究所点校《续资治通鉴长编》卷443，第10664页。

害于政者"，此实为高氏与吕、刘共同的意见。中书舍人郑雍请求明确处分，看似是站在台谏一方，实际是助力高氏与宰执。① 高氏遂又将邓温伯改回翰林学士承旨。之后，刘安世六次抗议，论吕大防是为此前"吏额"事件所受台谏攻击而怀恨，因而动摇高氏，以任用邓温伯来报复台谏。梁焘亦抨击吕大防尸位素餐，希望高氏将之出外。② 吕大防建议高氏"言事官当并与稍迁"，③ 因而，台、谏、给、舍中的强硬派多被左迁：王岩叟迁龙图阁待制、枢密都承旨；梁焘迁权户部尚书，刘安世迁中书舍人（但二人居家待罪）；郑穆迁宝文阁待制、国子祭酒；朱光庭迁给事中。侍御史孙升、殿中侍御史贾易同奏，支持梁、刘，再次弹劾邓温伯，认为"温伯进退，实系消长"。④ "消长"，即元祐路线的问题，高氏还是未能响应。

五月下旬，刚任御史中丞的苏辙言及邓温伯事，并未反对任命，而是指出言官既然言事不当，便不应一并升迁。此导致贾易离开言职。六月，苏辙因陆佃、赵彦若权尚书之任命，再次论及邓温伯事件未安之处：坚持任命邓温伯，会与升迁台谏官产生矛盾，致使曲直不明。⑤ 苏辙攻击执政引用邓、陆、赵等人引发纷争，显然回避了高氏力主任命邓之事。六月二十二日，苏辙上札子，既呼吁坚守元祐，又柔性评价邓温伯：

> 臣窃观元祐以来，朝廷改更弊事，（中略）而经今五年，中外帖然，莫以为非者。惟奸邪失职居外，日夜窥伺便利，规求复进，不免百端游说，动摇贵近，臣愚窃深忧之。若陛下不察其实，大臣惑其邪说，杂进于朝，以示广大无所不容之意，则冰炭同处，必致交争，熏莸共器，久当遗臭，朝廷之患，自此始矣。（中略）近者朝廷用邓温伯为翰林承旨，而台谏杂然进言，指为邪党，以谓小人必由此汇进。

---

① （宋）李焘撰，上海师范大学古籍整理研究所、华东师范大学古籍整理研究所点校《续资治通鉴长编》卷441，第10611~10612页。
② （宋）李焘撰，上海师范大学古籍整理研究所、华东师范大学古籍整理研究所点校《续资治通鉴长编》卷441，第10612~10626页。"吏额"事件可参看王化雨《政事、政争与政局：北宋元祐吏额事件发微》，《史林》2016年第1期。
③ （宋）李焘撰，上海师范大学古籍整理研究所、华东师范大学古籍整理研究所点校《续资治通鉴长编》卷443，第10664页。
④ （宋）李焘撰，上海师范大学古籍整理研究所、华东师范大学古籍整理研究所点校《续资治通鉴长编》卷442，第10640~10641页。
⑤ （宋）李焘撰，上海师范大学古籍整理研究所、华东师范大学古籍整理研究所点校《续资治通鉴长编》卷443，第10665页。

> 臣尝论温伯之为人，粗有文艺，无他大恶，但性本柔弱，委曲从人，方王珪、蔡确用事，则颐指如意，及司马光、吕公著当国，亦脂韦其间。若以其左右附丽，无所损益，遇流便转，缓急不可保信，诚不为过也；若谓其怀挟奸诈，能首为乱阶则甚矣。盖台谏之言温伯则过，至为朝廷远虑则未为过也。故臣愿陛下谨守元祐之初政，久而弥坚，择用左右之近臣，无杂邪正。至于在外臣子，一以恩意待之，使嫌隙无自而生，爱戴以忘其死，则垂拱无为，安意为善，愈久而愈无患矣。臣不胜区区，博采公议而效之左右。伏乞宣谕大臣，共崇斯义，勿谓不预改更之政，辄怀异同之心，如此而后朝廷安矣。①

苏辙指出邓温伯在阵营间投机，并非"蔡确党人"，此有迎合高氏之意，也意指台谏论其为蔡确党人、奸诈乱政实属过分。而台谏值得肯定之处是"为朝廷远虑"，即坚守元祐的姿态。苏辙的坚守方案是指将熙丰旧臣安置在外，以恩待与时间来缓和矛盾，此亦向高氏表明其体会调和之意。苏辙随后又上一疏，据《颍滨遗老传》所述，此疏扭转了宰执兴起的"调停"趋势：

> 奏入，宣仁后命宰执于帘前读之，仍谕之曰："苏辙疑吾君臣遂兼用邪正，其言极中理。"诸公相从和之。自此，参用邪正之说衰矣。②

然而，"参用邪正之说衰矣"与其自传后文"然大臣怙权耻过，终莫肯改"矛盾，③亦不符合元祐后期历史，显是自夸。不过高氏的确肯定了苏辙。邓温伯事件留下舆论矛盾，苏辙发现此问题，而高氏则通过肯定苏辙之言，再次肯定元祐路线。苏辙既论邓温伯不会影响政治路线，又论台谏坚守路线无误，则高氏之任命邓、及以论事过当之罪处罚台谏，皆不与元祐路线产生冲突。

而吕、刘主调停说之起源，则是苏辙在《颍滨遗老传》中将上述元祐

---

① （宋）李焘撰，上海师范大学古籍整理研究所、华东师范大学古籍整理研究所点校《续资治通鉴长编》卷443，第10667~10669页。
② （宋）苏辙：《颍滨遗老传·下》，曾枣庄、马德富点校《栾城集》，上海古籍出版社，2009，第1300页。
③ （宋）苏辙：《颍滨遗老传·下》，曾枣庄、马德富点校《栾城集》，第1303页。

五年六月二十二日之奏疏改写为：

> 自元祐初革新庶政，至是五年矣。一时人心已定，惟元丰旧党分布中外，多起邪说，以摇撼在位。吕微仲与中书侍郎刘莘老二人尤畏之，皆持两端为自全计。遂建言欲引用其党，以平旧怨，谓之调亭。宣仁后疑不决。①

《长编》等史书亦将此段录入，作为叙述纲领，即如前文所示。苏辙第一次上奏，为避讳高氏，而论是执政主导任命邓。二十二日札子中言"若陛下不察其实，大臣惑其邪说"，高氏回应"苏辙疑吾君臣遂用邪正"，皆非独论吕大防、刘挚。如此，规劝高氏与宰执奏疏中所假设的情景，至自传中演变成吕大防、刘挚调停，以及高氏犹疑不决的情景。

而从接下来刘挚的应对中，可见苏辙三次陈述对刘挚所造成的打击，亦可从侧面探知苏辙进言的用意。刘挚于七月请求罢政，其在日记中叙述了此时心态：宰执中自己与吕大防"同利害"，是推进元祐的元老，自己却因吏额事见疑于吕；而"后至者"，即怀有"异志"的执政在近来苏辙"愿戒大臣，共敦此义，勿谓不预改更之事，遂怀同异之心"的言论下，必定心生怨恨，致使政局动荡。② 八月刘挚复视事，向高氏陈述了邓温伯事件前后自身的心迹：

> 夫温伯为人，粗有文艺，亦别无罪状，但资质柔佞，随事俯仰，人所共知。昨来差除，臣等同议，以谓服阕之人还其旧职，不见其不可，兼曾蒙面谕，此时延安宫旧人，故行之无疑。及台谏交章言其奸罪，以谓必至变乱朝政，此又别无实迹，故臣等以曾言台谏所说过当。（中略）臣窃观今来温伯久已就职，梁焘等已别与差遣，理合宁帖无事，然而中外人情依旧未安。盖缘昨来言者说破温伯实王安石之党人，故进退之际，朋类甚众，邪正之辨、君子小人消长之势，在此一举。（中略）臣再详温伯及焘等其势必不两立（中略）臣有愚见，窃谓陛下何惜暂出温伯，选一名郡委任去处，使之补外？温伯既动，

---

① （宋）苏辙：《颍滨遗老传·下》，曾枣庄、马德富点校《栾城集》，第 1297 页。
② （宋）李焘撰，上海师范大学古籍整理研究所、华东师范大学古籍整理研究所点校《续资治通鉴长编》卷 446，第 18 册，第 10732~10733 页。

则众人自然安职，众人既安，则温伯便可复召。①

刘挚承袭了苏辙对邓温伯的评价，其七月日记也提及苏辙六月二十二日札子中"愿戒大臣"等语，可见苏辙上书对刘挚影响颇深。刘挚向高氏表明，当初同意任命邓，是因邓并无罪行，并领会高氏对邓"随龙人"身份的考虑。此既顺高氏之意，又表明是傅尧俞等执政、而非吕大防与自己存有苏辙所言"异同之心"。另外，吕大防、苏辙对刘挚的台谏势力造成打击，也是刘挚建议暂出邓以安抚众人的原因。刘挚再次以邓为"安石党人"、关乎元祐路线为言，可见苏辙对政治路线的论述及对宰执改变立场的指责占据了舆论高地。

综上可知，刘挚上章有两个目的：第一，营救梁焘等盟友；第二、表态自己仍坚定维护元祐。从中也可见吕、刘当时并未鼓动"调停"。若刘在六月鼓吹"调停"，八月便提醒"君子小人消长之势"，则反复之态也太过明显。而对于吕大防而言，赞成任命邓既可迎合高氏，又可报复梁焘、刘安世等台谏，亦非"调停"之举。总之，苏辙自传所述中，元祐五年六月高氏肯定其坚守元祐之论为真，而吕、刘鼓动高氏"调停"则不可信。从刘挚的反应看，苏辙的上奏十分成功。

苏辙以巧妙的语言，既肯定了高氏任命邓温伯用心无过，又通过肯定台谏所论元祐、熙丰"消长"问题，最终申述了坚守元祐路线的主张，如此则为高氏在强大的舆论压力下任命邓温伯完成了一开一阖的论述，最终达到任命邓温伯与保全元祐路线并存的舆论效果。

三 分析史书所载元祐六年吕、刘"调停"举措

苏辙自传中言"然大臣怙权耻过，终莫肯改"，虽未直言元祐六年吕大防、刘挚任命熙丰旧臣为尚书或地方长官是"调停"，但在其引导下，后人却极易做此联想，故如《长编纪事本末》等史书亦将元祐六年吕、刘的行为归入"调停"。元祐六年闰八月，吕大防提出任命熙丰旧臣，刘挚跟从其意，并得到高氏同意：

---

① （宋）李焘撰，上海师范大学古籍整理研究所、华东师范大学古籍整理研究所点校《续资治通鉴长编》卷446，第10737~10739页。

挚曰："前执政为尚书，固不过，但恐公议不肯放入来耳。"既而奏可。（中略）录黄过门下省，给事中范祖禹封还进呈，不允。祖禹执奏如初。①

王岩叟反对任命蒲宗孟，吕大防言："宗孟却无他事。"范祖禹封还词头之第二奏提及高氏对其第一奏的回应："陛下不过以昔年之事不当追咎，发兵之诏不独由清臣，而先朝执政不须尽不用，独清臣柔而易制，故复收进之尔。"可见高氏、吕大防曾对所引之人有所筛查，认定其无能为害。王岩叟、范祖禹未能改变高氏，直至苏辙再次申述政治路线，重提上年坚守元祐之论：

辙遂言："前日除李清臣，给谏纷然争之未定。今又用宗孟，恐不便。"太皇太后曰："奈阙官何？"辙曰："尚书阙官已数年，何尝阙事！今日用此二人，正与去年用邓温伯无异。此三人者，非有大恶，但与王珪、蔡确辈并进，意思与今日圣政不合。"（中略）太皇太后曰："信然。不如且静。"遂卷除目持下。辙又言："臣去年初作中丞，首论此事，圣意似以臣言为然。今未及一年，备位于此，若遂不言，实恐陛下怪臣前后异同。"上曰："然。"②

苏辙用邓温伯作比，表明并非高氏审查有误，而是任用李清臣、蒲宗孟等人会再引发聚讼。而苏辙以恐怕自己前后不同为言，实则提醒高氏勿前后反复。此次任命看似是吕大防、刘挚提出，实则仍是在元祐路线监控之下，高氏艰难的调和行为。

既然刘挚是因与苏辙暗斗才迎合吕大防，则任用熙丰旧臣并非其个人主张。另外，对于元祐六年十月、十一月，刘挚因被论交接邢恕以及章惇之子章援而罢相之事，亦有学者认为是"调停"行为。③ 刘挚曾收容章援

---

① （宋）李焘撰，上海师范大学古籍整理研究所、华东师范大学古籍整理研究所点校《续资治通鉴长编》卷465，第11103页。
② （宋）李焘撰，上海师范大学古籍整理研究所、华东师范大学古籍整理研究所点校《续资治通鉴长编》卷465，第11104~11106页。
③ 王化雨认为刘挚被擢为右相，是因高氏利用"更化"干将刘挚、苏辙、王岩叟等人来制衡返朝的新法派王子韶、杜常、彭汝砺、盛陶等人。但刘挚转向包容新法派，导致其失去盟友王岩叟，最终因与邢恕的书信而被高氏怀疑背叛元祐。见王化雨《北宋元祐后期政局探析——以刘挚事迹为中心》，《四川师范大学学报》（社会科学版）2017年第6期。

住其家，也曾在邢恕被贬永州时以简作别，末有"为国自爱，以俟休复"之语，郑雍、杨畏将"休复"解释为"复子明辟"，有复辟政事之意。而刘挚自辩"其通书柬、见子弟，乃人情公介常礼，臣虽至愚，岂不知公介常礼，安能解终身之死怨"①。不同阵营人物私交本为常见，邢恕与司马光（1019~1086）、司马康（1050~1090）父子，苏轼（1037~1101）与曾布（1036~1107）、章惇亦有往来，若如刘挚解释，则"休复"是等待重新被起用之意。综合来看，此事更像是郑雍、杨畏（1044~1112）罗织的文字狱。而从后来哲宗亲政、章惇执政时对刘挚的再三贬谪、剥夺恩泽可见，刘挚解释常礼不能平死怨亦非狡辩。

另外，刘挚并未失去王岩叟等人的支持，在强硬派看来，刘挚始终是元祐路线的标志人物。刘挚、苏辙在亲吕大防的台谏攻击下居家待罪时，王岩叟上章论救，表彰二人祛除奸邪之功，认为刘、苏皆是高氏心腹。②为反击台谏，王岩叟还牵扯至王安石及熙丰大臣，谓攻击刘、苏是图谋变政：

> 今大奸未死，人心危疑，朝廷之上，与之为敌者，挚为首焉。（中略）苏辙之进，与挚大约相类，皆正人所系望，而奸党所忌嫉者也。（中略）窃闻御史杨畏乃吕惠卿门人，及受张璪知遇最深。（中略）谏官虞策亦是张璪面上相知之人，尝受璪特力论荐。③

王岩叟认为刘挚居论列"大奸"蔡确之首功，并论杨畏、虞策等人受荐于王安石门下士。梁焘亦上两章极论当时正人少、邪人多，台谏"邪人"正图谋攻去元祐政治的中流砥柱：

---

① （宋）李焘撰，上海师范大学古籍整理研究所、华东师范大学古籍整理研究所点校《续资治通鉴长编》卷467，第11158~11159页。
② 元祐六年王岩叟刚任职枢密院即在留对时提醒高氏"君子小人无参用之理"，与上一年苏辙所论相似。见（宋）李焘撰，上海师范大学古籍整理研究所、华东师范大学古籍整理研究所点校《续资治通鉴长编》卷455，第10910~10911页。虽然王岩叟曾与苏辙多有冲突，元祐六年亦为西夏边事争持不下，但有关人事意见的相似使得二人团结论事，如针对吕、刘所拟蒲宗孟的任命时二人的相约互助。见（宋）李焘撰，上海师范大学古籍整理研究所、华东师范大学古籍整理研究所点校《续资治通鉴长编》卷465，第11103页。人事路线是王岩叟最首要之关切，其对刘挚之认同非因攀附或私谊。
③ （宋）李焘撰，上海师范大学古籍整理研究所、华东师范大学古籍整理研究所点校《续资治通鉴长编》卷467，第11162页。

> 愿陛下用素所知之正人，尝在言职，风采凛凛，为中外所敬惮者，处以言官之长。（中略）能以忠孝报陛下之恩者，今在朝廷不过数人；群小怨嫌，阴结为朋，力谋排陷者，不一人也。（中略）此数人者亦未足深惜，但恐小人复兴，攻击转多，万一如此，则为太皇太后陛下即日之悔，为皇帝陛下他日之忧，此可为大惧也。①

可见王岩叟、梁焘皆试图以元祐路线压制此时台谏。给事中朱光庭也因封还刘挚罢相麻制而被吕大防贬知亳州。虽皆为刘挚盟友，尤其梁焘、王岩叟更是少时故交，但此三人亦不为利益所动的"理念型"士大夫，如朱光庭曾坚决反对元祐六年五月蔡确量移之事，并非完全附于刘挚。若刘挚叛变元祐立场，三人应不会因私交而包庇。

高氏去世后，吕大防亦未改变元祐立场。元祐八年十一月哲宗擢用的十多名内侍中，有熙丰时期带兵宦官李宪（1042~1092）、王中正（1029~1109）等人之子，群臣忧虑复辟，吕大防代表群臣劝止哲宗："众议颇有未安。"② 总之，元祐后期吕、刘任宰臣时引进熙丰旧臣，并非出于私意改变既有路线，而是与高氏一同拣选较无威胁的熙丰旧臣补高层空缺，以增进行政并调和朝局。

四 "调停"引发"绍述"的历史逻辑论

元祐政治因"调停"导向"绍述"的逻辑，首见于元祐大臣追述，后又为南宋人有意识地采信。③ 苏辙《颍滨遗老传》言：

> 微仲之在陵下也，尧夫奏乞除执政，上即用李邦直为中书侍郎，邓圣求为尚书右丞。三人久在外，不得志，遂以元丰事激怒上意，邦直尤力。④

---

① （宋）李焘撰，上海师范大学古籍整理研究所、华东师范大学古籍整理研究所点校《续资治通鉴长编》卷468，第11195页。
② （宋）杨仲良撰，李之亮点校《皇宋通鉴长编纪事本末》卷101，第1736页。
③ 蔡涵墨（Charles Hartman）论证南宋以道德构建北宋史，指出以朱熹、黄震的历史周期论中的最后一环，即是范纯仁调停至北宋灭亡。见蔡涵墨《关于宋代史料中的两种周期》，《新史学》2020年12月第4期。
④ （宋）苏辙：《颍滨遗老传·下》，曾枣庄、马德富点校《栾城集》，第1310~1311页。

刘安世也认为李清臣、邓温伯是绍述首倡者，其引进者则是吕大防、范纯仁：

> 微仲、尧夫不知君子小人，势不两立如冰炭，故开幸门，延入李、邓，排去正人，易若反掌。调亭之说果何益乎？①

朱熹（1130~1200）论元祐大臣"调停"之失，不但批评司马光礼办王安石丧事，导致朝廷风向不明，还采取了刘安世之说，批评吕大防、范纯仁：

> 后来吕微仲、范尧夫用调停之说，兼用小人，更无分别，所以成后日之祸。②

以李清臣、邓温伯为绍述首倡者，则李、邓之引进者即为"调停"者。在苏辙的叙述中，吕大防、刘挚是早期引进者，范纯仁则在后期起决定性作用。苏辙论范纯仁、李清臣、邓温伯因旧怨而鼓动哲宗改政，此对于始终持平，且在苏辙罢相前对之论救的范纯仁显然是恩将仇报的污蔑。③苏辙也记载了范引李、邓为执政时，吕大防正担任山陵使而未参与。刘安世则似乎刻意忽略了元祐元年九月刘挚对高氏留任李清臣、安焘（1034~1108）的支持，以及元祐六年吕大防、刘挚一同拟用李清臣等人之事，而只论吕大防、范纯仁"调停"。

前文已论，高氏、吕、刘引用"无害于政"的熙丰旧臣，并非要改变元祐路线，而是要调和矛盾。另外，李、邓其实亦非绍述首倡者。杨畏在元丰八年（1085）十一月底、十二月初刚任礼部侍郎时即向哲宗倡议绍述，其时李、邓尚未回朝。④关于首倡"绍述"者为谁的问题，是邓广铭最先提出的，而方诚峰也对此有所探讨。⑤

---

① （宋）朱熹：《谏议刘公》，李伟国点校《三朝名臣言行录》卷12，载朱杰人等主编《朱子全书》第12册，上海古籍出版社，2010，第790页。
② （宋）黎靖德编，王星贤点校《朱子语类》卷123，中华书局，1986，第2963页。
③ （宋）杨仲良撰，李之亮点校《皇宋通鉴长编纪事本末》卷100，第1721~1724页。
④ （宋）杨仲良撰，李之亮点校《皇宋通鉴长编纪事本末》卷101，第1738页。
⑤ 邓广铭：《读〈宋史〉札记》，载《邓广铭全集》第9卷，河北教育出版社，2005，第432页。方诚峰：《北宋晚期的政治体制与政治文化》，第91~92页。

苏辙于元祐五年邓温伯事件中，尚未身居宰执，无须表态，稍后任御史中丞，欲申述路线又恐得罪高氏，于是对邓持两可之言。苏辙又在元祐六年反对李清臣、蒲宗孟之任命，如此，李、邓之进用皆与苏辙无关。杨畏、来之邵等人是引导哲宗走向绍述的关键，苏辙之所以不提杨、来等人，而以李、邓为绍述首倡者，是为了掩盖自己提拔杨、来之事，避免担负朝局转向"绍述"之责，此亦早为朱熹所洞察：

> 子由深，有物。作颍滨遗老传，自言件件做得是。如拔用杨畏、来之邵等事，皆不载了。门下侍郎甚近宰相，范忠宣苏子容辈在其下。杨攻去一人，当子由做，不做，又自其下用一人；杨又攻去一人，子由当做，又不做，又自其下拔一人。凡数番如此，皆不做。杨曰："苏不足与矣。"遂攻之。来亦攻之。二人前攻人，皆受其风旨也。①

杨畏先后受到刘挚、吕大防、苏辙的提拔之事，成为各方对其讳言的原因。元祐六年刘挚收拢杨畏失败，杨畏转向吕大防，力攻刘挚，使其罢相：

> 或曰："畏初善挚，后吕大防亦善之。"时大防与挚各有异意，皆欲得畏为助，君锡荐畏，实希挚风旨也。然畏卒助大防击挚云。②

元祐八年九月高氏薨，十一月至十二月初，吕大防提拔杨畏，范纯仁认为杨畏并非"正人"，但吕大防得苏辙相助，范纯仁无能为力，最终杨畏被超拔至礼部侍郎。而后——

> 畏寻上疏言："神宗皇帝更法立制，以垂万世。乞赐讲求，以成继述之道。"上即召畏登殿，询畏以："先朝故臣孰可召用者？朕皆不能尽知。可详具姓名，密以闻。"畏即疏章惇、安焘、吕惠卿、邓温伯、李清臣等行义，各加题品，且密奏书万言，具言神宗所以建立法度之意。乞召章惇为宰相。上皆嘉纳焉。③

---

① （宋）黎靖德编，王星贤点校《朱子语类》卷130，第3118页。
② （宋）李焘撰，上海师范大学古籍整理研究所、华东师范大学古籍整理研究所点校《续资治通鉴长编》卷457，第10948页。
③ （宋）杨仲良撰，李之亮点校《皇宋通鉴长编纪事本末》卷101，第1738页。

刘安世叙述李、邓首倡绍述，亦避言刘挚最早交接杨畏。不过，刘、吕、苏在任用杨畏等人时，初心皆非"调停"，而是增长已方势力。而三人皆未预料杨畏等人会翻转元祐政治。无法分辨"异志"者，或缺乏罪名将怀疑者排挤出朝，始终是大臣不断申述元祐路线却无法排除隐患的困境。梁焘在论救刘挚时说：

> 有向来奸党已用之人，今复在要路者。又有奸党后进之人，今在言路者。又有小人之奔竞侥幸者，虽素非奸党，而今日屈意求助，以济其谋，为自进之计，阴相交通，以白为黑，以是为非，以无为有。①

"奸党后进之人"，即杨畏、虞策。而"素非奸党"则指郑雍、姚勔等人。"后进之人"一词大约可以概括成长于熙丰而于神宗治下未及展露，或对熙丰施政有所不满、却因对元祐更为不满而折回熙丰之士。② 其人多与王安石有间接的提拔或学术关系，虽被怀疑，却终难有履历污点或个人罪行作为实证。其身份的模糊性，导致其在朝既有引进者又有攻击者，引进者并不知其隐匿之志。南宋人吕中言：

> 奈何徒知异己者之非君子，而不知同己者未必非小人，是以患起于腹心之间，卒以助成仇敌之势。司马光已为蔡京所欺，刘挚又为清臣所欺，吕大防又为杨畏所欺。身在元祐，心在熙宁，何君子之不悟已？③

"所欺"即言未能知人。吕大防、刘挚始终维持元祐路线，只是未能

---

① （宋）李焘撰，上海师范大学古籍整理研究所、华东师范大学古籍整理研究所点校《续资治通鉴长编》卷468，第11196页。
② 方诚峰认为，杨畏、来之邵等参议绍述者均成长于熙丰时代，却又与新法有一定距离，并非"熙丰旧臣"，故可在元祐时期被擢至言路。见方诚峰《北宋晚期的政治体制与政治文化》，第91~94页。朱铭坚则通过翟思（元祐六年十二月任旧职国子司业）、赵挺之（元祐六年十月任国子司业）、叶涛（元祐初期上诉理状而任太学正，后被调出，元祐中期又任太学博士）等人经历，认为太学是"新法党"重回权力中心的重要基地。见朱铭坚《党争漩涡中的太学——以北宋哲宗朝太学的人事变动为中心作考察》，《新史学》2018年6月第2期。
③ （宋）吕中撰，张其凡、白晓霞整理《类编皇朝大事记讲义》卷20，上海人民出版社，2014，第350页。

识别异志者，即梁焘所谓"后进之人"。相较于范纯仁不依立场分君子、小人，吕、刘、苏在议论中往往以元祐、熙丰分辨正、邪，却对"后进之人"判断不准。若"绍述"以"调停"为基础，则"后进之人"应借范纯仁之力引进更多熙丰旧臣。但在范纯仁重任右相时，"畏与之邵又言纯仁不可用"。① 投机者恰需要两阵营间的张力，作为自身引领转变的政治资本，杨畏投诚章惇时言"身在元祐，心在熙宁"，正是其人写照。②

台谏是"后进之人"逐次攻讦元祐大臣的阵地。高氏对不同时期台谏的恨意，引发张舜民、韩维（1017~1098）之被罢，以及邓温伯任命等重大事件，致使台谏更换频繁；熙丰旧臣及元祐大臣中之温和者，又在此前蔡确诗案中遭到打击，造成中后期台谏后备匮乏，这就为"后进之人"创造了机会。"后进之人"在元祐路线下隐藏心迹，借助元祐大臣的提拔，参与大臣相攻，削弱元祐政治有生力量，才是元祐转向"绍述"的真正原因。

五　元祐人事方案之确立：调停始于初期

吕大防、刘挚在元祐中后期的政治作为，并不超出高氏允许的范围，甚至是出于或迎合高氏的意向。三者政治倾向其实高度吻合。苏辙、王岩叟、范祖禹等人则更坚持用"君子"、去"小人"。元祐八年梁焘辞左丞时极力推荐范纯仁，高氏召回范，③ 此时高氏的生命已近尽头。高氏始终未放弃调和，只是长期被元祐路线所挟持。不过是否如方诚峰所论，元祐中期高氏才越发感到危机而展开"调停"？回顾元祐初期重要事件，可以发现"调停"早已孕育在高氏最初的人事举措中。刘挚起初亦是强硬派，而后稍转向包容，此正是刘挚与高氏达成默契，以及刘挚获取权力的过程。

元丰八年至元祐元年，刘挚是攻罢熙丰大臣的台谏领袖。元丰八年八月监察御史王岩叟首论章惇于帝前不尊，侍御史刘挚弹劾蔡确护送神宗灵驾不忠，后论其为人、为政之奸。④ 朱光庭、孙觉（1028~1090）、

---

① （宋）李焘撰，上海师范大学古籍整理研究所、华东师范大学古籍整理研究所点校《续资治通鉴长编》卷482，第11464页。
② 《长编纪事本末》中作"畏迹在元祐，心在熙宁、元丰，首为公辟路者"。见（宋）杨仲良撰，李之亮点校《皇宋通鉴长编纪事本末》卷120，第2000页。
③ 参见（宋）徐自明撰，王瑞来校补《宋宰辅编年录校补》卷10，中华书局，1986，第607页。
④ （宋）李焘撰，上海师范大学古籍整理研究所、华东师范大学古籍整理研究所点校《续资治通鉴长编》卷360，第8628~8630页。

孙升、苏辙等人相继加入，交章弹劾蔡确、韩缜（1019~1097）、章惇，朱光庭主张以司马光、范纯仁、韩维补位。① 至元祐元年闰二月，蔡确、章惇、曾布皆被外贬。韩缜四月被罢。吕惠卿三月被罢实职，六月遭重责。② 高氏在罢蔡确后，即升尚书右丞李清臣为尚书左丞，罢去章惇后，也以同知枢密院事安焘补其位，释放出缓和人事的讯息。但安焘之任命遭到刘挚、孙觉、苏辙、吕陶（1028~1104）、王觌（1036~1103）、孙升等台谏官激烈反对。元祐元年六月，高氏下"慰反侧之诏"，宣布因为"罪显者已正，恶巨者已斥"，故"今日前有涉此事状者，一切不问，言者勿复弹劾，有司毋得施行，各俾自新，同归美俗"。③ 高氏此诏，得到范纯仁、吕公著（1018~1089）的赞同。诏下后台谏哗然，刘挚接连反对，林旦、上官均、王岩叟、王觌也跟随上书，表示君子小人不两立、除恶务尽。同时，台谏对熙丰旧臣的论奏亦并未停止。而高氏往往在重贬某熙丰大臣后，即提拔、安抚另一位熙丰大臣，因而此调和方式在对元丰宰执的处置中已初步成型。④

九月，刘挚两次上书，主张在张璪、李清臣、安焘三名神宗顾命大臣中，罢张璪而留下后二者，目的是"借二人存之于位，以全国家大体，以成就陛下不忘旧臣之意，而解天下疑异之论"。⑤ 自张璪十月被罢中书侍

---

① （宋）李焘撰，上海师范大学古籍整理研究所、华东师范大学古籍整理研究所点校《续资治通鉴长编》卷360，第8629~8630页；卷365，第8745~8746页；卷366，第8810~8812页；卷368，第8849~8851页。曾枣庄、马德富点校《栾城集》36，《乞选用执政状》《乞罢左右仆射蔡确韩缜状》《乞罢右仆射韩缜札子》，第793~800页。
② （宋）李焘撰，上海师范大学古籍整理研究所、华东师范大学古籍整理研究所点校《续资治通鉴长编》卷368，第8854页；卷369，第8911页；卷370，第8934页；卷374，第9053页；卷373，第9024页；卷380，第9227页。
③ （宋）李焘撰，上海师范大学古籍整理研究所、华东师范大学古籍整理研究所点校《续资治通鉴长编》卷381，第9248页。
④ 王化雨认为高氏先试探性稍迁李清臣，未引起反对才超擢安焘。而任命安焘失败亦促使高氏与范纯仁酝酿"慰反侧之诏"，但又因高氏嫌吕惠卿受责太轻，担心诏令阻碍制裁，故六月重责吕惠卿后才降诏。台谏在七月论罢张璪，说明诏令公信力不足，但刘挚为得吕公著支持进入执政，在九月率领台谏缓和局势，故安焘、李清臣暂留。另外，吕惠卿之重责促使吕公著转向缓和。吕公著为章惇转官，高氏却被台谏煽动而斥责此事，致使吕之调和遭受打击。见王化雨《从"慰反侧之诏"看元祐时期宋廷调和新旧的尝试》，《北京社会科学》2019年第2期。但说高氏斥责吕公著表明其对调和初衷之背离，值得商榷。章惇本就是高氏必除之人，不在调和之列。另外，刘挚等台谏的缓和倾向，亦有向高氏靠拢之意，非仅是迎合吕公著。
⑤ （宋）李焘撰，上海师范大学古籍整理研究所、华东师范大学古籍整理研究所点校《续资治通鉴长编》卷389，第9465页。

郎，台谏对熙丰旧臣的弹奏明显减弱，可见刘挚的影响力。十月刘挚与王岩叟一同入对，二人与高氏的对话显示出双方于人事方案取得共识——

> 挚又进曰："今正人端士少，小人多，乞选正人在朝。"岩叟又曰："正人盛则小人消，正人不厌多。"太皇太后曰："正人可知不厌多，正人多则小人自出头不得也。"岩叟又曰："先诏谕令二三老臣多方进拔正人。"①

从司马光、吕公著推荐"正人"建立元祐之政，到刘挚、王岩叟等人与高氏制定"正人"钳制"小人"的方略，元祐人事路线初步建立。此后，分别正、邪的原则被不断重申，其主要原因是元祐大臣以中、老年为主，后继乏人，熙丰臣僚则不断进位，产生一系列人事之争。人事方案虽已表述，但是否完全以熙丰履历判定君子小人，以及对"小人"是否需完全摒出，是朝廷人事问题一大争论。例如刘挚态度稍转温和，而王岩叟则更加强硬。但可以确定，坚守元祐但有限度地包容熙丰旧臣，是元祐元年即已确立的人事方案，并非元祐中后期吕大防、刘挚等宰执的创举。元祐元年十一月吕大防守中书侍郎，刘挚也升尚书右丞，进入执政，可见刘挚对高氏的迎合获得了高氏认可。

根据对待熙丰旧臣的态度，大致可将元祐政治主体分为三种：第一种是坚守元祐的强硬派，如王岩叟、梁焘、刘安世、苏辙等；第二种是坚守元祐的包容派，如司马光、吕公著、高氏、吕大防、刘挚等；第三种是中立者，如范纯仁、范纯礼、王存、傅尧俞等。元祐中后期主导朝政的是第一、第二种，强硬派长期占据舆论优势，是元祐政治的"说法"，包容派则是元祐政治的权力中心，往往体现于"做法"。不过第一种也有向第二、第三种移动的趋向。梁焘、刘安世等人利用路线论述，假借高氏怒火，在蔡确诗案中打击第三种中的人物，元祐有生力量由此遭到削弱。但元祐八年梁焘辞相前反思了强硬路线，又认为范纯仁是最佳执政人选。可惜高氏迫害痛恨之人、台谏言事以及宰执互争，皆需借力于元祐路线。尤其高氏惩处吕惠卿、蔡确等人之举，使自己最终骑虎难下，于是调和举措也被政治路线劫持而无法展开。

---

① （宋）李焘撰，上海师范大学古籍整理研究所、华东师范大学古籍整理研究所点校《续资治通鉴长编》卷390，第9485页。

六　小结

苏辙《颍滨遗老传》叙述了最为经典的元祐"调停"故事：吕大防、刘挚、范纯仁等大臣先后主导"调停"，苏辙则力劝高氏坚守元祐，但在高氏去世后，范纯仁引用李清臣、邓温伯，导致元祐转向"绍述"。但细读、对勘史书与苏辙自传，可以发现苏辙在元祐中后期的作为虽有维护元祐路线之意，但也存在很大程度的权斗私心。而苏辙晚年的自传又扬长避短，在一定程度上阻碍了后人对元祐史事的认识。苏辙、刘安世等人将"调停"叙述成放弃元祐立场，容忍敌对势力之罪，以此避讳己方引用"后进之人"的事实。事实上，由高氏、吕大防、刘挚等人主导的人事调和举措，自元祐初期即已存在，旨在维护元祐，而又有限包容熙丰旧臣的行动。尽管不乏朱熹等人识破苏辙的自我回护，但有关大臣调停，以及调停引发绍述的历史逻辑，仍为朱熹等理学家所采信。而理学对于元代修《宋史》的主导，也让"调停"说固化在后世历史认知中。现代宋史研究中极为重要的李焘《续资治通鉴长编》等史书，充分采用苏辙叙述框架并予以发挥，遂使苏辙对"调停"主体、过程、结果的叙述也深刻影响了人们对北宋后期政治史的认识。

官方史书与士大夫文字都受到政治活动的支配及影响。而研究政治史，又恰需依赖这些材料，如此便极易陷入循环论证，这一现象在宋史领域尤为明显。正如蔡涵墨所指出的，宋史和宋史学紧密联结成一体，对二者的研究必须同时进行，才能将二者剥离。相较于史书所述"事实"，有时史书操作语言的痕迹反而能显示更为真实的史事。① 本文既探讨元祐"调停"的实际情形，也以苏辙自传对南宋史书的影响为线索，探究"调停"说在北宋晚期形成的过程。当政治史与史学史难以分割时，或许可以从史源本身的矛盾或不同史源间的差异入手，回到准确的时间节点，做细致的事件梳理，并对比不同角度、立场的记述，尽可能辨别出史料中不合理的部分。而考察史料书写者扭曲事实的用意，亦有利于反向探查书写者在当时政治中的处境、心态与应对举措。

---

① Charles Hartman, *The Making of Song Dynasty History: Sources and Narratives, 960—1279 CE*, Cambridge: Cambridge University Press, 2020, pp. 2-3.

清官修《明史·兵志》"边防"细目史源问题考述[*]

贾亿宝

（山西大学历史文化学院，山西太原　030006）

摘　要：清官修《明史·兵志》"边防"细目的定稿经历了一个复杂的编撰过程，最早的万斯同《明史稿》称之为"天下镇戍兵"，其后的王鸿绪《明史稿》称之为"防边"，直到殿本《明史》才最终确立为"边防"。各本编撰者的撰述理念不同导致其标题改易，史源变化，也影响到后来学者对明代九边军镇制度的研究与认知。

关键词：《明史》兵志　边防　镇戍　九边

清官修《明史·兵志》"边防"细目的定稿经历了一个复杂的编撰过程，最早的万斯同《明史稿》称之为"天下镇戍兵"，其后的王鸿绪《明史稿》称之为"防边"，直到殿本《明史》才最终确立为"边防"。考察《明史·兵志》"边防"细目的形成过程，了解各稿的史料来源与撰述理念的变化，不但可以深化对《明史》纂修的研究，而且有助于拓宽明代九边军镇研究的视野。

---

* 本文系2021年度国家社会科学基金特别委托项目"大同地区碑铭所见民族融合历史研究"（21@ZH030）；2020年度山西省高等学校人文社会科学重点研究基地长城文化生态研究院基金项目阶段性研究成果。

一 万斯同《明史稿·兵志》
"天下镇戍兵"细目的史源

根据雍正《畿辅通志》记载,万斯同《明史稿·兵志》的撰修者为王源,"与四明万斯同订《明史稿》。《兵志》,源所作也"①。《清史列传》承袭此说。② 王源完成的二十卷《兵志》的"拟修稿",③ 经万斯同、张玉书等人审定后,④ 被熊赐履编入四百一十六卷本进呈稿。⑤ 熊稿主要承袭了万斯同《明史稿》,故本文仍称四百一十六卷本为万斯同《明史稿》。

万斯同《明史稿》的"兵志叙"有言:"兹取一代兵制、戎务、军政、边防之详,悉著之篇。"⑥ 其中仅"天下镇戍兵"细目与"边防"主题相关。具体来看,"天下镇戍兵"细目可细划为以下部分:第一部分为"天下镇戍形势"篇,综述天下设军守边大势;第二部分为"边兵之制"篇,包括镇戍统率体制简述与各镇职官名称、辖区驻地、总军数等数据;第三部分为"崇祯戊寅丁丑新定边制"篇,罗列崇祯年间部分官兵数据。⑦三大部分内容前后接续,但史源不尽相同。

(一) 以傅维鳞《明书》为主要史源

"天下镇戍兵"细目大量承袭傅维鳞《明书》中《边防志》《戎马志》内容。第一部分"天下镇戍形势"篇就承袭了《明书·边防志》的"明幅员绵邈,东起鸭绿,西抵嘉峪,为边者九千余里"⑧ 等千余字,舍弃后续一万四千余字的镇戍史事杂编。第二部分的"边兵之制"篇承袭了《明书·戎马志》"边兵之制"篇的统率制度与编排顺序,自蓟镇开始,在河

---

① (雍正)《畿辅通志》卷79《王源》,文渊阁四库全书本。
② 《清史列传》卷66《王源传》,中华书局,1987,第5327页。
③ 段润秀:《官修〈明史〉的幕后功臣——纂修官现存拟订史稿研究》,人民出版社,2011。
④ 阚红柳:《盛世之音:张玉书参与康熙朝官方文献编纂活动研究》,《历史文献研究》2018年第1期。
⑤ 王宣标:《熊赐履与〈明史〉纂修》,《史学史研究》2014年第1期。
⑥ (清)万斯同:《明史》卷113《兵志叙》,《续修四库全书》第326册,上海古籍出版社,2002,第11页。
⑦ (清)万斯同:《明史》卷113《兵志·天下镇戍兵》,《续修四库全书》第326册,第63~76页。
⑧ (清)傅维鳞:《明书》卷74《边防志》,《丛书集成初编》,中华书局,1985,第1495页。

南部分结束。① 少量文字被增删调整。

（二） 参考《明会典》

"天下镇戍兵"细目的第二部分"边兵之制"篇内容详细，不全部承袭《明书》。文中涉及"文官职务"的全名如"总督蓟辽保定等处军务兼理粮饷都御史"，"文武官员驻地"如"镇守总兵一员，驻三屯营"等内容，② 全部参考《明会典·镇戍》的"将领"③"督抚兵备"④ 等篇。在承袭《明书》奠定的"各镇基本顺序"基础上，该篇为了与《会典》保持一致，删除了《明书》原有的密云、永平两戍的官兵、马匹数据，蓟州镇总兵官数字恢复为《会典》数据。是以，这一"边兵之制"篇的成形兼有两种文献的影响，互不可缺。

（三） 参考明后期"经世文"

"天下镇戍兵"细目中有许多表述借鉴自明人所编各类"经世文"汇编，尤其侧重总述类文字。比如用"鸭绿""嘉峪"等词描述长城边防形势的词句最早见于冯应京所编《经世实用编》卷八《夏官》篇的"边海总述"："今天下幅员绵邈，东起鸭绿江，西抵嘉峪关，邻房者九千一百四十余里。"⑤ 傅维鳞与王源均对此沿用不变。"天下镇戍兵"细目中"蓟昌俱畿内要地，故不称镇。蓟之称镇，自嘉靖庚戌；昌之称镇，自嘉靖庚申。皆世宗所建置也"⑥ 一句不见载于《明书》，而最早被冯应京《经世实用编》"边防"一文提及，崇祯时期张萱所编《西园闻见录》在"边防"文献辑录一卷中也抄录同篇文字，均记载"蓟之称镇自嘉靖庚戌"⑦。再比如"其间各缭以城堡，限以垣墙，足以兵食，统以大将，副以偏裨，

---

① （清）傅维鳞：《明书》卷71《戎马志·边兵之制》，《丛书集成初编》，第1431~1434页。
② （清）万斯同：《明史》卷113《兵志·天下镇戍兵》，《续修四库全书》第326册，第65页。
③ 《明会典》卷126、127《镇戍·将领》，《续修四库全书》第791册，第270~296页。
④ 《明会典》卷128《镇戍三·督抚兵备》，《续修四库全书》第791册，第297页。
⑤ （明）冯应京编《经世实用编》卷8《甘肃镇图》，《四库存目丛书》史部第267册，第142页。
⑥ （清）万斯同：《明史》卷113《兵志·天下镇戍兵》，《续修四库全书》第326册，第63页。
⑦ （明）张萱：《西园闻见录》卷52《边防》，《续修四库全书》第1169册，第322页。

监以宪臣，镇以开府，联以总督"① 一句在冯应京《经世实用编》的"边防"文②、崇祯时期范景文所编《师律》的"边防"文③，以及《古今治平略》的"国朝边兵"篇④中均有收载，此前不为《明书》重视，但被"天下镇戍兵"细目吸收采用。

（四）参考崇祯朝官方文书

第三部分"崇祯戊寅丁丑新定边制"篇可视作一份独立文书，涉及辽东三协、蓟州各协以及九边地区其他边镇官军"派拨援兵"的统计数据。戊寅、丁丑分别为崇祯十一年、十年的干支纪年。前后顺序相反则说明该文应成文于崇祯十一年。最末又补入"崇祯己卯漕练新兵"数据，则全稿最迟在崇祯十二年完成。⑤ 清初，故明崇祯朝官方文书存世量庞大，该文书或是明史馆积累的明兵部档案之一。从某些侧面信息可以印证王源有接触此类文书的可能。据《王源年谱》考述，王源入京后所做第一件事是向明史馆呈送其父王世德所著《崇祯遗录》的副本，之后才获徐乾学礼聘入馆。《崇祯遗录》部分内容为编年体，按月记述要事，在所记崇祯十一年数事中提及"九月，京师戒严，调天下兵马入援"⑥。谈迁在《国榷》中记述此时建州女真部大举南下突入内地，十月方才"严京师守备"。⑦ 清兵屡屡入关威胁明朝京师，各镇派兵入援局面形成已久，理清"援兵"兵数实有其必要。再从该年崇祯帝朱由检"登正阳门阅城""关宁太监潜言建房谋内犯"⑧ 等事来看，"崇祯戊寅丁丑新定边制"一文的问世可与此期诸多事件相互呼应，文本有一定可靠性。现存《崇祯长编》中有关崇祯六年元月至十六年九月的史事佚失，⑨ 此件或可小补长编之缺。

---

① （清）万斯同：《明史》卷113《兵志·天下镇戍兵》，《续修四库全书》第326册，第64页。
② （明）冯应京编《经世实用编》卷8《边防》，《四库存目丛书》史部第267册，第123页。
③ （明）范景文编《师律》卷14《险扼·边防》，《续修四库全书》第962册，第591页。
④ （明）朱健编《古今治平略》卷28《国朝边兵》，《续修四库全书》第757册，第399页。
⑤ （清）万斯同：《明史》卷113《兵志·天下镇戍兵》，《续修四库全书》第326册，第76页。
⑥ （明）王世德：《崇祯遗录》，《中国野史集成》第28册，巴蜀书社，1993，第334页。
⑦ （清）谈迁：《国榷》卷96，中华书局，1958，第5819页。
⑧ （清）谈迁：《国榷》卷96，第5789页。
⑨ 张兆裕：《〈崇祯长编〉佚文述记》，载赵轶峰、万明主编《世界大变迁视角下的明代中国——国际学术研讨会论文集》，2012。

据上，万斯同《明史稿·兵志》"天下镇戍兵"细目的史源已大体清晰可见。其中，傅维鳞《明书》提供了有关"镇戍"的宏观叙述，《明会典》补全了"镇戍"统率体制的完整内容，其他史料对全篇内容起润色增补作用。

二 王鸿绪《明史稿·兵志》"防边"细目的史源

传统观点认为，王鸿绪删改过的志稿仅有《河渠》《食货》《地理》《艺文》诸篇，① 实际上他对万斯同《明史稿·兵志》也进行了重新编次，并增删内容。王鸿绪《明史稿·兵志》设"防边"细目，取代了万稿的"天下镇戍兵"细目，同卷的"防海兵""防江兵"改为"防海""防江"，显然撰述思路有所变化。"防边"细目的内容也可划作三大部分：第一部分为"天下边情形势"篇；第二部分为"九边史事"篇；第三部分为"西南要害地史事"篇。② 对比"天下镇戍兵"细目，内容变化不少。其主要史源如下。

（一）以万斯同《明史稿》为史源

"防边"细目在承袭"天下镇戍兵"细目文字时略有增补，甚至有补充介绍。其中的"天下边情形势"篇全文照录"天下镇戍兵"细目的"天下镇戍形势"篇，增改"中包大宁、开平、东胜，而嘉峪之外置哈密为属国"③ 等文字。蓟镇创设时间在"天下镇戍兵"细目中表述为干支纪年，而在"防边"细目中改为嘉靖年号纪年。

"西南要害地史事"篇的内容多数抄缀自万斯同《明史稿·土司传》。该部分内容在"天下镇戍形势"篇末尾曾有简短概述："自兰州南抵岷、洮、阶、文，界西与四川接壤，……云南……贵州……岭表""郧阳、苍梧、南赣为重镇"。④ 王鸿绪应据此句扩写，但所增"明与安南"等七件西

---

① 段润秀：《官修〈明史〉的幕后功臣——纂修官现存拟订史稿研究》，第29页。
② （清）王鸿绪：《明史稿》卷87《兵志·防边》，雍正元年（1723）敬慎堂刊稿，哈佛燕京图书馆藏本。
③ （清）王鸿绪：《明史稿》卷87《兵志·防边》。
④ （清）万斯同：《明史》卷113《兵志·天下镇戍兵》，《续修四库全书》第326册，第64页。

南大事的文字基本抄自《土司传》。①

"防边"细目开始使用"九边"的说法:"于是分地设镇,凡为边者九,曰:辽东、蓟州、宣府、大同、延绥、宁夏、甘肃、太原、固原。"② 这一说法应当是承袭了熊赐履所撰"地理志叙"③:"藩屏中夏,称重地者则为九边,曰:辽东、蓟州、宣府、大同、榆林、宁夏、甘肃、太原、固原,皆分统卫所关堡,环列军戎。"④ 九边的特殊性逐渐受到明史编撰者的重视。

(二) 以《明实录》《明史纪事本末》为史源

"防边"细目的"九边史事"篇总计有七千余字,始自"初,洪武六年,命徐达为大将军,李文忠、冯胜为副,率诸将备山西、北平边。谕令各上方略",终止于"自隆万四十余年间,诸部交横,而土蛮部落虎㺄兔、炒花、宰赛、煖兔辈,东西煽动,将士疲于奔命,未尝得安枕也",⑤ 时间跨度统括了明洪武至万历时期。全篇注重对边政谕旨、奏议的收录与重要史实大事的记述,大致可划分为"筹边文"与"大事始末"两种类型,主体史料来源为《明实录》和《明史纪事本末》。

"洪武六年谕令徐达等备边、筹边""洪熙改元军士白荣、范济奏议"等十八篇"筹边文"参考《明实录》条文。以"洪武六年谕令徐达等备边、筹边"为例。《防边》中为"洪武六年,命徐达为大将军,李文忠、冯胜为副,率诸将备山西、北平边。谕令各上方略"。⑥ 相同事件不见载于"天下镇戍兵"细目,却曾被傅维鳞《明书·边防志》简略收录:"尝命魏公达、曹公忠往山西、北平练兵。"⑦ 而《明实录》相关条文为:"命魏国公徐达为征虏大将军,曹国公李文忠为左副将军,宋国公冯胜为右副将军,卫国公邓愈为左副副将军,中山侯汤和为右副副将军,统诸将校往山西、北平等处备边,……宜先图上方略,使朕览之。"⑧ 两相对比,其当以

---

① (清) 万斯同:《明史稿》卷411《土司传》,《续修四库全书》第331册,第472~581页。
② (清) 王鸿绪:《明史稿》卷87《兵志·防边》。
③ 王宣标:《熊赐履与〈明史〉纂修》,《史学史研究》2014年第1期。
④ (清) 万斯同:《明史稿》卷78《地理志叙》,《续修四库全书》第325册,第344页。
⑤ (清) 王鸿绪:《明史稿》卷87《兵志·防边》。
⑥ (清) 王鸿绪:《明史稿》卷87《兵志·防边》。
⑦ (清) 傅维鳞:《明书》卷74《边防志》,《丛书集成初编》,第1496页。
⑧ 《明太祖实录》卷80"洪武六年三月壬子",台北"中央研究院"历史语言研究所校印本,1962,第1451页。

《明实录》为史源。

"洪武永乐时期朱棣北征""俺答与明廷战事往来"等八件"大事始末"以谷应泰《明史纪事本末》为主要史源。该部分与"筹边文"按时间顺序间杂相接,内含"明武宗巡边""大同之变""俺答封贡"等分支事件。以"大同之变"为例:"初,大同之变,诸叛卒走归北部。俺答择其黠桀者,多与牛羊、帐幕,侦伺诸边。其有材智者,李天章、高怀智等,皆署为长。至是,俺答率诸部入塞,大同镇卒阴与约:'勿掠我人畜,我亦不汝阻。'敌折箭与誓,乃越大同,由井坪、朔州抵雁门,破灵武关,南掠人畜万计。"① 同样的内容在《明史纪事本末》中细节更为丰富:"破灵武关,入岢岚、兴县、交城、汾州、文水、清源诸处,杀掠人畜万计。"② 两相对比,王鸿绪的文本较为精炼。其中"宁武关"误写为"灵武关"这一错误沿袭未改,亦可证明两者的承袭关系。

除上述情况之外,王鸿绪也参考傅维鳞的《明书》,比如"山西镇,即太原省会"③ 等注解类词句就被补入"天下边情形势"篇。王稿细目最大的变化是开始以《明实录》《明史纪事本末》为主要史料来源,而万稿细目主要以《明书》、《明会典》、原始档案为史源。

三 武英殿定本《明史·兵志》"边防"细目的史源

在王鸿绪《明史稿》基础上,殿本《明史·兵志》改"防边"细目为"边防"。④ 对比内容,"防边"细目原有的"西南要害地"史事被舍弃,内容主要以九边史事为主,显然张廷玉等人对王稿"防边"细目内容并不满意。"边防"细目的史源如下。

(一) 以王鸿绪《明史稿·兵志》"防边"细目为史源

"边防"细目承袭了"防边"细目中九边史事的大部分内容。首先,承袭了王稿中的宏观概述,例如"东起鸭绿,西抵嘉峪,绵亘万里,分地

---

① (清) 王鸿绪:《明史稿》卷87《兵志·防边》。
② (清) 谷应泰:《明史纪事本末》卷60《俺答封贡》,中华书局,1977,第912页。
③ (清) 傅维鳞:《明书》卷43《方域志五·边关》,《丛书集成初编》,第816页。
④ (清) 张廷玉:《明史》卷91《兵志·边防》,中华书局,1975,第2235~2243页。

守御"①等句。其次,"筹边文""大事始末"的主体内容也被承袭,但文字被大大压缩。其中,十八篇"筹边文"仅被删去"景泰于谦遣孙安守独石事""京军援大同之争"两事,"王琼诸路援兵议"被改为"王琼议请宣大延绥三镇应援节度例",所有具体内容均被缩写。八件"大事始末"的内容被大幅压缩,比如原先各有上百字的"洪武巡边""宣宗亲征"两事被改为"诏诸王近塞者,每岁秋,勒兵巡边""宣宗尝因田猎,亲率师败之,自是畏服"短短两句。"英宗北狩"一事被缩略为"既而也先入塞,英宗陷于土木"一句,"景泰时期战事应对"细节被全部删去。全篇收尾文字与"防边"细目保持一致。

"防边"细目的一些错误也被殿本承袭。比如"曾铣条上十八事"一事,按"边防"细目中的记述推断时间是在"洪武二十五年",与"防边"中表述一致。闫俊侠据《明实录》考证,认为其或误将不同年份史事记在了同一年份下,实际时间应为洪武二十六年。②这一失误完全是因袭王稿错误而来。

(二) 吸收《九边图论》中的"九边"说法

"边防"细目更换了新的"九边"说法:"初设辽东、宣府、大同、延绥四镇,继设宁夏、甘肃、蓟州三镇,而太原总兵治偏头,三边制府驻固原,亦称二镇,是为九边。"③。范中义认为其基于明嘉靖时期许论所编《九边图论》中的"九边总论"改写。④魏焕《皇明九边考》中的"镇戍总论"一文因袭了这一说法。⑤这一"九边总论"是系统叙述有关"九边"各镇组成、发展演变情况、统率结构的最早文本。⑥殿本压缩内容,舍弃了其中两句:"中间渔阳、上谷、云中、朔代以至上郡、北地、灵武、皋兰、河西,山川联络,列镇屯兵,带甲四十万,据大险以制诸夷,全盛极矣";"镇守皆武职大臣,提督皆文职大臣"。还将"又以山西镇巡统驭偏头三关,陕西镇巡统驭固原,亦称二镇,遂为九边。弘治间设总制于固原,联

---

① (清) 张廷玉:《明史》卷91《兵志·边防》,第2235页。
② 闫俊侠:《〈明史·兵志〉问题新证》,《图书馆杂志》2007年第5期。
③ (清) 张廷玉:《明史》卷91《兵志·边防》,第2235页。
④ 范中义:《明代九边形成的时间》,《大同高等专科学校学报》1995年第4期。
⑤ (明) 魏焕:《皇明九边考》,《中华文史丛书》十五,华文书局,1968,第27~28页。
⑥ 赵献海:《"九边"说法源流考》,《雁北师范学院学报》2007年第1期;赵现海:《第一幅长城地图〈九边图说〉残卷——兼论〈九边图论〉的图版改绘与版本源流》,《史学史研究》2010年第3期。

属陕西诸镇；嘉靖间设总督于偏同，联属山西诸镇"① 等句进行了缩写。

（三）参考《明实录》《明会典》等史籍

"边防"细目依据《明实录》重新增补"九边"相关史事。比如在万斯同、王鸿绪两版《明史稿》以及傅维鳞《明书·边防志》中均不见收录的"又诏山西都卫于雁门关、太和岭并武、朔诸山谷间，凡七十三隘，俱设戍兵""十七年命徐达籍上北平将校士卒"② 两条史料。这两段分别依据《明太祖实录》中的"洪武六年五月戊申"条"诏山西都卫于雁门关、太和岭，并武、朔等州县，山谷冲要之处，凡七十有三，俱设戍兵，以防胡寇"③ 与"洪武十七年十月壬申"条"魏国公徐达奏上北平诸卫将校士卒之数。凡十有七卫，计将士一十万五千四百七十一人"④ 撰写。"边防"细目依据《明会典》恢复对军镇统率制度的叙述，尤其在军事职官方面多直接采纳《会典》原文。诸如"初，太祖沿边设卫，惟土著兵及有罪谪戍者。遇有警，调他卫军往戍，谓之客兵。永乐间，始命内地军番戍，谓之边班"⑤ 等句应总结自会典中《镇戍》《兵志》等门类所收《各镇通例》《营操通例》等文书。

综上来看，武英殿定本《明史·兵志》"边防"细目主要以王鸿绪《明史稿·兵志》"防边"细目为底本删改增补，并征引《九边图论》《明实录》《明会典》等明朝官方文献编撰而成。

四　三稿边防志文撰述理念的主要变化

通过以上的史源梳理可以发现，三稿兵志边防细目虽然承袭关系明显，但其差异性也显而易见。细目名称和史料来源的变化反映出撰述理念的变化，显示出不同编撰者对明代边防制度认知的不同。

（一）"边防"叙事重心从"天下镇戍"向"九边"转变

三稿从"天下镇戍兵"相继改为"防边""边防"，主题的变化凸显

---

① （明）许论：《九边图论》卷1"九边总论"，世德堂本，《四库禁毁书丛刊》史部21，北京出版社，1997，第86页。
② （清）张廷玉：《明史》卷91《兵志·边防》，第2235、2236页。
③ 《明太祖实录》卷82"洪武六年五月戊申"，第1478页。
④ 《明太祖实录》卷166"洪武十七年十月壬申"，第2550页。
⑤ （清）张廷玉：《明史》卷91《兵志·边防》，第2242页。

出叙事重心的变化。明代官方文献对镇戍制度的记载很早,明朝弘治时期所编《会典》中已立"镇戍"细目,① 成为官方典籍统括"边防"内容的重要门类。后来才将"九边"置于镇戍制度的叙事之下。嘉靖时期,各类图论、考说等边防图籍纷纷以"九边"为主题描述北方边地镇戍制度,所以《皇明九边考》重在通考"九边"而不是"全边";分目按"镇戍通考"撰文而不是以"九边通考"为名。② 据《国榷》记载,万历官修本朝史曾有"志凡二十二",在"军政""兵制""马政"之外曾拟定有独立的"九边"门类。③ 在明代中后期,多种史事类编、典志图籍才开始在"边防""边塞"等理念下侧重编撰陆路边防内容,将"海防""江防"视作独立内容排除在外。清初,查继佐在《罪惟录》中于"兵志"之外设立"九边"④ 专志,"九边"概念的影响力可见一斑。

万稿"天下镇戍兵"细目的编纂理念直接承袭自傅维鳞《明书》中的《边防志》与《戎马志》。他们均继承了《明会典》所秉持的"镇戍"观念。王鸿绪对"防边"细目的撰写虽然受到"镇戍"观念的影响,但忽略了对镇戍制度的记述,主要聚焦于对边地军政大事的记载。他增加了"九边"的内容,也扩充了"西南要害地"的军政大事内容。殿本《明史·兵志》以"边防"主题,完全以九边制度为核心展开叙事,记载范围缩小,重点突出,但也丢失了"镇戍"叙事所包含的大量信息。

(二) 军镇统率体制叙述从"文武周全"转向"重武隐文"

万斯同《明史稿·兵志》"天下镇戍兵"细目对军镇统率体制的叙述直接承袭自《明书》,但基本内容均来自《明会典》,这是以明代官方典志文献为史源进行史稿编撰的重要成果,价值不应贬低。"天下镇戍兵"细目补充的文官内容有"其督抚兵备诸臣,则始于宣德初,……遂有至左右都御史、尚书、侍郎,称总督、巡抚、赞理军务等衔;而按察司官整饬兵备者,或副使、或佥事,或以他官兼副使、佥事;沿海者称海防道;兼分

---

① (明)《明会典》卷首《目录》,国家图书馆数字古籍库正德四年(1509)本。《镇戍》卷编次110,全文已佚失。参见原瑞琴《弘治〈大明会典〉纂修考述》,《中国社会科学院研究生院学报》2009年第3期;《〈大明会典〉版本考述》,《中国社会科学院研究生院学报》2011年第1期。

② (明)魏焕:《皇明九边考》,《中华文史丛书》十五,第9页。

③ (清)谈迁:《国榷》卷96,第4798页。

④ (清)查继佐:《罪惟录》"志三十二卷"卷12《九边志》,浙江古籍出版社,1986,第746~752页。

巡者称分巡道；兼管粮者称兵粮道"①，全部参考《明会典》中的《镇戍三·督抚兵备》。② 然而对此类内容，王鸿绪《明史稿·兵志》"防边"细目予以完全舍弃。殿本《明史·兵志》"边防"细目恢复了对统率制度的记载："初，边政严明，官军皆有定职。总兵官总镇军为正兵，副总兵分领三千为奇兵，游击分领三千往来防御为游兵，参将分守各路东西策应为援兵。营堡墩台分极冲、次冲，为设军多寡。平时走阵、哨探、守瞭、焚荒诸事，无敢惰。"③ 以武官系统为主体，着重拓展了对军队建制、军镇防御工事与戍防职责等内容的概述。

多本对比，殿本中仅对万稿中"总兵"及其下属武官职掌相关内容有所压缩保留，而万稿中曾存在的军镇文职职掌相关内容被全面舍弃，"镇守内臣"在边表现也被忽略不提。殿本《职官志》虽然记载了边镇文武官员的职掌，但分属于不同细目："总兵官"细目之下记载了"镇戍"武官系统；④"总督巡抚"等文官详录于"都察院"细目下；⑤ 兵备、督粮等职掌分录于按察司、户部等部门之下。⑥ 如此编排，虽然有利于对职官体系的记述，却造成军镇"文武兼备"的职官体系被割裂，让人们误以为军镇职官体系偏重武官。⑦

由上述情形可知，万斯同《明史稿·兵志》"天下镇戍兵"细目继承了明代以来"镇戍"主题的编撰理念，对天下镇戍、军镇文武统率体制的叙述十分全面。王鸿绪《明史稿·兵志》"防边"细目扩写了"镇戍"内容，舍弃了对军镇统率体制的记载。殿本《明史·兵志》"边防"细目将视野收缩回"九边"，统率体制叙事转向"重武隐文"，最终成为影响甚大的定本。

---

① （清）万斯同：《明史》卷113《兵志·天下镇戍兵》，《续修四库全书》第326册，第64页。
② 《明会典》卷128《镇戍三·督抚兵备》，第297页。
③ （清）张廷玉：《明史》卷91《兵志·边防》，第2243页。
④ （清）张廷玉：《明史》卷76《职官志·总兵官》，第1866~1871页。
⑤ （清）张廷玉：《明史》卷73《职官志·都察院》，第1767~1780页。
⑥ （清）张廷玉：《明史》卷75《职官志·按察司》，第1841~1842页。
⑦ 赵现海注意到军镇统率权"文武兼备"的发展趋向，认为九边统率制度主要有三个阶段："都司"统率权向"总兵""镇守"独立统率权发展；"文、武、太监"三堂制衡；总督节制"巡抚""总兵"。参见赵现海《明代九边军事统率制度的变迁》，载《明史研究论丛》（第十辑），中国社会科学院历史研究所明史研究室，2012。

五 结语

清代官修《明史·兵志》"边防"细目经历了多次题目改易、内容重写，但这一现象并未引起学界足够重视。黄眉寿认为，"王源撰《兵志》"与其他数人"非宏博而分任要题"，① 对万稿《兵志》评价不高。万稿"天下镇戍"这一主题符合明中后期镇戍营兵制与都司卫所体系分化发展的兵制特点，从"镇戍"视角来看，其内容应当获得高度肯定，从"边防"视角看，其内容略显单薄。后来的边防志文抛弃"镇戍"内容，相继以"防边""边防"为名重新书写，进一步优化了史料来源，但对九边与镇戍制度之间的关系均语焉不详。闫俊侠指出"镇戍营兵制度内容被殿本撤弃，对《明史·兵志》的完整性造成影响"②，而这一变化实始于王鸿绪《明史稿·兵志》"防边"细目。殿本《明史·兵志》"边防"细目承袭王稿，完全摆脱"镇戍"的叙事框架，仅保留了"九边"制度及相关史事。受殿本《明史·兵志》"九边"叙事的影响，后世学者在研究九边制度时往往忽略了镇戍体制，从而引发了一些争议。③ 笔者认为，比较理想的边防志文撰述，应当既包含对九边制度的详述，又包含对镇戍制度的略载，因为九边制度是在镇戍制度的基础上发展而来的。总之，厘清《明史·兵志》"边防"细目的史源问题，不仅有助于了解《明史》文本形成过程的复杂性，而且可以深化对九边军镇制度的研究和认知。

---

① 黄云眉：《明史纂修考略》，载《史学杂稿订存》，山东人民出版社，1960，第140页。
② 闫俊侠：《〈明史·兵志〉问题新证》，《图书馆杂志》2007年第5期。
③ 参见肖立军《明代中后期九边兵制研究》，吉林人民出版社，2001；肖立军《明代省镇营兵制与地方秩序》，天津古籍出版社，2010；于默颖《明蒙关系研究——以明蒙双边政策及明朝对蒙古的防御为中心》，内蒙古大学博士学位论文，2004；赵现海《明代九边长城军镇史》，社会科学文献出版社，2012；胡凡《明代历史探赜》，中国大百科全书出版社，2010；胡凡《明代九边形成及演变研究》，高等教育出版社，2021；刘景纯《明代九边史地研究》，中华书局，2014；赵阳阳《明代固原镇研究》，陕西师范大学博士学位论文，2017；等等。包括范中义、韦占彬、余同元、梁淼泰等学者在内，很多研究者认为殿本《明史·兵志》"边防"细目中"九边"记述有误，各家对九边认定标准、标志、时间等互有异同，尚无一致结论。

中国近现代史学研究

中国光伏大事记实录

朱希祖与傅振伦的师生交谊与学术传承

薛艳伟

（太原师范学院历史系，山西太原　030619）

摘　要：朱希祖和傅振伦都是二十世纪中国著名史学家，二人维持了长达二十年的师生之谊。朱希祖是傅振伦在北大史学系就读时，对他影响最大的老师。朱希祖引导傅振伦逐步走上了史学研究的道路。在傅振伦毕业后，二人仍长期保持密切往来。朱希祖多次为傅振伦介绍工作，并时常给予他学术上的指导。朱希祖在中国史学史研究、治史方法、史书分类等方面给傅振伦以深刻的影响。朱希祖和傅振伦师生之间的交往是二十世纪中国学术史的重要一页。

关键词：朱希祖　傅振伦　交谊　学术传承

朱希祖（1879~1944），字逖先，浙江海盐人。傅振伦（1906~1999），字维本，河北省新河县人。傅振伦是朱希祖在北京大学史学系任教时的学生，师生二人都是二十世纪中国著名史学家，各自在不同的领域取得卓越的成就。朱希祖是民国时期史坛声望卓著的耆宿，除了以南明史研究的权威著称学界外，朱希祖还是中国史学史研究的先驱。此外，在朱希祖对中国学术界的贡献中，更为重要且影响深远的是，他在担任北京大学史学系主任的十余年间，对其进行了大刀阔斧的改革。朱希祖大力引进一批史学名家来北大任教，并设置大量社会科学的课程。在朱希祖的励精图治之下，北京大学史学系名师云集，其师资力量之雄厚，造就的史学人才之多，使这一时期成为北大历史学系一百余年的发展历程中最好的历史时期之一。尚小明在《北大史学系早期发展史研究》一书中将二十世纪二三十年代的北大史学系誉为"现代中国史学家的摇篮"①，是符合历史实际情况的。

傅振伦就是在朱希祖执掌北京大学史学系期间逐渐成长起来的史学家。傅振伦在方志学、史学史、目录学、档案学、考古学、简牍学、博物馆学、陶瓷史、科技史、民俗学等许多学科都做出了杰出的贡献，并且是其中诸多学科的奠基者和开拓者。著名考古学家俞伟超称赞傅振伦是"我国近代人文科学发展的同龄人"②。在傅振伦所有研究领域中，方志学是最为学界所知和推重的学科。因而，傅振伦被誉为中国方志学研究的一代宗师，在中国方志学界享有崇高的声望。

目前学界有多篇论文涉及朱希祖的学术交谊，但是这些研究成果基本都集中于朱希祖与章太炎、蔡元培、陈寅恪、陈垣、胡适、傅斯年、顾颉刚、朱谦之、李大钊、钱玄同等学人之间的交往③，对于朱希祖与他的众多弟子之间的交谊则很少涉及。对于朱希祖这样一位桃李满天下的著名史学家来说，这无疑是一个不小的缺憾。在傅振伦早期成学的过程中，他一直都受到朱希祖栽培、提携与关照。故本文拟以傅振伦为中心，尝试探讨朱希祖和他的这位弟子之间的交往历程，从而揭示出朱希祖人际关系网络的另一个侧面，以及民国时期史学研究人才的培养过程和成才之道。

---

① 尚小明：《北大史学系早期发展史研究（1899—1937）》，北京大学出版社，2010，第73页。
② 俞伟超：《〈文博蕞残〉序》，载傅振伦《文博蕞残》，中国历史博物馆，1996，第1页。
③ 详参周文玖《傅斯年、朱希祖、朱谦之的交往与学术》，《史学史研究》2006年第1期；刘召兴、田嵩燕《朱希祖与胡适——兼及章门弟子与英美派在北大的历史关系》，《东方论坛》（青岛大学学报）2006年第6期；刘召兴《朱希祖与"史学二陈"》，《鲁迅研究月刊》2008年第6期；周文玖《顾颉刚与朱希祖、李大钊的学术关系——以〈顾颉刚日记〉为中心的探讨》，《淮阴师范学院学报》2013年第5期；钟祥宇《朱希祖文史观念的变革：以人际交往为视角》，《中山大学研究生学刊》（社会科学版）2013年第4期；程尔奇《朦胧的新旧易位：民国初年太炎弟子入职北大与"旧派"之动向——以朱希祖为中心》，《安徽史学》2016年第4期；崔保新《曾问吾与朱希祖——以〈朱希祖日记〉为中心的几点考证》，《伊犁师范学院学报》（社会科学版）2016年第3期；周文玖《朱希祖与中央研究院史语所》，《史学史研究》2013年第4期；朱乐川《朱希祖与钱玄同》（二），《鲁迅研究月刊》2015年第5期；刘克敌《从今文经学到"今文史学"——谈陈寅恪与朱希祖的一次论争》，《书屋》2016年第6期；万杰《20世纪三四十年代周作人与章门弟子的交往——以钱玄同、朱希祖为中心》，《名作欣赏》2018年第27期；王爱卫《朱希祖史学研究》，中华书局，2018。

一 师生交谊

朱希祖早年留学于日本早稻田大学，在留日期间追随章太炎学习国学。1913年，朱希祖进入北京大学任职。1919年，开始担任史学系主任。傅振伦小朱希祖27岁，早年在家乡的新式小学堂和中学堂接受现代科学教育。1922年，傅振伦从河北省立第十四中学考入北京大学预科甲部，这种预科实际上相当于北大的附属高中。三年之后，傅振伦升入本科部，从此在朱希祖的指引下系统学习史学。1927年10月，朱希祖推荐傅振伦进入北大研究所国学门就读，后在朱希祖的亲自指导下，傅振伦写成《刘知幾之史学》一文作为毕业论文，受到朱希祖和邓之诚诸位教授的高度赞扬。

1927年，傅振伦在《新河月刊》发表《修志刍议》一文，引起新河县士绅的注意。此时正逢当时新河县的县绅庞炳辉等发起重修县志的，于是该县聘请傅振伦担任新修《新河县志》的主编。傅振伦当时仅有22岁，没有修志的实践经验，他"深知修志乃一县之大事"①，不敢懈怠。因朱希祖素来对方志学有精深的研究，傅振伦经常就该志的体例等编纂问题向朱希祖求教。朱希祖后人收藏有傅振伦当时写给其师的一纸手书，其中写道："《新河县志》体例多蒙指教，已一一改正。"②可见，朱希祖提出的建议得到傅振伦的高度重视，并且在其修志过程中得到贯彻。在朱希祖的指导下，经过一年多的努力，《新河县志》终于完成，赢得了时人称赞。后来《新河县志》出版时，朱希祖还为其作序，他在序中写道："北京大学史学系毕业生傅君振伦，私淑章学诚方志之学有年，颇多心得，而又明于历史、地理二学科之条贯，尝有著述，以发其凡，近修《新河县志》告成，征序于余。余读其目，凡正编二十五卷，首末各一卷，有图有表，有考有纪有传，纲举目张，古今兼陈，新旧靡遗。余虽未读其全书，不知其内若何，然傅君之才学，足以胜任而无愧，可断言也。"③从此可见，朱希祖对爱徒的才学赞赏有加。

1928年11月，故宫博物院成立了以朱希祖为主任的《清史稿》审查委员会。朱希祖请求陈寅恪、叶瀚、钱玄同、周作人、常福元和李宗侗等

---

① 傅振伦：《傅振伦学述》，浙江人民出版社，1999，第110页。
② 转引自朱元曙、朱乐川《朱希祖先生年谱长编》，中华书局，2013，第304页。
③ 朱希祖：《〈新河县志〉叙》，周文玖选编《朱希祖文存》，上海古籍出版社，2006，第386~387页。

著名专家学者参加审查《清史稿》。朱希祖当时在北京大学和故宫博物院文献馆都有任职，工作过于繁忙。于是，他请求傅振伦等数位北大学生予以协助。1929年1月7日，朱希祖在该天的日记有如下记录："午后，至北京大学东斋宿舍，考察史学系学生审查《清史稿》事。人数虽不多，然略有成绩。"① 当时傅振伦正在北大史学系就读，且居住在北大的东斋学生宿舍。这说明傅振伦等人在朱希祖的指导下，进行了卓有成效的工作。傅振伦对审查《清史稿》这项工作非常重视，与朱希祖就审查事务数通音信。他抓紧时间工作，仅用了三个月时间就写成审查报告。傅振伦指出《清史稿》体例不当、反国民、藐视先烈、简陋错误等19项缺点，最后《清史稿》被国民政府明令禁止发行。据《朱希祖先生年谱长编》记载，朱希祖后人处收藏有傅振伦所撰《审查〈清史稿〉意见书》和《审查〈清史稿〉报告》②，这两篇文稿应该就是傅振伦当时提交给朱希祖的审查《清史稿》的部分成果。之后傅振伦写成《〈清史稿〉之评论》③一文，该文对《清史稿》的体裁、体例、文字表述、史料采择等编纂方面进行了全面详尽的研究，至今仍有很高的学术价值，是读者阅读《清史稿》时不可多得的参考论文。容庚在《为检校清史稿进一解》一文中，曾评论傅振伦此文曰："近人评此书之失者莫详于傅振伦君《清史稿之评论》（《史学年报》第三、四期），傅君乃曾参与故宫博物院审查之役者。其所举谢启昆、王圆照之一人两传及遗误、疏略诸条，皆可于原书酌为改正。"④ 可见，傅振伦确实对《清史稿》进行了深入的研究，并不是泛泛而谈，且曾指出了《清史稿》存在的不少错误。

1929年夏，傅振伦以优异的成绩从北大史学系毕业，留校担任北大研究所国学门考古学会助教。该年秋，国立北平大学女子文理学院史地系提出聘请朱希祖到该校讲授"中国史学概论"课程。朱希祖因工作繁忙，推荐傅振伦代替自己到该校任教。傅振伦此后一直在该校工作，到发生"七七事变"才停止。他先后教授"中国史学名著选"、"史学方法论"和"方志学"等课程，且都编写有讲义。

1931年，朱希祖从北大辞职，进入中央研究院任研究员。1932年，南

---

① 朱希祖：《朱希祖日记》，中华书局，2012，第119页。
② 朱元曙、朱乐川：《朱希祖先生年谱长编》，第309页。
③ 傅振伦：《〈清史稿〉之评论》，《史学年报》1931年第3~4期。
④ 容庚：《为检校〈清史稿〉者进一解》，载朱师辙《清史述闻》，上海书店出版社，2009，第322页。

下广州，担任中山大学文史研究所所长。1934年，赴南京转任中央大学史学系主任。朱希祖南下以后，傅振伦在北大继续工作了三年。直到1934年，故宫博物院院长马衡荐举傅振伦到该院工作。1935年8月，故宫博物院院选派傅振伦前往英国参加在伦敦举办的中国艺术国际展览会。在赴英前，傅振伦到南京，连日拜访朱希祖等师友。1936年4月20日，在圆满完成中国艺术国际展览会的工作后，傅振伦从伦敦回到祖国。4月25日，傅振伦回到家乡新河看望家属。5月9日，傅振伦回到北平故宫博物院述职。8月19日，朱希祖赴北平整理自己旧日的藏书。8月27日，傅振伦即前去拜访朱希祖，想必一定向其师叙说了他在国外的各种见闻。他们师生二人在阔别一年后在故都重逢，当时的欣喜之情是可想而知的。次日，师生二人共赴徐森玉和袁同礼举行的晚宴。8月29日，傅振伦宴请朱希祖。两天之后，傅振伦又去拜访朱希祖。9月5日，朱希祖离开北平南下。

1937年，抗战全面爆发后，朱希祖随中央大学西迁重庆。傅振伦则作为故宫留守人员留在了北平，继续守护着故宫。1938年6月，傅振伦与河北枣强籍同学刘官谔化装成商人轻装出走北平，前往西南大后方。8月初，傅振伦到达贵阳，到故宫博物院驻黔办事处报到。8月20日，傅振伦参观了贵阳南门外的当地名胜甲秀楼，拓印了万佛寺的永历碑文，并寄给朱希祖一份拓片。

1939年1月，朱希祖为国民党元老张继起草的《筹办国家档案总库和国史馆议案》在国民党五届五中全会上获得通过。1940年1月，国史馆筹备委员会在重庆歌乐山成立，由张继主持，朱希祖担任该会总干事。1940年5月，傅振伦从故宫辞职，面临失业之虞。正在危急之秋，朱希祖推荐傅振伦为国史馆筹委会编辑组的编纂干事。国史馆筹委会主要有两大任务：其一是筹办全国档案总库，其二是编纂国史资料。朱希祖给傅振伦分配的主要工作是编纂《中华民国史料长编》的第一部分，时间断限为从孙中山开始革命至国民革命军北伐。后来南京国民政府在开始筹建档案总库时，请当时的中国驻美大使胡适将大量有关外国档案馆的资料寄回国内，以作为参考。朱希祖委托傅振伦将这些资料翻译为中文，最终合为《欧美档案馆学论文译丛》三册。该书主要介绍了欧美诸国关于档案种类、编纂、档案人才培养、行政管理等方面的具体做法。1941年，朱希祖还委托傅振伦草拟《全国档案馆组织条例》，准备付诸实施。值得指出的是，这是中国第一部全国档案馆组织条例，只是后来因故没有实施而已。同年八月，朱希祖召集傅振伦和朱焕尧、李菊田、蒋逸雪等四位国史馆筹备委员会的编纂干事成立了六朝史研究小组,朱希祖给傅振伦分配的任务是研究萧齐史。在此期间,傅振伦积极协助朱希祖整理《南齐书》。

在国史馆筹委会工作时期,是傅振伦和朱希祖师生二人第二次在同一个单位共事,也是二人一生中交往最为密切的时期。在主持编纂《中华民国史料长编》的过程中,朱希祖经常和傅振伦就全书的体例等编纂事务进行讨论,并向傅振伦传授治学方法。这在《朱希祖日记》中有明确的记载,如1940年7月19日,记与傅振伦等人"讨论《国史长编》各项书法,并讲司马光《资治通鉴释例》残文及《与范祖禹书》论通鉴长编丛目作法。"① 傅振伦也在《先师朱遏先先生行谊》一文回忆说:"廿九年十月四日上午,敌空军袭重庆,张溥泉先生与先师避空袭于歌乐山马家小沟二号,余与蒋逸雪、朱建章、李菊田诸兄偕往。对于史馆官制,多所讨论。"② 在战火连天的环境中,师生二人仍然在讨论学术。有一段时期,他们两家一起赁居重庆歌乐山向家湾的刘姓人家,傅振伦朝夕向朱希祖请教,朱希祖劝诫他要熟读《史记》和《汉书》,研究其史法得失。另外,还要阅读《世说新语》、《水经注》、《韩柳文集》和《抱惜轩集》等,学习其笔法、辞藻等作文方法。傅振伦认为自己在此期间向朱希祖问学,"获益极深"③。这一时期,朱希祖同时还担任国民政府考试院考选委员会学术会议主任,傅振伦也被聘为该会襄试委员参加评卷。沈尹默当时也居住在歌乐山向家湾,沈尹默叮嘱傅振伦和国史馆编辑干事朱焕尧为他编辑《褚遂良年谱》,他们依据正史、文集等资料列举出大纲,又补充以碑帖及故宫博物院所藏褚氏墨迹等史料。朱希祖对此年谱大加称赞,傅振伦在《朱希祖传略》一文中回忆说:"先生颇为称许,认为其优点在与博取直接史料及实物,而避免辗转抄袭之文。"④ 1941年2月,朱希祖辞去国史馆筹备委员会总干事,改任顾问,傅振伦也于次年辞职。

1944年4月,北碚管理局局长卢子英任命傅振伦担任北碚修志馆馆长。北碚风土清嘉,环境甚好,傅振伦和朱希祖的女婿罗香林商议在此地

---

① 朱希祖:《朱希祖日记》,第1206页。
② 傅振伦:《先师朱遏先先生行谊》,《文史杂志》(遏先先生纪念号)1945年第5卷第11、12号合刊。
③ 傅振伦:《朱希祖传略》,《晋阳学刊》编辑部编《中国现代社会科学家传略》(第5辑),山西人民出版社,1985,第54~64页。
④ 傅振伦:《朱希祖传略》,《晋阳学刊》编辑部编《中国现代社会科学家传略》(第5辑),第54~64页。

给其师租赁一处房屋作为休游之所。不幸的是，7月5日，朱希祖逝世于位于重庆歌乐山的上海医学院附属医院。8月26日，傅振伦忍痛撰写《先师朱逖先先生行谊》一文，作为对恩师的怀念。他在文末说："胡天不吊，竟夺先师以去！呜呼悲哉！"① 傅振伦对失去朱希祖这样一位良师益友感到非常悲痛。次年，该文发表于顾颉刚主编《文史杂志》的《朱逖先先生纪念专号》上，同期还刊载了傅振伦代袁同礼所作《朱逖先先生与目录学》一文。1980年代初期，传记丛书《中国现代社会科学家传略》的编辑组向傅振伦组稿时，他除了提交自传《傅振伦自传》②外，还为朱希祖撰写了《朱希祖传略》，同时刊于该丛书的第六辑，向学界介绍和宣传朱希祖的生平与学术。

总之，自1925年傅振伦进入北京大学史学系起，他就受到朱希祖的亲炙，一直到恩师去世，二人维持了长达二十年的亲密交往。除了1932年至1940年，朱希祖南下工作期间，师生二人分离一段时间外，他们曾长期一起在北京大学史学系和国史馆筹备委员会等机构学习和工作。在长期的交往过程中，朱希祖和傅振伦形成了一种亦师亦友的关系，他们在生活中互相关照，在学术上共同探讨。回顾他们之间的这种特殊的师生关系，也令今天的人们羡慕不已。

二 在中国史学史研究方面的影响

朱希祖是二十世纪中国史学史学科研究的先驱，而傅振伦也是二十世纪前半期较早开始研究中国史学史的学者，一生撰写了大量史学史方面的论著。朱希祖作为傅振伦在北大就读时，对他影响最大的老师，引导他逐步走上了史学史研究的道路。朱希祖特别重视"史学史"的教学与研究，他认为历史系的学生应当"于本国外国史学之变迁利病及治史方法，尤宜深知灼见"，他甚至认为"史学史"课程是"本系最重要之学科也"③。正是因为有这样超前的见识，早在1919年，朱希祖就率先在国内大学课堂开

---

① 傅振伦：《先师朱逖先先生行谊》，《文史杂志》（朱逖先先生纪念号）1945年第5卷第11、12号合刊。
② 傅振伦：《傅振伦自传》，《晋阳学刊》编辑部编《中国现代社会科学家传略》（第6辑），第456~469页。
③ 王学珍、郭建荣主编《北京大学史料》（第2卷中册），北京大学出版社，2000，第1125页。

设"史学史"课程。朱希祖对这门课程非常重视，除了自己讲授"本国史学概论"和"本国史学名著讲演"外，还先后聘请李大钊和陈翰笙讲授"欧洲史学史"，另外还请陈垣讲授"中国史学名著评论"。由此可见，朱希祖本人对"史学史"这门新生学科的重视程度。这不可避免地对傅振伦产生了深刻的影响，并且成为傅振伦研究中国史学史的最早缘起。

傅振伦研究中国史学史，是从研究《史通》及其作者刘知幾开始的。而傅振伦最早涉足《史通》，也是受到朱希祖的诱导和启发。傅振伦在北大史学系就读时，朱希祖讲授的一门重要课程就是"中国史学概论"。朱希祖为该门课程所写的课程说明中，就明确说明他讲授此课的方法是："盖撷《史通》、《文史通义》之精华，而组织稍有系统，并与西洋史学相比较，使研究史学者有所取资焉。"[1] 可见《史通》一书是朱希祖的重点讲授对象，而朱希祖本人对《史通》也有精深的研究。朱希祖的《中国史学概论》一书，就正史体例提出与《史通》不同看法。罗香林称赞道："此书驳正《史通》数十条，均为精深之论。"[2] 朱希祖后来到中山大学史学系任职时，直接开设"《史通》研究"课程。当时听过此门课程的一名学生后来回忆说："上'《史通》研究'课时，他对于刘知幾的史学理论和所举的史实，每每有所驳正，引证赡博，听之入神。"[3] 其实早在1922年，朱希祖就用新购买到的张之象翻宋本《史通》和陆深本加以对校，拟作《〈史通〉校刊记》一文，并计划选择刊行一种《史通》的善本。与此工作同时，朱希祖还编纂有《刘子玄年谱》[4] 一书。可见，朱希祖非常痴迷于《史通》一书，并对该书的研究有很高的造诣。

朱希祖对《史通》的授读，引起了傅振伦对该书的极大兴趣。据傅振伦很多年后在自传中回忆，他当时阅读《史通》的情景为："日夕披诵，喜其文词，爱其史法。"[5] 傅振伦在另一文中则说得更加具体："我自幼喜读乙部之书，在北大听朱希祖先生讲《史通》而深好之。喜其琅琅上口的

---

[1] 朱希祖：《史学系课程并说明书》，《北京大学日刊》1920年10月19日，转引自朱元曙、朱乐川《朱希祖先生年谱长编》，第133页。

[2] 朱希祖：《中国史学通论·自序》，《中国史学通论》，中华书局，2012，第3页。

[3] 王兴瑞：《朱先生与国立中山大学》，《文史杂志》（朱遏先先生纪念号）1945年第5卷第11、12号合刊。

[4] 朱希祖：《刘子玄年谱稿》，北京图书馆出版社影印室编《隋唐五代名人年谱》（第一册），北京图书馆出版社，2005。

[5] 傅振伦：《学习的回忆》，北京图书馆《文献》丛刊编辑部、吉林省图书馆学会会刊编辑部编《中国当代社会科学家》（第5辑），书目文献出版社，1983，第342页。

四六骈体，而文意则不重复，尤喜其一反前人陈言，立论新颖。"① 可能正是傅振伦对《史通》的痴迷引起了朱希祖的注意并将他引为同道。1927年10月，正在北大史学系三年级读书的傅振伦，被朱希祖推荐进入北大研究所国学门从事研究，并由朱希祖亲自辅导，研究题目就是刘知幾。两年后傅振伦最终以《刘知幾之史学》（又名《〈史通〉之研究》）一文作为毕业论文顺利毕业。1931年9月，该文由景山书社出版。1934年，傅振伦继续推出了他的第二本刘知幾研究著作——《刘知幾年谱》，为后来学术界对刘知幾的研究提供了极大的便利。

抗战军兴，傅振伦避难入蜀。位于重庆江津县（今江津区）白沙镇的白沙女子师范学院院长谢循初聘请傅振伦教授"中国史学概论"、"隋唐史"和"史学方法论"等课程。这是傅振伦继北平大学女子文理学院后，第二次系统讲授中国史学史课程，他还将这次编写的讲义整理为《中国史学概要》一书，并由顾颉刚介绍给郑逢原主持的史学书局出版发行。傅振伦在编纂该书时，朱希祖的《中国史学通论》一书是他的重要参考。朱希祖的《中国史学通论》一书是根据他在北大授课的讲义整理而成的，傅振伦早在北大上学时，就聆听过朱希祖的这门课程，因此他对朱希祖的史学史观点非常熟悉。抗战期间，朱希祖和傅振伦同在"国史馆筹委会"工作，朱希祖的《中国史学通论》于1943年出版后，傅振伦必然也得到该部著作。傅振伦在《中国史学概要》一书中数处提到朱希祖的此书，而且有些观点明显袭用了朱希祖的有关论述。

如关于"史"字之解释。傅振伦在《中国史学概要》一书的第一篇《史之解谊》中对"史"进行了解释。傅振伦认为上古史书以书、志、传、春秋、史记等为名称，梁武帝编纂《通史》以后，南北朝人才开始称呼史传为"史"。近代沿袭之，称历史为"史"，但是这些都不是"史"字的本义。傅振伦引用许慎《说文解字》中对"史"的释义："史，记事者也。从又持中。中，正也。"他据此认为"史"的原始意思为记事之人，但是他并不认同许慎对"中"的解释。傅振伦认为"中"为簿册之义，"又"则为右手之义，"从又持中"的意思就是右手手持簿册，这正是对史官记事情形的生动写照。值得指出的是，朱希祖在《中国史学通论》一书的"史字之本谊"部分说："又，为右字……中为册字，右手持册，正为

---

① 傅振伦：《〈史通〉的刊印流传与研究》，《历史文献研究》（北京新一辑），北京燕山出版社，1990，第23~25页。

书记官之职。"① 显然，傅振伦这里对"史"和"中"的释义吸收了朱希祖的观点。

又如，关于中国古代史书体裁的发展规律的总结。傅振伦在《中国史学概要》一书的第三篇《史学起源》中总结出一个中国古代史书体裁的发展规律，他说："学术进步，有恒例焉。大率由单纯而趋繁复，更由繁复而趋单纯。由分而合，更由合而分，学艺进化之历程然也。"② 这句话如何理解呢？傅振伦认为在《史记》之前有《禹本纪》和《春秋》这样的编年体史书，有周谱、历牒记，有世家言，有伯夷叔齐之传，《尚书》中也有《洪范》篇和《顾命》篇。正是存在如上众多体裁的史书，司马迁才综合各种体裁，创造出一种包括纪、传、世家、表、书在内的史书新体裁，这就是"由单纯而趋繁复"之谓也。而在司马迁之后，大多数史学家并没有如司马迁那样的雄才，只好就纪传体中的一部，各根据自己的才力，编纂成一书。如《隋书·经籍志》史部的十三类及《四库全书总目》史部的十五类史书，此之谓"更由繁复而趋单纯"也。傅振伦还认为，史学的这两种由分而合和由合而分的趋势并不是相互排斥，而是可以"同时并行"的。其实，朱希祖早在《中国史学通论》的第二部分《中国史学之派别》中，就指出编年史、国别史、传记、政治史与文化史、正史、纪事本末等六种体裁的史籍："皆由简单而趋于复杂，又由混合而趋于分析。先有《春秋》、《国语》、纪传、书，而后有《史记》、《汉书》，此由简单而趋于复杂者也。先有《史记》、《汉书》之书、志、汇传，而后有各种分析之政治史及文化史，此由混合而趋于分析者也。"③ 将以上两人的说法简单对照，我们就会很容易发现，傅振伦的论点和论证方法都来源于朱希祖。

总之，傅振伦涉足中国史学史这门学科的研究是受到朱希祖的引导，同时傅振伦关于史学史研究的一些观点也深受朱希祖的启发和影响。1946年12月19日，蒋星煜在就当代史学界的情况采访顾颉刚时提问道："史学史的研究工作有没有意义？中国当代史学史专家有什么成就？"顾颉刚回答说："史学史的研究工作自然有它的意义，史学史记载着前人的方法和道路，我们可以有所参考，而决定自己的方法和道路。我所知道的史学史专家如金毓黻，材料的搜集特别丰富，王玉章则以梁启超的材料为材料，

---

① 朱希祖：《中国史学通论》，中华书局，2012，第5页。
② 傅振伦：《中国史学概要》，史学书局，1944，第17页。
③ 朱希祖：《中国史学通论》，第26~27页。

以梁启超方法为方法,此外有魏应麒与朱希祖之弟子傅振伦,前四川省立图书馆馆长现任华西大学教授蒙文通是治史学史最有成就的一位,虽然他不长于外文,但是他能批判接受西洋史学史权威的方法。"① 这段话里,顾颉刚首先肯定了史学史研究的作用,接着他盘点了中国史学家中五位对史学史的研究卓有成就的学者,傅振伦也名列其中。这说明傅振伦在史学史领域的研究成果卓著,已经获得了当时学界领袖顾颉刚的关注和认可。顾颉刚在这里特别提到傅振伦是"朱希祖之弟子",可见顾颉刚已经注意到傅振伦对中国史学史的研究传承自朱希祖。

三 治史方法的影响

在朱希祖的治史方法中最有特色的是,他主张应用除史学外的其他社会科学学科的方法来研究历史,并将这些社会科学学科作为历史学的辅助学科。傅振伦在北大就读时,朱希祖正在进行大刀阔斧的改革。其中最具改革意义的,是在史学系课程设置中安排了大量诸如政治学、经济学、社会学、社会心理学、人类学及人种学等社会科学方面的课程。朱希祖当时受德国史学家兰普雷希特和美国史学家鲁滨逊的影响,认为"历史进程的原动力,自然在全体社会;研究历史,应当本于社会心的要素。所以研究历史。应当以社会科学为基本科学"②。李大钊和朱希祖在共同制定的《北大史学系课程指导书》(1925~1926)中,强调本国史与外国史并重。又说:"学史学者,先须习基本科学,盖现代之史学,已为科学的史学;故不习基本科学,则史学无从入门。"③ 这里所说的基本科学,指的是人文地理、生物学、人类学及人种学、社会学、政治学、经济学、宪法、社会心理学等学科。朱希祖认为,史学系的学生必须于前二年把这些课程学习完毕,才可以开始研究史学。否则,就找不到研究史学的门径。

朱希祖认为,这些社会科学方面的知识,是"史学应有之常识",是研究历史最重要的辅助。他说:"史学的范围极为广泛,有历史本身的学问,有历史辅助的学问。历史辅助的学问,范围最广,差不多世界上一切

---

① 蒋星煜:《学人访问:顾颉刚论现代中国史学与史学家》,《文化先锋》1947年第6卷第16期。
② 朱希祖:《〈新史学〉序》,载朱希祖著,周文玖选编《朱希祖文存》,第375页。
③ 王学珍、郭建荣主编《北京大学史料(第2卷)》(中册),第1125页。

的学科，都是历史辅助的学问。"① 他力排众议，竭力把这些社会科学课程融入整个史学系的课程体系之中。"以欧美新史学，改革中国旧史学"，目的就是"以文学的史学，改为科学的史学"②。对于这样的课程设置，罗香林评价道："北京大学史学系，首以科学方法为治史阶梯，谓历史为社会科学之一，欲治史学，必先通政治、经济、法律、社会诸学……海内从之，蔚为风气。吾国史学，至是跻于科学之林。"③ 同样，傅振伦对此也非常赞同，他在自己的数种回忆录中，一再提到他就读北大史学系时采用的这种课程设置。他说："我以为当年北大的这些课程，都是治学之要，对今天而言，仍有不低的参考价值。"④ 又说："这种制度施行之后，国内公私大学历史系，一致采用……从此以后，中国史学乃得跻于科学之林，而史学名家培养渐多。"⑤ 他认为这是"研究史学的门径"⑥。傅振伦本人在担任东北大学历史系主任和长白师范学院史地系主任时，也采用了朱希祖提出的这种课程设置。

1940年代，傅振伦在《治史漫谈》一文中谈到治学经验时说："欲求具三长四要，以成为一代史学大师，国学应有深厚之根柢。语文须通几种外国文字。而科学尤须有相当之训练。"其中，政治学、经济学、社会学、社会心理学、比较宪法等是"治史之基本科学"。古文字学、史部目录学、年历学、沿革地理、方志学、金石学、考古学、印章纹章学、档案学、统计学、人类人种学等为"治史之辅助科学"。傅振伦认为治学者如果能在这两方面"苦植其基础"，则无论是辨析往事，还是编撰新史，都必有可观的成就。⑦ 显然，傅振伦在这里所说的治学方法，和朱希祖的说法如出一辙。

值得注意的是，傅振伦本身就是朱希祖这种多学科训练方法的受益者。傅振伦认为，修志人才也需要经过多学科训练才能合格。傅振伦在晚

---

① 朱希祖：《畸形的史学》，《益世报·学术周刊》1928年11月19号。
② 朱希祖：《北大史学系过去之略史与将来之希望》，朱希祖著，周文玖选编《朱希祖文存》，第330页。
③ 罗香林：《朱逖先先生行述》，《文史杂志》（朱逖先先生纪念号）1945年第5卷第11、12号合刊。
④ 傅振伦：《傅振伦学述》，第139页。
⑤ 傅振伦：《朱希祖传略》，《晋阳学刊》编辑部编《中国现代社会科学家传略》（第5辑），山西人民出版社，1985，第54~64页。
⑥ 傅振伦：《七十年所见所闻》，华东师范大学出版社，1997，第38页。
⑦ 傅振伦：《治史漫谈》，《东北中正大学校刊》1947年1月。

年回顾自己一生研究方志学的经过和体会时，依旧肯定自己早年接受的这种课程设置的用处。他说："方志是史书的一种，研究方志的方法与历史相同。当时的北大史学系课程，对我后来从事地方志研究是极有利的。"①同样是很多年后，傅振伦在应约给去世很久的恩师朱希祖作传时，也把注重学习社会科学知识作为研究历史的辅助，看作朱希祖的一项治学特色，他说："先生以为历史是一种社会科学，必须用科学方法从事研究。研究历史必先通政治、经济、法律、社会等科学。"②

傅振伦在北大接受了这种严密系统的多学科训练，从而养成了广阔的学术视野。后来，傅振伦将自己融会贯通的治学路径，归功于他在北大的这段求学经历，他回忆说："这一段学习和实践确立了我研究史学的基本观点和方法，对我后来讲求广博贯通的治学路子有很大影响。以后，我凡进行一些具体历史事项的探讨时，常常会自然地走入由博返约、融会贯通的路子上去，力求以贯通的笔法来编纂历史，以贯通的方法来研究历史现象和历史文献。这是我治史遵循的基本原则。"③ 傅振伦后来之所以能在多个领域都取得卓越的成就，在多个学科之间游刃有余，并把这些知识融会贯通，更上一层创造新知，与他在北大学习期间不是就历史而历史，不局限于史学一隅之地，从而培养了自身开阔的学术视野和宽广的知识结构是密不可分的。这一点对于九十余年后我们今天的历史学课程改革来说，同样具有相当大的借鉴意义。北大史学系的这种多学科训练，确实对傅振伦影响很大，并成为其终身坚持不渝的治学方法和原则。

四　在史书分类方面的影响

朱希祖是民国时期的著名藏书家，生前藏书量曾达二十余万册，著有《明季史籍题跋》和《郦亭藏书题跋记》。历来中国的藏书家多为目录学家，同样，朱希祖对史部目录学也有深刻的研究。朱希祖在《中国史学通论》一书的第二部分《中国史学之派别》中，将中国古代史籍划分为记述主义和推理主义两大派别。朱希祖又将记述主义派别的史籍划分为六大

---

① 傅振伦：《我研究地方志的经过和体会》，《傅振伦方志文存》，黄山书社，1988，第1~9页。
② 傅振伦：《朱希祖传略》，《晋阳学刊》编辑部编《中国现代社会科学家传略》（第6辑），第54~64页。
③ 傅振伦：《傅振伦学述》，第36~37页。

类，分别为：编年史、国别史、传记、政治史与文化史、正史、纪事本末。① 金毓黻在《静晤室日记》中抄录了朱希祖的这份史书分类目录，并指出其"分析至为精密，执此以绳史籍，罔有或外者矣"②。可见，朱希祖的这种史书分类方法深受时人好评。

傅振伦早年热衷于研究目录学，早在北大史学系读书期间，他就联合钱卓升、石恩波、阮德尊等几个要好的同学，倡议共同编辑《中国史学书目提要》。1929年，傅振伦在《北大图书部月刊》发表《章学诚史籍考体例之评论》③ 一文。1930年，发表《编制中文书目之管见》④ 和《中国史籍分类之沿革及其得失》⑤ 二文。1933年，发表《编辑中国史籍书目提要之商榷》⑥ 一文，傅振伦在写作该文时，也得到过朱希祖的指导和改正。

傅振伦《中国史学概要》一书的第五篇《史书流别》，最能体现傅振伦在史书分类方面的主张。傅振伦在该篇中列举了从阮孝绪的《七录》起，直到朱希祖在《中国史学通论》中所提出的史部分类方法，其间还有《隋书·经籍志》、郑樵撰的《通志·艺文略》、《四库全书总目》、孙星衍的《孙氏祠堂书目》、章太炎和梁启超等人各自的分类法。傅振伦吸收了以上诸人的史部分类思想，提出自己的史部分类法。傅振伦总体上将史书分为分述之史和总载之史两种。分述之史下分为年代之史、地方之史、人物之史和普通之史及文物之史四种。其中年代之史是指依年代而编次的史书，傅振伦把编年体、纲目体、起居注以及实录等类型的史书都划入年代之史。地方之史则包括国别史、地理书、地方志和方记四种。人物之史包括本纪、列传、别传和家传。傅振伦所谓普通之史，指的是纪事本末体史书。文物之史则是记载社会风俗、典章制度和学术思想的著作，下分政治史和社会文化史两类。因为普通之史和文物之史都是"依事类纂集"，因而傅振伦把其划为一类。傅振伦所说的总载之史，就是综合各种体裁汇为一书的纪传体史书（见表1）。

---

① 朱希祖：《中国史学通论》，第25~26页。
② 金毓黻：《静晤室日记》第2册，辽沈书社，1993，第999页。
③ 傅振伦：《章学诚史籍考体例之评论》，《北大图书部月刊》1929年第1卷第1期。
④ 傅振伦：《编制中文书目之管见》，《北大图书部月刊》1930年第2卷第1~2期。
⑤ 傅振伦：《中国史籍分类之沿革及其得失》，《图书馆学季刊》1930年第4卷第3~4期。
⑥ 傅振伦：《编辑中国史籍书目提要之商榷》，《图书馆学季刊》1933年第7卷第2期。

表1 朱希祖和傅振伦的史书分类对比

书名	一级类目	二级类目	三级类目	四级类目
中国史学通论	记述主义之史学	编年史		
		国别史		
		传记		
		政治史与文化史	（政治史）综合的	
			（政治史）单独的	法制、经济、法律、军事、社党、外交
			（文化史）综合的	
			（文化史）单独的	学术、宗教、文学、艺术、农业、工业、商业、风俗
		正史		
		纪事本末		
	推理主义之史学			
中国史学概要	分述之史	年代之史		
		地方之史	国别史、地理书、地方志、方记	
		人物之史		
		普通之史及文物之史	政治史	职官选举、律令刑法、教育伦理、经济资源、交通水利、荒政振济、军事武备、边政外交、党国会社
			社会文化史	学艺、文学、史学、经学、小学、博物、美术、方技、杂艺、风俗、宗教、时令、农业、工业、商业
	总载之史			

傅振伦的上述分类方法，明显受到朱希祖史书分类法的影响。傅振伦在代目录学家袁同礼所作的《朱逷先先生与目录学》一文中认为，朱希祖对史籍的整理和分类，"以科学方法董理旧籍，为国学开一新纪元"。他称赞说："此种分类法，虽稍重形式，但类别显明，颇易了解，又易于检查。

图书分类法,贵乎简明通俗,便于检寻。此种类别法深能合此原理也!"又说:"目录学之可贵,在于辨章学术,考镜源流者。观于此篇之所论,深能达此功效矣。"① 可见,傅振伦对其师的史书分类法,大加肯定和赞赏。而实际上,他的史书分类法也借鉴于朱希祖。具体说来,傅振伦所说的年代之史、人物之史和文物之史,可以分别和朱希祖所说的编年史、传记、政治史与文化史相互一一对应。傅振伦所说的总载之史,就是综合各种体裁汇为一书的纪传体史书。所以,总载之史可以和朱希祖所说的正史对应。傅振伦所说的普通之史,是指"依事类纂集"的著作。他说袁枢的《通鉴纪事本末》、陈邦瞻的《宋史纪事本末》和《元史纪事本末》、清代马骕的《绎史》就是普通史,而《四库全书总目》将《绎史》列入纪事本末类存目,可见傅振伦所说的普通之史,指的是纪事本末体史书。这样他所说的普通之史,可以和朱希祖所说的纪事本末对应。二者不同之处在于,朱希祖将国别史单独列为一类,傅振伦则扩大范围设立地方之史,其下包括国别史、地理书、地方志和方记四种。

由上可见,除了国别史外,朱希祖对史书的分类方法,基本上为傅振伦所继承。在细目的设置上,傅振伦也借鉴了朱希祖的思想。如朱希祖将政治史,分为综合的和单独的两种。单独的,又可分为法制、经济、法律、军事、社党、外交六种。傅振伦则在朱希祖的基础上,增加职官选举、教育伦理、交通水利、荒政振(赈)济等数种。又如,朱希祖将文化史中单一者分为学术、宗教、文学、艺术、农业、工业、商业、风俗。傅振伦所说的学术和美术,就是朱希祖所说的学术和艺术。傅振伦则在朱希祖的基础上,增加史学、经学、小学、博物、方技、杂艺等数种。可见,傅振伦在细目的设置上,要比朱希祖更加的细致和完善。但是其总体分类方法,依旧停留在朱希祖的分类方法之内,突破和创新之处并不是特别明显。

五 其他方面的影响

朱希祖是一位提倡治学要经世致用的学者。傅振伦对于这一经世精神推崇备至。朱希祖去世后,他在回忆文章《先师朱遏先生行谊》中特别

---

① 傅振伦:《朱遏先生与目录学》,《文史杂志》(朱遏先生纪念号)1945 年第 5 卷第 11、12 号合刊。

提道:"先师又尝言,新史学与新文学同。求善求美,而更应求真。必如此方可以指导社会与人生!史既应指导社会与人生,故以历史为有用之学,世人讥为玩物丧志非也。"又说:"先师以史当致其用,研究风气应适合时代之需要,故每见几发微,因势倡导,蔚为风气,以裨益于民族与人群。眼光卓绝,洵非常人所及!"① 朱希祖认为,史学研究要指导社会与人生,有益于国家和民族,这样历史才能成为有用之学。朱希祖的这种治史以经世的观点深深地影响了傅振伦。傅振伦认为学术研究应当服务于现实,他对此阐释说:"一般学术研究,约有两途:一为理论之探讨;一为实际之体验。欲求明通精到,二者兼具之;尤须博览中西图书,增其学识,以为探研理论之凭借。否则,昧于国人已有之贡献,忽于外人已有之成就,必贻孤陋寡闻之诮。而不求实际,则学必不切乎应用,卒为徒读。如是以发扬学术,促进文化,宁非欺人之谈?研究档案之法,亦若是也。"② 在傅振伦看来,学术研究包括理论和实践两个层面。如果研究成果没有应用到实践中,则是无用之学。他认为史学必须关注社会现实和实际需要,学者要将学术研究和现实需要联系起来。傅振伦一生读书治学,经世致用是他一以贯之的根本宗旨和基本精神。他在晚年坦承自己一生的治学经历说:"多年来,我本着学以致用的宗旨,认真钻研史学。"③ 傅振伦作为著名方志学家,特别强调方志的经世致用性。他说:"史志所贵,在乎掸求社会进化之精律,以资人事之向导也。"④ 傅振伦认为,编纂方志要突出方志的实用性:"新志的编纂,贵在实用。"⑤ 傅振伦一再呼吁修志要注重实用,他说:"方志不仅征文考献,以成地方真实的历史,更重要的是切乎实际,对于建设新社会有实用的价值。"⑥ 由此可见,傅振伦一生都在贯彻朱希祖的这种经世史学的精神,这也使得傅振伦的学术研究避免流于空虚,研究成果能够落到实处。

朱希祖对方志学素有研究,生前热衷于收藏地方志,其藏书中有一千

---

① 傅振伦:《先师朱邈先先生行谊》,《文史杂志》(朱邈先先生纪念号)1945年第5卷第11、12号合刊。
② 傅振伦:《〈中国档案管理新论〉序》,殷钟麒《中国档案管理新论》,崇实档案学校出版部,1949,第5页。
③ 傅振伦:《傅振伦学述》,第38页。
④ 傅振伦:《编辑北平志蠡测》,《傅振伦方志论著选》,浙江人民出版社,1992,第115~141页。
⑤ 傅振伦:《新中国的地方志编纂体法议》,《傅振伦方志论著选》,第305~336页。
⑥ 傅振伦:《我研究地方志的经过和体会》,《傅振伦方志文存》,第1~9页。

余册各类地方志书，还曾编有《海盐朱氏地方志目录》。朱希祖在中山大学任职时，广东修志馆附设于中山大学，朱希祖还兼任过《广东通志》馆纂修委员，朱希祖先后撰写了《广东通志略例》、《广东通志总目》、《广东通志总目说明书》和《广东通志征访条例》等文，对方志编纂提出不少卓越的见解。早在1929年，傅振伦主持编纂《新河县志》时，朱希祖就给予了亲切的指导。而傅振伦关于方志性质的观点也借鉴了朱希祖。朱希祖在给傅振伦的《新河县志》作序时说："作县志之法，能兼得今世历史、地理二学之所长，乃得为善志。"① 朱希祖这句话里，虽然没有明确地说明方志具有历史学和地理学的性质，但是他指出了方志和这两门学科存在紧密的关系。1935年，傅振伦在《中国方志学通论》的第五章《方志之价值》中，有一段关于方志性质的话。他说："方志犹今之历史与人文地理，一隅之地理沿革，政治经济，学术文献，社会风物，人物烈女，靡不悉载。"② 傅振伦这句话，将方志的性质定义在亦地亦史之间，再次强调方志的地理性和历史性。傅振伦的这种观点，并不是毫无渊源。傅振伦无疑受到朱希祖如上这种看法的影响。

此外，朱希祖是一位非常重视气节的爱国学者，傅振伦的爱国主义思想也来自朱希祖的陶冶和熏陶。傅振伦在国史馆筹备委员会任职时，朱希祖经常向他灌输爱国主义思想。傅振伦受其影响，在学术研究中注意发扬爱国主义思想。傅振伦在晚年回忆这一时期时说："在抗战时期，史家喜谈民族英雄岳飞、文天祥、史可法。朱希祖教授和国史馆张继，则倡导研究秦皇、汉武和汉唐盛世及攸关当代的近代史、当代史。至若有关爱国主义的图籍，如祖先辟土拓边，壮丽河山，名胜古迹，历代政治经济、军事、科技、学术等名家和民族问题，都是我重点学习之列。"③ 1941年，傅振伦发表《明代倭寇史略与吾人应有之认识》一文，认为抗战的最后胜利必然属于中国，坚信"倭奴必败""胜利属我，毫无容疑也"④。1945年，傅振伦编辑的《民族抗战英雄传》由重庆青年出版社出版。傅振伦希望写作《民族抗战英雄传》来为抗战中牺牲的烈士树碑立传，以表彰这些民族英雄为追求国家独立和民族解放而牺牲的光荣事迹，并且希望国人阅

---

① 朱希祖：《新河县志·序》，朱希祖著，周文玖选编《朱希祖文存》，第386页。
② 傅振伦：《中国方志学通论》，北京燕山出版社，1988，第13页。
③ 傅振伦：《科研工作的方方面面和工作体会——九十年的回忆之三》，《史学理论研究》1996年第2期。
④ 傅振伦：《明代倭寇史略与吾人应有之认识》，《战地党政月刊》1941年第2卷第1期。

读此书而继续奋斗,最终打败日本侵略者。傅振伦在《民族抗战英雄传》的序言中,明确表达了他的这种思想:"我中华民族立国于亚洲大陆,已经有五千年之久。世界上虽多古国,多成为历史的陈迹。惟有我们中华民国,不独巍然独存,而且现在和其他民主国家,并驾齐驱,跻于自由平等的地位。"① 其间透露出傅振伦强烈的民族自豪感和爱国之情。1987年,傅振伦在《宣传爱国主义是新方志义不容辞的责任》② 一文中,大声呼吁在修志中要大力弘扬爱国主义。可以说,爱国主义是傅振伦一生中最鲜明的特征。傅振伦自称"爱国史家"。因为傅振伦研究领域广泛,他的朋友戏称他为"爱国的杂家"③。傅振伦坦言,自己研究史学是爱国心使然。他在晚年回顾时说:"多年来,我本着学以致用的宗旨,认真钻研史学。人不可数典忘祖,爱国必先治史。"④ "爱国必先治史",多么铿锵有力的口号,傅振伦将之作为自己的人生信条而坚守一生。在傅振伦爱国主义思想的背后,无疑有朱希祖对他潜移默化的影响。

六 结语

考察朱希祖和傅振伦长达二十年的交往历程,我们可以看到,正是在朱希祖的指引下,傅振伦逐渐走上了史学研究的道路。在傅振伦早年的成长过程中,他得到过朱希祖无微不至的扶持和指导。在朱希祖去世后,傅振伦撰文回忆说:"余每有专书,则就正于先师。有时草稿不便邮寄,亦必邮呈目次、凡例及自序。及书成,必呈印本,请其指正,以备再版修订。"⑤ 朱希祖去世时,傅振伦的新作《博物馆学概论》甫杀青,他为朱希祖未能看到他的这本书问世而颇为遗憾,他说:"近著《中国陶瓷史略》

---

① 傅振伦:《民族抗战英雄传·序言》,傅振伦《民族抗战英雄传》,青年出版社,1945,第1页。
② 傅振伦:《宣传爱国主义是新方志义不容辞的责任》,《中州今古》1987年第1期,第1页。
③ 傅振伦:《科研工作的方方面面和工作体会——九十年的回忆之三》,《史学理论研究》1996年第2期。
④ 傅振伦:《傅振伦学述》,第38页。
⑤ 傅振伦:《先师朱遏先先生行谊》,《文史杂志》(朱遏先先生纪念号)1945年第5卷第11、12号合刊。

及《博物馆学概论》甫成,而先师遽去,未及面聆教诲,为恨无穷!"① 而朱希祖对傅振伦这名弟子也是非常满意的。朱希祖对傅振伦的多部著作都有很高评价,认为:"《〈史通〉之研究》,推为研究刘知幾学说之津梁。论《刘知幾年谱》曰收集资料甚备……《中国史学概要》则谓能广师说,而备述各方面。"② 1927 年,傅振伦在主持编纂的《新河县志》中重视记载社会经济,朱希祖就评论《新河县志》的特点说:"条目分明,而能注意经济及社会等诸方面,是其特色。"③ 朱希祖称赞该志"是新型之志,是编写新志之准绳。"④ 抗战期间,傅振伦参与编辑的《褚遂良年谱》一书,也颇为朱希祖所称许。

总之,自朱希祖和傅振伦二人结识开始,朱希祖就一直关注着傅振伦的学术成长之路,并且非常器重自己的这位学生。同时,傅振伦也一生对自己的这位老师心怀感恩。在傅振伦早年的学术经历中,朱希祖的学术和品格给他打上了深深的烙印。无论在治学取向、学术观点还是治学方法等方面,我们都很容易找到朱希祖对傅振伦的深刻影响。傅振伦开始研究史学史是受到朱希祖的诱导和启发,朱希祖关于史学史研究的不少观点得到傅振伦的继承。朱希祖倡导的以社会科学方法治史的路径,傅振伦一生都奉行不渝。关于史书的分类,傅振伦也谨守朱希祖的史书分类方法。另外在治学要经世致用、对方志性质的认识、爱国主义思想等方面,傅振伦都受到朱希祖的深刻影响。学术贵在薪火相传,傅振伦继承了朱希祖的学术和思想。因此我们可以说,朱希祖和傅振伦这对师生之间的交往和学术传承无疑是二十世纪中国学术史上的一段佳话,应当得到后世的颂扬和纪念。

---

① 傅振伦:《先师朱逖先先生行谊》,《文史杂志》(朱逖先先生纪念号) 1945 年第 5 卷第 11、12 号合刊。
② 傅振伦:《先师朱逖先先生行谊》,《文史杂志》(朱逖先先生纪念号) 1945 年第 5 卷第 11、12 号合刊。
③ 傅振伦:《先师朱逖先先生行谊》,《文史杂志》(朱逖先先生纪念号) 1945 年第 5 卷第 11、12 号合刊。
④ 傅振伦:《朱希祖传略》,《晋阳学刊》编辑部编《中国现代社会科学家传略》(第 5 辑),第 54~64 页。

考据学的时代关怀及思想史转向

——北平沦陷时期的陈垣及其"有意义之史学"

林 磊

（复旦大学历史学系，上海 200433）

摘 要：在战前20年事业上升期内，陈垣几乎不触碰严格意义上的政治史选题。这与他本人的从政经历有关，更是时代学风使然。北平的沦陷让陈垣不得不直面政治，他必须对文化与政治的关系做出新的审视，以为进退出处之依据。客观上的无所逃于政治与主观上的处处受制于政治，让陈垣不得不回向历史求索应变的经验。"宗教三书"正可看作陈垣本人寻求现实出路的"政治三书"，《通鉴胡注表微》则让他由历史的外表迹象进入深层的思想世界。

关键词：陈垣 史学思想 宗教三书 胡三省 思想语境

一 引言

二十世纪上半叶的中国史学界，无论就社会政治阅历还是学术文化成就而言，陈垣都是非常值得瞩目的学人。他虽自学成家，没有接受过系统的现代西方学术训练，却能充分调集中国本土材料和方法中的优势资源，参与国际汉学的前沿课题讨论，为东西方同行提供新的选题角度、取材方向，输送"兹事甚细、智者不为"的研究工具。他之所以能被东西、新旧学人一致公推为横绝一世的史学巨子、中国史学界的最高权威，正在于他的那种趋新而不弃旧、在世界学术新潮流中重光本土资源之价值的研究旨趣。唯独对作为传统史学首要议题的"政治史"和新史学重要潮流的"思想史",陈垣一直持保留意见。这既与他本人的从政和治学经历有关,更是一种要把史学建设得和自然科学一样无心、无情、无义,却又要比自然科学更无用的时代学风使然。然而,抗战的全面爆发对这种漠然无所用其情的史学取向提出了前所未有的挑战,为知识而知识的研究方式在生命如朝露的战乱之世显得过于高冷了,它与史家内心深处的情感体验漠不相关,因而再也不能作为支撑其学术生命的意义源泉。"非考据不足以言学术"的治史理念,面对历史人物的思想世界,也变得不再那么绝对。

二　回到政治

自晚清梁启超高擎"史界革命"的大旗,倡导以"民史"取代"君史"的正统地位开始,政治史的退潮、文化史的崛起就成为新史学发展的一个重要趋向,文化有足以超越政治而自立者,成为新史家的一种共识。① 进入民国以后,政治史因被贴上"专制黑暗""道德说教""经世致用"等标签,而受到以新学术、科学化标榜的研究群体的冷落,② 进而更面临被思想文化史和社会—经济史解构的危机。前者认为,由学术思想、宗教信仰、风尚习俗、地理环境、民族交通等因素构成的文化结构,对政治史的走向具有更大的决定作用;③ 后者认为,经济及经济运行其间的社会才是历史的基础构造,一切政治的、法制的、伦理的、哲学的,凡属精神层面的构造皆视社会—经济构造的变动为转移。④ 从广义的文化(即包含政治、经济在内)着眼,无论是社会—经济决定论还是思想文化决定论,其实都在强调非政治文化对政治文化的决定作用,而唯独不承认政治本身拥有足以自立自决的组织结构与价值系统。因为人们习惯于从各种文化的角

---

① 陈垣:《元西域人华化考·结论》,《陈垣全集》第 2 册,安徽大学出版社,2009,第 373 页。

② 钱穆:《师友杂忆》,《钱宾四先生全集》第 51 册,中国台湾联经出版事业公司,1998,第 173~174 页。

③ 这方面的代表作如傅斯年的《夷夏东西说》、胡适的《说儒》、顾颉刚的《汉代学术史略》和陈寅恪的中古以降民族文化之史。陈垣大部分时间只就文化论文化,很少推衍及具体的政治问题,但他在《元西域人华化考》中视文化认同为族群识别的根本标志,这本身也是把文化看作底层结构的表现。

④ 蒋大椿:《20 世纪中国马克思主义史学》,载罗志田主编《20 世纪的中国:学术与社会·史学卷》(上),山东人民出版社,2001,第 136~137 页。

度去理解政治，久而久之，政治的形象反而隐没在各种用于解释政治的文化形象中，乃至读史治史"知有具体的文化，而不知有具体的政治"。① 进而，因为认定文化对政治有本质的决定作用，所以政治问题必待文化问题逐一解决后方能得到根本解决，换句话说，政治问题的根本解决之道莫过于暂时抛开眼前的政治，着眼于长远的文化建设。然而，民族危机迫在眉睫，还没等新学术工作者用"科学方法"来逐个地解决问题，现实政治的崩塌就让他们转瞬间沦为铁蹄下的文化遗民。

  北平的沦陷让陈垣不得不直面惨淡的政治。客观上，南迁的国民政府看好有罗马教廷与德国背景庇护的辅仁大学，认为其能长期见容于日伪统治之下，于是以教育部密令的方式要求辅仁大学尽可能维持现状，俾能培养爱国青年，延续民族教育，并联络平津地区其他具有国际背景的教育团体，在沦陷区共同遵守三项原则（行政独立、学术自由、不悬伪旗）以示正义不屈。② 与此同时，受重庆教育部委托，时任辅大文学院院长的沈兼士与该校秘书长英千里、教育学院院长张怀等人，秘密组织"炎社"（取顾炎武的"炎"字以示抗日），并在此基础上成立"华北文化教育协会"，以联络学术文化界的操守忠贞之士、大中学校的有志青年，开辟抵制奴化教育、唤起敌忾意识的思想文化战线。③ 这也是陈垣在北平沦陷后一如既往推尊昆山顾氏的原因。1938 年徐州陷落，辅仁大学及其附中拒绝悬挂日伪"国旗"，作为校长的陈垣遭当局"问责"，辅仁大学被目为"抗日大本营"的后台政治资本。不管陈垣是否已有充分的思想准备，客观上他已置身于两股政治势力之间。作为民国史学祭酒、国际知名学者，他的一言一行在军事过后的思想文化交锋中格外引人瞩目。④ 现实政治处境要求陈垣对文化和政治的关系做出新的审视，以为进退出处之依据。1938 年 8 月，日本动员其学术文化界的 30 多名一流人士组成代表团来到北平，出席在中南海怀仁堂举行的所谓"东亚文化协议会"成立典礼暨第一次大会。该会宣言要中日两国人士"以传统之明伦亲仁为本，撷西学之萃以资利用

---

① 钱穆：《历史与教育》，《历史教育》1937 年 5 月第 2 期。
② 王绍桢：《辅仁大学校史》，《学府纪闻——私立辅仁大学》，（台北）南京出版有限公司，1982，第 7 页。
③ 桑兵：《抗战时期国民党对北平文教界的组织活动》，《中国文化》2007 年第 1 期。
④ 常风：《记周作人》，常风《逝水集》，辽宁教育出版社，1995，第 101～103 页。柴德赓：《陈垣先生的学识》，载陈智超编《励耘书屋问学记：史学家陈垣的治学》，三联书店，2006，第 92～94 页。

厚生，庶几蔚为更进一层之新东亚文化"。① 陈垣因在中日史学界的崇高声望，受邀出任该会的中方副会长，并被许以高薪。但此时的陈垣明白，文化上的相互提携根本无助于两国政治问题的真正解决，这只是日本在武力之外寻求文教协助以消弭抗日思想、维持长治久安的政治策略，故断然予以回绝，并力阻对方的后备人选、自己的老朋友傅增湘落水，可惜迟了一步。② 此事对陈垣刺激很深，他曾不无感慨地告诉学生："抗战时间不能拖得太长，否则跳下去的人将越来越多。"③ 显然，他对文化在政治面前的自主性和超越性已不似战前那么乐观。究竟文化决定政治还是政治决定文化，解决政治问题的根本途径到底是文化的还是政治的？沦陷经验让陈垣心中的价值天平开始倾向政治一边。同样，这时的陈垣也不再强调文化认同是族群识别的根本标志，以免落入由"同文同种"而"中日携手"的所谓"圣战"逻辑。④ 当有日本青年学者受帝大老博士委托，前来拜访并要他题字时，陈垣直接报以曹植的《七步诗》。⑤ 既然宣扬文化上"本是同根"，眼下又为何"相煎太急"呢？可见文化认同是表象，政治认同才是根本诉求。与此同时，陈垣对青年学子的要求也有了很大改变，过去只强调与其奢谈政治，不如先把手头的书念好，在沦陷时期则强调品行第一、身体第二，学问只排在第三位。在这里，"品行"指的就是政治态度，政治上不能从敌，要热爱祖国，做不到这一点，要身体和学问何用？所以不能轻重倒置。⑥ 换句话说，政治重于文化，没有了国家和民族，要史学何用？

主观上，政治秩序的塌陷让生平未尝经历特别难处之境的陈垣饱尝亡国之痛与陷敌之苦。据其及门弟子回忆，陈垣对北平的快速沦陷毫无精神准备，原以为能像上海一样，坚守上个把月，岂料白天还在谈论二十九军

---

① 桑兵：《抗战时期国民党对北平文教界的组织活动》，《中国文化》2007年第1期。
② 郑善庆：《何以自处：北平留守知识分子的心态与境遇》，《北京社会科学》2016年第4期。
③ 柴德赓：《陈垣先生的学识》，载陈智超编《励耘书屋问学记：史学家陈垣的治学》，第94页。
④ 黄东：《塑造顺民——华北日伪的"国家认同"建构》，社会科学文献出版社，2013，第170~171页。
⑤ 柴德赓：《陈垣先生的学识》，载陈智超编《励耘书屋问学记：史学家陈垣的治学》，第94页。
⑥ 刘乃和：《立志耕耘，追求真理》，载刘乃和《历史文献研究论丛》，广西师范大学出版社，1998，第229页。

打到哪里了，晚上宋哲元部一撤，日军就进城了。过去政治腐败，总还是中国自己的政权，突然间山河易色，国人不要说问政，连了解起码的事态进展都很困难。① 向来认为读书就是救国的陈垣，在北平沦陷后很罕见的废书一月不观。② 但一到晚上，他就会和一些辅仁教授不约而同地聚集到位于半地下室的阅览室，通过西方传媒了解中国和世界的时局。有人收听英美电台，陈垣则喜欢听人口译西文报刊上的最新消息和时评。一次，史学系主任张星烺喜滋滋地走了进来，压低声音对在场人士说："今天我去城里，听见卜卦先生说，日本人久不了了。"当然，没有人会真的去考证算命先生的预言是否可信，但大家压抑已久的心情还是因此平复不少。③ 这段时期，陈垣经常吟诵陆游的诗篇自遣，"三秦父老应惆怅，不见王师出散关"，"老去据鞍犹矍铄，君王何日伐辽东"，"北望中原泪满襟，黄旗空想渡河津"，"几岁中原消息断，喜闻人自蔡州来"，"登临独恨非吾土，不为城关画角悲"。④ 政治从来没有在一个科学派史家的心中占据过如此重要的位置，竟至有取代读书成为生活的第一需要之势。但这些也只能在半地下的场合悄悄从事。最让陈垣感到不适的，是连写家信都要随时回避一些可能会引起日伪检查人员注意的敏感字眼。1938年元旦，陈垣的三子陈约自广州来信讲述南方战况，陈垣在批复时将诸如"空袭""炮声隆隆""飞机有飞向市区""轰炸""南侵""走难"等词句一概圈去，并在信末特别批注"刺目字句要省，画公仔唔使画出肠也"，意思是说话点到即可，不必太过露骨，为此还特地寄去刚出版不久的《旧五代史辑本发覆》，以示四库馆臣为避时忌刻意删改史文的例则。⑤ 然而，陈约并未领会其父的用心，同年2月26日的来信仍多刺目字句，逼得陈垣不得不向其明言"乱世家书，凡关有碍检查之字样，均应回避"，并删改了原信

---

① 柴德赓：《陈垣先生的学识》，载陈智超编《励耘书屋问学记：史学家陈垣的治学》，第92~94页。刘乃和：《立志耕耘，追求真理》，载刘乃和《历史文献研究论丛》，第226~227页。
② 陈垣：《批复陈约1937年12月11日来函》（1938年1月4日），《陈垣来往书信集》（增订本），第1070页。
③ 姚大力：《琐忆韩师》，载陈德芝、丁国范、韩朔眺编《朔漠情思——历史学家韩儒林》，南京大学出版社，2000，第135页。
④ 刘乃和：《陈垣与诗》，载刘乃和《历史文献研究论丛》，第245页。
⑤ 陈垣：《批复陈约1938年1月1日来函》，《致陈约函》（1938年2月3日），《陈垣来往书信集》（增订本），第1070~1072页。

中的"打通""战事""撤差""职守""查办"五处，以示改窜之效。①避讳本为中国特有之风俗，其流弊足以淆乱古书，陈垣则反向利用之，以解释古书之疑滞，辨别古书之真伪及时代。研究避讳而能用之于校勘学、考古学，谓之避讳学。②研究避讳却要用之于日常家书，则完全拜现实政治所赐。深谙四库馆例的陈垣反向利用之，以表达真实的政治立场。1939年7月12日，长子陈乐素来信，代港大教授许地山求购咸、同《夷务始末》各一部。陈垣在7月23日的第一封回信中照常使用"夷务"字样，但从8月21日开始突然若有所悟似的一连三封回信凡提到《始末》书名均改作"彝务"字样。③陈垣当然知道，类似这种学术专名绝不至于引起日伪检查人员的注意，况且"夷务"之"夷"正被当时的日本宣传机构用于丑诋所谓的"英美帝国主义"，"夷"字尚嫌中性，最好再加以反犬偏旁才足以达到羞辱之效，④而陈垣偏偏用代表古时贵重礼器的"彝"字加以讳饰。这种无须避讳处的有意避讳，正显示了史家心中不可动摇的夷夏观念和彼之所恶正我之所美的敌忾意识。避讳即掩饰，掩饰即事实，此之谓也。

客观上的无所逃于政治与主观上的处处受制于政治，让陈垣不得不回向历史求索应变的经验。以《明季滇黔佛教考》《清初僧诤记》《南宋初河北新道教考》为代表的"宗教三书"，正可以看作陈垣本人寻求现实出路的"政治三书"。起草于1939年末的《明季滇黔佛教考》是陈垣在沦陷时期撰写的第一部宗教史专著。该书专论明季滇黔佛教之盛，并推其致盛原因有三。（1）佛教复兴之波动也。佛教于有明中叶式微已极，万历而后宗风复振，既盛于东南，复波及于滇黔。（2）僧徒开辟之能力也。滇黔建省较后，然因高僧辈出，传灯鼎盛，悠游文学，倾动士夫，故滇黔地方之开辟、文化之发达，既是僧徒弘扬本教之结果，也是佛教繁盛之保障。（3）中原丧乱之影响。明季中原沦陷，滇黔犹保冠带之俗，避地者乐于去邠居岐。又自永历被弑，遗民多逃于禅，即不愿为僧者，亦多以佛书自

---

① 陈垣：《批复陈约1938年2月26日来函》（1938年3月11日），《陈垣来往书信集》（增订本），第1072页。
② 陈垣：《史讳举例·序》，《陈垣全集》第7册，第3~4页。
③ 陈垣：《致陈乐素函》（1939年7月23日~9月16日），《陈垣来往书信集》（增订本），第1106~1107页。
④ 黄东：《塑造顺民——华北日伪的"国家认同"建构》，第204页。

遣，故佛教益形热闹。① 但从陈垣的实际论述中不难看出，佛教复兴、僧徒开辟和中原丧乱都只是表面现象而不是根本原因，这一切的背后有一只无形的推手，那就是明季的政治。正像陈垣在该书第十七篇《乱世与宗教信仰》中指出的，凡百事业，丧乱则萧条，而宗教则越逢丧乱皈依者越众。世乱与宗教不尽相妨，有时正可扩张其势力。所谓宗风波及、高僧辈至、冠带云集，实际都是政治崩坏在为渊驱鱼、为丛驱雀的结果。② 明季滇黔佛教繁荣壮大、冠绝一方的历史，也正是明末偏安政权逃无可逃、凋敝殆尽的历史。所以，明季滇黔佛教繁盛的原因，不是宗教、社会、移民等文化因素，而只能是现实的政治。此书的出版让学界感受到陈垣的变化，相比于战前的用文化来说明政治，战时的陈垣更强调以政治来解释文化了。无独有偶，就在《佛教考》出版的同时，陈寅恪也在昆明出版了《秦妇吟校笺》，其以唐末政治说明晚唐文学，正与陈垣用明末政治说明明季宗教同，可谓万里同时，遥遥相应。为《佛教考》撰写书评的孙楷第不禁感叹："吾因此而知政治与人生关系之切也。盖人虽不参加政治者，其生活实无时无事不受政治支配。"③ 然则，遁入法门就可以不受政治支配了吗？继《明季滇黔佛教考》之后的《清初僧诤记》回答的正是这个问题。黄宗羲《南雷诗历》卷二《三峰与熊鱼山夜话》诗云"脱得朝中朋党累，法门依旧有戈矛"，慨法门之纷争也。纷争在考史者而言，足见法门之盛，而在法门则实为不幸。④ 盖僧徒既已出世，理当均物我，齐得失，忘身窘形，抑性克欲，况法门以无诤为宗，行道当先忘我见，何诤诤之不休？但观陈垣所考清初临济、曹洞之诤，参加者数十人，莫不相互攻击、盛气汹汹。牧云门与木陈忞本为临济宗天童派师兄弟，二人视临济宗三峰派汉月藏弟子继起储为子侄行，然三人者率互相诟骂，众居士、弟子复从而和之，毫不顾惜宗门形象与高僧身份。其后的云门雪峤塔诤和平阳御书楼诤，诤斗双方竟各挟新朝与故国之势力以自重，法门纷争至此已无异于政党斗争。及至善权常住诤，更发展到焚寺杀僧的地步，有辱法门已极。究其所诤者，为门户、为势力、为名、为利，独不关乎宗旨学说。借身历其时的陈维崧之口，陈垣发出如下的感叹："吾常悯夫欺凌攘夺之习，思逃

---

① 陈垣：《明季滇黔佛教考·自记》，《陈垣全集》第18册，目录第2页。
② 陈垣：《明季滇黔佛教考》，《陈垣全集》第18册，第263、268页。
③ 孙楷第：《评〈明季滇黔佛教考〉》，《图书季刊》1940年12月新第2卷第4期。
④ 陈垣：《明季滇黔佛教考》，《陈垣全集》第18册，第47页。

于西方寂灭之乡以自适,顾其所为若是,吾又安归也夫。"① 只要人心欲求不满,哪里都有政治,哪里都有斗争,论政客之势利、斗争之残酷,法门正不让朝堂也。既然政治无所不在,斗争无所不用其极,作为一介读书人又该如何与现实政治相处呢?早在《南宋初河北新道教考》的构思阶段,陈垣就为该书定下"利用政治而不为政治所利用"的主旨基调。② 新道教者,宋南渡后崛起于黄河以北之全真、大道、太一三教,其初本与道教无关,而更似自食其力、自相保聚之合群讲学团体。及乎世道越沦、杀机越炽,则虽山林枯槁之士,亦不得不回翔下视,求所以复人心而回末劫。当国破家亡之际,乱离凶暴之中,壮烈者舍身致命,以死明志。然亦不乏能忍耻含垢者,以为一死虽了,后事何堪,不如相机保全,因势救济,别图复兴之计。陈垣认为,三教祖创教之苦心正在于此。然创教自必有旨归,环顾当日,佛门之衰歇已极,儒家则党争方炽,与道教林灵素辈之误国同为人所齿冷,故只能冥搜远索,求诸老氏柔韧克刚强之学,以道教改革派之面目与时局周旋,或神道设教,或术感帝王,要在能消弭杀机、收拾人心、保存文化,徐图"化胡"之计。但忍耻含垢是有底线的,那就是"不仕",与当政周旋也不等于合流,而是尽一切可能为国家"留读书种子",维系民族文化之精神线索于不断,以为他日复兴之张本。所以,陈垣认为全真家可贵,贵其能读书而不仕,若不读书而不仕,则滔滔天下皆是,安用全真! 若因不仕而不读书,则不一二世悉变为无文化之人,此正异族统治者求而不得也。故虽不仕,书却不可不读,这正是利用政治而不为政治所利用的历史经验。③

"宗教三书"要解决的是如何直面惨淡的政治现状的问题,那么究竟怎样才算是好政治,如何能达致这样的政治呢?陈垣在沦陷后期倾注大量心力撰写的《通鉴胡注表微》,其后十篇正是借言史事究致治之术,不啻为一部"励耘论政丛编"。生平力行而不多言的陈垣,尤其嫌恶好发议论之人。中岁以后,更是在学术内外与政治保持绝缘。但在抗战胜利前的至暗时刻,他不但回到了被陈寅恪称为传统政治史之空前杰作的《资治通鉴》,更借为胡注表微而大谈个人的政治理念,足见其未尝忘情政治也。

---

① 陈垣:《清初僧诤记》,《陈垣全集》第 18 册,第 381 页。
② 陈垣:《〈南宋初河北新道教考〉提纲》,《陈垣全集》第 22 册,第 111 页。
③ 陈垣:《南宋初河北新道教考》,《陈垣全集》第 18 册,第 390~534 页。曾觉之:《评〈南宋初河北新道教考〉》,《汉学》1944 年第 1 辑。憬:《新书介绍〈南宋初河北新道教考〉》,《图书月刊》1944 年第 3 卷第 2 期。

当先的《治术篇》谈的是帝王之道与将相之业,①将其冠诸论政十篇之首,以示当政之人在政治成败过程中的关键作用。自晚清"史界革命"替以帝王将相为主体的政治史书写敲响丧钟后,非凡人物、精英分子对政治的塑造作用让位于社会群体、文化结构和经济规律。② 如果把政治比喻为一列向前急驶的火车,司机是谁已不再重要,重要的是乘客、车厢和铁轨,以及其物理或精神意义上的构造,凡此被认为对列车的前行速度与方向起着更为重要的决定作用。但这也带来一个问题,那就是政治列车一旦失控,很难实施有效的追责。好比陈垣在战前将一国兴盛之关键归为结构性问题,③那么全中国人都要为抗战的失利负责。而如果抗战失利是由于政治家的决策失误,军队将领的指挥无方,其责任则与大部分中国人无关。显然,经历了兵败城陷的陈垣认为应由操盘掌舵的在上者对政治的脱轨负起首要的责任,而不是搭乘政治列车的普通乘客。继《治术篇》之后的《臣节篇》、《伦纪篇》和《出处篇》谈的是伦理道德问题。臣节者人臣事君之大节,古者国、君一体,忠于君即忠于国。忠于国者,国存与存,国亡以能致其身为第一义,抗节不仕者次之,保禄位而背宗国者在所必摈,况助敌国以噬宗国者乎。伦纪为人所共有,无间华夷。世治则修明,世衰则败坏。伦纪之坏,多由感情,感情之伤,多由逸构,逸构之起,多因权利。感情如薪,权利如火,逸构如风。故欲维持伦纪,非敛感情,远权利,防逸构不可。出处之于人大矣,迫于饥寒,怵于威力,炫于荣利,皆足以失其所守,君子不可不慎。④ 凡此,如果放在抗战之前,正是科学派史家所极欲从历史中驱赶出去的"传统的或自造的'仁义礼智'""乌烟瘴气"。在他们看来,学问是一回事,道德是另一回事,判断一种知识是否科学的重要依据,是视其能在多大程度上摆脱道德或伦理的意涵。⑤ 但对胡三省的再发现,让陈垣改变了看法。按照科学派的观点,胡三省只能以一个精于音韵、训诂和舆地的考据家形象出现在史家笔下,他的政治面相、道德面相、伦理面相均在摈弃之列。但"胡三省是考据家"是阳光下

---

① 陈垣:《通鉴胡注表微》,《陈垣全集》第21册,第193~215页。
② 王汎森:《人的消失?!——兼论二十世纪史学中"非个人性历史力量"》,王汎森《思想是生活的一种方式》,中国台湾联经出版事业公司,2017,第356~367页。
③ 朱海涛:《北大与北大人:陈垣先生》,《东方杂志》1944年第40卷第7期。
④ 陈垣:《通鉴胡注表微》,《陈垣全集》第21册,第217~276页。
⑤ 王汎森:《王国维的"道德团体"论及相关问题》,王汎森《执拗的低音:一些历史思考方式的反思》,三联书店,2014,第129~130页。

的常识，所谓"非微何必表也"！"表微"云者，不仅要表隐藏在胡注字里行间的微言大义，更重要的是把隐藏在考据家背后的那个作为政治人、道德人、伦理人的胡三省形象表而出之，"庶几身之生平抱负，及治学精神，均可察见"，"身之岂独长于地理已哉，其忠爱之忧见于鉴注者不一而足也"。① 换句话说，胡三省除了是一个朴实沉潜的学人之外，更是一个不尚空言的政治人，他既有学术求真的一面，又有追求道德至善、政治至美的一面，这些合在一起才是完整的因而也更真实的胡三省形象。对一个科学派史家来说，这么做就意味着在把历史隐藏在自然事实背后的精神价值的一面表而出之，使科学和意义均可呈现。需要指出的是，"回到政治"对陈垣而言绝不是精英史学的回归，更不是历史说教的复辟，而是在经过科学精神洗礼之后，对过往一些被忽略的历史面相、被简单化对待的历史问题的再审视与再推进，在研究范畴、思想资源、概念工具等方面都有不同以往的重要突破。继《臣节篇》、《伦纪篇》和《出处篇》之后的《边事篇》《夷夏篇》《民心篇》《释老篇》，就提出了诸如国际关系、民族意识、执政合法性、宗教政策等现代政治视角，而《生死篇》《货利篇》所谈多有从现代人性论出发的生死观与货利观，② 凡此均非传统政治史研究所能论及范围。

三　历史与思想

《通鉴胡注表微》的全稿完成于 1946 年 7 月，③ 在 1957 年为科学出版社的重印本撰写的后记中，陈垣称撰写此书共花费三年时间，④ 然则 1943 年即已着手准备。但从陈垣写给陈乐素的家书看，直到 1945 年 1 月，《表微》只写定《本朝》《出处》两篇，截至 5 月初亦只续成《书法》《校勘》《解释》《避讳》四篇，其余十四篇尚未写就，足见成书过程殊不易。⑤ 这与此前最快两个月（《清初僧诤记》）、最慢六个月（《南宋初河北新道教

---

① 陈垣：《通鉴胡注表微》，《陈垣全集》第 21 册，第 1 页。
② 陈垣：《通鉴胡注表微》，《陈垣全集》第 21 册，第 277～391 页。
③ 陈垣：《致陈乐素函》（1946 年 6 月 23 日、7 月 29 日），《陈垣来往书信集》（增订本），第 1146～1147 页。
④ 陈垣：《通鉴胡注表微·重印后记》，《陈垣全集》第 21 册，第 401 页。
⑤ 陈垣：《致陈乐素函》（1945 年 1 月 31 日、5 月 1 日），《陈垣来往书信集》（增订本），第 1131～1132 页。

考》）就可以完成一部专书的速度大相径庭。就史料采辑的难度而言，《表微》是陈垣在沦陷时期用到新材料最少的一部书，为什么反而耗时费力倍逾于前？是什么让一位经验丰富的史学老将迟迟不能找到写作的感觉？在给陈乐素的信中，陈垣这样解释进展缓慢的原因："材料虽已找出一千一百余条，未必条条皆有按语。如果按语太少，又等于编辑史料而已，不能动众。如果每篇皆有十余廿条按语，则甚不易。说空话无意思，如果找事实，则必须与身之相近时事实，即宋末及元初事实，是为上等；南宋事实次之；北宋事实又次之，非宋时事实，则无意味矣。因'表微'云者，即身之有感于当时事实，援古证今也。故非熟于宋末元初情形，不能知身之心事，亦不知身之所指者为何也。"① 这段颇为纠结的文字，至少传达出三层意思。其一，《表微》的性质不再是单纯的史实考证或史料编纂，更需辅以相当的历史解释。其二，《表微》的对象不再是历史人物的行事，而主要是历史人物的心事。其三，史事是具体而实在的，但必贯之以人物的心事，方能取得更多的共鸣；心事是抽象而不定的，但必落实于具体的史事，方能彰显更大的意义。陈垣以史事考证和文献考订名家，历史解释本非其所长，对诸如思想、教义等颇涉抽象、虚空的问题尤少措意。② 然而，与先前"宗教三书"中的研究对象不同，胡三省一生事迹之有案可稽者，纵令详熟文献如陈垣者亦告束手，唯一能凭借的只有散见于《鉴注》字里行间的思想。以确实而稳定的史实来推断当事人的思想，在陈垣的研究中已是浅尝辄止，要他仅凭抽象而不确定的思想去茫茫史海中对应古人意有所指的事实，这种陡然间由考实到证虚的路径转换，自然会让人很不适应，好在陈垣也并非全无凭借。

事实上，从沦陷初期的《旧五代史辑本发覆》开始，陈垣已经不自觉地进入对历史人物心迹的发掘中。北宋薛居正监修的《旧五代史》为二十四史中唯一以辑本形式存在者，由四库馆臣自《永乐大典》中辑出。陈垣的发覆对象是馆臣对辑本涉及"虏戎藩酋"字样的忌讳改窜。按说清廷以少数民族身份入主中原，对诸如"胡""虏""夷""狄"等字词颇为敏感，行文或刻书时加以技术处理，本是题中应有之义，就像杨树达读后评价的，事属寻常，有何覆之可发？诚如论者所指出，如果单看《发覆》的

---

① 陈垣：《致陈乐素函》（1945年1月31日），《陈垣来往书信集》（增订本），第1131~1132页。
② 汪荣祖：《陈垣史学风格》，《史学理论与史学史学刊》2011年总第9卷。陈垣：《致蔡尚思函》（1933年6月24日），《陈垣来往书信集》（增订本），第383页。

自序及正文，确实会给人以书名未免大惊小怪的印象。但是全书卷末其实还有一篇《论》，目录中并未体现，只有读至终卷才会发现。如果没有这篇《论》，陈著只能题作《旧五代史辑本之忌讳与改窜》，"发覆"二字正落实在这篇《论》中。① 陈垣在《论》中指出，五代去清八百年，其所谓"虏"，在梁则沙陀，在唐、晋、汉、周则契丹，与清何涉？何忌讳之有？且雍正十一年四月帝曾谕内阁："朕览本朝人刊写书籍，凡遇胡虏夷狄等字，每作空白，或改易形声，如以'夷'为'彝'，以'虏'为'卤'之类，殊不可解。揣其意盖为本朝忌讳，避之以明敬慎；不知此固悖礼犯义不敬之甚者也。嗣后临文作字，及刊刻书籍，如仍蹈前辙，将此等字空白及更换者，照大不敬律治罪。"乾隆四十二年十一月谕旨略同，则四库馆臣理当遵守。但观《薛史》辑本之改窜，更甚于空白改写。空白改写，终留痕迹，不若直接将相关史文删除灭迹，以免诏书之诘责。其敬慎耶？其不敬之甚者耶？且辑佚之体与撰述不同，如李延寿之《南》《北》史，欧阳修之《新五代史》，自为一书，则索虏岛夷，随意易之可也。辑佚何能轻易其词，此义馆臣岂不知？然仍效昔人改窜中秘书之故智，欲以一手而掩尽天下目者，何也？陈垣以为唯一的解释就是，四库馆臣视清朝之心实与明季抗清志士无异，不过后者阳斥之，前者阴指之而已。② 换句话说，馆臣不惜冒死也要拿掉早已明令无须避讳甚至不许避讳的字词，这一几近荒诞的行为背后，不是馆臣的过于懦弱，而正是其思想深处的铮铮反骨。这种行事与意图的背反现象，在陈垣写于战前的史学文字中很少出现，而在《辑本发覆》之后的史著中比比皆是，这说明陈垣对于新史学重事不重人、要把思想从历史中驱赶出去的取向，做了有意识的反思与调整。陈垣在北平沦陷时期的研究对象，由历史文献而宗教人物，最后聚焦在胡三省的思想上，绝不是偶然的。

如果说《旧五代史辑本发覆》让陈垣注意到历史事件的背后有着更为本质的历史事实——思想意图，那么《南宋初河北新道教考》的写作过程，则让他不再执着于靠对历史文献的竭泽而渔就能求得绝对的历史真相的观念。在陈垣写于沦陷时期的史学著作中，《南宋初河北新道教考》是最受争议的一部。争议的焦点在于，身在少数民族统治下的全真、太一、

---

① 袁一丹：《史学的伦理承担——沦陷时期陈垣著述中的"表微"机制》，《中华文史论丛》2013年第2期。
② 陈垣：《旧五代史辑本发覆·论》，吴泽主编《陈垣史学论著选》，上海人民出版社，1981，第426~427页。

大道三教是否真能奉宋为正朔，抑或只是陈垣的一种"书法"？① 就三教在金元间的流行情况看，则亦有依附时君、窃取荣华、妖言惑众、邪法欺世的情况，与一般之教门会党并无不同，何"新"之有？② "遗民""逸民""隐修会"是否合乎王重阳及早期全真教的实际情况，抑或只是陈垣一厢情愿的看法？③ 所有争议归结为一点，即陈垣对三教文献的搜集与使用是否真正做到竭泽而渔、巨细靡遗，还是有选择地使用、强史料以就我？事实上，正如质疑者也已注意到的，《道教考》是陈垣于沦陷时期在史料运用方面最牵强也最纠结的一部书，他既拿不出足够有效的文献证据以支持自己所坚信的三道教形象，又不愿把一些明显不利于这种形象的文献证据全部展示给读者，但又知道这样做等于有意隐匿证据，是科学研究的大忌，故而行文时有以推论代考证、前后语意矛盾之处。④ 但若就此认定陈垣有"制造历史"之嫌，似又言之过甚。问题的关键在于，在此时的陈垣看来证据并不都能从文献或字面意义中求得，所谓"毋信人之言，人实诳汝"⑤，书面记载的种种事相背后有着更为复杂也更本质的思想语境，历史的思想源头不是用竭泽而渔的方法就可以追寻的，但可以体会、可以感通，用陈寅恪的话说就是设身处地重演古人的思境。以陈垣当时的现实处境而言，他不用"神游冥想"即可与创教之古人达到同一境界。辅仁大学依托罗马教廷和德国的背景，在华北沦陷区承担着收拾人心、"用夏变夷"的文化使命，成为不愿就读或执教于日伪高校的文化遗民托庇之渊薮，身为校长的陈垣虽然在学术文字中严守民族大义，却也不得不为日常校务而忍耻含垢地与各种日伪机关周旋敷衍，有时还要以校长身份签收后者强制配给的救济粮与补助金，难免会在各机关的档案中留下相应的书面证据。⑥ 如果就此认定辅仁大学与一般日伪高校并无不同，陈垣与钱稻孙并无不

---

① 孙楷第：《评〈南宋初河北新道教考〉》，《益世报·图书周刊》1947年2月15日第7期。萧启庆：《推陈出新的史学家陈垣》，《新史学》2005年9月第3期。
② 曾觉之：《评〈南宋初河北新道教考〉》，《汉学》1944年第1辑。杨讷：《早期全真道与方技的关系及其他》，杨讷《元史论集》，国家图书馆出版社，2012，第324~364页。
③ 杨讷：《早期全真道与方技的关系及其他》，杨讷《元史论集》，第369~376页。
④ 杨讷：《早期全真道与方技的关系及其他》，杨讷《元史论集》，第375~376、381~383页。
⑤ 陈垣：《史源学实习·课程说明》，《陈垣全集》第22册，第432页。
⑥ 《冈村军司令官三十二年度夏历岁末赠送国立及直辖各校院馆所并京津私立大学学院奖学金分配清单及辅仁大学申领函》，北京市档案馆藏，档案号：J218-001-00033。习贤德：《北平辅仁大学札记》，台湾辅仁大学出版社，2004，第89页。

同，陈垣当然不会同意，因为委曲求全的背后实有绝大的不得已在。那么，对金元三道教在文献中的一些负面形象，是否也当超越迹象做慎重的语境分析呢？显然，陈垣已经认识到，光把材料整理好，事实未必明了，而如果对材料之外一点也不越出去说，则在材料之内也很难发见无遗。

事实不易知，文献不足恃，这已置几乎要和科学画等号的考证于十分难堪的境地。此时，如果再把研究对象换成不是仅靠经验性研究就能把握，又基本没有直接史料可以依据的思想本身，考证的施用范围就真的逼近极限了。那么，是否这样就可以不要考证、抛开文献了呢？1940年8月，陈垣接到傅斯年寄赠的《性命古训辨证》一部二册，读后深为老朋友能以语言学和统计学方法解决思想史问题所折服。① 与此同时，他在研究明季滇黔佛教藏经之遍布及僧徒撰述的过程中，也得出一个极重要的结论，即"明季心学盛而考证兴，宗门昌而义学起，人皆知空言面壁，不立语文，不足以相慑也，故儒释之学，同时丕变，问学与德性并重，相反而实相成焉"②。可见他已意识到，思想若不经实证，等于游谈无根，"说空话无意思"；而考证若不达思想的深度，也只是"编辑史料"，得不出真正的历史事实。"考证为史学之门，不由考证入者，其史学每不可信，彼毕生盘旋于门，以为尽史学之能事者固非，不由其门而入者亦非"③，此之谓也。《通鉴胡注表微》正是在尝试一种能够沟通有思想的考证和有实证的思想的历史解释模式。所谓有思想的考证，正如陈垣为《胡注》表微，完全出于一种现实政治关怀而非单纯的学术兴趣，所以他确信，胡三省为《通鉴》作注这一行为的背后，也有着绝不似其表面看来那么学术的思想语境，那就是胡三省对自身所处时代的各种政治社会议题的实际介入。基于这种认识，史家应该明确自己的任务是在仔细爬梳与胡三省同时代的各种政治社会事件及意识形态论争之后，使胡注潜在的话语对象浮现出来，以此来理解胡三省对其所处时代的政治实践意图，这就是有实证的思想。如《通鉴》卷四，周郝王二十三年，楚襄王迎妇于秦。胡注曰：谓楚襄王父死于秦，是仇雠之国也。表微曰：此有憾于宋高宗之忘雠也。宋高宗父死于金，忍耻而与之和。④《通鉴》卷四九，汉安帝永初二年，邓骘西征还

---

① 陈垣：《致陈乐素函》（1940年8月14、16日），《陈垣来往书信集》（增订本），第1118页。
② 陈垣：《明季滇黔佛教考》，《陈垣全集》第18册，第81页。
③ 陈垣：《通鉴胡注表微·考证篇第六》，《辅仁学志》1945年12月第1、2合期。
④ 陈垣：《通鉴胡注表微·解释篇第四》，《陈垣全集》第21册，第55页。

师，拜大将军，光震都鄙。胡注曰：无功而还，当引罪自贬以谢天下。据势持权，冒受荣宠，于心安乎？表微曰：此盖为贾似道言之。开庆元年，忽必烈围鄂州，似道督师汉阳，大败，乃遣人议岁币称臣。会元宪宗殂，元兵拔砦而北，遂上表以诸路大捷、江汉肃清闻，帝谓其有再造之功也。①《通鉴》卷二八八，后汉隐帝乾祐二年，史德珫虽将家子，亦爱护士流。胡注曰：五季自梁以来，虽皆右武之时，而诸州取解、礼部试进士，未尝废。表微曰：此有感元初士流之贱。凡淮蜀士被俘者，皆没为奴，不如五季武夫，犹知爱护也。②《表微》所找出的这些史事是否为胡三省所亲历，甚至是否当其作《鉴注》时所能想到，这是无从考证的。重要的是，它们既可以用来理解《胡注》的思想语境，也只有放在《胡注》的思想语境中才能被真正理解，其与《胡注》内在思想上的契合尤甚于外表行迹上的契合。史事为一时之陈迹，思想则无间古今，永远流淌于民族血脉之中，"以意言之，不专恃考证，所以能成一家之言"③，此陈垣自道也。

四　结语

作为沦陷期史学的收官之作，《通鉴胡注表微》可以看作陈垣对自己毕生从事的考证史学的总评估，考证在思想面前的力不从心，让陈垣意识到"科学方法"的局限性和多义性。因为人的情感和价值是无法通过推导、演算做精确、客观的量化分析的，这至少提示了他，考证也只是解决史学问题的众多科学方法之一而已。及至摸索出一种语境分析的研究路径，他才意识到考证之外更有一种运用意义性理解对对象做定性分析的科学方法。如果说陈垣在战前的研究风格很接近强调在经验资料基础上运用理性方法构建实证知识的自然科学，那么他在战时的"有意义之史学"则明显体现出一种强调在意义性理解的基础上做普遍性、永恒性探求的社会科学倾向。他的研究让人看到了科学性与价值性的统一。1947年10月的《文讯》月刊第七卷第四期，发表了署名"何中"的书评《陈援庵先生与其近著》，作者认为以"宗教三书"和《通鉴胡注表微》为代表的"抗战史学"在被考据空气笼罩已久的隔离现实的史学界，举起了新的火炬：

---

① 陈垣：《通鉴胡注表微·评论篇第八》，《陈垣全集》第21册，第136页。
② 陈垣：《通鉴胡注表微·解释篇第四》，《陈垣全集》第21册，第75~76页。
③ 陈垣：《通鉴胡注表微·解释篇第四》，《陈垣全集》第32册，第64页。

"陈先生是由考据学向前迈进了一步,使《表微》在时代的意义上,成为一部有生命的东西。同时,他却也并没有把考据学完全抛开。所以虽有许多时论,而对于过去的史事并没有一点不忠实的地方。这一方面,使我们对这位年近七十的老学者表示深厚的敬意,又一方面则我们不得不赞叹这个面临着的时代的伟大。"①

---

① 何中:《陈援庵先生与其近著》,《文讯》月刊1947年10月第4期。

历史巨变下的陈垣与胡适

——兼论陈垣的马克思主义转向

孙贝贝

(北京师范大学历史学院,北京　100875)

摘　要:在民国时期的教育界和学术界中,陈垣与胡适都有着较高的地位和影响力,二人在工作和生活中交集颇多,在学术上亦多有切磋和相互补益,但他们在1949年前后却做出了截然不同的政治抉择。陈垣坚决地留在北平,顺应并适应潮流时势,自觉转向马克思主义,以积极主动的心态和行动迎接新时代。胡适则先是仓促离开北平,随后又受蒋介石之派赴美,争取美国朝野对蒋介石和国民党政权的支持。陈垣以公开信的方式争取胡适的政治和思想转向,希望将来"能在一条路上相见"。遗憾的是这一愿望未能实现,只能与其"再见"了。

关键词:陈垣　政治转向　公开信　爱国主义

20世纪的中国似大河奔流,人们在时代和革命的洪流中,鲜有置身时空背景之外者。1949年是这段历史时空的关键节点,也是中国政治走向的转折点。人不能跳出政治,学人与学术尤其如此。陈垣和胡适在1949年这一政治转型期都做出了各自的政治抉择,并分道扬镳。在解放军接管北平的百余天中,陈垣亲身感受到了"在历史上不曾有过的新的社会",并"深深的受了感动"。[①] 此后,陈垣积极学习马克思主义著作,对马克思主义有了一定的认识和了解,思想逐渐转向。陈垣与学生商量后决定给胡适

---

① 陈垣:《给胡适之一封公开信》,《人民日报》1949年5月11日。

写一封公开信，劝其正视现实，服从并服务于新政权。遗憾的是，与胡适"在一条路上相见"的愿望并未实现，陈垣只能与其"再见"了。一个作为辅仁大学校长，一个作为北京大学校长，陈垣和胡适在1949年的行动轨迹反映了不同的政治抉择。

陈垣是著名的历史学家，以往学界的相关研究主要关注陈垣的学术贡献和教育贡献，并开展了各项纪念活动，取得了丰硕的成果。① 事实上，胡适在学界的影响更巨，其与政治的关系亦更为紧密且复杂。在1949年这一时代鼎革期，陈垣的马克思主义转向是个常被忽视甚而被忽略的学术问题，② 而陈垣对胡适的争取及其背后的政治关涉更少能进入研究者的视野。学界鲜有将陈垣对胡适的积极争取视为一个独立完整的研究主题的研究成果，亦少将陈、胡二人在历史巨变中的政治抉择作横向对比，不免为一缺憾。③ 考察这一时期陈垣的马克思主义转向及其对胡适的争取活动，有助于从整体上认识和理解陈垣的人生追求，进一步深化陈垣研究。

---

① 关于陈垣的学术史研究，学界主要关注其研究方向、学术成就、学术贡献及学术意义等方面，如陈智超《陈垣——生平 学术 教育与交往》，安徽大学出版社，2010；陈其泰《陈垣先生学术成就的时代意涵》，《北京行政学院学报》2021年第4期；周少川《与时共奋：陈垣对20世纪中国史学的贡献与影响》，《史学史研究》2019年第2期；牛润珍《陈垣学术思想评传》，北京图书馆出版社，1999；周少川、郭林《开辟20世纪中国宗教史研究的道路——论陈垣的宗教史研究与宗教史观》，《历史教学》2018年第8期；徐国利《20世纪上半叶陈垣论中国传统史学》，《史学史研究》2018年第4期等。陈垣以下三代从史，陈垣的家庭教育也是学界关注的重点，如曾庆瑛《陈垣和家人——新会陈氏三代史家》，北京师范大学出版社，2010；张蓉芳《陈垣与陈乐素父子的学术传承：读陈垣致陈乐素书信集》，《学术研究》2005年第2期；马小能《陈垣的家庭教育思想》，《河南图书馆学刊》2019年第6期。纪念和回忆文著则更为丰富，如陈智超《励耘书屋问学记 史学家陈垣的治学》（增订本），三联书店，2006；陈智超《纪念陈垣诞辰百周年史学论文集》，北京师范大学出版社，1981；刘乃和《励耘承学录》，北京师范大学出版社，1992；刘贤《学术与信仰——宗教史家陈垣研究》，中国社会科学出版社，2013。

② 目前学界对这一问题尚未涉足，材料缺乏是其中非常关键的因素，尽管《陈垣全集》《陈垣来往书信集》《陈垣年谱配图长编》等已出版，但少有他个人性的材料，很难找出其转向的路径，只能从若干篇纪念性文章中爬梳转向的痕迹。

③ 有学者探究了陈垣与胡适在学术研究上的若干分歧，如葛兆光《"聊为友谊的比赛"——从陈垣与胡适的争论说到早期中国佛教史研究的现代典范》，《历史研究》2013年第1期。有学者在论述中共对胡适的积极争取时略有述及陈垣对胡适的争取，如杨金荣《论1940—50年代中共对胡适的积极争取》，《江苏社会科学》2003年第3期；沈卫威《胡适弃校南下与平津学人去留》，《新文学史料》2017年第1期。邓瑞全《关于〈给胡适之先生一封公开信〉》（《文献》1999年第2期）对公开信的前前后后做了较为详细的阐述。

一　北平解放前后的陈垣与胡适

1949年国民党政权在大陆的垮台和中华人民共和国的建立，是20世纪中国最重要的政治事件。在这一历史转型时期，与政治若即若离的学人的政治抉择和去留反映了时代发展的潮流和趋势。陈垣在做出迎接新政权的决定中并无过多的纠结和顾虑，他对国民党政权的不满随着战后国民党集团倒行逆施的加剧而日益加深，与此同时他开始接触马克思主义。1948年8月，陈垣在学生刘乃和、刘乃崇姐弟家中"看到解放区传来的进步民主报刊、书籍，读到了《新民主主义论》"，[1] 初步接触了马克思主义论著。

相形之下，胡适则从情感和行动上更加接近国民党政权。如季羡林所言，胡适在政治上"有时想下水，但又怕湿了衣裳"。[2] 1948年11月22日，陶希圣奉蒋介石之命拜访胡适，邀请其南下职掌行政院。胡适答复"没有力量接受这个使命"，理由之一是"现在满地书籍，都没有收拾，我根本不能动，我一动，学校里人心就散！"又表示"可以做总统，但不能做行政院长"，[3] 这种牵强的理由和模棱两可的态度，本身就意味着胡适与国民党政权剪不断理还乱的关系。应是心有所动，数日后胡适与郑天挺商及组阁事，且有组阁建议和阁员名单。[4] 由此可见胡适的政治态度，亦不难预见其随后的政治抉择。

1948年11月底，朱家骅、傅斯年、陈雪屏等人紧急拟定平津学人的抢运计划。事实上，不少学人已在心中做好去留的决定了。胡适虽拒绝了国民政府行政权职务，但并非拒绝南下。某日季羡林正在胡适办公室，有人进来告诉胡适，解放区的广播电台劝说胡适脱离蒋介石集团，允其继续做北京大学校长，并可兼任北平图书馆馆长。据季羡林观察，言者意在劝胡适留下，但胡适"既不激动，也不愉快，而是异常的平静，只微笑着说了一句：'他们要我吗？'"胡适简短的答复恰恰道出了"胸有成竹，要跟

---

[1] 刘乃和：《励耘承学录》，第68页。
[2] 欧阳哲生选编《追忆胡适》，社会科学文献出版社，2000，第7页。
[3] 陶希圣：《关于敦请胡先生出任行政院长及其他》，（台湾）《传记文学》1976年第28卷第5期。
[4] 曹伯言整理《胡适日记全编》第7册，安徽教育出版社，2001，第725~726页。

国民党逃跑"的心声。① 1948年12月13日，陈雪屏飞赴北平劝说陈垣、胡适等南下。陈垣未置可否，事实上未置可否的态度正可看出其亦"胸有成竹"要留下了。当晚，胡适在被电话打扰六次之多后终于完成一封致陈垣的论学信，此信成为此后陈垣致胡适公开信，劝其脱离国民党政权的一个突破口。

1948年12月14日，陈雪屏在南京连续打电话、发电报催促胡适南下，望其"即日登程，万勿迟疑"，并要其劝说陈垣、陈寅恪等教授一同南下。陈垣拒绝了胡适的邀请，未与胡适、陈寅恪等同行南下。② 12月16日，傅斯年、陈雪屏和朱家骅等又开列两份抢运名单给郑天挺，陈垣均名列其中。此时陈垣的政治态度已较为明了且为当局所知，因此抢运名单中，在陈垣名字后面赘有"不走"字样。③ 12月17日是胡适生日，蒋介石设晚宴招待胡适夫妇为其祝寿，颇令胡适"受宠若惊"。享受类似"殊荣"的还有陈垣。

就在胡适生日当天，蒋介石致电傅作义，要其设法将教育行政负责人、因政治关系必须离开者、中央研究院院士、自愿南下的知名学者等四类人员"分别疏导，即日南移"。④ 作为辅仁大学校长和中央研究院院士，又是知名学者，陈垣再次"榜上有名"。陈垣已有决定，再次婉拒了国民党的"抢运"。国民党当局通过陈垣的学生余逊劝说，陈垣仍不为所动，不愿意南下追随国民党政权。⑤ 抗战胜利后陈垣对国民党政权越发失望，自不愿为其殉葬。更重要的是，共产党的威信很高，"很多知识分子很想了解共产党，了解马克思主义是怎么回事"。⑥ 陈垣在北平学术界有巨大的影响力，他的去留会影响一批尚在徘徊犹疑的学者。与此同时，陈垣周围的进步师生积极劝说陈垣留下，并向其介绍中国共产党的各项政策和主张。陈垣一生追求进步，这次他又站在了青年一边，等待中国共产党的到来。

胡适与陈垣渐行渐远。胡适曾嘲弄自己跟随国民党政权到南京作"逃兵"，当"难民"。一日胡颂平去看望胡适，言谈中婉劝胡适"到外国去替

---

① 欧阳哲生选编《追忆胡适》，第6~7页。
② 邓广铭长期在胡适身边工作。据其回忆，胡适曾约陈垣一起离开，被后者拒绝。
③ 沈卫威：《胡适弃校南下与平津学人去留》，《新文学史料》2017年第1期。
④ 《蒋中正致傅作义电》1948年12月17日，台北"国史馆"，典藏号：002-090300-1972-013。
⑤ 邓瑞全指出，陈垣认为"不可能有比国民党更腐败的政权了，这是他不接受胡适劝说的主要原因"。参见邓瑞全《关于〈给胡适之先生一封公开信〉》，《文献》1999年第2期。
⑥ 王维江：《"不是治学方法问题"——蔡美彪访谈》，《史林》2013年增刊。

政府做些外援的工作，还是可以救国的"，胡适未置可否。① 此后，胡适与司徒雷登晤面时曾"老泪纵横地表示其遗憾"，表示"如还有任何事他能做而能挽救中国，他一定去做"。② 以上言谈并非无的放矢，此时国民党政权挽救其败亡命运的唯一指望就是美国。1949年1月8日，蒋介石劝说胡适赴美，表示不强求其肩负争取美援等使命，或担负驻美大使等行政职务，只要其"出去看看"。③ 不难设想，胡适"一定去做"这个赴美的事。

在北平的陈垣也在努力为国家做事，区别在于他所理解的国家概念与胡适不同。同是1949年1月8日，国民党再次派员催促陈垣乘机南下，陈垣一早即离家"以避风头"，直到晚间才归。④ 陈垣在致陈约的家书中说，他数次婉谢国民党当局的飞机，实"因无走之必要也"。⑤ 陈垣在政治上无党无派，不论是对国民党还是对共产党本无情感上的偏爱和厌恶。但是国民党政权的腐败几已耗尽国人的政治情感，陈垣对国民党政权的厌恶日深一日，在其败亡之际实无必要也无义务与其捆绑：既没有同国民党一同误国害国，又何必与国民党一同担负误国害国的罪责？况且北平城内形势稳定，人心并不惶惶，与多数民众一样，陈垣满心期待，等待共产党的到来。1949年1月31日，陈垣与学生柴德赓、刘乃和等一起上街欢迎解放军入城，"这时思想准备就比较成熟了"。⑥ 同日，胡适取得出国护照和签证。

1949年1月21日，即蒋介石下野的当日，胡适送其夫人赴台湾；1月27日，胡适得知自己被列入与"战犯"相当的"重要的战争鼓吹者"行列。⑦ 人不能逃避政治，逃避只会加速其没落。陈垣拒绝国民党的抢运却迎接解放军入城，就是其拥护新政权的表示。然仅此尚嫌欠缺。从解放区来的一些知识分子对陈垣颇有微词，认为他"是典型的旧式学人，思想落后，和胡适关系不清"，且辅仁大学是教会学校，"有帝国主义背景"。陈

---

① 胡颂平：《胡适之先生年谱长编初稿》第6册，台北联经事业出版公司，1984，第2065页。
② 邵玉铭：《二十世纪中国知识分子对国家功劳的检讨》，《联合报》1982年7月22日，第二版。
③ 曹伯言整理《胡适日记全编》第7册，第731、732页。
④ 纪念陈垣校长诞生110周年筹委会编《纪念陈垣校长诞生110周年学术论文集》，北京师范大学出版社，1990，第356页。刘乃和《励耘承学录》，第68页。
⑤ 陈智超编《陈垣来往书信集》（增订本），三联书店，2010，第1077页。
⑥ 柴德赓：《我的老师陈垣先生》，《文献》1980年第2期。
⑦ 马克锋：《也论胡适"战犯"头衔的由来》，《中共党史研究》2014年第10期。

垣周围的进步师生劝陈垣"应立即有所表示"。① 以陈垣的学术地位和学术影响，应该有较为明确的政治态度，其言行举止所表达的政治意涵对于新政权亦有重要意义。

1949年2月18日，辅仁大学进行校务改组。陈垣领导辅仁大学积极配合，全力支持，指出"这个时代是伟大的时代，和以前大大的不同了，我们应该毫不犹豫地努力"，他虽年届七十，"问道晚矣"，但仍下决心"一定努力跟上去"。② 2月20日，陈垣在学校全体教职员学生会上检讨自己"过去所扮演的是一个封建残余的角色"，立志"从新学习"。③ 差不多同时，胡适再次拒绝了国民党当局要其担任驻美大使的提议，表示"个人说话较自由，于国家或更有益"。④ 确如其言，胡适在美国社会有较高的声誉，甚至有美媒曾夸赞胡适所到之处都能为中国政府赢得支持。此时的蒋介石和国民党政权亟须胡适赴美为其撑面子，获取美国的同情和支助。胡适认为，以个人身份活动自可为国民党政权增添一分力量，如受其官衔将成为政府的尾巴，恐怕适得其反。胡适在政治旋涡中越陷越深，尽一己之力以挽救国民党政权。

1949年3月14日，陈垣在给陈约的家书中坦陈："余近日思想剧变，颇觉从前枉用心力。从前囿于环境，所有环境以外之书不观，所得消息，都是耳食，而非目击。直至新局面来临，得阅各种书报，始恍然觉悟前者之被蒙蔽。世界已前进，我犹故步自封，固然因为朋友少，无人提醒，亦因为自己天份低，没有跳出，遂尔落后，愿中年人毋蹈予覆辙，及早觉悟（港得书似较易），急起直追，毋坐井观天，以为天只是如此，则大上当也。"⑤ 当日，陈垣再致香港友人一信，认为"世界大势所趋，必然做到，早晚而已。已颓败之势，无可挽回。学术思想，应从新生的路上走，余甚悔往日之懵然妄觉也"。⑥ 陈垣的思想转变亦体现在行动中，"书桌上总有一柄放大镜，一本展卷的新书，学习毛泽东著作，每自谦曰：'政治补课'"。⑦

---

① 邓瑞全：《关于〈给胡适之先生一封公开信〉》，《文献》1999年第2期。
② 《新民报》1949年2月19日。
③ 《辅仁大学校长立誓做新人》，《华商报》1949年2月21日。
④ 曹伯言整理《胡适日记全编》第7册，第743页。
⑤ 陈智超编《陈垣来往书信集》（增订本），第1078页。
⑥ 陈智超编《陈垣来往书信集》（增订本），第716页。
⑦ 纪念陈垣校长诞生110周年筹委会编《纪念陈垣校长诞生110周年学术论文集》，北京师范大学出版社，1990，第326页。

陈垣不仅在思想上有了巨大的转变和进步,还鼓励青年学生追求进步。1949年3月20日,在考取华北革命大学和南下工作团的欢送大会上,陈垣勉励学生,无论是"得到革命的培养和深造"的学习,还是"为人民服务"的工作,都要"为解放全中国而效力,或作改革及建设新中国的准备"。[1] 其间,陈垣积极而主动、自觉而真诚地转向马克思主义。与此同时,陈垣的老朋友胡适则赴台湾安置家属,并在台演讲,反复阐述其"自由主义"理念,声言"今天已经到了一个危险的时代,已经到了'自由'与'不自由'的斗争,'容忍'与'不容忍'的斗争",呼吁为自由而努力。[2] 昔日的朋友如今在各自选择或坚守的政治道路上各尽心力,二人之间的政治距离亦越来越远。

二 陈垣致胡适的公开信

在1949年这一峰回路转的年份中,陈垣在时代大潮前站稳了脚跟,胡适则卷入政治旋涡无法自拔,二人在政治观点和行动上越离越远。陈垣是胡适的好友,又是胡适离开北平前最后一位接到其论学信者。二人最后的交集便是以信函的形式呈现并终结。胡适的论学信、陈垣的公开信以及胡适的跋公开信,是二人在1949年截然不同的政治抉择和政治活动的显著注脚。

事情还要从陈垣致胡适公开信的起因说起。陈垣一生追求进步,教书育人,孜孜不倦,对进步师生亦爱护有加,这些进步师生亦深深地影响了陈垣,尤其体现于1949年历史转型期陈垣的马克思主义转向。在柴德赓、刘乃和、刘乃崇等人的影响下,陈垣接触到马克思主义理论,这令他耳目一新,他反复钻研,其书架上"增添了大量马列主义理论书籍",经常"拿着放大镜,一篇一篇,一本一本,认真地阅读、学习",还把《毛泽东选集》"请学校印刷厂改分六册小本平装,轻便易读",以便随时翻阅。[3] 陈垣对新知识和新思想的态度由此可见。

范文澜是陈垣公开信的见证者之一,也是早年受陈垣保护者之一。陈垣和范文澜的交情可追溯到20世纪30年代。1931年范文澜结识陈垣,并

---

[1] 陈智超主编《陈垣全集》第二十二册,安徽大学出版社,2009,第580、593、575页。
[2] 胡适:《中国文化里的自由传统》,《台湾新生报》1949年3月28日。
[3] 《励耘书屋问学记 史学家陈垣的治学》,三联书店,1982,第167页。

在其介绍下任职于辅仁大学历史学系。后范文澜因"共党嫌疑"被国民党当局逮捕，陈垣"到宪兵队、警察局要人、立保"，范文澜"才得获救"。① 随后范文澜离开北平，辗转奔赴延安。到1949年范文澜已成为马克思主义史学家，任华北大学副校长兼历史系主任，在党内有一定的地位和影响力。范文澜回到北平时最先看望的就是陈垣，陈垣颇感快慰。刘乃崇是陈垣公开信的重要倡导者之一，他在辅仁大学读书时也受到过陈垣保护，他的姐姐刘乃和为陈垣的得意弟子。1948年秋，刘乃崇因参加进步运动而遭到国民党当局搜捕，后在柴德赓、刘乃和等人的保护下奔赴解放区。1949年2月刘乃崇返回北平后，陈垣时常向其问询解放区的情况。

1949年4月6日，胡适乘船赴美。无论是去台安置家属，还是赴美寓居，实际上都是胡适政治立场的体现；不论是在台湾发表有关自由主义的演讲，还是在赴美途中着手起草《自由中国》杂志宣言，② 本质上都是胡适以学术之名表明其一贯的政治立场，打着自由民主的口号反对共产党的革命事业。1949年4月23日，南京国民政府覆亡；4月27日胡适到达纽约，向其美国朋友表示："不管局势如何艰难，我始终是坚定的用道义支持蒋总统的。"③ 胡适先离开北平，再远赴美国，他的影响不仅限于平津地区，亦不仅限于学人。鉴于胡适在国内外的影响力，中国共产党实有必要对胡适进行争取，即便不能争取胡适的思想和政治转向，但至少可收宣传之效，部分抵消其亲蒋反共的身份象征。

陈垣则在北平看到了新社会，读到了新书，并坦诚而深刻地剖析和检讨自己。1949年4月28日，北平文管会负责人周扬、张宗麟到辅仁大学参加新校委会筹备会并指导校务工作，陈垣在会上剖析自己，"思想在这三个月内已全盘粉碎，好像西直门城根一带已拆去的房屋，但新思想尚未建立起来"。④ 刘乃和也回忆说，陈垣"如饥似渴地学习理论，并和学校师生一起，积极参加讨论，他勇于解剖自己的思想，批判错误的认识"。⑤ 其

---

① 纪念陈垣校长诞生110周年筹委会编《纪念陈垣校长诞生110周年学术论文集》，第489页。
② 胡适所拟的《〈自由中国〉的宗旨》一文，认为共产党解放的地区"没有自由"，并表示"不能坐视"。参见胡适《〈自由中国〉的宗旨》，《自由中国》1949年第一卷第一期（1949年11月20日）。
③ 胡颂平编《胡适之先生年谱长编初稿》（第六册），台湾远流出版公司，1991，第2082~2083、2092~2093页。
④ 陈智超主编《陈垣全集》第二十二册，第578~579页。
⑤ 《励耘书屋问学记 史学家陈垣的治学》，第177页。

间，陈垣把刘乃崇叫到家中，表露了近来的直观感受和想法，"愿意把所见所闻告诉那些看不到听不到的人，比如他的老朋友胡适之"。

刘乃崇提到报纸上曾刊登过一封蓝公武致胡适的公开信，陈垣表示胡适在离开北平前曾致论学信给陈垣，并将信函取出，与柴德赓、刘乃和、刘乃崇等人共同研究。陈垣同意并决定回信胡适并刊登在报纸上，"也用公开信的形式把自己所见所闻的新气象写出来"①，"借以表示同共产党合作、同国民党决裂的态度"。② 陈垣口述自己的想法，并参考和听取三人的意见，由刘乃和执笔书写，几易其稿，最后由陈垣改定。1949年4月29日公开信成稿。随后刘乃和陪同陈垣将这封信件送至范文澜处，请其提供建议并修改。无论在马克思主义理论水平，还是马克思主义学术地位，抑或对时势的认知和把握方面，范文澜都是陈垣请来把关的最佳人选。

范文澜看过陈垣致胡适的信后，认为很有现实意义，并将其送至《人民日报》编辑部，推荐刊发。《给胡适之一封公开信》刊发在5月11日的《人民日报》上。陈垣在信中指出"留在北平完全是正确的"，解放后的北平来了新的人民军队，成立了新的人民政权。在北平解放后的百余日中，陈垣切身感受到"只有在这解放区里才有真正的自由"。"作为对中国政治不断在治乱兴衰循环圈中打转的历史了如指掌的历史学家"，且有着丰富人生阅历的活动家，陈垣在古稀之年"才看到了真正人民的社会"，指出并纠正胡适"共产党来了决无自由"的错误思想。大多数青年人追随着共产党的道路，殷切等待着光明，他要留在北平与青年人一道迎接新社会。相反，曾长时期以青年人的导师甚至"为国人导师"自定位的胡适此时何以是非不分，"脱离了青年而加入反人民的集团"。在政治立场上，陈垣不认同胡适的亲蒋倾向，更不认同其"在政治上的活动"。

陈垣在公开信中表明了自己学习并诚心接受马克思主义的心路历程，接受了新思想，并从中学到了新的知识，找到了新的治学方法。学术与政治不可分割，学术研究应该为人民大众服务，胡适则"服务于反动统治政权"。南京国民政府覆亡后，胡适仍在美国为国民党集团求取美援，"做着美国帝国主义与中国的国民党反动统治政权的桥梁"。信的最后，陈垣在对胡适道别之余，以友人身份劝胡适"努力为人民大众服务，不为反人民

---

① 纪念陈垣校长诞生110周年筹委会编《纪念陈垣校长诞生110周年学术论文集》，第357页。
② 邓瑞全：《关于〈给胡适之先生一封公开信〉》，《文献》1999年第2期。

的统治阶级帮闲",期望与这位旧友"将来能在一条路上相见"。① 可惜未如所愿,陈垣和胡适自此再未能走在同一条路上,只能"再见"了。

陈垣刊发在《人民日报》上的公开信成为其1949年转向马克思主义过程中的重要事件和关键节点,公开信"准确地反映了他当时对新社会的看法"。② 有论者指出,这封公开信"是共产党对胡适的又一次争取",③其分析依据是,由中共中央机关报刊发公开信的意义远超出二人之间普通的信函往来,质言之,如果仅是一般的回信,陈垣自不必选择在报纸上公开,更不必刊登在中共中央机关报上。当然,能否刊登在中共中央机关报上并非陈垣所能决定,陈垣决定给胡适写公开信自是基于其政治考量。④公开信最终能刊登在中共中央机关报上,本身就是一项政治决定,必然有其政治意义。不久,《进步日报》《新民报》《华商报》《华侨日报》《远东通讯》等先后转载陈垣致胡适的公开信,在海内外知识界产生很大影响。

公开信的执笔者刘乃和认为,这封公开信无论是对她本人还是对其师陈垣都非常重要,"希望人们能够充分认识这篇文章的时代价值"。⑤陈垣和胡适此间的政治行为和思想走向,对知识分子的抉择和走向确实具有一定程度的代表性,同时,二人的行为和走向亦对此间国共两党的政治决策有一定程度的影响。因此有的报纸在转载公开信之时还刊发社论,将知识分子的政治抉择归为陈垣之路或胡适之路,上升到了学术与政治道路的高度。⑥ 陈垣和胡适被赋予了更多的政治意义,成为两条道路的代表,知识分子但不仅限于知识分子必须在国共两党之间做出抉择。陈垣和胡适被视为两条道路的代表,而在陈垣表明了自己的态度后,胡适一时间竟无从"应对"。

---

① 陈垣:《给胡适之一封公开信》,《人民日报》1949年5月11日。
② 纪念陈垣校长诞生110周年筹委会编《纪念陈垣校长诞生110周年学术论文集》,第357页。
③ 杨金荣:《论1940—50年代中共对胡适的积极争取》,《江苏社会科学》2003年第3期。
④ 蔡美彪曾认为,这封公开信的决定和出炉与陈垣的政治敏感度有一定的关系。事实上政治上的敏感度无可讳言,每个人对政治都有基本认知、价值评判和情感倾向。见王维江《"不是治学方法问题"——蔡美彪访谈》,《史林》2013年增刊。
⑤ 邓瑞全:《关于〈给胡适之先生一封公开信〉》,《文献》1999年第2期。
⑥ 刘乃和:《历史文献研究论丛》,广西师范大学出版社,1998,第237页。

三 胡适跋陈垣的公开信

胡适与陈垣的学术地位以及他们在学界的影响力不相上下，二人在学术上往来和切磋颇多。二人尽管都属于无党派学界精英，亦都曾积极参与政治，但二人在政治上并无过多交集，陈垣的政治经历在民国初年北京政府时期，胡适的政治经历在国民党政府时期，后又都尽力避免参与政治而专心于学术。但回避政治并不能摆脱政治，学术研究亦有其政治立场和政治倾向。在1949年这一崭新的时代和潮流面前，整个社会注定要进行一次地震般的分化与聚合，陈胡二人的选择和走向不仅是个体事件，因为多数个体都不可避免地与政治粘连在一起，其行止必然有着深厚的政治意涵和政治影响。

胡适赴美自是为蒋介石和国民党政权争取美援。[①] 用陈垣的话说，南京已解放，全国解放为期不远，中国革命的胜利近在咫尺，胡适"还在做着美国帝国主义与中国的国民党反动统治政权的桥梁"，看不出"中国的应走道路"。[②] 中共中央亦密切关注着胡适在美的动向。处在鼎革年代，重要的是要认清潮流和方向，审时度势而定行止。在历史大潮的激荡下，顺应潮流和时势抑或悖逆潮流和形势，是影响甚至决定人物命运的关键，以此比对陈垣与胡适的行止则至为恰当。对具体人物或具体事件的探究，需要将其置于宽广的背景下考察，梳理胡适的行止，更有助于理解陈垣公开信的意义及其政治意涵。

胡适奉蒋介石之命赴美，又对美国友人表示支持蒋介石，在美活动甚是频繁，其被国民党集团赋予的政治使命和象征意义越发重大。1949年5月11日，即陈垣公开指出胡适充当国民党集团和美国桥梁的当日，胡适致函蒋介石，向其建议在美活动的方法和策略。[③] 5月28日蒋介石复函胡适，指示现时对美外交之重点，以阻止美国行政当局承认中共新政权为第一要务，并协助"驻美大使"顾维钧开展各项活动。胡适因其政治立场、思想

---

① 1952年，在《自由中国》杂志创刊三周年纪念会上，胡适在致辞中直言"是奉派出国的"。参见《〈自由中国〉杂志三周年纪念会上致词》，《自由中国》1952年第七卷第十二期（1952年12月16日）。
② 《给胡适之一封公开信》，《人民日报》1949年5月11日。
③ 《胡适致蒋中正电》，1949年5月11日，台北"国史馆"，典藏号：002-020400-00028-113。

倾向、个人声望和社会影响力而被国民党当局视为重要棋子。

1949年6月初，败退到广州的国民党政府由阎锡山"组阁"，在事先未与当事人商议的情况下，阎锡山"徒凭主观"而拟定其"内阁"成员名单，胡适被定为"外交部长"。以蒋介石对胡适之了解，其必坚辞。为防此一后果，蒋介石于6月8日致电胡适，要其"为国家与政局促成阎内阁早日成立计"而接受任命，最低限度亦"须请勿表示决辞，而容予考虑为荷"。① 有一家美国新闻报道说，胡适是"国民党政府的顾问"，接受"外交部长"一职"对中国来说是件好事"。宋子文、蒋廷黻、顾维钧等亦极力说服胡适接受任命，"出来领导救国的事业"。② 胡适的确没有辜负蒋介石，未立即表示拒绝接受任命或辞职。6月17日，宋子文向蒋介石建议胡适职掌"行政院"，以博取美国好感，并预料，"现在国难日深，彼必不惜羽毛"。③

阎锡山"内阁"开始运转后，6月20日，胡适回电阎锡山请辞，表示一接到任命消息即复发心脏病，"实无能力担任此职"，而其在美"努力为国家辩冤白谤，私人地位，实更有力量"，并说明"今日恳辞，非为私也"。④ 蒋介石仍竭力拉拢胡适，并对此抱一丝希望，其依据是"最近接其函电，皆甚积极，似有入阁之可能"，要阎锡山"不许其辞职"，⑤ 阎锡山遵蒋之命不许胡适辞职。胡适既不愿掌外交，自更不会接受"行政院长"一职，于是向蒋介石表示从未赞成亦决不赞成宋子文所提建议。

国民党的败局已无法扭转，美国行政当局的态度已不可改变，有感于"处处碰壁""局势太大"而有心无力，7月16日，胡适通知"驻美大使馆"，"取消一切约会，不接见任何政府或国会的领袖"，以替国民党政权保留一些"尊严"和"人格"。后来胡适回忆说，1949年正是其"心系"的中华民国"倒楣的时候"，他"充满了悲痛的心情"，总是感到"抬不起头，说不出话"。他曾对家人说，"不要以为胡适之在吃自己的饭"，当国民党政权在大陆败亡之际，"青山不在的时候，就是吃自己的饭，说自

---

① 《蒋中正致胡适电》，1949年6月8日，台北："国史馆"，典藏号：002-020400-00028-133。
② 曹伯言整理《胡适日记全编》第7册，第774、775页。
③ 《宋子文致蒋中正电》，1949年6月17日，台北："国史馆"，典藏号：002-020400-00031-058。
④ 胡颂平编《胡适之先生年谱长编初稿》，第2095~2096页。
⑤ 《蒋中正致阎锡山电》，1949年6月20日，台北："国史馆"，典藏号：002-020400-00031-062。

己的话，都不是容易的事情"。① 正所谓皮之不存，毛将焉附。

胡适决定先接受国民党政府的任命，然后请辞。陈垣出于旧友情谊，以政治表态的方式回复胡适的论学信，于公于私，胡适都要面对并做出回应。只是从时间上看，胡适知悉并回应公开信的时间较为滞后。1949年6月15日，胡适读到一个月前香港《大公报》的一份社评，评论北平解放前国民党当局的学人抢运活动，"这一段时间，可真使得有些坚贞不拔的先生们，用尽了抵抗的精神，才能在这文化的古城中，屹立不倒，以等候光明的到来"。北平解放后，北平教育学术界呈现出一片"新气象"，新中国的教育迈上了"新途径"。② 胡适当日日记中仅附此则剪报，对其内容未予置评，想必内心应是五味杂陈。

然读到陈垣的公开信后，胡适在日记中留下了颇为"不快"的文字。1949年6月18日晚，胡适读到友人送来的英译《陈垣给胡适的公开信》，判断此信"大概真是他写的"而"决非伪作的"，认为"此公老了"。这种"不快"应持续颇久，胡适此后数日一直对此信耿耿于怀。6月20日，胡适又细读了一遍公开信，"更信此信不是伪造的"，甚感"可怜"；6月21日，读到公开信的中文本，胡适再次确信"此信不是假的"；6月24日再"细想"，认为"陈垣先生大概不至于'学习'的那么快……作伪的人未免做的太过火了"；6月25日，胡适与蒋廷黻分析后，推论"陈援庵的公开信是他先写了一信，共产党用作底子，留下了一小部分作'幌子'，另由一个党内作者伪造其余部分"。③

总体而言，胡适认为陈垣写了公开信，但经过第三方大量的文字和内容修改；陈垣的思想有转变，但不至于这么快；胡适颇感"不快"，并对陈垣稍有微词，称其"老了""可怜"。事实上，无论是陈垣对胡适的"劝返"或"再见"，还是胡适对陈垣的"不快"和"可怜"，都是他们各自政治态度和政治立场的表征。

礼尚往来。胡适的"不快"在半年后同样以公开信的形式表达出来。胡适反复研究了陈垣的公开信，于1950年1月9日写成《跋所谓〈陈垣给胡适的一封公开信〉》。胡适在公开信的开端便以"自由"作为其回应的主旨，断言陈垣"现在已没有不说话的自由了"，从信的内容上看，"文

---

① 潘光哲主编《胡适全集：胡适时论集》第7卷，台北"中央研究院"近代史研究所，2008，第123页。
② 社评：《北平大学教育的新气象》，（香港）《大公报》1949年5月10日。
③ 曹伯言编《胡适日记全编》第7册，第777~780页。

字大致不错",可以认为是陈垣所写;从语法上看,以"陈垣先生从来不写白话文"推断,此信并非出自陈垣之手,"完全是别人假冒他的名字写的"。陈垣如能在短短数月学会运用新的语法和文字结构,他将"不得不佩服他老人家'学习'的神速了!"。综合陈垣公开信的内容、语法和主旨,胡适猜测陈垣应是"曾受命令,写一封信给我",此后信件经过中共党内熟悉党的思想路线的人之手修改,"放大许多可做宣传的材料"而成的。针对陈垣在信中提及学习新思想和治学方法等问题,胡适认为这是陈垣对其以往的检讨,是被迫"向天下人公告"。①

就两封公开信的内容而言,陈垣和胡适都用较为平缓的语气,以曾经"友人"的身份向对方的政治选择和政治处境表示"关心",并无人身的指责和轻蔑,保持了笔下的厚道和学人的斯文。实质上,两封公开信并不仅是友人间的劝导和怜悯,更是两人各自在表达自己的政治倾向和政治态度。两封公开信所表露的政治意味再明显不过。胡适回应陈垣的公开信刊登在 1949 年 12 月创于台湾的《自由中国》杂志上,意在表明"共产党统治之下决没有学术思想的自由"。② 无怪乎陈垣指陈胡适对政治抱"偏见","服务于反动政权"。此后陈垣和胡适在学术上"聊为友谊的比赛"不得不画上不尽如人意的句号,二人在政治上再无"能在一条路上相见"的将来。

国民党失尽人心,仓皇辞庙时仍在竭力挣扎,"苦了万千老百姓",绝大多数民众对中共新政权怀着美好的期待,亟望国民党能够尽快交出政权,再不愿"以我辈之生命财产尽作蒋之殉葬品"。③ 不愿与国民党捆绑并为之殉葬者不在少数。④ 与国民党政权有密切关系者,在做去或留的抉择时心里不免蒙上一层阴影。一向注意"随时调整自己与所处时代社会的位置,不愿给人以落伍的印象"的胡适却难以摆脱思想的局限,⑤ 执意要"在道义上"支持蒋介石,决心要做国民党的诤友。胡适不论在情感上多

---

① 胡适:《跋所谓〈陈垣给胡适的一封公开信〉》,《自由中国》1950 年第二卷第三期(1950 年 2 月 1 日)。
② 胡适:《跋所谓〈陈垣给胡适的一封公开信〉》,《自由中国》1950 年第二卷第三期(1950 年 2 月 1 日)。
③ 《顾颉刚日记》,中华书局,2011,第 456、462 页。
④ 胡适:《跋所谓〈陈垣给胡适的一封公开信〉》,《自由中国》1950 年第二卷第三期(1950 年 2 月 1 日)。
⑤ 罗志田:《风雨鸡鸣:变动时代的读书人》,三联书店,2019,第 146 页。

么亲近美国,① 在政治理念上多么抱定自由民主理念而坚决反对共产主义,这一切都随着国民党政权在大陆的覆亡而黯然失色。

而陈垣的马克思主义转向,则是当时知识分子转向马克思主义的典型代表之一。就时势而言,陈垣并无历史包袱,可以很从容自主地选择留下迎接新政权。然而,时势是历史的表层,只有潜到历史的深处,才能侦察到更为透彻而深刻的历史景象。

四 陈垣思想转向的精神内核

陈垣在北平解放后曾剖析自己,"思想在这三个月内已全盘粉碎,好像西直门城根一带已拆去的房屋"。② 胡适亦在公开信中不无讽刺地"佩服老人家'学习'的神速"。③ "陈援庵思想上何以会发生这样大变化?"不仅是胡适的疑惑,恐怕也是多数人的疑惑。陈垣没有记日记的习惯,其内心情感也很少外露,透过陈垣的阅历、行止、境遇及品性探究其思想上的巨变,不仅有助于加深对陈垣的了解,更有助于理解和把握其一贯的爱国主义政治品格,理解其马克思主义转向的精神内核。

激荡的时代背景和丰富的人生阅历对陈垣政治思想的发展有着不可忽视的影响。陈垣一生历经晚清、民国和新中国几个时期,这是中国大动荡和大变革的时代,陈垣则随着时代的步伐而前进,与时共奋。陈垣从其学术研究领域的历史和其亲身经历的历史中得出的认知是,"以往无论是什么政权下,只有封建的专制,或者是假的民主",而其所见、所闻、所亲身参与的政治没有一次令其满意,"没有一个政府不黑暗,不令人灰心"。北平解放后,陈垣"精心观察政府的一切措施,一切法令,真是基本上和从前不同了",不同于历史上的改朝换代和政权更替,是空前的"翻天覆地的大变革"。④

这是陈垣的肺腑之言。在这种切身感受和过往经历的鲜明对比之下,

---

① 唐德刚即指出,"适之老师言必称美国,也一辈子未改过口"。胡适在"四十岁以前是最有影响力的青年'启蒙大师'",其启蒙的方法便是"介绍美国——介绍美国的哲学思想、政治制度和生活方式"。见唐德刚《历史的"三峡"》,中国文史出版社,2020,第137页。
② 陈智超主编《陈垣全集》第二十二册,第578~579页。
③ 胡适:《跋所谓〈陈垣给胡适的一封公开信〉》,《自由中国》1950年第二卷第三期(1950年2月1日)。
④ 陈智超主编《陈垣全集》第二十三册,第582~583页。

陈垣积极主动地转向马克思主义自在情理之中。倘若质疑陈垣在大时代大潮流面前自觉转向的动机，不啻是对这位古稀老人纯粹爱国情怀的亵渎。从政治上来说，北平解放后，马克思主义的指导地位得以确立，对马克思主义的接受成为多数人的心理自觉，这种自觉也是陈垣亲眼所见和亲身经历后的自然结果，其思想"处在不断变化发展过程中，具有与时俱进的活力"。①

陈垣常说，一个人如果不与国家同休戚，活着也是没有什么价值的。② 在1949年这一历史大变革时期，陈垣自觉积极主动地投入新社会的建设之中，"以最大的力量，和政府共同努力"。③ 民心向背是衡量一个政权是否具有合法性的重要依据，当国民党政权丧尽民心时，它就已经失去其合法性了。陈垣所爱之国自非国民党统治之中华民国，而是中国共产党领导之新中国，中国共产党领导下的新中国是历史的选择和人民的选择。胡适陷入一种狭隘的爱国主义，他爱的是已被人民抛弃、被历史潮流摧垮的中华民国，自难以理解陈垣的"神速"。胡适因与国民党政权剪不断理还乱的关系，兼之对美国政治体制和自由主义理念的认同，自难理解陈垣这位老朋友的选择和转向。由此言之，胡适再难与陈垣在一条路上相见，自是学人陷入政治旋涡而不得摆脱的宿命。

"爱国是史家最大的政治和必须恪守的第一道德。"④ 陈垣对祖国的热爱是一贯的，在古稀之年，他把这份感情与对新政权的认同和拥护统一起来，积极学习新的思想和理论，自觉地参加社会政治活动，实现了学术与思想、学人与政治的契合。可以说，陈垣在1949年对马克思主义的认知和接受，是陈垣与20世纪中国政治共奋进的一道亮丽风景。陈垣是当时知识分子转向马克思主义的典型代表之一。

1949年是历史大转折的关键年份。就时代、事件、人物的变态与常态的关系而言，转型期的变态比稳定期的常态更值得思考和研究。"近代历史似大河奔流，也有峰回路转。一方面是人才辈出，一方面是人才沉落。

---

① 谢辉：《叩问思想：研究陈垣的新路向——评〈陈垣史学思想与20世纪中国史学〉》，《淮北师范大学学报》（哲学社会科学版）2021年第4期。
② 纪念陈垣校长诞生110周年筹委会编《纪念陈垣校长诞生110周年学术论文集》，第354页。
③ 陈垣：《对北平各界代表会议的感想》，《人民日报》1949年9月9日。
④ 牛润珍：《从新史学到新民族主义史学——略论宋学影响下的民国史学主流》，《史学史研究》2013年第2期。

处在这个转折年代的人物，他们迈开步伐前进，还是落在形势的后面，是评价他们的关键。"① 陈垣顺应并追赶时代的潮流，积极主动地学习新的思想和理论，适应新的政治和社会形势，顺利地实现自我转型，"由一个爱国主义者逐步转变为一个共产主义者"。② 陈垣转向马克思主义的行动轨迹和心路历程，体现了这位饱经沧桑而又对国家饱含热爱的前辈学人的爱国情操。

---

① 陈旭麓：《浮想录》，上海教育出版社，2019，第 26 页。
② 陈智超编《陈垣来往书信集·前言》（增订本）。

变与常：吕思勉与"汉族的由来"问题研究

王 传

（华东师范大学历史学系，上海 200241）

摘 要：吕思勉的所有先秦史、通史类论著与教材，都曾论及"汉族的由来"问题。他对该问题的研究，以1934年出版的《复兴高级中学教科书》为界，前后态度迥异。受清末革命党政治宣传的影响，在吕思勉早期的论著中，他完全接受汉民族"西来说"，竭力从传世文献中寻找材料，力证"西来说"。1930年代，随着中国本土考古学的发展，同时汲取西方文化人类学学科理论的最新理论知识，他开始反思、质疑、最终放弃"西来说"，而持"阙疑"的态度。吕思勉对"汉族的由来"问题的认识，本质是一个考据学问题，是其考据学理论与实践过程中的一个典型案例，呈现其在西学东渐的学术背景下，既坚守中国考据学的理论与方法，又与学俱进，将传统史学的绵密考据与域外学术最新研究成果熔为一炉的研究特色。

关键词：吕思勉 拉克伯里 西来说 考古学 文化人类学

一 "华胄从来昆仑巅"

1936年，齐思和在谈到中西文化交流时，曾有过这样一段论述：随着中西交流的增多，西方学者在无不讶异于中华文物之繁盛的同时，又断言中国文明非中国人所能自创，而实渊源于他方。于是关于汉族源于埃及、印度支那半岛、美洲大陆以及中亚的说法甚嚣尘上。① 齐氏所罗列诸多汉族的来源地,对中国学界最有影响力的则是由法裔英籍学者拉克伯里(Lacouperie)首创的中国人种"西来说"。② 早在1880年,拉氏执教于英国伦敦大学时便倡言此说。此后,拉氏将其观点写入1894年出版的《中国上古文明的西方起源》(Western Origin of the Early Chinese Civilization from 2300 B. C. to 200 A. D.)中。拉氏在书中指出:中国民族来自迦勒底(Chaldea)的巴比伦(Babylonia),古时霭南王(埃兰,Elam)廓特奈亨台(Kudurnankhundi)率巴克(Bak)民族东迁,沿塔里木河到达昆仑山脉,复出吐鲁番、哈密抵达中国西北部,循黄河而入中国;奈亨台即中国所谓的"黄帝";中国古代"百姓"为巴比伦的巴克族(Bak)"巴克"之转音,中国上古人物中的神农、仓颉等名称,无不来自巴比伦。③ 此后,英国学者鲍尔(Ball)的《中国人与苏美尔人》(Chinese and Sumerian,1913)与罗斯(John Ross)的《中国民族之来源》(The Origin of the Chinese People,1916),皆倡中国人种"西来说"。上述两书,正式出版时间虽较拉著为迟,但观其研究之端绪,与拉氏实为同期。

1900年,日本学者白河次郎、国府种德,取拉氏学说以著《支那文明史》。为证明中国文明与巴比伦文明之关系,两人专门从艺术、文字、政治制度、信仰、传说诸方面,列出巴比伦文明与中国文明雷同者多达70余条。④ 在论及汉族来源及迁移路线时,谓黄帝率其族自西方亚细亚之加尔齐亚经帕米尔东、新疆喀什到达昆仑。⑤

既往学界普遍认为,中国学界是通过译介日本学界的论著将拉氏的观点引入中国的,而实际情况较此要复杂得多。早在1893年,上海的《北华捷报》便刊出《中华民族的起源》(The Origin Of The Chinese Race),文章认为中国人的祖先源于中亚的巴克特里亚(Bactria),或者是幼发拉底河、底格里斯河流域的巴比伦。⑥ 虽然该文没有标明署名作者及其观点的

---

① 齐思和:《读〈禹贡雍州规制要指〉》,《禹贡》1936年第4卷第10期,第14页。
② 罗罗:《中华民族起源考》,《东方杂志》1919年16卷第3期,第17、18页。
③ 缪凤林:《中国民族西来辨》,《学衡》1925年第37期,第2、3页;方豪:《中西交通史》,上海人民出版社,2008,第22页。
④ 缪凤林:《中国民族西来辨》,《学衡》1925年第37期,第3页。
⑤ 〔日〕白河次郎、国府种德:《支那文明史》,竞化书局译,竞化书局,1903,第3、23页。
⑥ "The Origin Of The Chinese Race", *The North-China Herald and Supreme Court & Consular Gazette*, Mar., 10, 1893, pp. 331-332.

来源，但观其内容、论点则与上述"西来说"的倡导者完全相同。再如，晚清学者宋恕在1895年完稿的《六字课斋津谈·史类第四》中便已介绍过"西来说"。他在书中指出，西方人认为文字始于亚洲之非尼西人，而巴比伦字最类似中国字，《易》之"乾、坤"为巴比伦"天、地"的土音，《尔雅》中所载干支等别名，亦疑由巴比伦传入。① 由此看来，日本学界的论著显非此说传入中国的唯一来源，其极可能晚于来自西方学界的直接输入。只不过，"西来说"由西方直接传至中国，并未引起国人的广泛注意。真正对中国学界造成学术影响的"西来说"，应来自彼时旅日中国学人的转介。

1901年，梁启超在日本发表《中国史叙论》，他在文中描述"汉种"由来时称："黄帝起于昆仑之墟，即自帕米尔高原东行而入于中国。栖于黄河沿岸，次第蕃殖于四方。"② 1903年，上海会文学社、竞化书局以及东京的东新译社将《支那文明史》翻译成中文。自此之后，"西来说"在中国知识界产生了巨大反响，附和者甚众。如章太炎在《序种姓》中，运用其擅长的文字音韵学方法，欲进一步证明拉氏的学说，称黄帝自巴比伦经帕米尔高原至昆仑。③

最早全面介绍拉氏学术观点的是蒋智由（观云）。1903年，他在梁启超主编的《新民丛报》上连载《中国人种考》，蒋著的主旨在于"证明拉克伯里之说"，④ 其在第二部分"中国人种西来之说"中指出，拉氏关于中国民族从亚洲西部迁移而来的观点"崭新而惊辟"，并进而考证黄帝率巴克族自底格里斯河东迁，途径喀什噶尔（即疏勒），沿塔里木河到达昆仑山脉之东方。⑤ 1906年蒋氏将其在《新民丛报》上所发表的七篇文章结集为《中国人种考》公开出版。该书因"叙汉族东渐之经过，旁征曲引，索隐稽微，为古史辟新封，对旧谳作平反"，甫经出版，便风靡学界。⑥

据缪凤林观察，"西来说"传至中国后，"中土学者，骇其说之新奇，先后从风"，国内学界"一般讲述历史、编撰地理者，大率奉为圭臬，间

---

① 胡珠生编《宋恕集》，中华书局，1993，第57页。
② 梁启超：《中国史叙论》，《清议报》1901年第90期，第4页。
③ 章太炎：《訄书》，翔鸾社，1906，第41页。
④ 缪凤林：《中国民族西来辨》，《学衡》1925年第37期，第3页。
⑤ 观云（蒋智由）：《中国人种考（二）》，《新民丛报》1903年第37号，第42~44页。
⑥ 《中国人种考》，《申报》1930年2月22日，第4版。

有一二持反对论调者，亦未能动人观听，盖西来说之成定论久也"①。不仅如此，"西来说"的影响也波及彼时的国家政治。1915 年，袁世凯颁布"洪宪国歌"——《中华雄踞宇宙间》，歌词首句为："中华雄踞宇宙间，廓八埏，华胄从来昆仑巅。"② 其中，"华胄从来昆仑巅"便源于拉氏的"西来说"。足见无论在学术，抑或在社会政治层面，"西来说"已汇聚成一股强劲的人文社会思潮，在中国思想界广泛传播开来，生于其时的吕思勉难免不受其影响。

吕思勉曾在其论著中多次提及"西来说"于中国学界的强大学术影响力。他在 1935 年出版的《中国民族演进史》中指出，"西来说"起源于明代欧洲传教士的宣传，但早先在中国并无实际的影响。直到拉克伯里之"西来说"途经日本传到中国后，国人才由此真正开始思考中国人种的起源问题。③ 此言也是吕氏夫子自道。他的两种中国通史、两种民族史、《先秦史》，以及数种中学历史教材，都会设立专节讨论"汉族的由来"问题，对"西来说"做出不同的回应（见表1）。

表 1　吕思勉讨论"汉族由来"问题的专著及教材情况

书名	章节及名称	出版社及初版年月
《白话本国史》	第一章：汉族的由来	商务印书馆（1923.9）
《新学制高级中学教科书（本国史）》	第一章：汉族之由来	商务印书馆（1924.2）
《复兴高级中学教科书（本国史）》	第一章 我国民族的起源	商务印书馆（1934.2）
《中国民族史》	第二章：汉族	世界书局（1934.4）
《中国民族演进史》	第二章：中国民族的起源怎样	亚细亚书局（1935.3）
《初中标准教本（本国史）》	第二章：中国民族之建国	中学生书局（1935.6）
《吕著中国通史》	第十九章 中国民族的由来	开明书店（1940.3）
《先秦史》	第三章 民族原始	开明书店（1941.12）

由上可知，在吕氏公开出版的通史类的著作与教材中，均对"汉族的由来"展开讨论。为什么要在通史性著作中讨论"中华民族的由来"的问

---

① 缪凤林：《中国民族西来辨》，《学衡》1925 年第 37 期，第 3 页。
② 张永荣等编《平民唱歌集·中华民国国歌》，求知学社，1924，第 1 页。
③ 吕思勉：《中国民族演进史》（1935），《吕思勉全集》第 15 卷，上海古籍出版社，2016，第 224 页。

题？吕氏有着自己的思考。他在《白话本国史》第一章《汉族的由来》中开门见山地说，一个国家建立之初，总是以一个民族为主体，然后渐次吸收其余民族。因此，研究一个国家的历史，首先应了解其最初的民族。而在中国，汉族是最早建立国家的民族，为中国民族的主体。汉族在"有史以前"久居中国本部，还是从他处迁来？进入"有史时代"，其形迹是否可考？这便是"汉族由来"的问题。

吕氏在其最早的两部史著《白话本国史》《新学制高级中学教科书（本国史）》中讨论"汉族由来"时，完全接受了拉氏的"西来说"。他在《白话本国史》开篇便指出：回答"汉族由来"问题"最为有力"的是"西来说"，而国内学人中以蒋智由在《中国人种考》对拉氏学说的申述"最为详博"。但他又认为蒋氏所罗列中国人种"西来说"的证据不尽可靠。为进一步证明拉氏的"西来说"，吕氏又举出自认为更为"严谨"的两条证据。其一，中国古书提及"昆仑"的文字甚多。如《周礼·大宗伯》谓"以黄琮礼地"。郑玄注："礼地以夏至，谓神在昆仑也"。此句大意为：西周黄琮礼地的时间为"夏至"，要在昆仑台上祭祀天帝。吕氏据此认为：汉族入神州之后，还在祭祀"昆仑之神"，可见昆仑乃汉族的根据地。古代的昆仑位于何处？吕氏根据《尔雅》《史记·大宛列传》《禹贡》《说文》《水经》等文献的记载，认为今天于阗河上源一带，应为汉族古代的根据地。其二，"汉族"二字系"古代汉族自称"。他引用《左传》"我诸戎饮食衣服，不与'华'同"，《国语》"衣不谋夏，夷不乱'华'"等作为证据，认为他族称汉族为"华"或"夏"。西方历史中的巴克特里亚（Bactria），《史记》中称之为"大夏"。又引《吕氏春秋·古乐篇》言："黄帝令伶伦作律，伶伦自大夏之西，乃之阮隃之阴，取竹于嶰溪之谷。"由此，他推论中亚的阿姆河流域当为古代汉族的来源地，古代汉族在进入中国后，居住在今天的葱岭帕米尔高原一带。[①] 1924年，吕氏在其《新学制高级中学教科书（本国史）》中，仍完全接受"西来说"。该书的第一章"汉族之由来"开篇便说道，汉族始迁自今中亚西亚高原，进入黄河上游之昆仑，其后，再沿新疆至甘肃之路径，徙入中国本部。[②]

---

① 吕思勉：《白话本国史》（1923年），《吕思勉全集》第1卷，第7、8页。
② 吕思勉：《新学制高级中学教科书（本国史）》（1924年），《吕思勉全集》第20卷，第16页。

综上可知，无论是20世纪二三十年代中国通史类著作中发行量最大的《白话本国史》，①还是普通中学教材的《新学制高级中学教科书（本国史）》，吕氏在讨论"汉族之由来"问题时，完全接受了"西来说"。其悬结论而后从中国古籍中寻找材料，以达到证明"西来说"之目的，明显带有先入为主的主观偏向。这与吕氏所推崇的治史应具"科学的眼光"、"要懂得考据之学"两个"最紧要"的史学研究方法相悖，②明显受到时代与个人学术眼界的局限。

二 "无可如何"的纠偏

1934年初，吕氏为纠正《新学制高级中学教科书（本国史）》使用文言叙事太过概括的不足，而改用白话文出版《复兴高级中学教科书（本国史）》。他在该书的"例言"中重申"讲历史离不开考据""考据宜避琐碎"等关于史学研究及教材的编纂方法，而具体的考据问题之结论的前后不同，是"无可如何的事"。在令吕氏"无可如何"而不得不改变的先前观点当中，"西来说"排在首位。他在"例言"中继续检讨，关于"汉族由来"，他"昔日主张西来说，今则对于此说亦不敢相信"。于是在该书中改正旧说，并"自信今是而昨非"。③吕氏在翌年完成的《中国民族演进史》中，再次强调日本学者白河次郎与国府种德在《支那文明史》中把中国一切事物与巴比伦相比附，极为牵强，按照他们的逻辑，巴比伦的古代史就是中国的古代史，如此"穿凿附会"，可谓"一场笑话"，最后，他再次表明其学术立场："中国民族西来说，绝不足信。"④

吕氏能捐弃旧说，从考据学角度来说，主要从以下三方面入手。

第一，重新审视先前的文献学关键证据。此前，他为证明"西来说"，特举《周礼·大宗伯》"以黄琮礼地"，郑玄注曰："礼地以夏至，谓神在昆仑也"，以证明神州是中国现居地，而昆仑为中国人的故乡。但现在他

---

① 杨宽：《吕思勉先生的史学研究》，收入俞振基编《蒿庐问学记：吕思勉生平与学术》，三联书店，1996，第11页。
② 吕思勉：《白话本国史》（1923年），《吕思勉全集》第1卷，第5页。
③ 吕思勉：《复兴高级中学教科书（本国史）》（1934年），《吕思勉全集》第20卷，第174页。
④ 吕思勉：《中国民族演进史》（1935），《吕思勉全集》第15卷，第224、225页。

却认为"郑注"源于西汉之末的纬书,不尽可信。① 同年4月,吕氏在其出版的《中国民族史》中,进一步指出:蒋智由、丁谦、章炳麟等人主张"西来"说,其立说的根据主要来自《山海经》《穆天子传》等文献,因为在这些人看来,两书内容与其所述域外地理多吻合。然而,在吕氏看来,《山海经》《穆天子传》成书于晋世。可是,至少在西汉,张骞通西域之后,国人便明了西域的地理,作伪者乃取以为资,而后人遂为之所欺骗了。同样,郑玄为《周礼》所做的注解,常引《河图·括地象》等纬书便是明证。这些纬书作为西汉哀帝、平帝之时,亦在西域地理明了之后。因此,《周礼》"郑注"与《山海经》《穆天子传》一样,"虽多取材于故记,未必不符以新知",其所言不可信。② 吕氏之意,古人著书以后见之明,去讨论无法考证的过往,其结论不足为据。

第二,运用考古学的最新研究成果反驳"新西来说"。20世纪前半期中国考古学成果日新月异,为上古史的深入研究提供了无限可能。吕思勉也敏锐地觉察到,新发现的中国考古材料,是破除中国人种"西来说"的关键证据。他在《初中标准教本(本国史)》中指出,考察远古史迹,不能靠记载和传说,只能借助于掘地考古。③ 然而,令吕思勉始料未及的是,瑞典考古学家安特生(J. G. Andersson)的考古学研究成果,却给拉克伯里的"西来说"提供了新的注脚。

1921年,安特生开始在河南仰韶进行考古发掘,由此拉开中国近代考古学的序幕。此后,安氏根据仰韶发掘所得,发表题为《中华远古之文化》(An Early Chinese Culture, 1923)的考古学报告。其在讨论"仰韶文化与古代外国文化之关系"时指出:在仰韶遗址发现的一种"施采色而磨光"的陶器便是中西文化关系之"要证"。此类陶器在欧洲新石器时代的意大利、东欧的格雷西亚、俄属土耳其斯坦安诺等地皆有发现。各地的陶器虽各有特点,然与仰韶陶器花纹均有极相似之点。其中,尤以安诺为最。其与仰韶陶器相较,"图形相似之点,既多且切,实令吾人不能不起同出一源之感想"。安氏为确定自己的想法是否成立,特将数片红陶器送给以研究中国陶瓷著称的英国学者郝步森(R. L. Hobson)鉴定。郝氏在给安氏的回信中指出:红陶器黑色采文与近东石铜时代诸遗址发现同属一

---

① 吕思勉:《复兴高级中学教科书(本国史)》(1934年),《吕思勉全集》第20卷,第189页。
② 吕思勉:《中国民族史》(1934年),《吕思勉全集》第15卷,第13、14页。
③ 吕思勉:《初中标准教本(本国史)》(1935年),《吕思勉全集》第15卷,第150页。

类。因此，郝氏推论此类陶器技术创始于巴比伦，此后乃四外流传，到达位于极东的中国，时代应较后。他还特意提醒安氏，从流传路线上看，此类陶器之前在近东、俄属土耳其等地均有发现，今又在仰韶出土，由此推测，在衔接中亚与仰韶之间的中国新疆等地，亦应有同类陶器之发现。

郝步森的回信，给安特生莫大的鼓励，使其更加确信中国文明来源于西方。他在该报告最后总结，之前拉克伯里曾倡言"中国文化西源说"，然近世学者，多以拉氏之说缺乏科学可靠的根据，不足为信，而"仰韶文化遗址之发现，使中国文化西源又复有希望事实证明之"。该发现可以从考古学上证明仰韶的陶器"由西东来"，而非由"由东西来"。① 此后，安特生为了进一步验证其仰韶彩陶源于西方的假设，回应郝步森的推测，于1923~1924年间，亲赴甘肃进行考古调查，目的无非是利用他在中国的考古成果从侧面证明拉克伯里的"西来说"。相对于拉氏通过语言学、文字、传说、信仰来论证汉族自西而来的"西来说"，学界将安特生等人运用考古学的最新成果以证明汉族西来的学术称之为"新西来说"。

不过，安特生关于甘肃的考古成果在1925年发表后，随即遭到瑞典汉学家高本汉（Karlgren）的质疑。高氏认为，虽然甘肃地区所发现的陶器较仰韶更为丰富、完整，彩绘之图案比仰韶更为富丽、繁缛，但仰韶陶质的硬度、表面磨光、设色之种类、图案之优美、陶肉之薄，完全胜于在甘肃的发现。虽然安特生也承认仰韶的陶质优于甘肃，但因其不能自圆其说，所以只能以"迅速传播""与土著文化混合"解释之。②

吕思勉在阅读过安特生的调查报告后，认为安特生的考古学结论并不能成为支持其关于中国人种来源的新"西来说"的证据。吕氏指出，据安特生的考古报告，如果彩陶文化果真西来，则必越东越薄，但事实上，河南仰韶遗址发掘出的彩陶，在质地、制法、图案、设色等方面，均优于甘肃地区所得彩陶。这些考古发现足以证明，仰韶文化应"自东而西"，断不能解释为安诺、苏萨的文化"自西而东"，经过甘肃而传至河南。更何况，距今至少二三十万年的北京周口店石器遗址的发掘，亦可证明中国有发生其最古文化的可能。虽然周口店的石器文化未必就是中国文化的前身，但可以肯定的是，那些持中国未能或未曾发生文化，必有待于外来传

---

① 〔瑞典〕安特生：《中华远古之文化》，袁复礼节译，《地质汇报》1923年第5号第1册，第22~27页。
② 金兆梓：《中国人种及文化之由来》，《东方杂志》1929年第26卷第24期，第73~82页。

播的说法,定不能成立。① 他在1935年出版的《中国民族演进史》中指出:虽然中国的考古发掘尚处于起步阶段,成果有限,但目前考古学的成果"足以证明中国民族,居于中国土地之上,为时已极悠久"②。

第三,驳斥人类学传播学派与西方种族主义的偏见。随着西方文化人类学的输入与传播,吕氏紧追学术前沿,对西方人类学思潮与流派有了较为精准的了解与把握。1934年1月,林惠祥的《文化人类学》被列为商务印书馆"大学丛书"并出版,该书系国内第一本公开出版的文化人类学论著,因其"材料丰富、考证精审",融会贯通西方人类学各流派之要点,而又能兼取各家学说之长,又无矛盾之弊,广受学界好评。③ 林著甫经出版,便引起吕思勉的注意。他在1934年12月完稿的《中国民族演进史》中,便吸收了林氏讨论西方人类学学术流派的相关内容,从而从人类学学术发展的角度,重新认识了"西来说"的缘起及其实质。

吕氏首先列出文化人类学演进派与传播派的基本学术主张。其中,演进派认为,人类无论生活在哪里,其民族之心理根本相同,在大体一致的环境之下,其对环境的反应大致相同,各族虽各自区隔开来,但其演化的程序大体循着一线向前发展。故世界上各种不同的文化可以各自独立,各自发展;与之相反,传播派则认为,人类的创造力极其有限,不同民族的同一发明"绝无仅有"。世界各地的文化起初必为同源,其相异为后来之事。虽然,远古时期交通极为不便,但传播派却坚持认为文化的根源主要在其性质上的相类,而从一地传播至另一地,无论是互相邻近,或是远隔重洋,都不能成为文化传播的障碍。④ 吕氏继而认为,近代西方学者主张的"西来说",在方法论上明显受人类学传播学派偏见与种族主义的影响,西洋人持白人是"世界上最优秀的民族"的狭隘种族主义偏见,其所谓世

---

① 吕思勉:《中国民族演进史》(1935),《吕思勉全集》第15卷,第225页;吕思勉《先秦史》(1941),《吕思勉全集》第3卷,第26页。
② 吕思勉:《中国民族演进史》(1935),《吕思勉全集》第15卷,第225页。
③ 《大学丛书〈文化人类学〉》,《申报》1934年1月31日,第3版;佚名:《评〈文化人类学〉》,《华年》1935年第4卷17期,第337页。
④ 吕氏的《中国民族演进史》一书,完成于1934年12月,1935年3月由上海亚细亚书局出版发行。该书所引用的人类学传播学派的观点,从相关语句上来看,与林惠祥在1934年1月于上海商务印书馆出版的《文化人类学》一书对于传播学派的介绍,语句有诸多雷同之处。林氏的著作列入商务印书馆的"大学丛书"中,系国内学界第一部系统的介绍西方人类学著作,影响颇大。据此推测,吕氏所引用人类学传播学派的学术观点,应来自林惠祥的《文化人类学》一书。林惠祥:《文化人类学》,商务印书馆,1934,第33~46页。

界上最初的文化只有在白人中产生的可能，故中国民族的起源于西方的论调，不过是这种狭隘的种族主义在学术上的具体表现而已。另根据传播学派的观点，西方学界认为埃及的象形文字、巴比伦的楔形文字同属于象形文字，与中国八卦相像。然而，人类最初的文字，总是象形的，人类既然可以独立产生不同的语言，自然也就可以形成独立的文字。故"西来说"以埃及与中国造字的方法相同，只是人类学进化论中"心理一致"说的当然结果。同时，中国的八卦究竟是否属于文字，尚未定论，而将其与巴比伦的楔形文字相附会，结论更不可靠。①

吕氏对西方种族主义的批评，从学理上根本否定了"西来说"滋生的土壤，与美国东方学家盖乐（E. M. Gale）的批评可谓不谋而合。1933年5月，盖乐在位于上海的亚洲文会发表题为《中国人从哪来：过往与现在的理论》（Whence Come the Chinese People: Theories Past and Present）的学术演讲。盖氏认为，之前学界在讨论中国人起源时，其预设的前提是"中国人不是这个国家的第一批居民"，然后从该前提出发，得出中国人起源的各种假说。② 可见，在盖氏看来，中国人种"西来说"的根源便是西方种族主义的偏见。

尤值得我们注意的是，吕思勉虽然认为"西来说"不可信，但并不意味着学界关于汉族由来问题的认识"不可知"，抑或汉族有史以前久居本土已成定论。在他看来，汉民族的由来，或者说汉族究竟从何地迁往中国的问题，"非不可知也"，只是时机尚未成熟。即便有了北京周口店、河南仰韶文化、辽宁沙锅屯文化等遗址的发现，中国民族起源的问题也不能"得到十分满足的答复"，最多可以说中国民族在中国本土的生活由来已久；汉族虽初居黄河流域，后向长江、粤江流域发展，但对于汉族是原居黄河流域，还是从他处迁来，吕氏表示"未能确知"。真正要解决这一问题，需要仰赖域外史乘与考古发掘材料互相参稽。在此之前，这一问题"实在还未到解决的机会。与其武断，无宁阙疑"。总而言之，吕氏认为汉民族的由来仍是"待解决的问题"。③

---

① 吕思勉：《中国民族演进史》（1935），《吕思勉全集》第15卷，第222、223页。
② The North-China Daily News, May, 13, 1933, p. 18. "Chinese Origins Discussed Here By Lecturer", The China Press, May, 19, 1933, p. 9.
③ 吕思勉：《中国民族史》（1934年），《吕思勉全集》第15卷，第14页；吕思勉：《中国民族演进史》（1935），《吕思勉全集》第15卷，第226页；吕思勉：《复兴高级中学教科书（本国史）》（1934年），《吕思勉全集》第20卷，第189页。

综上可知，自 1930 年代之后，吕氏对中国人种"西来说"的认识发生了根本性的变化，他在反思自己治学方法的同时，也尽可能追求学界在考古学与文化人类学领域取得的最新研究成果，捐弃前说，表现了他以材料为依据、实事求是的治史原则。

三　变与不变中的坚守与妥协

1939 年 4 月，国民政府教育部中学教科书编辑兼教科书审查委员姜季辛在汉口发行的《教育通讯》上连续三期刊文，就其审阅各大书局所出版的九种中学历史教科书中出现的问题提出尖锐的批评。其中，详审之书包括吕思勉编的《高中本国史》、赵心人的《初中外国史》、陈祖源的《初中外国史》、余逊的《高中本国史》、李季谷的《初中外国史》共五种。他开篇便指出国内教科书关于中华民族起源问题的论述可分为三类：其一，大多教科书的作者，根据已经发现的地下材料，力言中华民族自古便生活在中国，并非由他处迁移而来，明确否认西人始倡的"西来说"谬论，此系彼时历史教科书著述上的重要进步；其二，部分历史教科书，认为中华民族的起源问题尚无结论，"只有存疑"；其三，无视考古发掘的新材料，仍公然主张中国人种"西来说"。姜氏继而批评到，持后两种观点的学者最大的问题在于"民族起源，谬论未除"，不仅使国人不能明了祖先的来源，且间接足以动摇国民对于保土卫国的决心。① 同年 6 月，《申报》以"中学历史教科书缺点"为题，摘要介绍了姜氏在《教育通讯》中的核心观点。②

姜氏所言不虚，在 1930 年代出版的中外历史教科书及学术论著中，关于中华民族起源问题的表述确实呈现出以上三种截然不同的学术观点。

首先，绝大多教科书均捐弃中国人种"西来说"，本土起源说成为当时学界的主流观点。如 1932 年，缪凤林在其所著《本国史》中，明确指出：据中国史前考古及遗骸测量之结果，中国人种"西来说""不攻自破"，今日国人之祖先有史以前便已生息于东亚，"有史以来之民族绝无外来之可能"，无论种族与文化均为祖先自创。③ 此外，金兆梓的《高中本国

---

① 姜季辛：《略论中学历史教科书的缺点》，《教育通讯》1939 年第 2 卷第 16 期，第 9、10 页。
② 《教科书审委姜季辛谈中学历史教科书缺点》，《申报》1939 年 6 月 10 日，第 15 版。
③ 缪凤林：《本国史》，钟山书局，1932，第 32~34 页。

史》（上册）、杨东莼的《高中本国史》、白进彩的《高中本国史》、陈登原的《高中本国史》、钱穆的《国史大纲》等中国通史类教材与专著，均通过详细梳理十余年来中国考古学的成果，驳斥了中国人种"西来说"，与缪氏观点基本一致。①

其次，也有学者无视彼时考古学的最新成果，仍公然主张中国人种"西来说"。如赵心人在1937年出版的《初中新外国史》中讨论"古代民族的迁徙"时说：

> 历史开始以前，现世各主要民族的祖先，大概都聚居于中亚草原上，其后因分散至各处，受了各该地的影响，遂形成不同的民族与文化。那些人民向东越葱岭而迁至黄河流域的是中国民族。②

赵氏认为在史前时期，中国民族便从中亚越过葱岭迁移至黄河流域，虽然中国的考古发现的材料已开始动摇"西来说"，但赵心人却视而不见，未做更改而仍因袭旧说。

最后，不同于上述两种观点，吕思勉虽认为"西来说"不足信，但又指出中国民族由来问题并未得到完满的解决，继而主张与其武断下结论，不如持阙疑的态度，以待将来条件成熟后解决之，从而遭到姜季辛的点名批评。姜氏认为中国通史的书写应能激发国民"保卫国土，爱护祖国"的决心，而吕思勉对汉族来源的叙述，正起到相反的效果。③

姜季辛重点批评吕思勉的中国历史教科书中关于汉民族起源问题的书写，有着深刻的现实与学术背景。首先是团结全民族抗战宣传的需要。众所周知，随着1938年10月广州、武汉失守，中国的政治与文化中心转移至西南，抗日战争进入相持阶段，中华民族生存的危机空前。同样，学界关于中华民族起源问题的表述也发生了重要的变化。诚如中共史家尹达在《中华民族及其文化之起源》中说的那样，关于中华民族起源的问题已然成为一个学院式的"老问题"，在中华民族垂危之际，重提中国民族来源

---

① 金兆梓：《高中本国史》（上册），中华书局，1948，第15页；杨东莼：《高中本国史》，北新书局，1935，第26页；白进彩：《高中本国史》，文化学社，1935，第18页；陈登原：《高中本国史》，世界书局，1933，第28页；钱穆：《国史大纲》，国立编译馆，1940，第4页。
② 赵心人：《初中新外国史》（上），世界书局，1937，第67、68页。
③ 姜季辛：《略论中学历史教科书的缺点》，《教育通讯》1939年第2卷第16期，第10页。

问题,看似"脱离实际",实则为"当务之急"。究其原因,欧美及日本的学者无论是过去还是当下,都在竭力搜集中华民族与文化不出于中国本土之内,而来自他处的证据。国内醉心欧化的学者盲目附和,或者预备投降的顽固分子利用此种论调一笔抹杀中华民族悠久历史的史迹。为了增强民族自信心,使中华民族的子孙了解过去光辉灿烂的史迹,反对"认贼作父"民族败类的无耻行动,学界需要加强对中华民族起源的叙述。尹氏利用考古学的最新成果与古典文献、传说等材料与方法,指出东西洋学者主张的外来说"已被事实击得粉碎",中华民族与文化是在本土之上滋养与发展起来的,并非由他处移殖而来。[①] 尹达在国难当头之际,重提中华民族及其文化的起源问题,并通过自己关于民族与文化起源的研究,提出中华民族与文化自古一脉相承,极大地鼓舞了国民的民族自信心。学术研究助力全民族抗战事业,是当时学界较为普遍的认识。

其次,吕思勉主编的初、高中历史教材在全国的行销量首屈一指,影响最大。根据1943年国民政府教育部《中等学校史地教学调查报告》,教育部在福建、甘肃、安徽、陕西、绥远、青海、宁夏、四川、贵州、河北等省区对中等学校使用"初中本国史"的课本种类进行了调查统计,吕思勉在总计120次的统计结果中独占63次,占比过半;而在对上述省区的"高中本国史"课本种类的39次统计中,吕思勉共占13次,占比为1/3。因此,该报告指出:吕思勉的初、高中本国史课本均在全国范围内"行销最广"。[②] 吕氏于商务印书馆出版的初、高中历史课本在彼时中小学历史教育中的影响力由此可见一斑,这也是姜季辛重点批评吕氏关于汉民族起源书写问题的原因所在。

吕思勉是否接受姜季辛的直接批评,目前并无可靠的史料证据,但这确实影响到吕思勉此后在通史著述中对"汉族由来"问题的部分表述。在其1941年底出版的《先秦史》中,他在讨论中国民族的缘起时,重申西方学界将中国民族附会巴比伦族"绝不足信",而中国学界为证明"西来说",均引据杂乱,两者如"一丘之貉"。汉民族的缘起,必远在有史之前,而学界关于该问题研究的结论无法采信。但是,他并未在书中指出关于中国民族的起源问题仍存"阙疑",也未强调该问题仍是"待解决的问题"。[③] 同样,吕思

[①] 尹达:《中华民族及其文化之起源》,《中国文化》1940年第1卷第5期,第16~22页。
[②] 胡逢祥编校《抗战时期教育部史地教育委员会史料汇编》,上海古籍出版社,2020,第307页。
[③] 吕思勉:《先秦史》(1941年),《吕思勉全集》第3卷,第23~29页。

勉在1941年完稿、1944年出版的《吕著中国通史》中，首次强调基于文化认同而建立的民族国家是最重要的组织，在面对外力强行分割时，这是人民能够通力合作、共御外辱的前提。吕氏同样从文献与考古发现两个方面，批评"西来说"，而对汉民族起源问题是否"存疑"则只字未提。①

吕思勉之所以如此审慎处理民族起源问题，既否定"西来说"，又避免使用"阙疑""待解决"等用语，一方面是因为坚持既有否定"西来说"的学术观点；另一方面，主要是考虑到先前的表述可能会给民族团结抗战带来不良的社会影响。

然而，吕氏在汉族起源问题上的表述虽有所"妥协"，但并不代表吕思勉内心完全放弃了对"西来说"所持的"阙疑"态度。如果就1930年代学界而论，吕思勉对中国民族起源问题的认识，并非个案，向达、余逊、施浩、苏秉琦等人也持同样的观点。1934年，向达在《中西交通史》第一章《中国民族西来说》中指出，要证明中国民族是否源自西方，须结合地下材料与纸上文献，然后验之制度、文字、声音、传说，并参稽地下新出各种材料而不悖，才能得出结论。而斯时中国民族是否西来，以及遂古时代中西交通情况，因材料的限制，只能"阙疑"。② 余逊在《余氏高中本国史》"绪论"中，直接以"中国民族起源说的存疑"为题，针对当时学界"西来说"与"本土说"的分歧，他指出确定中华民族是土著抑或移殖，还需要地下材料的继续发现，而"现在只好阙疑，存而不论"。③ 施浩在《中国民族之形成与起源略说》中提出与吕思勉完全相同的看法，他认为汉民族最古的事迹，由于史籍无征，考古发掘方始萌芽，"实在还未到解决的机会，与其武断，无宁阙疑了"。④ 从施氏的表述上看，与吕思勉完全一致，其观点很可能来自吕著。考古学者苏秉琦对中华民族起源问题也持"阙疑"的态度。苏氏指出，在北京发现的周口店人，是否为今天的华北人的"直系祖先"，有无近似之点，也无从说起。⑤

直至今日，中国人种究竟起源于何处，仍是学界争议未定的学术话题。2001年，以金力为首的复旦大学生命科学学院遗传学研究所研究团

---

① 吕思勉：《先秦史》（1944年），《吕思勉全集》第2卷，第243~246页。
② 向达：《中西交通史》，中华书局，1934，第5、6页。
③ 余逊：《余氏高中本国史》，世界书局，1934，第9、10页。
④ 施浩：《中国民族之形成与起源略说》，《新命》1939年第3期，第88页。
⑤ 徐炳昶、苏秉琦：《答席世锽君"中华民族起源问题"》，《读书通讯》1942年第49期，第13页。

队，联合美国得克萨斯-休斯敦人类基因中心（Human Genetics Center, University of Texas—Houston）、中国国家人类基因组南方研究中心等研究机构，在《科学通报》上发表《Y染色体遗传学证据支持现代中国人起源于非洲》，该研究对来自中国各地的9988例男性随机样本进行了M89、M130和YAP等3个Y染色体单倍型的基因分型，结果显示近万份样品的基因无一例外来自于非洲，从而认为Y染色体的证据并不支持独立起源的假说，为支持现代中国人非洲起源假说找到了最新的遗传学证据。① 复旦大学关于中国人种起源于非洲的"单一起源说"遭到了以吴新智为首的中国科学院古脊椎动物与古人类学专家的质疑。吴氏指出，用分子生物学的方法通过古DNA或者现生的材料进行研究，虽然在对人与人的亲缘关系等问题的研究中可以发挥独特的作用，但是在研究现代人起源时，客观上都存在许多有待克服的缺陷。② 2005年，吴氏在其发表的《与中国现代人起源问题有联系的分子生物学研究成果的讨论》中，利用中国人类化石、旧石器、古哺乳动物学以及分子生物学等新资料，论证前者根据Y染色体部分基因分析中国人源于非洲的推论不成立。进而指出，从在中国境内发现的直立人到早期智人，再到现代人类的化石表明，他们之间存在明显的连续进化的关系，东亚的蒙古人种是从本地的古人类发展而来的，而并非来自非洲。③

直至今日，上述两个学术团队，仍没有拿出令对方信服的证据。诚如樊树志所言，随着中国的考古工作不断深入开展，中国人种起源问题中的外来说与本土说虽不断被讨论，但至今仍无最终的结论，科学的真相究竟如何，学界将拭目以待。④

余　论

向达在《中西交通史》中曾就近代中国民族由来问题的形成原因，有过精辟的论述。他认为"西来说"最初传至中国时，并未发生实际影响，

---

① 柯越海、宿兵、金力等：《Y染色体遗传学证据支持现代中国人起源于非洲》，《科学通报》2001年第5期，第411页。
② 吴新智：《人类起源研究回顾与中国古人类学展望》，《地球科学进展》2001年第5期，第630页。
③ 吴新智：《与中国现代人起源问题有联系的分子生物学研究成果的讨论》，《人类学学报》2005年第4期，第259~268页。
④ 樊树志：《国史概要》，复旦大学出版社，2010，第4页。

直至清末革命，种族思想极盛之时，一般士大夫痛恨清朝统治者，不欲与之同中国，于是极力找寻自身与其不同的证据，彼时恰从日本辗转得到中国民族源出巴比伦的一种说头，便如获至宝，于是章太炎、刘师培、黄节等人都大做其文章，追寻自身的种源，思慕故国，不能自已。① 同样，方豪在同名专著中指出，"西来说"之所以在清末受到中国学人的欢迎，主要是因为彼时反清情绪高企，宣传"西来说"，可以为自己不同于清朝统治者提供佐证。② 然而，因为"西来说"充其量不过是一种缺乏证据的学说，所以当革命成功之后，当年主张此说的章太炎、刘师培等人便放弃该说，从此不再提起。但由于学界与社会对该说的接受与讨论的滞后，加之政治对学术的影响，致使一般学人在1920年代仍坚持此说，吕思勉便是其中之一。

与章太炎等人不同的是，吕思勉在认识到自己早年主张的"西来说"缺乏证据时，能公开撰文承认其过失，并以此作为警醒自己将来的史学考据工作。他在《史籍与史学》的《论考证》篇中提出，如果"史实不实"，必须加以考证，其考证之法有二：一是所据之物，可信与否，当先加以考察；二是如可信，进而考其所记载之虚实。他尤重视辨书籍真伪与实物真伪等考证"十三法"。③ 正是在其绵密的考据学理念之下，吕氏对"汉族的由来"问题的考证尤显卓越。相对于当时学界反对"西来说"的学者，只从考古学发掘成果一个方面来举证，吕思勉在扬弃旧说的同时，分别从史料依据、考古发掘成果、西方种族中心论三个方面驳斥"西来说"。在此过程中，可以看出吕思勉的考据学方法既注重辨别关于汉民族由来记载的书籍与考古材料之真伪的"外考证"（external criticism），又能慎重考察支撑"西来说"理论背后的西方种族中心论以叙述汉民族西来谬误的"内考证"（internal criticism），其方法实呈现出内与外、材料与学理相结合的学术特色，既有中国传统文献学的绵密考证工作，又能积极吸收吸取域外学术研究的最新成果，尤其是社会人类学领域的理论成果。因此，无论从其学术态度，还是其考证问题的角度与方法看，吕思勉都显得更谨慎、所给出的结论也更具客观性，同时也从侧面呈现出在中国传统史学向现代史学转型过程中，吕思勉作为一名旧学根基深厚的学者的个人应对之道。

---

① 向达：《中西交通史》，第4页。
② 方豪：《中西交通史》，第22页。
③ 吕思勉：《史籍与史学》，《吕思勉全集》第18卷，第30、31页。

从阅历、时代、身份三维度看傅斯年史学思想之构建

焦润明

(辽宁大学历史文化学院，辽宁沈阳　110036)

摘　要：史学家个人史学思想的形成无不受内在主观因素和外在客观条件的影响与制约，而"阅历、时代、身份"作为主客观因素相耦合的体现，是影响和制约一个人思想形成与发展的重要维度。从上述三个维度出发对傅斯年史学思想自我建构相关联的主客观条件进行讨论，可以说明不同维度皆可能对史家史学思想的形成产生影响。在不同维度下阐释傅斯年史学思想的独特性，探讨其政治态度与学术上的关联性及其史观的内在结构，归纳其史学得失之故，应有一定客观合理性。

关键词：傅斯年　阅历　时代　身份　史学思想

傅斯年能够成为近二十年来中国学术界研究的热点人物，主要缘于他从事史学活动之持久、学术面相之多棱以及政治性格的鲜明性等，可以引发广泛的学术联想及问题指向。傅斯年研究相关论文已达数百篇，其中讨论最多的是关于其史学研究与史学思想的话题。第一，围绕《历史语言研究所工作之旨趣》等文本，解读傅斯年的学术理念，强调该文是近代学术从国学到东方学转承的标志，肯定了其对史学科学化、走向现代形态所起到的突出作用，强调傅斯年有功于现代"科学史学"的建立；第二，认为傅斯年在史学上有别于此前的史学研究，具有典型的"工具理性"倾向，是典型的唯科学主义；第三，认为其亲附国民党政权、敌视共产党的政治态度，影响其历史观的选择。上述研究成果在深化傅斯年研究方面均有贡

献。但总的来看，对其史学研究褒扬的成果偏多，指出其史学思想不足的成果偏少。同时，学界在研究中确实存在一种回避其政治态度与其治学关联性的倾向，特别是刻意地回避了其排斥马克思主义理论及唯物史观的问题。这固然有政治忌讳的因素，也有一定避讳其政治立场而专颂其史学贡献的考量。

思想资料选材及解读也是当前研究傅斯年的一大问题。① 由于人的思想的复杂性，更需多维度、长时段地考察才能洞窥其奥，故把傅斯年史学思想放到20世纪上半叶中国政治社会文化变动的大背景下进行考察实属必要，且尚有许多历史信息值得解读梳理。本文试从"阅历""时代""身份"三个维度与傅斯年史学思想建构之关联角度，谈谈自己的研究心得。

一 "阅历"奠定其经验和知识基础

丰富的"阅历"奠定了傅斯年构建史学思想的经验和知识基础。"阅历"特指人在社会中的经历以及经亲身感受、观察、感悟而得到的知识、经验、教训等的总和。一般而言，阅历越丰富，见识就越广；一个人经历的事情越多，其见识也就越丰富。傅斯年（1896～1950）虽然只活了55岁，但其作为学者的经历，在同时代人中是比较丰富的。他幼年受过系统的国学教育，少年时代进入新式学校学习，青年时代在当时最顶尖的大学学习，留过洋，先后在英国、德国的知名大学求学，回国后即在国内名牌大学及国家级研究机构任职。由于人脉丰富，他得到了过去师友的提携，创办中央研究院历史语言研究所，并长期担任所长。他还亲自参与了国民党官方史学的规划和研究事业，近距离地了解并熟悉国家层面史

---

① 从思想资料的选材上，可以从欧阳哲生主编的《傅斯年全集》（全七卷，湖南教育出版社，2003）中看到一些端倪。该全集主体部分为台湾版《傅斯年全集》（全7册，台湾联经出版事业公司，1980），此外，收录了一些原全集没有收录到的大陆史料，比较权威。只是该全集在收录过程中对敏感内容删除较多，有些文章没法看到原文全貌。试举一例：该版全集对傅斯年写于1932年的《中国现在要有政府》一文进行了删改，去掉敏感的部分。此外，台湾联经出版事业公司出版的《傅斯年全集》收录的《论张贼叛变》《讨贼中之大略》《西安事变之教训》《论美苏对峙之基本性》《自由与平等》《苏联究竟是一个什么国家？》《傅斯年校长的声明》《傅斯年校长再一声明》等文，该全集一概没有收录。而这些内容恰恰集中反映了傅斯年的政治立场及价值取向，是我们获取其思想信息的重要史料依据。

学的最新动态,等等,这样的经历同时集于一身,是他人所不具备的独特阅历。

1. 青少年时期的学习阅历奠定文史学术基础

傅斯年自三四岁时起,就在祖父的督导下开始识字,背诵传统童蒙读物。11 岁时已读毕十三经,初步奠定了国学基础。1909 年春季,他考入天津府立中学堂,这是其人生重要的转折点。他从此有机会在当时的大都市天津接受系统的新式教育,学习英文和自然科学知识,能够阅读到在家乡根本无法接触到的书籍和报刊,这大大拓宽了他的知识领域和社会视野,为下一步的求学深造打下了良好基础。

1913 年夏天,傅斯年从天津府立中学堂毕业,并于当年秋季考入北京大学预科乙部。1916 年预科毕业,接着升入北京大学国文门(即后来的北京大学文学院中国文学系)。从 1913 年到 1919 年,他在北京大学这所当时全国最高学府中整整学习了 6 年之久。这期间正是中国社会迅速转型时期,也是北京大学从传统学术中心迅速向新学中心转变的时期。1916 年底,蔡元培出任北京大学校长,采用"兼容并包"的民主办学理念,开始聘请大批新派名流学者执教北大。一时间北大人才济济,一跃成为中国新文化运动的中心,这使傅斯年有机会亲历北京大学这一历史性的文化转身,并深受其惠。其间他积极参与新文化运动,参与创办《新潮》杂志,在《新青年》杂志发文,并围绕新文化建设的主题,撰写了大量社会评论文章,涉及文学革新、文言合一、中国历史分期、中国文学史分期,提倡白话文,甚至改汉字为拼音文字等话题。

受科学思潮影响,傅斯年也好谈"科学"。他认为"以学为单位"就是科学,并以此逻辑来批评中国传统学术的非科学性。[①] 他强调科学不仅有物质的效用,还有"精神的效用"。只有具备分工明确、分科治学、重逻辑、重实验、远离政治、尊重学术个性和个人思想创造、重个案精细研究与考证、有科学精神等内容的,才是科学。这是他对科学的认识。

在北京大学读书期间,他初步形成了以科学方法研究学术的理念,主张"研究国故必须用科学的主义和方法",因为中国传统材料实在是太丰富了,"中国是个很长的历史文化的民族,所以中华国故在'世界的'人类学、考古学、社会学、言语学等等的材料上,占个重要的部分"。"把我中国已往的学术、政治、社会等等,做材料研究出些有系统的事物来,不

---

① 傅斯年:《中国学术思想界之基本误谬》,《新青年》1918 年第 4 卷第 4 号,第 329 页。

特有益于中国学问界，或者有补于'世界的'科学"。① 这一观点与他自欧洲留学归国后立志在中国建立科学的东方学、要用科学方法整理中国固有资料的理想是一脉相承的，说明傅斯年在留学以前的阅历，特别是在北京大学6年的学习经历，为他后来从事学术研究奠定了良好基础，其早年经历大体规定了其留欧后的学习和研究倾向。

2. 留学欧洲的阅历补充自然科学知识的不足

1919年秋天，傅斯年考取山东省官费留学，于该年冬季留学英国伦敦大学，后入德国柏林大学。1926年冬学成回国。他在英国伦敦大学研究院主修了实验心理学，选修了物理、化学和数学等自然科学课程。这些学习经历在他写给胡适的信中有所表露："近中温习化学、物理学、数学等，兴味很浓"，强调自己"于科学上有些兴味"。② 在写给蔡元培的信中也讲道："斯年临去国时，已决心学心理学"，"近代欧美之第一流的大学，皆根基于科学上"。③ 表达了自己为什么在欧洲的大学课程中首先选修自然科学。他在欧洲留学时主攻自然科学，此外，还广泛地涉猎英国的文学、史学、政治等学科。然而这期间他与历史学的关系并无显露。1923年9月他转入德国柏林大学，专心选学了"相对论""比较语言学"课程，又利用余暇研究马赫的《感觉的分析》和《力学》等现代物理学理论著作，还深入研读了兰克学派的历史语言考据学。自他转到德国求学后，他对于史学观点的表露开始明显，其间所著《刘复〈四声实验录〉序》《评丁文江的〈历史人物与地理的关系〉》《与顾颉刚论古史书》等文中，可以发现他对科学、史学以及治史方法的一些成熟思考。6年北京大学的国学熏陶，再加上这6年的留学生涯，使他具备了西方自然科学背景，饱尝了西方近代科学文化精蕴，具备了成为学贯中西优秀学人的潜质和条件。

欧洲留学的阅历在傅斯年的学术生涯中起到了转圜生华之效、承上启下之功，其时是他将所学西学与中学融会贯通的重要时期。1923年后傅斯年受到德国历史学界中比较语言与历史语言学派的影响，对欧洲的学术有了一个更深刻的认知和了解，原有的一些想法得到了更进一步强化，另一些则进行了自我更正和调整。这样的阅历，决定了傅斯年的历史眼光、国

---

① 傅斯年：《毛子水〈国故和科学精神〉识语》，《新潮》1919年5月1日第1卷第5号，第744页。
② 傅斯年：《致胡适信》，《胡适来往书信选》上，中华书局香港分局，1987，第106页。
③ 傅斯年：《致蔡元培》，《傅斯年全集》第7卷，第16页。

际视野和科学思维能力。自然科学知识为他提供了新的治史方法,国际视野决定了他要在中国建设"科学史学"的学术志向。

3. 强大的人际交往圈提供的帮助

傅斯年的人际关系网络基本偏重于知识文化人际交往圈,无论是求学时代还是后来的工作时代,他都得到了太多人的帮助和提携。置身于当时中国最优秀的文史专家荟萃的人际关系网络,使他能够在学术上吸收当时最前沿的思想营养,这种阅历规定了其史学构建能与一流的学术思想同步共进。

任何人的成长都离不开早期的家庭环境及后天的教育环境,人们的成功往往也离不开师长的培养和贵人的帮助。傅斯年少年时代的学术成长得益于他的家传学风,更得益于几位帮助他的恩人。1908年冬,只有12岁的傅斯年被父亲的学生侯雪舫带到天津,开始了他人生的第一次重大转折,这次转折很大程度上改变了他的学业与人生发展方向。英敛之对傅斯年早期学业影响较大。1909年春季,傅斯年考入天津府立中学堂,暂时寄住在离学校较近的英敛之家中走读。英敛之时任天津《大公报》经理,是侯雪舫的莫逆之交。这样,傅斯年除了受现代教育外,还走进了天主教徒英敛之的世界,生活在英敛之及其周围的文化场中,好学的傅斯年对英敛之经营的《大公报》表现出了很大兴趣,成了热心读者。《大公报》为他开拓了一片新的知识天地。

北京大学是傅斯年人生道路上的另一重要驿站。从1913年他中学毕业后考取了北京大学,到1919年秋留学欧洲时止,这6年的时间里,他得到了许多先生的教育和指导,结识了许多大师级人物,如蔡元培、陈独秀、胡适、刘半农等都曾对他产生过重要影响。其中胡适对他的影响最大,他在《致胡适》的信中说:"我在北大期中,以受先生之影响最多,因此极感,所念甚多。"① 如从傅氏强调扩充材料、扩张研究工具的思路来看,明显是对胡适整理国故思想的改造和发展。其他如史学思想方面得力于胡适者亦多。陈独秀对傅氏的影响也不小。另一前辈王国维对他的影响也较多。同辈中陈寅恪、顾颉刚、董作宾等人,对傅斯年的史学都有不同程度的影响,比如顾颉刚的大胆疑古精神,以故事的眼光从民俗角度搜集材料

---

① 傅斯年:《致胡适》,《傅斯年全集》第7卷,第14页。

的治史方法等对他都有直接影响。①

留学欧洲期间是傅斯年广泛吸纳西方学术思想，建构自己中西贯通知识体系的重要时期，同时也是他与许多留学人士，即后来成为学术界著名人士的人物建立良好人际关系的重要时期。他与陈寅恪、俞大维、何思源、毛之水、赵元任、徐志摩、金岳霖等人都是在欧留学时的好友，他们在学业上的相互讨论、相互砥砺、相互启发，也是傅斯年在学业上取得进步的重要因素。这一特殊时期所结成的人际关系，对其以后的学术生涯也产生了积极作用。

傅斯年留学归国后一直在大学或研究机构任职。中央研究院历史语言研究所则是他重要的学术平台。1927年秋，傅斯年联合顾颉刚等人创立了中山大学语言历史研究所，创办《中山大学语言历史研究所周刊》，开始招收研究生。1928年春，南京国民政府筹办中央研究院，蔡元培邀请傅斯年筹办中央研究院历史语言研究所。同年11月，该所在广州成立。傅斯年辞去中山大学教务，专任所长兼《中央历史语言研究所集刊》主编，并聘请陈寅恪为历史组主任，赵元任为语言组主任，李济为考古组主任。以历史语言研究所为大本营，在中国建设"科学的东方学正统"，一直是傅斯年的理想。从他参与研究所的筹办、成立到发展，直到他去世，时间达22年之久，应该说他的学术理想也已初步达成。这除了他个人的努力外，更有赖于许多当时国内顶尖的学术名家如陈寅恪、赵元任、顾颉刚、李济等的合作和支持。他个人的学术成就，他领导下的史语所的成就，都与这一学术团队以及其良好的学术氛围相关联。这使我们有理由相信，一个学者的成功，必与其所处的知识场有密切的关系。傅斯年所接触或共事的史学同仁如陈寅恪、李济、董作宾等，大都是当时或后来的历史学或考古学大家，这种学术间的探讨、砥砺，决定了其在学术选题和问题意识上必受益于同行。总之，傅斯年自身所独有的、丰富的阅历，对其史学知识结构及史学思想的构建产生了至关重要的影响，决定了其学

---

① 傅氏在史学史上贡献虽大，但对不同学派所持的"霸道"作风，如对顾颉刚、钱穆、马衡等的排抑为学界所素知。不过，他与顾颉刚在早年的学术切磋和互励也是为人所称道的。如他撰写的《与顾颉刚论古史书》（载1928年1月23日《国立第一中山大学语言历史学研究所周刊》第2集第13期）就夸奖顾颉刚的"累层地造成的中国古史"的观点，认为它是"史学的中央题目"，"而你这一个题目，乃是一切经传家的总锁钥，一部中国古代方术思想史的真线索，一个周汉思想的摄镜，一个古史学的新大成"。并鼓励他"赶快把你这番事业弄成"。可见这时他们在学术上还是相互欣赏、相互砥砺的，其学术交往也是很融洽的。

术视野和个性思想特征。

二 "时代"规定史学构建的时空属性

每个人都是特定时代的人。傅斯年一生成长发展的绝大部分时间是在20世纪的上半叶度过的。反对帝国主义侵略，实现民族独立，建设人民国家，扫除封建残余，发展新文化，是这一时代历史演进的基本步伐。反帝反封建这一时代主题维度也给傅斯年史学思想打上了深深的时代烙印，规定了其史学构建中的时空属性和时序标记。

1. 第一次世界大战影响了傅斯年的言行

第一次世界大战对中国影响巨大，战后列强对殖民地权益的分赃还直接引燃了中国的五四运动。反对帝国主义瓜分世界的战争，这是傅斯年的基本认知。他说："大战后我在战区外的法国旅行，看见一切退步的样子，和法郎的落价，为之心惊。……上次的大战已如此，以后的大战将更甚。"[①] 他在此时认识到了战争的残酷，表达了厌战反战意识。"去兵"、"裁军"、和平主义是第一次世界大战后很有影响的社会思潮，显然，他自己不仅深受这些思潮的影响，还积极宣传这些思想。

日本帝国主义对中国的侵略，激发了傅斯年的抗战意识，以笔抗战是他的典型表现。1932年，他在《东北史纲》一书中批驳日本野心学者提出的"满蒙非支那"谬论，证明东北自古以来就是中国的领土，东北民族是中华民族的重要组成部分。直斥日本军国主义分子为占领东北制造合法性的阴谋。[②]

他积极宣传民族抗战精神，声援"九一八"后的东北乃至上海抗战，"东北何尝不抵抗呢？义勇军在那样环境中之抵抗，真是可歌可泣。丁、李、马、苏、冯、王诸英杰，真是我们应该焚香颂祷的"。他同时也对十九路军的抗战给予了高度评价："十九路军及第五军在上海之战绩所以能得世界同情者，非以1月28日放了几枪，乃以支持了一个月；东北义勇军之所以能得国人同情者，非以一朝之勇气，乃以多半年中再接再厉也。"强调坚持抗战、持续抗战才是中国的出路，"中国的命运，在死里求生，

[①] 孟真：《法德问题一勺》，《独立评论》1932年7月10日第8号，第3页。
[②] 李济曾把《东北史纲》部分内容译成英文，直接寄给国联。参见焦润明、邹海英《傅斯年与东北史研究》，《东北史地》2014年6期。

不在贪生而就死"。

他用丰富的历史知识论证"中华民族是整个的",强调民族团结、恢复民族自信对于取得抗战胜利的重要性。他指出"'中华民族是整个的'一句话,是历史的事实,更是现在的事实"①,公开宣称"中华民族是灭不了的。"② 不仅东北丢不了,中国更亡不了,因为"中国人不是一个可以灭亡的民族"。③ 傅斯年将自己的历史研究与时代相结合,投身于抗战兴国、民族复兴大业之中,这使他的史学研究打上了深深的时代烙印,也带有浓厚的民族主义色彩。

2. 科学主义思潮对傅斯年的影响

早在五四运动时期,他对科学就有着自觉的认识,"我们固不能说科学的方法是惟一的方法,然而离开科学的方法以外,还不曾有更好的方法"。④ 这表现出他对于科学的坚定信念。他主张"研究国故必须用科学的主义和方法",要用"西洋人的研究学问法"来整理传统学术。他还表达了自己想到欧洲去学习自然科学的想法。留学欧洲后,他确实用多年时间研究自然科学,这使他一跃成为那个时代少有的具备系统自然科学知识的文史学者。

当傅斯年经历了长达6年的欧洲留学,近距离地了解了西方科学学科的内涵和架构方式之后,他坚信中国也能创建发展出本国自己的世界一流学科。他归国后有幸承担国家最高史学机构的建设工作,这为他提供了在中国建设"科学的东方学之正统"的历史机遇。

在傅斯年看来,研究中国学问还得靠中国自己,"西洋人研究中国或牵连中国的事物,本来没有很多的成绩,因为他们读中国书不能亲切,认中国事实不能严辨,所以关于一切文字审求,文籍考订,史事辨别,等等,在他们永远一筹莫展"⑤。所以他主张好好挖掘中国自己的历史学、语言学的文化资源,"中国境内语言学和历史学的材料是最多的,欧洲人求

---

① 孟真:《中华民族是整个的》,《独立评论》1933年12月15日第181号,第6页。
② 孟真:《"九一八"一年了!》,《独立评论》1932年9月18日第18号,第5页。
③ 孟真:《"九一八"一年了!》,《独立评论》1932年9月18日第18号,第7页。
④ 孟真:《对于中国今日谈哲学者之感念》,《新潮》1919年5月1日第1卷第5号,第728页。
⑤ 傅斯年:《历史语言研究所工作之旨趣》,《国立中央研究院历史语言研究所集刊》1928年10月第1本第1分,第5页。

之尚难得，我们却坐看他毁坏亡失。我们着实不满这个状态"①。"难道在这些学问发达甚早的中国，必须看着他荒废，我们不能制造别人的原料，便是自己的原料也让别人制造吗？"② 对近代科学的习得，对西方汉学的了解，自身强烈的民族意识，使他能够自觉地承担起发展中国现代史学的时代使命。

3. 军阀割据与混战的时代对傅斯年的影响

在傅斯年看来，20世纪二三十年代的中国是军阀割据与混战的时期，也是"有史以来的最大危机"。其所感受到的是"社会组织与文化效用整个崩溃"③。政治不安定，社会也不会安定。正因为社会动荡，"袁世凯的阴谋政治激出来所谓的新文化运动"，"北洋军人与盗阀之横行激出来国民革命"。其结果是"事事皆成朝不保夕之局面……上台是趁火打劫，下台是酝酿待时"。在他的眼中"今日中国的社会，是个最大的矛盾集团。时代的、地域的、阶级的、主义的、一切矛盾，毕集于中国之一身。在这状态之下，国家无所谓'国是'，民众无所谓'共信'，人人不知向那里去"。④ 军阀混战，盗贼蜂起，人心不古，"国家号称民国，政治号称民权，而贫富之不平更远甚，成个什么样子？不特就人道的立场言，极其不平；即就政治的作用论，也是种下一个最大的危险种子了。"⑤ 这是傅斯年对当时社会的基本认知。虽为民国，但仍然是一个残余军阀犹在、各种政治力量并存的时代，这是他对军阀割据与混战时代特征的诠释，也是他对军阀政治形成的基本印象。傅斯年反复强调军阀割据与混战，特别是国民党新军阀混战，是造成中国社会不统一、经济崩溃、民生艰辛的重要原因，甚至连共产党的产生及壮大也是当权者失政以及国民经济崩溃促成的。这是时代对他造成影响后他所产生的一种深切感受。

抗战胜利后，中国向何处去已成为时代课题。国共两党的斗争以及对不同社会制度的选择这些重要的时代内容也不可能不对傅斯年的人生态度、政治立场产生影响。其实早在1930年代初傅斯年就已经选择了国民党

---

① 傅斯年：《历史语言研究所工作之旨趣》，《国立中央研究院历史语言研究所集刊》1928年10月第1本第1分，第7页。
② 傅斯年：《历史语言研究所工作之旨趣》，《国立中央研究院历史语言研究所集刊》1928年10月第1本第1分，第3页。
③ 孟真：《中国现在要有政府》，《独立评论》1932年6月19日第5号，第6页。
④ 孟真：《教育崩溃之原因》，《独立评论》1932年7月17日第9号，第5~6页。
⑤ 孟真：《教育改革中几个具体事件》，《独立评论》1932年7月24日第10号，第9页。

政权，这是傅斯年自由主义价值观的必然归宿。他认为"此时中国政治若离了国民党便没有了政府"①。他并不看好中共，"平情而论，果然共产党能解决中国问题，我们为阶级的缘故，丧其性命，有何不可。我们虽不曾榨取劳苦大众，而只是尽心竭力忠其所职者，一旦'火炎昆冈，玉石俱焚'，自然当与坏东西们同归于尽，犹之乎宋明亡国时，若干好的士人，比贪官污吏还死得快些一样子。一从大处设想，即知如此命运真正天公地道，毫无可惜之处"②。他很欣赏共产党为劳苦大众谋利益的理念，为此自己情愿做个殉道者。但问题在于，他不相信中国共产党的建国能力。遗憾的是，历史演进是不以人的意志为转移的。后来中共不仅由小变大，由弱转强，并且最终夺取了政权，这些都是傅斯年始料不及的。

当然，按照他的政治选择，即使中共建政，恐怕他也不一定能与之合作。关于自己的政治价值观，他在1945年时就表达得非常清楚了："我平生的理想国，是社会主义与自由并发达的国土，有社会主义而无自由，我住不下去，有自由而无社会主义，我也不要住。"③ 从上述引言可以看出，傅斯年否定马克思主义理论是他的价值观使然，因此他的反共也是必然的。这就可以解释他在国民党行将溃败时仍然反对与中共和谈，到台湾后继续坚持反苏反共的真正原因了。

时代维度对人的影响至深。人受时代的影响，时代对人的言行具有规定性，即人的思想言论无不具有时代性；同时，人对于时代也有反作用，即人们对于所处之时代，会有自己的认识及应对方式。时代维度对傅斯年的影响也不例外，时代维度既规定了其言行，也对其言行影响至深。同时，他对于时代的反应与应对方式也深深地打上了自己的个性特点。其史学思想亦表现出了鲜明的时代特征。

三 "身份"决定史学构建的归属象征

"身份"决定了其史学构建的阶级归属和阶层象征。"身份"是一个人社会地位的标签，是主体在团体或社会体系中业已形成的稳定关系中的位置，是一个人受人认可的社会角色和地位。不同身份所处的立场以及话语

---

① 孟真：《中国现在要有政府》，《独立评论》1932年6月19日第5号，第7页。
② 孟真：《"九一八"一年了》，《独立评论》1932年9月18日第18号，第4页。
③ 《评英国大选》，《傅斯年全集》第5册，第403页。

权利，包括对某件事所持的态度都会有所不同。一个人说什么话，做什么事，皆受其身份规定。一般情况下，身份决定立场，一个人有什么样的身份就会有与其身份相适应的立场。

傅斯年的身份较多，除了他在家庭中的身份外，他还长期担任过中央研究院历史语言研究所所长、西南联大教务委员、北京大学代理校长、台湾大学校长等公职。此外，他还有被社会所认可的著名学者、社会贤达等身份。这些身份规定了他的言行，也规定了其史学构建的倾向性。

1. 家庭身份

傅斯年在家庭中的身份影响了他对社会的态度。他出身于破落的鲁西望族。因父亲早逝，故由祖父担当起对幼年傅斯年教育的重任。祖父对他的学习督责管教甚严。傅斯年回忆道："祖父生前所教我兄弟的，尽是忠孝节义，从未灌输丝毫不洁不正的思想。我兄弟得有今日，都是祖父所赐。"① 显然祖父对他的人生早期影响巨大。他的母亲李夫人也严格督促傅斯年兄弟二人读书，并且母兼父职，督责甚严，遂养成了傅斯年自觉攻读的治学习惯。他对鲁西农村下层人民生活的了解也受母亲的影响。傅斯年有时随母亲到乡下的外祖母家小住，使他对农村贫苦农民的生活有了比较详细的了解。十几年后，他撰写的《山东底一部分的农民状况大略记》一文，就是这个时期观察和了解的心得。这是他后来提倡社会革命，主张改造国民性，重视普通教育的思想根源。

傅斯年生活在重视文化传承的家庭环境中，从小就接受比较正统的儒家教育。这种教育要求其忠孝节义、建功立业、忠君爱国等，对傅斯年思想的形成和一生的操行有着深刻的影响。他当父亲后给自己的儿子取名"仁轨"，就有赋予民族意识的用意。因为唐朝有一位在朝鲜对日本兵打歼灭战的将军叫"刘仁轨"，取他的名字，显然寄予儿子将来能像刘仁轨一样的厚望。② 1944 年他还为傅仁轨书文天祥的《正气歌》《衣带赞》，强调"念兹在兹，做人之道，发轫于是，立基于是"③，重视爱国气节。这是他"父亲"身份表现出的思想倾向。

另外，傅斯年出生之时，家境已经完全破落，尽管其祖父、父亲都曾取得功名，还属于士大夫阶层，但经济上已到了温饱难得的窘困境地。由

---

① 傅乐成：《傅孟真先生的先世》，台湾《传记文学》1976 年 1 月第 28 卷第 1 期。
② 罗家伦：《元气淋漓的傅孟真》，王为松编《傅斯年印象》，学林出版社，1997，第 12 页。
③ 傅斯年：《为傅仁轨书文天祥〈正气歌〉〈衣带赞〉诸诗题跋》，《傅斯年全集》第 5 卷，第 510 页。

于家贫，傅斯年自小就经历生活的艰辛，他的生活态度和思想意识，可以从他早年的生活环境中找到一些答案。

傅斯年一生坚持从事教育和学术研究，不入仕途，恐怕与他祖父傅淦对他的影响有直接关系。祖父傅淦自己痛恨政治黑暗，不愿入仕，颇有疾恶如仇的正义感。傅斯年一生所抱有的正统观和忠于领袖的意识，显然也受到祖父的影响。他虽然并没有进入国民党政府为官，然而当国民党政权即将在大陆崩溃之际，他却没有果断地与之决裂，而是始终绑在国民党这驾就要散架的战车上，除了政治价值观不同外，他的正统观也起了作用。

2. 正统史学掌门人的身份

傅斯年担任"中央研究院"历史语言研究所所长达22年（1928~1950），这一国民党政治体系下正统史学掌门人的身份，使他在中国现代史学建设上拥有更多的话语权，能有更多机会表达出自己的学术观点，也有机会把自己的学术理想付诸实施，实现自己的史学抱负。

第一，为史语所确定了未来发展方向。傅斯年作为中央研究院历史语言研究所所长，他在1928年10月《国立中央研究院历史语言研究所集刊》创刊号上发表的《历史语言研究所工作之旨趣》一文，代表史语所全体同仁提出了"我们要科学的东方学之正统在中国"[①]的口号。他强调历史学是科学，要把历史学建设成为与生物学、地质学一样的科学。为此，要摒弃一切主观的东西，要按照自然科学的方式去研究历史学。他在1928年《国立中央研究院历史语言研究所十七年度报告》第一章"历史语言研究所设置之意义"中就讲，设置该所的目的"正以自然科学看待历史语言之学。此虽旧域，其命维新。材料与时增加，工具与时扩充，观点与时推进，近代在欧洲之历史语言学，其受自然科学之刺激与补助，昭然若揭"。[②]

在1931年的《国立中央研究院历史语言研究所二十年度报告》中，他又说："本所之设置，原以自然科学看待历史语言之学，使之与天文地质物理化学同伦。本所自成立以来，不揣浅陋，敢努力于此项旨趣之奔

---

① 傅斯年：《历史语言研究所工作之旨趣》，《国立中央研究院历史语言研究所集刊》1928年10月第1本第1分，第10页。
② 傅斯年：《国立中央研究院十七年度总报告》，《国立中央研究院总报告》第1册，1928，第215页。

赴。"① 他反复声明科学治史学的价值和意义。1943年12月在四川南溪李庄，他又在《〈史料与史学〉发刊词》中代表历史语言研究所表态："本所同人之治史学……乃纯就史料以探史实也。史料有之，则可因钩稽有此知识，史料所无，则不敢臆测，亦不敢比附成式。"② 可见用科学方式来研究历史学是他一贯倡导的。傅斯年将这一学术理想付诸实践并影响了志同道合的学术同仁共同实践，所以学术界称他为史料学派，也有称他的学派为"科学史学派"③ 的。

第二，规划了史语所的建设任务及工作方式。傅斯年在担任史语所所长期间，从研究所创立、学术规划、人才聘任、资金筹措到图书购买，皆付出了巨大努力。这点从所撰多达百万字的史语所历年工作报告中即可看出。在他任职的22年中，几乎每年都有详细的所内工作报告，详细地记录了所内的每一项工作及取得的成绩。如在《国立中央研究院历史语言研究所十八年度报告》中就明确记录了在史料方面整理明清内阁大库残余档案，及购置关于明清两代之史籍，编完金石书目录等，以及考古组"大部分时间在安阳殷墟发掘及所获器物的整理研究"等。

第三，主张并推崇学术研究的"集团化"。傅斯年明确指出，要团结同道集体合作，共同建设科学的历史学。为了实现集体攻关，1928年他还和同仁们制定了庞大的研究计划，划分为文籍考订、史料征集、考古、人类及民物、比较艺术、汉语、西南语、中央亚细亚语、语言学等九组。在很短的时间内，历史组就找到了内阁大库档案，确定了汉简与敦煌材料的范围；考古组划定了安阳与洛阳的调查。殷墟考古发掘，使中国古史信史又向前推进了几百年。内阁大库档案的整理，使古代史的许多领域的研究得以长足进展，他本人也借助这批史料写成多部重要论著。

此外，傅斯年还组织规划完成了不少方言的调查，并用现代科学工具，复兴中国语言学，包括建设南京北极阁语音实验室，培养了不少青年语言学家。这些固然都是大家努力的结果，但他毕竟是中央历史语言研究所的负责人，他的规划和组织作用是别人无法代替的，这些学术成就无疑既是他的功劳，也是全体同仁集体奋斗的结果，更是中外优秀学术思想及

---

① 傅斯年：《国立中央研究院二十年度总报告》，《国立中央研究院总报告》第4册，1931，第227页。
② 傅斯年：《〈史料与史学〉发刊词》，国立中央研究院历史语言研究所编《史料与史学》上册，独立出版社，1945，第2页。
③ 参见焦润明《傅斯年与"科学史学"派》，《史学理论研究》2005年第2期。

其方法应用的结果。

3. 教育家和大学校长身份

作为历史教育家，傅斯年强调史学教育的学术性和科学性。受西方科学主义影响，他于1933~1934年度在为北京大学历史系编写的《"史学方法导论"课程纲要》中就明确地将"自然科学与史学之关系"作为其中最重要组成部分来谈。即使在强调用历史教科书"为训练国民用"时，他也没忘了强调"容纳民族思想于教材中，但当以事实启发，不当以言辞耳提面命"① 的原则，以提升史学的学术性和科学性。

傅斯年主张把历史教科书与爱国主义教育结合起来，"做成一种公民教科"，"借历史事件做榜样，启发爱国心，民族向上心，民族不屈性，前进的启示，公德的要求，建国的榜样"。② 1935年，正是日军在关内大规模制造事端，中华民族面临空前危机之时。为此，傅斯年在《闲谈历史教科书》一文中对现实进行了回应，主张用历史教科书"训练国民"，激发学生的民族意识。在编写教科书时，要"将民族中伟大人物的性格行事"，"将民族兴亡中的若干壮烈的事件选几条叙述清楚，才是把有意义的历史知识供给学生"。③ 强调历史教育应陶冶国人的民族意识，凝聚民族向心力，形塑中华民族精神，用真实的历史事实启发民族感情，容纳民族思想于历史表述之中，这是其史学思想服务于时代的重要组成部分。

作为大学校长，傅斯年提出了"敦品、励学、爱国、爱人"的校训，此校训体现了其办学精神，也体现了其对学生的关怀和期望。他在办学中非常注重对学生人格的陶冶和能力的培养，主张在历史教学中普及科学的历史知识，用于国民意识的培养以及国民能力之训练。

傅斯年初任北大代理校长之时，正值抗日战争胜利不久，高等教育百废待兴。所以他首先着手恢复北大优良的爱国传统，对日伪时期的教职工一概摈弃不用。他申述说："人才缺乏是事实，从别的方面考虑征用未尝不可，但学校是陶冶培植后一代青年的地方，必须要能首先正是非，辨忠奸。否则下一代的青年不知所取，今天负教育责任的人，岂不都成了国家的罪人？"④ 强调"正是非，辨忠奸"是负有教育责任的人教育青年一代的价值判断标准，即要让青年们知道什么是爱国，什么是卖国。

---

① 傅斯年（孟真）：《闲谈历史教科书》，《教与学》1935年第1卷第4期，第110页。
② 傅斯年（孟真）：《闲谈历史教科书》，《教与学》1935年第1卷第4期，第102页。
③ 傅斯年（孟真）：《闲谈历史教科书》，《教与学》1935年第1卷第4期，第106页。
④ 引自傅乐成《傅孟真先生年谱》，台湾联经出版事业公司，1980，第136页。

作为一个教育家，傅斯年希望能给学生们营造一个安定的学习环境。他强调学校应有合理的纪律，不允许别有用心者利用学生作为政治斗争的工具，主张对学生应进行开导，"开导不成，必需绳之以纪律"。同时他还主张学校必须有良好的学风，应有"自由的思想，规律的行动，求学的志愿，求真的信心，师生相爱的诚意，爱校爱国爱人民的愿心"①。

4. 知名学者、社会贤达身份

作为国民参政会参政员，他批判国民党权贵的贪污腐化。在九一八事变后，他批评当局不作为以及部分国人醉生梦死的苟安心态。他痛恨国人的麻木、官员的鲜耻、政府的软弱，并用犀利的笔锋批判国人的缺点，用中国历史上亡国的史料来比喻当时中国所处的危迫处境，向国人敲响长鸣警钟。他告诫人们不要以为亡国不过上海租界，而是"国破家亡身又辱"，他还告诫国人，买日货就等于助长日本的侵略气焰，增强他们的侵略扩张实力；买日货就等于削弱我们国家的战斗力，自己加深自己的民族灾难，"买他二角钱的东西便给他一个打我们的枪子，买他两块钱的东西便给他一个打我们的炮弹，存他一批五万元的货便给他一个炸我们的飞机"。② 如果认识不到日本经济渗透与军事侵略具有同等的危害性，我们就找不到一条抵抗日本侵略，保卫民族独立，振兴国家的正确道路。

身份规定着一个人的言行，身份决定其言行的重要性和有用性，更决定其言行的影响力。作为父亲，其言行对于子女的影响是决定性的；作为知名学者，其言行是具有权威性的；作为公共知识分子，其言行对于大众是具有影响力的。基于其所长的职位，即民国时期最高史学研究机构掌门人的身份，傅斯年有资格对历史语言研究所的未来发展提出规划和设计，并能够将自己的史学思想付诸实施；而历史学家和教育家的双重身份，才能使其思考如何编写历史教科书，用史学来塑造青年学生的民族意识，培养爱国主义等问题。其史学掌门人和历史学家的身份，必然规定了其史学思想建构的代表性。

四 政治态度与学术取向之关联

阅历、时代、身份中的每一维度都以独特的方式影响着傅斯年的人生

---

① 傅斯年：《漫谈办学》，《读书通讯》1946年第123期，第2页。
② 孟真：《"九一八"一年了！》，《独立评论》1932年9月18日第18号，第3页。

观、世界观、价值观的形成，并以互动方式综合地体现在其系统的历史认识上，使其在此基础上构建起自己的史学思想。

傅斯年改造社会的使命意识，就与其独特阅历及时代影响有关。他较早就认识到近代社会必须改造，多次强调"青年以外的中国人是靠不住的了"。① 在他看来，当时的社会不行，老年人都靠不住，只有青年人才行。但中国的青年又不能完全胜任，怎么办？那就要"改造自己"，"社会是个人造成的，所以改造社会的方法第一步是要改造自己"。② 他断言"去替中国造有组织的社会，是青年的第一事业"。③ 而他自己努力去践行这种人生观和社会观的具体行动，就是对中国的学术按西方的科学标准进行组织化改造：一是留学欧洲期间努力学习自然科学知识，接受德国的实证史学；二是回国后意欲建设世界一流的科学的东方学，形成有组织系统的史学研究团体，借以实现自己的学术理想。

傅斯年的历史观也是各种维度综合作用的结果。其历史观中既有中国传统正统史学内容，又有西方特别是德国兰克史学的治史理念，然而更多的则是自然科学的理论方法，具有鲜明的时代特征，同时又与其经历及身份相契合。人的历史观的选择具有极大的主观性，既有个人偏好，也有身份限制。马克思主义史学理论在民国时期中央研究院历史语言研究所的研究群体的治史方法中不占主流地位，这固然是其不选择的结果之一，同时也与个人主观上的价值倾向有关。

首先，傅斯年的历史观深受科学观念的影响，特别在著史原则和史料的观点上更深受德国兰克史学的影响。他主张可以把历史学作为一门科学去研究。他在《历史语言研究所工作之旨趣》中提到了各种自然科学学科及其方法，但却从没有提过其他社会科学，更绝口不提政治。他主张学术独立，反对学术政治化，认为"史学的工作是整理史料，不是作艺术的建设，不是做疏通的事业，不是去扶持或推倒这个运动，或那个主义"。④ 这个"宣言书"明确强调史学研究要远离政治，为此必须排斥各种"主义"。这当然也包括马克思主义。

其次，傅斯年在价值层面和政治立场上深受自由主义价值观及中国正

---

① 傅斯年：《欧游途中随感录》，《傅斯年全集》第 1 卷，第 382 页；另见《青年的两件事业》，《傅斯年全集》第 1 卷，第 384 页。
② 傅斯年：《欧游途中随感录》，《傅斯年全集》第 1 卷，第 382 页。
③ 傅斯年：《青年的两件事业》，《傅斯年全集》第 1 卷，第 385 页。
④ 傅斯年：《史学方法导论》，《傅斯年全集》第 2 卷，第 308 页。

统观念的影响，公开否定马克思主义的唯物史观。他在于1931年所写的《中西史学观点之变迁》一文中就明确否定了马克思提出的阶级斗争是推动历史前进的动力的观点。他说："马克斯分社会为农业社会、工业社会、资本主义社会……等，亦无非在变黑格尔之横断发展为纵断发展，其名为唯物，实以唯心为后盾。马克斯之贡献一在《剩余价值论》，其中对于人文地理学派多所批评；其次为《共产党宣言》。其弊（一）将整个世界进展视作直线过程。（二）马克斯之《唯物史观》根据工业革命前后史料以历史片断现象，而欲概括通有之历史现象，是诚不可能。"① 通篇可见傅斯年对马克思唯物史观持否定态度。他不仅认为马克思称其名为"唯物"，实为"唯心"，甚至断言马克思对于整个世界历史发展线索是"视作直线"，其对于"通有之历史现象"的概括是"诚不可能"，② 明确表达了自己反马克思主义的政治立场和政治态度。

　　1948年以后，傅斯年的政治态度和政治立场在文章中表达得更为明确。1948年9月，他在《论美苏对峙之基本性》一文中明确讲道："马克斯主义本来富于宗教热力全是犹太人的传统精神，——虽然不用在宗教上——而其'阶级斗争'说最富于煽动性。"③ 1949年12月，他在文章中更以臆测的方式否定马克思本人及其思想。"马克斯本是一个德国籍的犹太人，早年是黑格尔主义者，想谋一个大学教授而不可得。也许因此，便有了阶级斗争之辩证法。他既有犹太人排他的传统，又有'天使'的抱负。所以，他的思想是畸形的，一切基于憎恨。"④ 他对马克思的评价带有强烈的主观色彩和情绪化基调，且基本上是负面的，非客观的。他在于1950年发表的文章中，对马克思主义的诋毁较前更甚："从历史的背景来看，马克斯主义只是达尔文主义的末流旁支"，"马克斯的合作者恩格尔斯最崇拜达尔文，我们可以在这个中间得到共产主义出于达尔文论末流旁支的消息"。⑤ "达尔文本来是一个科学家，并无罪过，偏偏许多狂妄的所谓'思想家'，从达尔文的科学演出许多荒谬绝伦的主义来……'适者生存'加上'阶级斗争'，一切人类的价值论，都毁坏了，文明传统根本不要

---

① 傅斯年：《中西史学观点之变迁》，《傅斯年全集》第3卷，第158页。
② 傅斯年：《中西史学观点之变迁》，《傅斯年全集》第3卷，第158页。
③ 傅孟真：《论美苏对峙之基本性》，《正论》（北平）1948年第11号，第11页。
④ 傅斯年：《苏联究竟是一个什么国家？》，《傅斯年全集》第5册，第424页。
⑤ 傅斯年：《我们为什么要抗俄反共？》，《傅斯年全集》第5册，第435页。

了。"① 他在 1950 年 4 月 16 日发表的《共产党的吸引力》一文，更进一步否定了马克思的阶级斗争学说，"把阶级斗争拿出来作为历史演进的最大原则，是马克斯的事……而他判断世界的将来，他从他的辩证唯物论推测世界的将来，更是完全错了"②。他还说："我们治历史的人，知道这个阶级斗争是一个粗鲁而骗人的说法。"③ "我们从历史学的看法，用阶级斗争来解释事实，既不如马克斯主义所说之普遍，又不是一个方式，也不是一样结果……并没有'唯物论'的真实性，因为历史不如此演进。"④ 他还说"马克斯主义本身就是一个唯心唯物杂交的'矛盾统一'的畸形产物，他硬把唯物论的名词，填进黑格尔唯心辩证法的架子里"。⑤ 从上述言论中可以明显地看出，他对马克思理论所采取的全盘否定态度具有强烈的主观性和明确的政治立场。

到台湾后的傅斯年，在 1949 年 7 月 13 日发表的《傅斯年校长的声明》和 7 月 19 号发表的《傅斯年校长再一声明》中进一步明确了他的政治立场，那就是自己"于共产党是不能相容"⑥。基于此，他在《台湾大学与学术研究》一文中更明确表达了他的使命，即希望台湾大学能够承担起培养"反攻"大陆的国民党理论文化人才的"重任"，传递明确的反共信念。⑦ 当然，如果不是他坚决的反共立场和态度，蒋介石也不会把台湾大学校长的位子交给他。因为当时比傅氏有名望的人还有很多，这说明蒋介石是很重视傅氏的反共价值观的。

从前述内容可知，傅斯年在历史观上排斥马克思主义理论，既与其阅历有关，更与其身份有关。对于一个服膺三民主义的国民党官方史学掌门人来说，这是最基本的选择，更何况他连一篇三民主义历史观之类的文章也没有写过，也就更不可能接受马克思主义史学理论，特别是阶级斗争理论了。

从历史大时空角度看，傅斯年反对唯物论和阶级斗争学说，除了与他对社会的认知、所受教育以及政治立场有关外，也与 19 世纪末至 20 世纪

---

① 傅斯年：《我们为什么要抗俄反共？》，《傅斯年全集》第 5 册，第 435 页。
② 傅斯年：《共产党的吸引力》，《傅斯年全集》第 5 册，第 438 页。
③ 傅斯年：《共产党的吸引力》，《傅斯年全集》第 5 册，第 439 页。
④ 傅斯年：《共产党的吸引力》，《傅斯年全集》第 5 册，第 439~440 页。
⑤ 傅斯年：《苏联究竟是一个什么国家？》，《傅斯年全集》第 5 册，第 425 页。
⑥ 《傅斯年校长再一声明》，《傅斯年全集》第 6 册，第 165~166 页。
⑦ 《台湾大学与学术研究》，《傅斯年全集》第 6 册，第 199 页。

上半叶西方对马克思的普遍贬低以及对苏俄实践认知的不全面、不完整，存在偏颇片面的认识有关。这些都可能造成他先入为主的认知行为，形成认知偏好，也就使他不可能深入地去研究相关理论以及对中国近代社会复杂的社会矛盾运动规律形成正确的认识。正是由于这种在社会认识及理论认知上的偏好，他必然地会排斥社会革命，也就根本不可能认识到马克思主义的合理性。傅斯年的《历史语言研究所工作之旨趣》及其他著作所表现出的史观虽有一定合理性，但也有很大的局限性。历史学研究固然需要有"第一手史料"作为支撑，但在有了史料之后对史料进行的梳理分析工作中就不可能没有"史观"。史学仅去寻找史料，仅有"求真"，是不够的，还要有怀疑的态度、批判的精神；史学研究仅凭良知和直觉是不够的，还需要有史识和理论。史学研究不仅需要自然科学诸学科的理论与方法，更需要有其他社会科学学科的理论与方法。马克思主义史学理论曾造就了一批在学术上卓有成就的史学大家，并推动了现代中国史学的发展，即证明该理论具有普遍指导意义的合理性。

在这里我们也不用讳言，傅斯年所领导的历史语言研究所在建设中国现代科学史学方面曾做出了巨大成绩，他本人也取得了不菲的史学成就。这些都应肯定。不过近年来台湾地区部分学者在讨论傅斯年及史语所话题时，多持绝对化的肯定评价；受其影响，大陆学者在评价时也多为肯定或溢美之词，绝少讨论其局限性，俨然形成一股风气。以傅斯年为代表的后来移至台湾的历史语言研究所的一批学者，由于排斥甚至拒绝接受社会科学新理论方法特别是马克思主义史学理论，所以没有成为中国史学的主流，更没有成为20世纪"民史"的巨擘。这实在是受理论方法之局限。

我们从"阅历、身份、时代"这三个维度来讨论傅斯年史学思想的变迁，意在表明，史学家的史学思想是受时代等外在环境塑造和制约的。不同的阅历、身份和时代会使史学家形成不同的史学架构。但同时也强调，不同的个人对于外界条件的不同反应以及接纳程度，也会对其史学构建方式产生影响。从上述维度讨论相关因素与傅斯年史学思想建构的相互关系，意在检视其史学思想的发生、生产过程的时空理路，据此，可以从新角度去理解其史学思想，亦可能对研究其他历史学家的史学思想提供一种新参照、一种新视域。

侯外庐与马克思主义在中国的传播

崔存明　江建红

（北京印刷学院马克思主义学院，北京　102600）

摘　要：侯外庐在李大钊的影响与指导下，确立了对马克思主义的信仰，并确定了以翻译《资本论》作为起点，毕生研究与传播马克思主义的努力方向。在翻译《资本论》的基础上，侯外庐通过参加组织活动、执教于大学讲堂、公开发表演讲、与其他马克思主义者进行交流与论辩、著书立说等方式，广泛地宣传与传播马克思主义，促进了马克思主义在中国的传播，同时也为探索马克思主义史学中国化做出了卓越贡献。

关键词：侯外庐　马克思主义　传播

侯外庐在《韧的追求》中写道："我以研究《资本论》为起点踏上征途，从而确定了我的马克思主义世界观和对历史发展必然规律的信念。"[1] 正是基于对马克思主义理论的全面服膺，作为著名的马克思主义历史学家、思想史家与教育家，侯外庐以翻译《资本论》作为马克思主义史学研究的起点，同时通过讲学、交游、著书立说，全面促进了马克思主义在中国的传播，同时也为探索马克思主义史学中国化做出了卓越贡献。相对于对侯外庐生平与史学思想的研究，目前学术界关于侯外庐与马克思主义在中国的传播研究还比较薄弱，迄今为止，还没有专门文章与著作面世。

---

[1] 侯外庐：《韧的追求》，人民出版社，2015，第15页。

一 结识李大钊与翻译《资本论》：侯外庐接受与传播马克思主义的缘起

作为我国早期传播马克思主义的重要代表、"南陈北李"之一的李大钊对侯外庐接受、研究和传播马克思主义起到了至关重要的作用。正是在李大钊的影响与指导下，侯外庐确立了对马克思主义的坚定信仰，并产生了翻译马克思主义经典著作——《资本论》的决心。

（一）上下求索：选择马克思主义

侯外庐于 1923 年从山西汾阳县（今汾阳市）汾河中学毕业并奔赴北京，在参加北京大学考试失利后，同时报考北京师范大学历史系和北京法政大学法律系并被两校录取，开始同时就读两校。由于参加过北京大学入学考试，他切身体验到县城名列前茅的学生与真正的现代文化前沿之间的差距，所以在此后的大学生涯中，侯外庐刻苦学习，广泛阅读书籍，涉猎各个现代学科。[1] 正是在这样孜孜不倦的阅读与求索中，侯外庐逐渐了解马克思主义，并把它作为其毕生研究、运用、信仰的理论。侯外庐接受马克思主义，并利用马克思主义实现了中国传统史学的现代转型，以实际行动将马克思主义的传播与中国实际相结合，形成中国化的马克思主义史学范式。相对于李大钊等早期的马克思主义传播者，侯外庐是把马克思主义理论与实践成功结合的传播者。

（二）结识李大钊：确立追求马克思主义的人生方向

1924 年，通过同乡高君宇介绍，侯外庐与李大钊相识。此后，他通过向李大钊借阅唯物主义类书籍、请教问题，得到李大钊的悉心指导。其中有两件事情成为侯外庐接受马克思主义，继而把马克思主义当作一生追求方向的标志。第一个标志性事件是侯外庐和进步青年创办宣传革命思想的刊物《下层》。当杂志编辑印刷遇到资金困难时，李大钊向邻居李石曾借钱支持刊物的出版面世。由于《下层》的激进立场，该刊在出版第一期后马上被取缔，但是这却让侯外庐从此开始全面接受马克思主义。"《下层》问世，对于我个人，可以说是青年时代的第一个转折的标志……自此，我

---

[1] 侯外庐：《韧的追求》，第 10 页。

迈出了接受马克思主义的第一步……这一重大的进步，完全是李大钊同志教育和帮助的结果。"① 第二件事是在《下层》被查禁后，侯外庐同李大钊谈论以后的个人发展方向时，其在李大钊指导下决定了终身学习马克思主义理论的人生方向。"我向他表白了一个心愿，想翻译一点马克思的原著，一则自己可以深入学习马克思主义理论；二也为国内读者的需要出点力。对此，大钊同志是赞同的。当时我的这个决心，决定了我一生的方向和道路。"② 侯外庐创办的《下层》杂志是在李大钊的帮助下才得以面世的，这助其"迈出接受马克思主义的第一步"；在《下层》被查禁后的彷徨中，他又是在李大钊的教导下，才决定把翻译马克思主义原著、学习马克思主义理论作为一生努力方向。因此，与李大钊的相识成为侯外庐接受和此后一生翻译、传播和运用马克思主义，开创中国马克思主义史学研究新境界的契机。侯外庐后来总结说："（大学时代的我）之所以能从此走上信仰马克思主义的道路，为宣传马克思主义不遗余力一生，应该说，是李大钊同志给了我第一个推动力。"③

（三）翻译《资本论》：传播与实践马克思主义的起点

在确定了信仰、宣传马克思主义的人生奋斗目标之后，按照李大钊的建议，侯外庐最后决定从《资本论》的翻译入手，开始了一生传播、运用马克思主义解决中国问题的理论与实践。关于国内《资本论》译本的演变，以及侯外庐译本《资本论》的地位，目前学术界的研究成果基本形成了清晰的脉络④。这里再简单梳理一下侯外庐翻译《资本论》的时间轴及其意义。侯外庐翻译《资本论》经过了十年坚韧不拔的努力，这十年中，

---

① 侯外庐：《韧的追求》，第 14 页。
② 侯外庐：《韧的追求》，第 14~15 页。
③ 侯外庐：《韧的追求》，第 16 页。
④ 《资本论》译本演变："1920 年 10 月，上海《国民月刊》第二卷第 3 号发表了费觉天翻译的《资本论》第一版序言，篇名为'资本论自叙'，这被看作《资本论》最早的'部分中译本'，为《资本论》全译本的出现拉开帷幕。从 1930 年开始，陈启修本（只出版了计划 10 册中的第 1 册，1930 年出版，国内出版的第一个《资本论》中文节译本）、潘冬舟译本（接续陈启修译出第一卷第二、三、四篇，接着陈启所译的《资本论》第 1 分册，分为第 2 册和第 3 册，分别于 1932 年和 1933 年出版）、王慎明（思华）和侯外庐译本、吴半农译本（译出第一卷的第一、二篇，1934 年出版）、郭大力和王亚南译本（第一个三卷全译本，1938 年出版）。新中国成立后，又出版了目前比较通行的中央编译局译本。"参见孙建茵、冯引《〈资本论〉（第一卷上册）王慎明、侯外庐译本考》，辽宁人民出版社，2021，第 33 页。

他历经了漂洋过海、旅居法国、再辗转回国、被捕入狱等坎坷。这十年艰辛的收获是从1932年至1936年，侯外庐与王思华合作翻译出版了上中下三册合订本的《资本论》第一卷完整译本。"这是我国第一个完整的《资本论》第一卷中文全译本，为马克思主义理论在中国的传播做出了不可磨灭的贡献。"① 1932年12月11日，侯外庐因参加抗日救亡运动与许德珩、马哲民一起被捕入狱，号称"许、马、侯事件"，后经多方营救，于一年后出狱。出狱后，侯外庐继续翻译《资本论》第二、三卷，至七七事变后"已经译完第二卷和第三卷大部分内容，并与武汉生活书店签订了出版合同。但是不久，他得知郭大力和王亚南合译的《资本论》全三卷即将同时出版的消息后，就同生活书店解除了出版合同"。② 总之，侯外庐"苦译《资本论》，加速了马克思主义在中国的传播。包括侯外庐在内的一大批进步知识分子译介马克思主义经典著作，在当时动乱的社会环境下以不同的方式和路径克服重重困难，为马克思主义理论扎根中国做出了突出的贡献。"③ 对于这一点，马夫在研究《资本论》译本时，又从传播学的角度做出了总结："马克思主义靠悟是悟不出来的……从媒介学的角度，靠的是翻译。"④《资本论》的翻译工作也加强了侯外庐的马克思主义理论修养。"通过十年翻译《资本论》的磨砺，使他的学术思维方式发生了根本性的改变，并形成自己鲜明的理性特色。"⑤

《资本论》的翻译推进了马克思主义理论在中国的传播，同时也夯实了以侯外庐为代表的翻译者和学习者扎实深厚的理论功底，培养了其严肃谨慎的治学态度，而且更加确定了他们对马克思主义的信仰。

二　授业交游：侯外庐的马克思主义传播实践

有了翻译《资本论》这样扎实的马克思主义理论基础，侯外庐开始通过执教于众多大学讲堂、公开发表演讲、参加组织活动，以及与其他马克思主义者进行交流与论辩等实践活动，广泛地宣传推广马克思主义。

---

① 孙建茵、冯引：《〈资本论〉（第一卷上册）王慎明、侯外庐译本考》，第28页。
② 孙建茵、冯引：《〈资本论〉（第一卷上册）王慎明、侯外庐译本考》，第43页。
③ 周鑫：《20世纪三四十年代的侯外庐中国思想史研究》，华中科技大学出版社，2017，第34页。
④ 马夫：《〈资本论〉最早的四个中文译本》，《党史文汇》1994年第9期。
⑤ 侯且岸：《侯外庐与〈资本论〉的译缘》，《百年潮》2013年第4期。

(一) 传道授业：大学讲堂上的马克思主义传播实践

就目前关于侯外庐研究的成果来看，学界的主要关注点是侯外庐翻译《资本论》，以及在此基础上利用马克思主义思想开创中国史学研究新境界。然而，侯外庐翻译《资本论》的初衷却有二：一方面是精准掌握马克思主义理论，另一方面是更广泛传播马克思主义[1]。目前学术界关于后者的研究相对薄弱。

在传播马克思主义的方式方面侯外庐除翻译《资本论》之外，还走出书斋，通过在多所大学讲授马克思主义理论课程，直接向广大青年学生传播马克思主义。因为他在翻译马克思主义经典著作时为自己打下了精深的理论基础，所以他无论讲授哪门马克思主义理论课程，都会吸引大量的学生关注。

侯外庐在大学里讲授马克思主义理论课程最早是在1930年，经历了在法国以翻译《资本论》为主要工作的三年节衣缩食的旅居生活后，迫于生计，他经莫斯科辗转回到国内，首先抵达哈尔滨。侯外庐在哈尔滨既要寻找党，也要养家糊口，于是经朋友介绍，他开始在哈尔滨法政大学任教。据侯外庐后来回忆，他当时留在哈尔滨任教职，也有感于当时在哈高校学生精神生活的贫乏，想主动为他们"做一点传播甚至启蒙的工作"。[2] 侯外庐发现他在哈尔滨法政大学讲授"经济思想史"课程时，由于自己"着重于马克思主义经济学说的来源和主要内容。讲课中，有意识地灌输一些辩证唯物主义，特别是历史唯物主义观点。不出我所料，这门课程很快吸引来大批学生，来听课的人特别多"[3]。由此可见，侯外庐在哈尔滨法政大学讲授马克思主义理论，很好地实现了他"想要做一点传播和启蒙工作"的初衷。

九一八事变后，为形势所迫，侯外庐于1932年春离开哈尔滨，回到原来求学的北平。"在北平，他受聘担任了北平大学法学院教授，同时在师范大学和中国大学兼课，讲授马克思主义政治经济学和唯物史观"[4]。在这一时期，侯外庐这样的进步学者在北平大学讲堂上宣讲马克思主义，对马克思主义在中国的传播起到了重要的推动作用。"三十年代前期，在北平

---

[1] 参见侯外庐《韧的追求》，第15页。
[2] 侯外庐：《韧的追求》，第27页。
[3] 侯外庐：《韧的追求》，第28页。
[4] 史学史研究室编《新史学五大家》，社会科学文献出版社，1996，第322页。

有一批学者利用高等学校文科讲台,公开设立马克思主义学说课程,活跃地宣传马克思主义基本理论……上述学者的宣传和教学活动,无疑是对广泛、深入地传播马克思主义做出了贡献。在中国现代思想学术发展史和马克思主义传播史上应该记录下他们的功绩。"①

七七事变后,在抗日战争日益危难深重之时,侯外庐仍然接受进步学校邀请,讲授进步课程,一如既往地宣传和传播马克思主义革命理论。"1937年太原失守后……我接到山西'牺盟会'所创办的'民族革命大学'来信,请我任教。'民族革命大学'设在临汾,我感到义不容辞,决定前往……我讲授《民族革命统一战线》课程。"② 1938年,侯外庐在武汉遇见李公朴,李公朴把《民族革命统一战线》讲义要去,推荐发表在邹韬奋、柳湜主编的《全民抗战》杂志上。③ 讲义的发表,进一步扩大了侯外庐为民族革命大学授课这件事对马克思主义革命理论的宣传与传播效果。

新中国成立前后,侯外庐先后在北京师范大学和西北大学工作。侯外庐1949年4月担任北京师范大学历史系主任。由于北平是1949年1月和平解放的,所以侯外庐是新中国领导下的北京师范大学首任历史系主任。1950年3月,侯外庐奉调担任西北大学校长。侯外庐在北京师范大学担任了十一个月多的历史系主任,终于可以光明正大地讲授、宣传马克思主义了。侯外庐还通过担任系主任的契机,全面推行教学改革,不到一年时间取得了大量教学改革成果,受到国家教育主管部门的肯定并加以推广,也受到媒体的关注和报道。其具体举措与成绩如下:"亲自讲授《社会发展史》《辩证唯物主义论和历史唯物论》……改造旧师大历史系、创办新师大历史系,延聘白寿彝、马特等名师到历史系任教……侯外庐对北京师范大学历史系的教学改革,受到教育部和新闻界的热切关注和积极支持,教育部向全国高等学校推荐了北京师范大学历史系改革经验,并组织北京的兄弟院校参观、学习;《光明日报》刊载了《北京师范大学历史系教授集体教学受到欢迎》等报道。"④ 侯外庐在西北大学任校长期间,主要做了大量的行政管理工作,并进行了推陈出新的教育改革,也取得了令人瞩目的成就。1954年4月,侯外庐在西北大学校长任上,又出任中国科学院历史

---

① 朱学文:《中国马克思主义传播史上的一页》,《学习与研究》1982年第5期。
② 侯外庐:《韧的追求》,第79~80页。
③ 参见侯外庐《韧的追求》,第83页。
④ 参见刘淑娟《侯外庐同志在北京师范大学历史系》,《史学史研究》1982年第3期。

研究所第二副所长，工作重心逐渐转向学术研究，至1958年7月，他不再兼任西北大学校长，结束了学校工作。

侯外庐自20世纪30年代回国在哈尔滨法政大学任教始，先后在多所大学担任教职。在这些高校中，其讲授课程主要以马克思主义理论类和在马克思主义思想指导下的社会革命类为主，为马克思主义在中国的传播做出了持续的努力，取得了丰硕的成果。

（二）讲演与交游：马克思主义理论传播中的切磋与精进

自于北平高校任教始，侯外庐一有机会就参加党领导的组织活动，特别是参加救亡宣传演讲，走上向广大民众宣传马克思主义的第一线。据其晚年回忆："我在北平大学法学院开课不久，便有同事来约我参加'左翼教师联盟'（简称'教联'）的活动，我成了这个组织的成员。'教联'是党领导下的群众组织，隶属于'北平左翼文化总同盟'（简称'北方文总'）……形势要求我同时兼顾教学、翻译、宣传抗日、宣传马列等多方面的活动，各方面还的确都取得了一些收获……全仗'北方文总'和'教联'的同志们支持"。① 也正是在教联的组织下，侯外庐越来越频繁地走上北平各大学讲坛，甚至是中学讲台配合抗日救亡运动，宣传马克思主义。在与群众的大量交流互动中，侯外庐发现："那一个时代的症结问题，只有用马克思的唯物史观才能科学地、准确地加以解释。许多人努力这样去做了，效果好得惊人。讲演会的听众，往往是将最大的热情报之于用马克思主义观点解释时代问题和中国前途问题的讲演。"② 由此足见，侯外庐积极投身的救亡演讲收到了宣传与传播马克思主义原理的良好效果。

在研究侯外庐对传播马克思主义贡献的时候，还有一个重要的方面没有被充分注意到，那就是侯外庐的人生际遇与人际交往对其接受和传播马克思主义的影响。侯外庐在上下求索历程中所接触到的良师益友，或指点迷津，助益其走上光明前程；或相互砥砺，使其对所追求的马克思主义理论在相与论辩中日渐熟稔精湛。正是同这些良师益友的相与往还，坚定了侯外庐对马克思主义的信仰，加深了其对马克思主义理论的掌握程度并加强了宣传传播效果。在此前的研究中，虽然也有不同的文章对于这一问题有所涉及，但是作为一个专题来归纳总结，尚未见到。因此，下面专就这

---

① 侯外庐：《韧的追求》，第29页。
② 侯外庐：《韧的追求》，第39页。

一问题做一个集中讨论，以裨补阙如。

论及侯外庐的人际交游，最为重要的当然要数中国马克思主义传播的先驱李大钊。如前所述，正是在李大钊的直接教诲与指导下，侯外庐决定以翻译《资本论》为起点，走上毕生信仰和研究马克思主义的道路，并且取得了杰出成就。关于这一点，其自传《韧的追求》中列有专题《李大钊的教诲》，对此进行了详细的记录。

对侯外庐学术成就有重要贡献的第二位友人当推与他合作翻译出版中国首部完整版《资本论》第一卷翻译本的王思华。正是这个第一译本，使侯外庐在中国的马克思主义研究与传播史上具有标志性地位。侯外庐也在与王思华合作翻译《资本论》的过程中结下了深厚友谊，正如他在晚年回忆时所说："在我与王思华甘苦与共、一同倾注心血于《资本论》翻译的岁月中，我们之间建立起终生莫逆的信任和友谊。"①

侯外庐与后来和他并称为"史学五老"的另外四位著名史学家都有过深入交往。他们之间的交往，常常是通过相互讨论马克思主义、相互约稿等活动实现的。这种生活中良朋挚友、工作中合作互补式的交往，在相互切磋鼓励中，相互促进了对共同追求的马克思主义的理解，也共同促进了马克思主义在中国的传播。对于这一方面，侯外庐的女儿侯均初"从做女儿和学历史的一名学生的角度，以耳闻目睹的一些史实反映他的某些侧面"②，讲述了侯外庐对事业的追求与对党的忠诚、史界五老之间的情深谊长。

此外，侯外庐与史学界许多重要的学者也都有过交往。这些交往也同样对其所进行的马克思主义理论研究和传播都有着不同程度的帮助与影响。周鑫以杜国庠、郭沫若、翦伯赞为例，通过对侯外庐和其他马克思主义学者之间的自由讨论与相互辩论的研究分析得出结论，认为这些交流与论辩"不仅增进了学术友情，对于宣传马克思主义历史理论，促进中国社会史研究深度和广度的发展，对中国马克思主义史学走向科学化更是意义重大"。③

（三）编辑杂志：广泛宣传与传播马克思主义

主办或者参与多种杂志的编辑出版是侯外庐传播马克思主义的又一重

---

① 侯外庐：《韧的追求》，第33页。
② 侯均初：《我的父亲侯外庐》，《沧桑》2002年第2期。
③ 周鑫：《侯外庐与其他马克思主义学者的交流与论辩》，《郑州航空工业管理学院学报》（社会科学版）2019年第1期。

要实践活动。他正是通过在自己发起主办的杂志上直接发表宣传马克思主义及社会革命类的文章，抑或在自己于工作中担任主编或相应管理职责的刊物上择机发表同样的文章，不断扩大以马克思主义为代表的进步思想的影响与辐射的。

如前所述，《下层》是侯外庐在北平读大学期间联合进步青年主办的第一个进步杂志。这本杂志由于其鲜明的进步特色，第一期甫一面世即被反动当局取缔。这一经历标志着侯外庐迈向马克思主义的第一步。侯外庐参与编辑工作的第二本杂志是他在旅法期间主编过两期的旅法党组织主办的《赤光报》。"这两期主要内容是评论国际时事、经济危机问题、揭露国民党腐败和蒋介石的全面反动等等。"①

上述两种报刊的编辑都为时较短，但是给了侯外庐很大的鼓舞与启示，同时也积累了宝贵的工作经验。而此后，真正为侯外庐提供长期的进步理论宣传园地的是他曾经长期供职并担任主编的《中苏文化》杂志。《中苏文化》是国民党为了联合苏联共同抗日而成立的中苏文化协会主办的。经由在北京求学时期结识的王昆仑介绍，侯外庐自1939年开始担任《中苏文化》的主编，这一职位他一直担任到1947年，前后一共八年时间。王昆仑是孙科的代表，当时任中苏文化协会的理事。侯外庐在主编《中苏文化》杂志时，"有意识地利用这个阵地宣传马列主义的一些基本原理，我们发表过列宁十月革命的国际意义的文献，刊登过斯大林论列宁关于社会主义革命在一国取得胜利理论的文章"②。为了利用好这个宝贵的宣传马克思主义的阵地，侯外庐想方设法邀请不同阶层的名人为杂志撰稿，以扩大杂志在社会各界的广泛影响。侯外庐个人也积极撰写稿件，仅从1938年到1943年的五年时间，侯外庐就为《中苏文化》撰写了50多篇时论文章。③ 特别值得一提的是，针对1939年8月23日《苏德互不侵犯条约》签订后引起的国内外舆论界轩然大波，为了让正在进行艰苦抗战的中国人民摆脱对时局的困惑，正确理解国际形势，1939年9月《中苏文化》发表了毛泽东同志的文章《苏联利益和人类利益的一致》，起到了及时帮助人民群众明辨是非的效果。侯外庐主编的《中苏文化》长期在国民党统治区成功地持续宣传马克思主义及社会革命与进步理论，成为马克思主义

---

① 侯外庐：《韧的追求》，第23页。
② 侯外庐：《韧的追求》，第89页。
③ 参见侯外庐《韧的追求》，第89页。

传播史上浓墨重彩的一页。

侯外庐主编的另一个重要报刊是《文汇报》副刊系列中的《新思潮》。《新思潮》成为解放前侯外庐主持的宣传马克思主义思想的最后一个阵地。抗战胜利后，侯外庐根据工作需要在1946年先到南京继续主持《中苏文化》至年底，后来由组织安排卸任《中苏文化》职务赴上海工作。到上海之后，侯外庐的主要目标是集中精力编写《中国思想通史》第一卷。但1947年初，郭沫若邀请侯外庐主编《文汇报》改版后的新副刊系列中的《新思潮》。他接受邀请，与杜国庠共同担任主编，以《文汇报》的《新思潮》副刊为阵地，继续宣传马克思主义。据其后来回忆，《新思潮》主要"以宣传马克思主义的科学的历史观为己任，与胡适真理不可知论作不调和的斗争"①。1947年底，为了躲避国民党的迫害，侯外庐避难香港。1948年9月开始，他又担任了在香港复刊的《文汇报》的《新思潮》副刊主编，继续宣传新思想。在这年11月底，侯外庐离开香港回到内地。

三 著书立说：侯外庐与马克思主义史学中国化

中国现代化探索的历史经验表明，只有把马克思主义与中国的实际相结合，才是实现具有中国特色的现代化唯一的正确途径。侯外庐在学习与传播马克思主义的毕生追求中，在深刻把握中国古代社会发展特点的基础上，为实现马克思主义史学中国化做出了重要贡献。侯外庐对马克思主义史学中国化的探索是通过其具有开拓性的马克思主义史学研究与著述实现的。

（一）侯外庐社会史研究著述与中国特殊规律的探寻

侯外庐通过翻译《资本论》较为全面地掌握了马克思主义经济学理论。所以其史学研究起步于利用马克思主义经济学理论研究中国古代社会史，并因此取得了系列开创性成果。

对于侯外庐在社会史研究方面的具体历程与详细观点，学术界已经有充分的讨论和共识性结论，本文不做重点探讨。本文的关注重点在于侯外庐在运用马克思主义理论研究中国古代社会史中所体现出来的主动把马克

---

① 侯外庐：《韧的追求》，第181页。

思主义原理同中国具体国情相结合的主体性自觉。这一点体现在他开始转向史学研究时就秉持的寻找中国历史发展自身规律的理念中："我研究古代社会的基本原则，就是力图把中国的古史资料，和马克思主义历史科学的古代发展规律，做一个统一的研究，以便探寻中国古代社会发展特殊规律。"①

1934年，侯外庐写了《社会史论导言》一文，该文于1939年发表于《中苏文化》第四卷第二期。这篇文章后来被学术界认为是侯外庐史学研究开始的标志。"由经济学研究而转向史学是侯外庐学术生涯的重大转折，'导言'一文正是这一转折的主要标志。"②该文章的特点是把经济学与历史学相结合，力图探求不同社会形态的内在规律性。这是他探索中国历史特殊规律的理论准备。

侯外庐开始转向史学研究的20世纪30年代，正是中国社会史论战时期。由于刚刚将工作方向由以翻译、宣传马克思主义为主转向史学研究，他并没有更多地直接参与当时的社会史论战。但是，从他转向史学研究的第一篇标志性文章所研究的问题与视角来看，侯外庐在其史学研究起步时所涉及的正是当时学术界的焦点内容，这也反映出其治史嗅觉的敏锐性和对前沿问题的关注。在关注主流问题的同时，他开始思考马克思主义普遍原理同中国具体国情的特殊性关系问题，这成为此后其史学研究的一贯作风。

20世纪的中国社会史论战所涉及的重要论题主要有"近代中国的社会性质问题、鸦片战争前的中国社会性质问题、中国历史上是否存在奴隶制问题、亚细亚生产方式问题，在方法论上，其共同点是如何认识社会性质和划分社会历史阶段的问题"③。正如其写作《社会史论导言》是从当时的学术界主流问题入手介入史学研究并力求在马克思主义一般原理指导下探索不同社会形态特殊规律一样，此后侯外庐的史学研究基本上关注的都是中国学术界讨论的重要问题，在对这些问题进行研究的时候，他始终努力探寻中国历史的特殊规律。所以其研究成果如"亚细亚古代"与"古典古代"是一个历史阶段的两种不同发展路径、封建土地国有制、资本主义萌芽问题等④，都显示出明显的中国特殊性。

---

① 侯外庐：《韧的追求》，第214页。
② 史学史研究室编《新史学五大家》，第333页。
③ 史学史研究室编《新史学五大家》，第331页。
④ 参见方光华《侯外庐学术思想研究》，三联书店，2015，第50~81页。

侯外庐的史学研究起步于在马克思主义理论指导下探寻中国古代社会特殊规律，继续深入下去，就会走向探索马克思主义史学民族性的中国特色层次，也就是马克思主义史学中国化。这一点在其后续的古代思想史研究中得以逐次展开。

（二）侯外庐思想史研究著述与马克思主义史学中国化探索

侯外庐对思想史的研究的开始可以追溯到他20世纪30年代初在大学任教之时。1931年，从法国回国后，侯外庐最初在哈尔滨法政大学讲授"经济思想史"课程。这可以看作他研究思想史的开始。作为其在法政大学讲授"经济思想史"课程之一章的"中国古代社会与老子"的讲义，于1934年由北平国际学社公开出版。① 这是他公开出版的中国思想史的第一本论著。这本著作也确立了他研究思想史的一个重要原则：社会史与思想史相结合。

1941年到1942年侯外庐完成了《中国古代思想学说史》的写作，该书于1944年由重庆文风书店出版。这本书的出版标志着侯外庐从社会史研究向思想史研究的转向。② 当时在思想史领域，唯心史观主导的著作占据重要地位。正是《中国古代思想学说史》及此后不断出现的以马克思主义理论为指导的思想史著作的出版，完成了马克思主义新史学体系的建构，使史学界面貌焕然一新。

《中国思想通史》则是侯外庐思想史研究的标志性成果。该著作系列是由多人分工协作完成的。该书是运用马克思主义理论对中国思想史的全面检阅和清理，在显示出马克思主义史学的鲜明特点的同时，也全面贯彻了侯外庐在其史学研究初创时期提出的要在马克思主义理论指导下探寻中国史学发展特殊规律的宗旨。他在《中国思想通史》的写作过程中不但始终坚持了这一原则，而且在实践中又将这一原则推进到形成马克思主义史学中国化特色的层次。"他将历史唯物论和中国古代社会的研究相结合，将社会史的研究和思想史、哲学史的研究有机结合，不仅恪守了马克思主义的基本原理及方法，而且不断丰富发展了马克思主义的思想内涵，推进了中国传统文化现代化与马克思主义中国化的历史进程。"③ 侯外庐将马克

---

① 方光华：《侯外庐学术思想研究》，第421页。
② 史学史研究室编《新史学五大家》，第344页。
③ 张岂之：《远见卓识的引路者——略论侯外庐先生对中国思想史、哲学史研究的卓越贡献》，《哲学研究》1987年第11期。

思主义的唯物史观等基本理论与研究方法贯穿于《中国思想通史》的写作中，这在中国马克思主义思想史的发展历程中具有重要的里程碑意义，同时也推动了马克思主义思潮在中国的广泛传播与扎根。

此外，侯外庐在与思想史相关的其他学科研究中也表现出努力结合马克思主义理论探索各学科的民族特色的学术追求。如方光华指出侯外庐"依据唯物史观对中国宗教思想史作了独具特色的系统性诠释……其研究成果成为马克思唯物主义的中国宗教思想史的研究范式"[1]。周文玖认为侯外庐对中国史学史研究做出了重要贡献："20世纪50年代，侯外庐主编《中国思想通史》第四卷，邀请白寿彝撰写了刘知幾、马端临两章，并认为这两章使该卷得以增色；白寿彝则从撰写中找到了研究中国史学史的新途径……白寿彝此后在中国史学史领域取得的成就，与参加《中国思想通史》的撰著是分不开的。"[2]

从以上分析可以看出，侯外庐对于社会史与思想史的研究都是从马克思主义史学理论入手，探索中国史学的特殊性，开创了思想史和社会史相结合的研究新路径。这些开创性研究，为此后的社会史与思想史研究树立了典范，在形成学派的同时，也使学者争相效仿与自觉运用马克思主义理论进行学术研究，不仅促进了理论宣介与实践运用的有机结合，也推动形成了马克思主义落地生根式的终极传播效果。

（三）独立自得：侯外庐对马克思主义史学中国化的杰出贡献

启蒙时期的私塾式的传统文化教育奠定了侯外庐扎实的国学基础，翻译《资本论》赋予他马克思主义理论精髓，使他形成独立自得的研究方法和学术品格。他将马克思主义基本原理的普遍性与中国社会发展的特殊性有机结合，为马克思主义史学理论中国化做出了重要贡献。"30年代社会史论战中以郭沫若、吕振羽为杰出代表，开始用唯物史观理论解释中国历史发展的过程，论证了中国社会发展同整个人类社会的发展遵循着共同的规律，成功地证明了马克思主义理论同样适用于中国。侯外庐则在此基础上更深入一步，研究中国历史在符合一般规律前提下的特殊性，更加具体地揭示中国历史的本质特征。将马克思主义历史理论中国化，并努力用中

---

[1] 方光华、袁志伟：《侯外庐的中国宗教思想史研究》，《世界宗教研究》2012年第1期。
[2] 周文玖：《侯外庐与白寿彝的学术交谊及治学特色之比较》，《高校理论战线》2008年第12期。

国历史的具体材料来丰富和发展这一理论"。①

在史学五老中，侯外庐被认为是推动马克思主义理论中国化的重要贡献者。他的实践成果表明马克思主义经过在中国的多年传播与应用，最终实现了与中国实际相结合的创新。白寿彝在总结马克思主义史学发展的阶段性成果时指出："本世纪（二十世纪）二十年代，李大钊同志的《史学要论》是马克思主义在史学领域里的发展的重要标志，郭沫若同志的《中国古代社会研究》，代表三十年代的理论成就。四十年代，外庐同志的著作在当时马克思主义史学著作中有特殊的地位……他研究中国历史是想把马克思主义史学理论中国化，也可以说把马克思主义史学理论民族化。这一点很重要。别的马克思主义史学著作宣传了马克思主义的理论，也试图把马克思主义的理论同中国历史结合起来，但是把中国历史特点抓出来，这在外庐同志是最突出的。在这一点上，外庐同志比其他几位同志贡献更大。它反映了我们马克思主义史学发展到新的阶段，外庐同志的著作是这个阶段的标志。"②

随着时代的发展与学术研究的进步，侯外庐当年的探索及其结论在今天看来也不无可商榷之处，其得出的观点"作为具体结论，显然不可能为史学界所普遍接受或赞同。但如果不囿于门户之见，就不难发现，侯外庐提出的这些论点，既是解决历史疑难，同时也是在大胆地探寻解决疑难的方法"③。这充分说明侯外庐史学研究的重要意义所在，即类似于"但开风气不为师"。这种不断求新的探索，对马克思主义在中国的传播，对马克思主义史学中国化，都做出了特殊的贡献。

---

① 史学史研究室编《新史学五大家》，第340页。
② 白寿彝：《外庐同志的学术成就》，《史学史研究》1989年第3期。
③ 史学史研究室编《新史学五大家》，第380页。

论浙江大学教授群体的抗战思想

——以《国命旬刊》为中心*

王嘉淳

（上海师范大学人文学院，上海 200030）

摘　要：1937年抗战全面爆发后，国难当头，浙江大学同人自觉担当起建设"精神国防线"之责任。他们创办《国命旬刊》，以此为媒介，阐扬中国传统文化道德，提高民族精神与民族自信力，宣传抗战，呼吁民众担负起救亡图存的民族责任，鼓励民族自信心，并对时政进行分析解读与评论，表达对于政治的见解与认知。这体现了抗战时期学术与政治之间的密切关系，以及知识分子的民族责任感与担当意识。该刊所载文章也具有相当高的学术水平和史料价值，对于研究抗战时期浙江大学教授群体的抗战思想具有重要的参考价值。

关键词：《国命旬刊》　浙江大学教授　民族精神　九国公约

抗战爆发后，抗战建国成为此时中华民族的主流意识形态。抗战时期民众的国家观念、民族观念、抗战思想，尤其是知识分子群体的抗战建国意识应该引起研究者关注。以浙江大学教授为编辑撰稿主体创办的《国命旬刊》，对中国传统文化、民族精神以及内外时局均有深刻的阐述。就此而言，《国命旬刊》无疑是值得关注的。①本文以浙江大学教授与《国命旬

---

* 本文为国家社科基金西部项目"抗战时期中国民族史编纂与民族国家建构研究（1931-1945）"（项目号：18XZS002）阶段性成果。

① 但遗憾的是学界未对此刊物给予关注。

刊》为中心，试图研究当时知识分子抗战建国的思想蓝图与学术旨趣。

一　创刊缘起与沿革

　　1937 年，全面抗战爆发，"八一三事变"后，江浙告急。国难当头，"人人应当自奋，效法明朝的义民，不论政教农商各界的人民，要认清一己的责任，不要把抗战的重担全部推诿到前线的将士身上。"① 作为当时著名的知识分子、学人，冲锋陷阵非其所长，他们又该如何担起自身责任？"何去何从，思之，不可不重思之！凡我同人，尽反躬以省，傥自问学有心得，道在吾身；身存，道与俱存；我亡，学亦以亡；则是一身之生死事小，而中华民族德慧术知之所系者大，何可轻身一掷。"② 鉴于此，浙江大学教授梅光迪、张其昀、钱基博、郭斌龢、陈训慈、王庸、张荫麟、贺昌群、费巩、王焕镳等人在迁校辗转流离之际发起创办《国命旬刊》，自觉担当起建设"精神国防线"之责任，希望可以通过文章著述来兴起民志，宣传抗战，鼓励增强民族自信心，以尽匹夫兴亡之责。

　　1937 年 10 月 10 日由国命旬刊社编辑出版"创刊号"，刊名曰为"国命"，其意有二："所谓国命者国性之谓……所谓国命者又国运之意。"③ 时淞沪会战爆发，在江浙危急的情景之下，该刊选择于"双十国庆纪念日"出版发行，亦有其特殊含义，该刊同人认为国庆之日意义重大，表现在国家命运关系上的有二，"新生与再生"。"新生"是指国家发展至一定程度的新组织新生命，"再生"为国家原有精神之复活，两者深系国命。"国庆节以维系国命之故"，国庆纪念日与建国有特殊之关系，可昭往策来，且"益以激发其国民之团结向上报国之精神"，"国庆日为一民族之真正诞生成长与其民族生命存在之具体表征"，"国庆为国命之象征，亦惟国庆可激发维护恢弘国命之努力"。④ 在创刊号中，钱基博撰写发刊辞，写明刊物兴办缘由及办刊宗旨，甚为明了。其辞呼吁民众担负起救亡图存的民族责任，不可独身苟活于乱世，置国家危亡于不顾，要求国民坚定抗战之决心，"……忘战必危，有

---

① 柳定生：《倭寇之今昔》，《国命旬刊》1938 年第 5 期，第 10 页。
② 钱基博：《吾人何以自处》，《国命旬刊》1937 年第 2 期，第 2~4 页。
③ 所谓"国性"于文则止戈为武，在国则操戈以守。凡我邦人，当知可以不侵略，而不可以不抗战，乃我中华民族之昊天有成命，秉之性分，引为天职。参见钱基博《发刊辞》，载《国命旬刊》1937 年创刊号，第 3 页。
④ 陈训慈：《国命与国庆》，《国命旬刊》1937 年创刊号，第 9 页。

以不抗战而坐贻陨灭者","……如不自奋而图苟活,人为刀俎,我为鱼肉"。① 并认为抗战对于中国将会是一场激荡的革命,一次革新的契机,会给中国带来深刻之变化,"多难兴邦,凡我邦人,溺于宴安,木古则枯,人老亦衰;此一役也,动心忍性,可以祛民族旧染之污而自新;可以矫民族偷惰之习而自振。《诗》不云乎:'周虽旧邦,其命维新。'而鼓舞作新,其必以此日之抗战发其机。"② 该社同人多持此观点,梅光迪在《言论界之新使命中》一文中曾言:"今日言论界所首当认定者,则在此次抗战,富于历史意义,而中国民族之复兴,亦从此历史意义中可以推测。"③

1937年11月10日出版第四期后,因时局动荡,杭州危急,浙江大学被迫迁校。浙江大学先迁建德,再迁吉安、泰和,因迁校与印刷不便,该刊一度停刊。后该刊于1938年5月20日在江西泰和复刊,出版《国命旬刊》第五期,自第六期始,该刊改为由浙江大学出版,国命旬刊社改为国命旬刊编辑委员会④,第十期开始由国立浙江大学国命旬刊编辑委员会编辑兼发行,江西全省农村合作社供运业务代办处印刷部承印⑤,至1938年8月30日出版第十四期时,因时局关系,浙江大学奉令迁往广西宜山,"迁校前后,公私冗繁;旅途既多稽延,布置尤为费时;以致本刊集稿与排印,皆不易如常进行。不得已自九月起,暂停数期",⑥《国命旬刊》再次停刊。⑦

---

① 钱基博:《发刊辞》,《国命旬刊》1937年创刊号,第2~3页。
② 钱基博:《发刊辞》,《国命旬刊》1937年创刊号,第3页。
③ 梅光迪:《言论界之新使命》,《国命旬刊》1937年创刊号,第4页。
④ 《国命旬刊》初期由浙江大学教师自发组织的国命旬刊社出版,第六期正式归国立浙江大学出版,由校长聘请国命旬刊编辑委员会负责。
⑤ 《编后记》,《国命旬刊》1938年第10期,第14页。
⑥ 《本刊启事》,《国命旬刊》1938年第14期,第24页。
⑦ 浙江大学迁至广西宜山后,于1939年出版第15期,笔者虽未找到文献,但从1939年1月16日的《浙江大学校刊·校闻》中可以看出,《国命旬刊》复刊工作基本已经完成,不日即可发行。同时该校闻并附第十五号的部分文章篇名,其中包括梅光迪《英美合作之必然性》,贺昌群《归蜀行纪》。实际情况第十五号出刊应在1939年3月,虽然《梅光迪文录》中《英美合作之必然性》一文后记载为"原文载于《国命》1939年第六号",但台版《梅光迪文录》,后面则注释为"原文载于浙江大学1939年3月20日《国命》第十五号"。同时《贺昌群文集·第三卷》中《归蜀行纪》后注释亦为"原载浙江大学《国命旬刊》第十五号(1939年3月)"。由此判断,第十五号应出版于1939年3月,应无第十六号。参见《校闻》,《浙江大学校刊》1939年1月16日复刊第7期;梅光迪:《梅光迪文录》,(台北)"国防研究院"出版,1968,第43~47页;贺昌群:《贺昌群文集》,商务印书馆,2003,第562~573页。

《国命旬刊》自创刊至停刊，共计刊发文章73篇，内容涉及历史文化、民族文化、时论、经济建设、国民教育等诸多领域。其中历史、民族文化方面的文章最多，共计25篇，其次为抗战时论方面文章共计18篇，其后依次为国民教育方面6篇，经济建设方面4篇，其余为外文著作翻译以及诗录。从统计中我们可以看出，历史文化、民族文化及时论是该刊重点所在，此类文章的叙述，重视中国社会的历史的发展规律性或历史上可资借鉴的史迹，从历史的规律中证明抗战胜利的可能性及时局应对之策，从历史上民族斗争的光荣史迹来鼓励抗战的信心，在此基础上深入研究民族精神与民族自信力，探讨中华文化道德和民族精神与中日战争之间的关系，呼吁民众担负起救亡图存的民族责任，进而树立国人抗战救国之意识。

《国命旬刊》这一宗旨除了与抗战特殊时期的历史大背景息息相关外，与其独特的撰稿群体同样是密不可分的。刊物的创办也许容易，但若要刊物具有生命力，则须以强有力的作者群作为支撑。《国命旬刊》在战乱年代几经波折，在该刊同人的坚持下持续两载，足以证明其编辑及作者之努力，亦足以证明其对刊物宗旨的坚守。《国命旬刊》依托浙江大学而创立，故撰稿人绝大部分都是浙江大学里的文史教授。其主要撰稿人有梅光迪、张其昀、陈训慈、郭斌龢、王庸、王焕镳、钱基博、李絜非等。此外，柳诒征、竺可桢、张荫麟、马一浮、贺昌群等也发表文章于该刊。撰稿人可谓集当时文史大家一时之盛，这在当时的时事刊物里，是并不多见的一个特例。从其主要撰稿人来看，八人中多数出身于"南高"，所以《国命旬刊》的撰文则趋于对中国固有文化的认同与肯定，文化民族主义思想必然贯穿其中。① "根据我国固有之文化精神，以解释目前抗战之意义，对于我国民族过去之光荣与现在及将来之使命，当尽力阐发。行文出以精密明辨之思想，缠绵悱恻之情感，而贡献于国人之前，务使读者于四万万华胄之同胞，增其亲爱之心，于五千年历史之祖国，增其信仰之心，于千秋万祀而永存之我民族前途，增其无限希望之心。"②

---

① 八人中梅光迪、张其昀、陈训慈、郭斌龢、王庸、王焕镳均为南高出身。钱基博在《国命旬刊》除《发刊辞》与《吾人何以自处》外，其他各篇均是与顾谷宜据俄文本所译《德国兵家克老山维兹兵法精义》，李絜非在《国命旬刊》中连载《从浙东到黔中》是其考察中所见所闻，但钱氏与李氏对中国固有文化是持肯定与认同态度的。
② 《校闻》，《国立浙江大学日刊》1937年9月24日第235期。

二 "铸精神国防线"——浙大教授的
抗战救国思想

  1937年抗战全面爆发后，中国民族危机空前加剧。在民族危亡之际，抗战志士呼吁民众团结抗战。但当时群众普遍对于抗战持观望态度，更有甚者，对战争采取消极态度、逃避行为。鉴于此，《国命旬刊》同人，奋笔疾书，呼吁国民应同仇敌忾，共赴国难，忘战必危，不可置国家于不顾。该刊同人认为抗战是必然的，而且要坚持不动摇的抗战，不可因一地一城之得失，动摇抗战之决心。"苟众志不能以成城，救国不由于得民，民不爱国，惟生是偷；然后黔首有瓦解之危，关门无结草之固；疆寇纵兵，如驱群羊而天网解纽，大命既倾，河山墟矣"①，"寸土勿让，操戈以守，有死无退；……凡我邦人，当知国于天地，可以抗战而不可以侵略；可以不侵略，而不可以不抗战。抗战者，国民自卫之天职"②。该刊同人不仅看到了抗战的必然性，同时也认识到抗战亦是一场激荡的革命，可以去民族之陋习，使民族自振，更有甚者言抗战是民族复兴之始。"惟命不长，多难兴邦。此一役也，可以祛民族旧染之污而自新，可以矫民族偷情之习而自振"③，"此次抗战，富于历史意义，而中国民族之复兴，亦从此历史意义由可推测"④。

  但当时国人的家国观念淡薄，加上"恐日病"使诸多知识分子变成恐日派、亲日派、顺民，他们提出各种悲观论调，如"中国必亡论""偏安论""亡国论"，这些奇谈怪论被抛出来，腐蚀着人们健康的心理，导致了人们思想的混乱，加深了社会的动荡不安。

  国人民心不安，精神涣散，加上此时日本在中国华北推行奴化教育，民族出现前所未有的精神文化困境。鉴于此，《国命旬刊》同人以笔为剑，著书立说，对持悲观论调的知识分子进行强烈的批判。"吾侪士夫，读书明理，岂有卖国以为间，徒以罢于奔命，厌战情深，谈吐之间，张皇敌势，而不知不觉，散播谣传。"⑤ 在批判之外，该刊同人警告国人虽在战时

---

① 钱基博：《发刊辞》，《国命旬刊》1937年创刊号，第3页。
② 钱基博：《发刊辞》，《国命旬刊》1937年创刊号，第2页。
③ 钱基博：《发刊辞》，《国命旬刊》1937年创刊号，第3页。
④ 梅光迪：《言论界之新使命》，《国命旬刊》1937年创刊号，第6页。
⑤ 谢祥皓、刘申宁：《孙子集成》第23卷，齐鲁书社，1993，第197页。

亦应重视本国之文化，"国家竞争，兼含有文化竞争，灭其国家者，必灭其文化"①，其后又言，"异族统治者之唯一目的，在打破被统治者之自重自信心，久之主奴之优劣，强弱智愚之歧异，成为习惯，成为传统观念，而使被统治者甘居下流"②。

对于上述反面论调及日本的精神、文化侵略，该刊同人认为只有建设精神防线，方可匡救时局。何为精神防线？即增强民族之精神，启发"国性之自觉"，这亦是《国命旬刊》同人创刊之宗旨。国民特性"如物理学之摄力，抟捖一国之人，而不至有分崩离析之事也！如化学之化合力，镕冶国人，使自为一体……外御其侮"③。何为国民特性？"凡欲研究现代问题，必先了解国民特性，即一民族丰富的精神生活，或称国魂。……国民性为造成一切国力之基础，……国魂为无形之物，难以统计数字表示之，一般人以其神秘复杂，难以测度，往往未加重视。……足以决定国家之命运者，仍属精神上的现象或精神上的价值。"④ 如上述，张其昀将民族精神视为国性，并将国性（民族精神）作为第一性，一切之基础，国家命运的决定者，而对于时局来讲，如何培养国民特性，增强民族精神就成了至关重要的问题。

关于国性、民族精神的培养，综观全刊，《国命旬刊》同人提出三点。

第一，对于培养国性方法与来源的态度。时人对于国民特性的培养方法诸多，论调较多的则为效西法，走西化之道路。但《国命旬刊》的撰稿群体为文化保守主义学者，其态度必然是对于中国固有文化的认同与肯定，对于效西法，走西化之路自是不苟同。所以该刊同人希望以中华固有之精神，来培养国民之特性，增强民族之精神。郭斌龢曾在1931年11月2日《大公报·文学副刊》中发表《新孔学运动》一文，他提道："中国以孔学立国，孔子为中国之国魂。"⑤ 钱基博也把儒家经典看作国性的渊源，他曾在《吾人何以自处》一文中引用孔子、孟子之言"'不仁不智，无礼无义，人役也。人役而耻为役，由弓人而耻为弓，矢人而耻为矢也。如耻之，莫如为仁'，'志士仁人，无求生以害仁，有杀身以成仁'，'勇士

---

① 梅光迪：《斥伪教育》，《国命旬刊》1937年第4期，第7页。
② 梅光迪：《近代大一统之思想演变》，《国命旬刊》1938年第6期，第5页。
③ 钱基博：《〈国学文选类纂〉总叙》，《钱基博学术论著选》，华中师范大学出版社，1997，第11页。
④ 张其昀：《国际战争与中国文化》，《国命旬刊》1937年第2期，第7页。
⑤ 郭斌龢：《新孔学运动》，《大公报·文学副刊》1931年11月2日，第199期。

不忘丧其元，志士不忘在沟壑'，此则中华民族之精神，古圣先贤之所留，贻以世世诏我子孙，而立国于不敝者也。"①

第二，阐释民族精神对于抗战的作用，以增强民族自信力。1938年第一次南岳军事会议，蒋介石接受了中国共产党的建议，并提出了"民众重于士兵""精神重于物质"的观点。② 在此之前，《国命旬刊》创刊人之一的张其昀，就已提出此观点，"中国国防的重心，不在少数的前方兵士，抑不在国军的全体，而在国民的全体……保护中国之权利应与全民共之"，"不仅要重视有形（物质）的国防，尤要注重无形（精神）国防"。③ 时至全面抗战爆发，东南危急，中国处于民族危亡之际，面对战争的失利，物资的匮乏，当时的有识之士更加确定精神国防的重要性。《国命旬刊》同人先后著述，论述精神重于物质，尤其是民族精神更为重要，在战乱中的民族比以往任何一个时期都需要民族精神的支撑，民族精神的团结是长期抗战的重要支柱，战时更需要去宣扬民族文化与民族精神。"一个国家人民之精神力量，在现代民族间科学化的战争中与过去时代战争同样的操着最大的关键"④。该刊创刊发起人之一的梅光迪更是以历史来论证，中华民族之所以在数次被侵略过程中，没有被淘汰尽净，没有成为历史之空名，是因为中华民族特有的民族精神力量，"……惟其特具奋斗力量与大无畏精神，故能战胜一切他族，至今尤为东方之主人翁……以成无穷之民族生命。"⑤ 并以中国士兵对外战争之变化来论证，认为中国士兵能在抗战中一改旧有"面貌"，开甲午以还之新纪元，应归功于中华固有文化之精神与民族之美德，"此次抗战，一鸣惊人……吾人人若归功于执政当局之国防准备，毋宁归功于其利用吾民族之固有美德，为之阐扬广大。近年之尊孔及敬礼历史上之民族英雄，实可谓此次抗战之精神总动员。"⑥

但是，时人因近几十年中国出现的种种流弊而过于悲观与愤懑，加之前方战事失利，"使热望太深或持志欠坚之人，感到沮丧，希望意志顿然

---

① 钱基博：《吾人何以自处》，《国命旬刊》1937年第2期，第4页。
② 参见郑洪泉、常云平总主编，袁佳红等分编《中国战时首都档案文献·战时文化》，西南师范大学出版社，2017，第946~948页。
③ 张其昀：《国防教育》，《教育周刊》1933年9月171期，第6页。
④ 陈训慈：《甲午战争之最大教训》，《国命旬刊》1937年第3期，第7页。
⑤ 梅光迪：《言论界之新使命》，《国命旬刊》1937年创刊号，第6页。
⑥ 梅光迪：《言论界之新使命》，《国命旬刊》1937年创刊号，第5页。

动摇,揣测纷纷,责难丛杂也确有军心动摇局部崩溃之事实"①,进而丧失民族之自信,动摇抗战之精神。民族自信力对于抗战十分重要,陈训慈将其认作抗战成败的关键所在,"此次抗战虽是一回艰苦而经久的长征,而这征途的前程必是成功与光明。只有一种力量既能阻止这光明的实现,那就是我们国民认识不清,而动摇了自信力。"②欲恢复民族自信力,最重要的是提高民族之精神,因民族之精神是民族自信之根源:"中华民族的精神熔铸于古代几部经典里,经孔子整理,后代学者加以补充,形成为伟大的思想系统,这是国家的命脉,也是民族自信心的根源。"③而对于提高民族精神,最重要就是宣扬中华传统文化精神与道德,梅光迪在《言论界之新使命》一文中曾言:"近代学者,对于其本国历史相传之美德,莫不阐扬尽致,以珍惜其民族之本原,以策励其民族之迈。吾国民族,在今日一致抗战争存,患难相共之中,舍此亦无他途也。……恢复民理自信力,打破劣等民族之心理,以求现在抗战之胜利,以求民族前途之光明。"④虽然此文之内容在阐释我中华民族的固有美德,但其主要旨趣,是期望言论界能够激发我中华民族的此种固有美德,共同为抗战而实施精神总动员。

第三,以教育的手段,对民众进行爱国思想的培养,从而提高民族自信心,激起爱国的热诚,以增强抗战力量。该刊同人认为一个民族的教育是维护和发扬这一民族的文化传统和民族精神的重要手段,尤其要注重文学、历史教育。"一国之史迹,最足以激发其国民之民族精神……而今日之中国于此更应有明确之认识,且求实际贯彻之也。"⑤ "文学可称为民族的精神要塞……惟独此精神要塞不能摧毁。民族来赖此团结,民心赖此激励。"⑥

对于历史的教育,该刊同人希望以历史教材为主体,选择中国历史上相关的民族、政治、文化等内容编纂成教材,给予中小学学生使用阅读,用以培养民众的爱国思想。对于历史教材的编写以及历史教学,该刊同人编写者及教育者以民族本位为重心,认为其不能浮于表面,要能突出中国民族能力之优越,中国文化之高卓;表彰先民兴国之伟绩,忠烈之事迹;如果能言明外族统治之痛苦,外国亡国之惨史,那么将对于抗战救国精神

---

① 陈训慈:《战局转移中的自信力》,《国命旬刊》1938年第6期,第6页。
② 陈训慈:《战局转移中的自信力》,《国命旬刊》1938年第6期,第8页。
③ 《编后记》,《国命旬刊》1937年第4期,第10页。
④ 梅光迪:《言论界之新使命》,《国命旬刊》1937年创刊号,第5页。
⑤ 陈训慈:《历史教学与民族精神》,《图书展望》1936年第4期,第9页。
⑥ 张其昀:《文学与民族性》,《三民主义周刊》1941年第1卷第12期,第12页。

防线建立有着莫大的功效，亦能将中华文化道德与民族精神合一，鼓励民族自信心，提高民族之精神。对于此，该刊同人陈训慈提出五点注意事项：其一，讲明民族为整个的，重于说明其悠久与优越；其二，表扬先民之忠烈应勿忘贬斥前代之奸恶；其三，颂美救国之实行而同时纠责空谈之士习；其四，推阐乡土之民族史迹，不背于整个民族精神之发扬；其五，以国史激发民族的自觉，应辅以外国史之联络与印证。① 同时陈训慈还提出利用民族人物传记，来了解民族国家之兴衰，了解民族之文化，培养民族之感情，提高民族之精神，"发扬学生之民族意识，唤起其对民族应尽的职责，欲达此目的，自当阐释我们民族演进之因果……这些说明，往往是以若干有系民族隆替之几个伟大人物为骨干，他们的事迹，自成为这些讲述的中心。"② 对于陈氏的外国史之联络与印证以及民族名人之理论，《国命旬刊》同人非常之赞同，综观该刊，关于外国历史、民族人物传记的文章刊发近10篇，如郭斌龢《李纲与今日中国》《抗战精神与南宋理学》《抗战建国之古希腊》；张其昀《法国大革命时代的抗战精神》；王焕镳《明御倭名将任环传》等。这些都是从历史的发展规律性或历史上可资借鉴的史迹，以及历史的规律中证明抗战胜利的可能性，并以历史上民族斗争的光荣史迹来鼓励抗战的信心，进而在此基础上深入研究民族精神与民族自信力，探讨中华文化道德和民族精神与中日战争之间的关系，以鼓舞国人士气，宣扬抗战。同时该刊同人亦重视国民道德之修养教育，认为人伦道德、理想人格是中国文化的根本精神，所以加强国民道德修养亦是提高民族精神之方法。"个人人格不在，国家元气以丧失，何以抗战，更何以建国，诚能于道德之修养厚加之意。立仁爱以为之本……则振作人心"。所以"于国足阽危之际，留心于国民身心本源之地，欲加修养之功，以为挽救危亡之术。"③ 注重国民道德修养，应于学校之中，用有道德之人"讲明圣贤言行以蓄成其德"，"将中华数千年民族精神之蕴萃，分别浅深，订为课本，人人服习"。④

从上述言论不难看出，《国命旬刊》在民族危亡之际，认为最重要者，莫过于民族之精神，其阐释民族精神为中国传统文化，反复强调中国文化的精神是中国民族的脊梁，是决定抗战成败的关键之所在，国人对于民族

---

① 陈训慈：《历史教学与民族精神》，《图书展望》1936年第4期，第9~14页。
② 陈训慈：《民族名人传记与历史教学》，《教与学》1935年第1卷第4期，第123页。
③ 王焕镳：《对于国民道德修养之管见》，《国命旬刊》1938年第6期，第8页。
④ 王焕镳：《对于国民道德修养之管见》，《国命旬刊》1938年第6期，第8~10页。

与国家要有"本能之爱"。其认为"中华民族文化传统中普遍有效的亘古长存的东西,才能重建我们民族的自尊"①,复兴中华民族有赖于继承和弘扬民族精神。但是从根本的角度出发,《国命旬刊》同人所言,就是对学衡派文化观的一种延续。依然强调"中国文化的根本精神在于人伦道德,尤其是理想人格,它是中国人战胜外敌、复兴民族最重要的精神支柱的观点;强调吸取历史经验,一方面积极输入外来文化,一方面要不忘本民族的地位,致力于建立民族独立文化的观点;强调不能妄自菲薄固有文化,应当加强对国人的'文化训练',及重视国人的中国历史文化教育的观点;强调道德建设与经济建设并重。"② 这是对本民族的文化和历史的一种自我肯定,也是对本民族自身存在的价值的肯定与推崇。

三 书生论政——浙大教授的政治理念

随着抗战的进行,"因抗战所暴露出的各种缺点,政治的、社会的、经济的、教育的以及种种,更急切需要补救"。③ 诸多知识分子在爱国主义思想的推动下纷纷将研究的视角转向抗战阵营之中。但"知识分子的爱国主义与普通民众不同。普通民众的爱国多处于朴素的情感,不可能上升到理性的高度,他们对于国家、民族之类的概念往往是模糊的、片面的;而知识分子对国家和民族的理论有着深入研究,并对世界上许多国家、民族的兴衰存亡进行大量的分析,因此知识分子的爱国主义不仅仅出于对江山故土的热爱,更有着许多理性而系统的思考,有着丰富的政治、经济、文化等内涵。正是因为他们有着常人不及的恢宏视野和思想深度,他们的民族主义才摒弃了狭隘的个人、家族或小集团的观念,而能够集中反映整个民族的利益和需求。"④ 作为当时知识分子中的精英,浙江大学教授群体并未忽视学术对于抗战建国的重要意义,他们以刊物为媒介,对时政进行分析解读与评论,表达其对于政治的见解与认知,同时让时人更好地去了解时局与政府政策,从而擘导国民以抗战。综观整个《国命旬刊》,该社同人较为关注的有两点,一为国内方面救国公债的发行之事,二为国际关系

---

① 吴宓:《中国之旧与新》,《中国留学生月报》1921年1月第16卷第3期。
② 郑师渠:《"古今事无殊,东西迹岂两"——论学衡派的文化观》,《近代史研究》1998年第4期,第85~86页。
③ 杭立武:《政治建设的基本工作》,《新民族》1938年第2卷第17期,第2页。
④ 黄敏兰:《学术救国:知识分子历史观与中国政治》,河南人民出版社,1995,第3页。

方面，即抗战中中国与其他国家之间的关系。

（一）救国公债的讨论

战争之中，经济尤为重要，其中"钱"为最重要之问题。抗战爆发后，军费开支巨大，而沿海地区危急，政府财政税收急剧减少，导致财政赤字严重，南京国民政府先后调整税收及增加新税，但收入有限，缓不济急，不能满足财政之急需。后南京国民政府为扩大财源，筹措抗战之军费，于1937年9月1日以十足票面向社会公开发行救国公债，共计五亿元。

对于救国公债的发行，该刊呼吁在此国家危急之时，全国国民都应该以抗战胜利为整个民族的唯一目标，以前方战士浴血奋战精神为精神，克勤克俭，用储蓄存款购买公债，以贡献于国家。该刊还论证购买救国公债对社会民众有益之处，"购买公债不但可以救国，实际即以保障自己的利益……赎买公债，将来由整个国家力量保障还本付息，这是在是最稳妥的最安全的投资办法。……束手旁观，致使政府财政在山穷水尽时，不得已而增发钞票，若纸币数量增加……结果物价飞涨……，即所谓高度通货膨胀，危险性极大，其受害者依然是全国国民，要避免这最后一途，我们只有从速购买公债。"①

他们从救国公债一事中，认识到中国经济发展之弊端——畸形发展，沿海重于内陆以及重工业不发达。对于经济区域发展不平衡这一问题，他们认为工厂应迅速迁往内陆，促使内陆繁荣，内陆繁荣后可增加税收，亦可为公债政策打下雄厚基础。"……今后应向大陆发展，内地繁荣了，政府税收可望增加，税收增加了公债政策方向有雄厚的基础。战时财政故需充分利用公债，而公债之发行又须赖健全税制为其后盾"②。针对重工业发展不发达，导致军备补给仰仗外国输送这一问题，他们提出"筹措战费应分对内对外，将法币政策政府所拥有的黄金、白银、外汇，加上向海外华侨劝募以及民间收藏之银币、金银首饰器皿以此购买军备物资。"③

然"钱"对于国防只是存在表面上的关系，例如募集的救国公债，这些"钱"之后才是抗战实际之需要，即必使钱转变为物质，而后始可

---

① 张其昀：《救国公债与其相关的问题》，《国命旬刊》1937年创刊号，第13~14页。
② 张其昀：《救国公债与其相关的问题》，《国命旬刊》1937年创刊号，第14页。
③ 张其昀：《救国公债与其相关的问题》，《国命旬刊》1937年创刊号，第14页。

为用。"国防所需的并不是金钱的本身,而是金钱所代表的人力与物力,其中最重要的还是物力"①,物力所最缺乏为原料,"(战前)考我国所缺乏之原料,依海关册所列可以见焉,五金、布匹、米麦、糖油、木材等"②。平时如此,战时尤为必需,淞沪会战始,沿海地区被日军军舰封锁,不得不另寻一条供应之新途径。关于此事,该刊同人梁庆椿建议采用垦殖之法,"原料问题除了五金之外,其余布匹、米麦、糖油、木材等都可以用农业即垦殖之法代替"③,垦殖之法除可以解决原料问题外,亦可以解决失业问题,自淞沪会战始,东南沿海各地工商停顿,工人失业为先,商业萧条于后,继而税收减少,对抗战有所不利,互为因果循环。"可以农业为解决工商业人员之尾闾"。"原料与失业皆可解决矣。抑且沿海屯垦,可以监视海口,充实国防,又国人有建设新村改良农业之议,而民生主义以耕者有其田为中心政策,今兹履端于始,其收效必宏"。④

如前所述,他们从"经济基础"的角度解读救国公债对中国抗战有着重要的影响,并且将问题进一步深化,对战时中国沿海经济问题与失业问题提出解决之办法,以供国人参考,从而更好地推动抗战建国。

(二) 战时国际关系的解读

1937年全面抗战爆发后,南京国民政府努力将中日问题国际化,先后诉诸国联及九国公约会议,希望可以利用外交,向日本施压,以解决中日战争问题。先是国联大会的召开,并于10月6日通过两个报告书和一个决议。后11月3日九国公约会议开幕,会议的第一阶段,并无实质性的进展,国内一片哗然。《国命旬刊》同人亦对此会议进行报道,并对会议各国之利益关系进行分析,欲告知国民不可对此有太高期待,做好持久抗战之准备。

在会议尚未开始之时,该刊同人就有九国公约不可信,是与会各国麻痹中国之手段,以达到牺牲中国利益,满足其自身利益之言论。"九国公约会议中,英美为自身利害计,或亦将停止沪战为先决条件,此正

---

① 梁庆椿:《消费经济与国防》,《国命旬刊》1938年第7期,第4页。
② 梁庆椿:《战时垦殖之重要及实施之方法》,《国命旬刊》1937年第3期,第8~9页。
③ 梁庆椿:《战时垦殖之重要及实施之方法》,《国命旬刊》1937年第3期,第9页。
④ 梁庆椿:《战时垦殖之重要及实施之方法》,《国命旬刊》1937年第3期,第11页。

纲所谓以和议惑中国也"。① 从其后国联大会通过的两个报告书和一个决议来看②，国联大会并没有通过任何具体援助中国的措施，对于制裁日本方面更是没有涉及。九国公约会议的主旨是调解中日矛盾，但其实质就是牺牲中国利益与日本达成一定妥协。张伯伦在下院的演讲就是对此最好的证明："比京会议之目的在努力恢复远东和平阿特里主张政府以和平方法谋取和平为不可能……盖议中谈及经济与武力压迫，实非计之得页。吾人赴会志在谋和而非扩大冲突。"③ 与此同时张荫麟在《国命旬刊》发表《九国公约会与中国抗战的前途》一文，文中揭露道："调解就宣告主动这会议的国家本来就没有严格维持九国公约的决心。这与国联之不肯做'侵略国'的证明遥相呼应的。要严格维持九国公约就是要日本的军队无条件的退出中国领土，进行调解的实质就是牺牲九国公约而与日本谋得相当的妥协。"④ 文末提到东方的战争势必会延长，中苏两大陆国携手的时机到了。但是该社同人费巩则对此持相反之观点，认为我国现在与苏联联手无非是一厢情愿而已，虽然苏联与远东关系密切，有被日军攻击之危险，加之远东利益关系，苏联与日本冲突的可能性也最大，但恐未必是此时。中国此时虽然战事不顺，但尚有力量与日本一搏，加上军民抗战情绪高涨，所以尚可坚持相当时日，"（苏联）利用吾国之兵以削弱日本之战斗力，吾抵抗力愈久，苏联受益愈大"，"坐收渔翁之利为苏联计，固必不积极与此

---

① 郭斌龢：《李纲与今日中国》，《国命旬刊》1937年第2期，第4~7页。句中"纲所谓以和议惑中国也"，指自宋人李纲《邀说十议》中提到的"山河财用有尽，而金人之欲无穷。少有衅端前所予者其功尽废，遂当拱手以听其命而已。昔金人与契丹二十余岁交战，战必割地厚赂以讲和既和。又求衅以战卒灭夫契丹。今又以和议惑中国至于破都城灭宗社易姓建号其不道，如此而朝廷犹以和议为然，是将以天下畀之敌国而后已。臣愚窃以为过矣"。
② 第一个报告书承认日本在中国的军事行动"不能依据现行合法约章或自卫权以资保护"，并违背九国公约与巴黎公约。第二报告则建议九国公约签字国举行会议，"并与其他在远东有特殊利益之国家联合工作，寻求以彼此同意之方式结束此次争议之法"。决议要求各会员国"应勿采取足以减弱中国抵抗力量以致增加其在此次冲突中之困难之任何行动，并应就各该国对于中国之个别援助究能达如何程度一节予以考量"。参见白皮书第56号，《国际联合会关于1937年7月7日卢沟桥事变以后中日争议所通过之决议案及报告书》；《国民政府外交部档案》，卷号1371，中国第二历史档案馆藏；徐蓝《布鲁塞尔会议与中日战争》，《民国档案》1990年第1期，第101页。
③ 《社评》，《大公报》1937年11月25日。
④ 张荫麟：《九国公约会议与中国抗战的前途》，《国命旬刊》1937年第3期，第2页。句中国联之不肯做"侵略国"的证明一事指在国联大会中所通过的两个报告书和一个决议，都未明确宣布日本是侵略者。

时出兵"①。

虽然他们提出不可过分期待九国公约会议，但其并不反对利用外交解决中国抗战之问题，亦未否认外交在抗战中的作用，并认为外交亦是抗战制胜的条件之一。"（抗战）取胜之道有三：曰全国上下团结一致，奋起图存，是精神上制胜之条件，持久作战以消耗日本实力是物质制胜之条件，静待国际变化，使日四面受敌，是外交制胜之条件。"②其静待国际变化的前提是要坚持持久的抗战，这样各国才会以保全自身利益为计，最终有所动作，以改变现有之局面。时人所言并非无据，时英美两国在华均有巨大利益，据 1931 年统计，列强在华投资总额，约占其海外投资总额的 37%，位居其海外投资国之首。其在华总投资 12.5 亿美元，其中有 9 亿美元集中于上海。③随着淞沪会战的爆发和上海沦陷，沿海一带危急，英国不可能坐视自己经营多年的利益被日本蚕食而无动于衷，必然会有所行动以制止日本的侵略，进而保存自身在华之利益。加上英日两国在南洋之矛盾，除非英国甘心退出远东，否则对于日本的野心，英国不可能不加以制止。"日本近年在台湾及南洋群岛，建设军事根据地，……日本目的欲在南洋群岛移民，发展日货市场，攘夺石油橡皮等国防资源。英属南洋之新加坡，为英帝国之中心点，故日本势力侵入南洋，无异于以利刃刺英国之心，英国渐知南洋群岛之命运与中国之前途有关。"④除英国之外，欧洲其他各国亦有在华相关利益。随着欧洲时局的变化，日德合作之具体化，该刊同人认为中日战争对整个欧洲战局有着影响，为降低德日军事同盟的力量，他们必会对中国有所援助。"法俄正需保持中国抗战之力量，使中国能消灭日本军事力量，则间接足以减低德之军事力量"⑤，就美国而言，其为保持太平洋之安全，为保持南洋橡皮之供给，决不容许日本在远东称霸，故美国不能坐视中国失败。⑥

上述《国命旬刊》同人无疑属于民国时期中国学界知识分子中的精英，但其并未忽视学术对于抗战建国的重要意义。正如时人所言："学术

---

① 费巩：《战败日本之条件》，《国命旬刊》1937 年第 4 期，第 4 页。
② 费巩：《战败日本之条件》，《国命旬刊》1937 年第 4 期，第 2 页。
③ 数据参见张其昀《抗战中之中英关系》，《国命旬刊》1938 年第 5 期，第 6 页；方连庆《现代国际关系史 1917—1945》，北京大学出版社，1990，第 315 页。
④ 张其昀：《抗战中之中英关系》，《国命旬刊》1938 年第 5 期，第 6 页。
⑤ 顾谷宜：《抗战中的国际形势》，《国命旬刊》1938 年第 9 期，第 3 页。
⑥ 顾谷宜：《抗战中的国际形势》，《国命旬刊》1938 年第 9 期，第 5 页。

在中国，是政治的领导，是国力的源泉。能在学术上得到发明的人，其有功于国家，也不亚于置身疆场的战士。"① 其有深厚的学术涵养，对于中国传统文化道德保有一种肯定态度，对于中华民族的复兴更持有坚定信念。其对国际形势、政治多从学术态势去分析。其从知识分子的个人学术领域走到了一个属于公共的政治世界，两者交杂相融，就像萨义德所说的"纯属个人的知识分子是不存在的，因为一旦形诸文字并且发表，就已经进入了公共世界。仅仅是公共的知识分子——一个人只是作为某个理念、运动或立场的傀儡、发言人或象征——也是不存在的。总是存在着个人的变化和一己的感性，而这些使得知识分子所说或所写的具有意义"。② 该刊同人在抗战时期的中国这一特殊的环境之下，从个人的学术角度出发，试图为抗战建国寻求一条合理的道路。

四 结语

一时代有一时代之学术，一时代有一时代之思想。民族危机，激发了一批知识分子强烈的民族忧患意识和文化担当意识。唤起民族自信心，增强民族凝聚力，重铸民族精神成为他们新的使命。在这样的背景下，"国内思想界的主流由'五四'时期沉浸于科学和民主的亢奋之中转变为对民族文化和民族精神的热切关注。大批学者，不管是文化保守主义学者、自由主义学者，还是马克思主义学者，都以保存中国文化为己任，主动承担起重新诠释中国文化的责任，试图从传统文化中寻找抗战救国的文化资源，寻求救亡图存之道，将学术研究直接服务于抗战。"③ 而《国命旬刊》的诞生恰逢那个战乱的年代。其由浙江大学的梅光迪、张其昀、陈训慈等教授创办，在浙江大学正式出版。刊物定名为《国命旬刊》，彰显该刊同人在抗战这一特殊时期对国家命运的重视与关注及其爱国主义思想。而该刊作者群多为当时浙江大学教授，其在传道授业之同时不忘"匹夫之责"，明确知识分子在战时之责任，"身为知识分子，就应该抱一种舍我其谁至死无悔的态度，去担当领导群伦继往开来的责任。当民族生死存亡的紧急

---

① 杨玉清：《学术与政治》，《新民族》1938 年第 1 卷第 10 期，第 10 页。
② 何方昱：《学术、媒介与政治——论 20 世纪 40 年代〈思想与时代〉月刊社关于建都之争》，《求是学刊》2008 年第 2 期，第 143 页。
③ 陈勇：《历史学家的民族意识和文化关怀——读〈抗战时期史学研究〉》，《抗日战争研究》2007 年第 2 期，第 246 页。

关头，知识分子的责任尤为重大。"① 其以《国命旬刊》为言论、思想的聚合场所，发表文章以表达自己的学术观点与政治见解，从自身学术专长出发，在爱国主义思想、文化民族主义思想指引下，以学术服务国家，探究国家兴亡之理，时刻关注国家命运，为国家发展献计献策。他们通过著书立说从中华民族精神、民族文化的角度探讨抗战建国的构想，通过宣扬中国传统文化、民族精神来唤醒民众的国家意识和民族意识，树立抗战必胜的信念。从某种意义上言，该刊同人所做的努力，就是要延续中国的国魂。其勇于担当社会责任，具有强烈的社会责任感和使命感，并在这种责任和使命驱动下，投身到拯救国家、民族危亡的行动之中。浙江大学教授群体在抗战时期的思想行为是中国历史上知识分子学术报国的一个缩影，具有不可磨灭的历史价值。

---

① 罗家伦：《知识的责任》，《新民族》1938 年第 1 卷第 8 期，第 2 页。

是"学者",还是"士人"?
——章学诚在民国时期研究中的两种形象

况明祺

(北京师范大学历史学院,北京 100875)

摘 要:民国时期,章学诚研究成为一门显学。在民国学人笔下,章学诚表现为两种有所区别的人物形象——近代意义上的"学者"形象与传统意义下的"士人"形象。近代意义上的"学者"形象源于民国学人援西释中的研究取向,彰显的是章学诚在史学领域中的理论创新。传统意义下的"士人"形象源于民国学人立足传统的研究取向,展现的则是章学诚在传统学术系谱中的位置。章学诚的"学者"和"士人"形象折射出民国时期章学诚研究之于中国史学近代转型的重要价值,同时引发了章学诚研究领域中延续至今的学术争论。

关键词:章学诚 民国学术 学者 士人

当章学诚(1738—1801)感叹"知难"时,他或许不会想到,百余年之后,自己竟会有为数众多的"知音"。民国初年,胡适凭借一部《中国哲学史大纲》而"暴得大名",章学诚的生平和学术概貌通过胡适编撰的一部《章实斋先生年谱》而为民国学界所注意。随后,梁启超和钱穆的同名著作——《中国近三百年学术史》——尝试厘清清代学术史的脉络和面貌,章学诚借由梁、钱两位前哲的研究而获得了清学史上的不祧之位。同样是在民国时期,梁启超首倡"史学史的做法",将章学诚同刘知幾、郑樵一道称为"在中国史学的成立和发展上，最有关系的"① 三个人，金毓黻在后独著了一部《中国史学史》，将章学诚和刘知幾赞为"评史家之圭臬"②，章学诚由此获得了在中国史学史上的独特地位。由此可言，民国时期的章学诚研究实为显学。

如何看待民国时期的章学诚研究呢？民国时期的章学诚研究又有什么特点呢？在笔者看来，章学诚在民国学人的笔下表现出两种不同的形象。其一，部分民国学人援引西方的话语概念来理解、诠释章学诚，指出章学诚学术中与西学的若干相符合之处，凸显出章学诚学术的"近代性"和创新价值，并由此将章学诚塑造成一位近代意义上的"学者"。其二，一些民国学人立足传统的话语体系来理解认识章学诚，梳理章学诚在中国传统学术系谱上的脉络和位置，实现对章学诚学术的"历史定位"，由此使章学诚成为一位传统意义下的"士人"。值得一提的是，本文探讨的仅是民国时期章学诚研究的一个侧影③，其中言及的"学者"与"士人"也仅是章学诚在民国研究中呈现出的两种面相，而非章学诚在民国学人笔下之全貌。目前，学界对民国时期的章学诚研究已有初步的梳理和评论，在一些对民国学人和民国学术的专门研究中也有部分相关内容，但大多尚未超出以个别学者为中心的藩篱，专就民国时期章学诚研究本身的特点做出分析和反思。④ 民

---

① 梁启超：《中国历史研究法》，上海古籍出版社，2006，第271页。
② 金毓黻：《中国史学史》，商务印书馆，2010，第291页。
③ 民国时期的章学诚研究作为一研究对象，在时间跨度上非常大，在内容广度上非常宽，对其进行全面详细的论述非一篇文章的体量所能容纳。因此，本文并不追求对其进行面面俱到的梳理，而仅通过以类相从的方式勾勒部分民国学人的研究成果，尝试分析指出民国时期章学诚研究的些许特点与意义。
④ 关于梳理和述评民国章学诚研究的主要成果有黄兆强《章学诚研究述评：1920—1985》，台湾学生书局，2015；陈磊《论民国时期的章学诚研究》，武汉大学博士学位论文，2015；乔治忠《章学诚学术的百年来研究及其启示》，《史学理论与史学史学刊》2004年卷；顾晓伟《在"交流"与"对话"之间重建"家学"——以章学诚研究的接受史为例》，《国际汉学》2017年第1期；刘洪强《民国时期中国学界之章学诚研究：1912—1949》，《兰州学刊》2017年第12期。在对民国学术和民国学人专门研究中涉及民国章学诚研究的主要成果有叶建《中国近代史学理论的形成与演进：1902—1949》，中国社会科学出版社，2012；张荣华《章太炎与章学诚》，《复旦学报》（社会科学版）2005年第3期；刘巍《经典的没落与章学诚"六经皆史"说的提升》，《近代史研究》2008年第2期；徐国利、张笑龙《钱穆、余英时的章学诚学术思想研究》，《史学月刊》2010年第5期；刘开军《传统史学理论在民国史学界的回响——论刘咸炘的章学诚研究》，《史学史研究》2015年第2期；贾红霞《比附西学与立足传统：民国时期清代史学诠释的两种倾向》，《近代中国》2020年第2期。

国时期是中国社会和学术发生剧烈变动的时代，章学诚研究恰在彼时成为显学，理应受到关注。同时，民国学人们的成果在很大程度上为日后的章学诚研究奠定了基础而影响至今。本文将尝试探索章学诚如何在民国学人笔下呈现出"学者"和"士人"的形象，进而据此反思民国时期的章学诚研究的本身。这或可裨益于我们当下对民国学术和章学诚研究的反思。

一 近代意义上的"学者"形象

作为开民国章学诚研究风气之先者，胡适在解读章学诚"六经皆史"的命题时提出了影响深远的"史料"说。作为一个历史科学概念名词，"史料"专指可用于历史科学研究的基本材料，是西方史学在近代科学化过程中的产物。① 胡适在他所著的章氏年谱中借用"史料"这一话语概念诠释章学诚的"六经皆史"：

> 先生作《文史通义》之第一篇——《易教》——之第一句即"六经皆史也"。此语百余年来，虽偶有人崇奉，而实无人深懂其所涵之意义。我们必须先懂得"盈天地间，一切著作，皆史也"这一句总纲，然后可以懂得"六经皆史也"这一条子目。"六经皆史也"一句孤立的话，很不容易懂得，而《周易》一书更不容易看作"史"，故先生的《易教》篇很露出勉强拉拢的痕迹。其实先生的本意只是说"一切著作，都是史料"。如此说法，便不难懂得了。②

胡适将"六经皆史"中的"史"字释为"史料"，如此一来，章学诚的此项命题便可读作"六经皆史料"。在胡适看来，章学诚成功地指出了古代经典典籍所具备的史料价值和意义，认识到它们都可以作为历史研究的材料。同时，胡适坚持认为章学诚与清代那些"擘绩补苴"的汉学家不同，他非常强调章学诚学术思想的"创新性"。一方面，胡适在称赞章氏于《书教》篇中的史学见解时说："先生这个主张，在我们今日见惯西洋

---

① 关于"史料"对现代历史科学的方法论和理论意义可以参见〔德〕斯特凡·约尔丹（Stefan Jordan）主编《历史科学基本概念辞典》，孟钟捷译，北京大学出版社，2012，第221~223页。
② 胡适著，姚名达订补《章实斋先生年谱》，北京师范大学出版社，2014，第271~272页。

史学书的人看来，固然不算新奇；在当时，这确是一个很新奇的见解。"①在他看来，章学诚的学术思想中包含许多"新奇"的创见，而这些创见又都与近代的西方史学理论相契合。另一方面，胡适虽然注意到章学诚思想与前人的相近之处，但他却强调章氏之论的独特性，认为章氏并非沿袭前人。他说："《原道中》说'道不离器，犹影不离形'自是一种卓识。此意清初颜元、李塨、费密诸人皆主之，浙东学术亦与此派有相近处，但不必说实斋之论必本于前人耳。"② 由此可见，胡适在援引西方话语概念解读章学诚的同时，强调章学诚学术的与众不同。在胡适的笔下，章学诚的独特创新之处就在于章氏有别于其他清代士人，其学说中蕴含着近代历史科学的要素。

虽然开民国时期章学诚研究之风气的是胡适，但在胡适之前，梁启超就已然注意到章学诚。在自1902年起开始连载的《论中国学术思想变化之大势》一文中，梁启超就提到章学诚，并说："实斋为《文史通义》，批评导窾，虽刘子元蔑以过也。其《校雠通义》，启研究周秦学之端矣。"③ 后来在1920年，即内藤湖南发表《章实斋先生年谱》的同一年，梁启超在其《清代学术概论》中再次称赞章学诚："会稽有章学诚，著《文史通义》，学识在刘知幾、郑樵上"，"其所著《文史通义》，实为乾嘉后思想解放之源泉"④。到1929年，梁氏《中国近三百年学术史》刊行的时候，他认为章学诚的"创作天才，悉表现于和州、亳州、永清三志及《湖北通志》稿中。'方志学'之成立，实自实斋始也"⑤。从这些评论中不难看出，梁启超将章学诚视作一具有变革性的创新型人才，认为章氏在学术上多启后世之风。梁氏将章学诚评为"方志学"之开山的论断得到许多同时期民国学人的赞同。⑥ 梁启超对"六经皆史"的理解与胡适相似。梁氏在讨论中国历史研究法时，就以翔实的文字指出了古代的经部、子部和集部之书都可以作为哪些历史门类的研究材料。⑦ 故而当提及章学诚的"六经

---

① 胡适著，姚名达订补《章实斋先生年谱》，第246页。
② 胡适著，姚名达订补《章实斋先生年谱》，第220页。
③ 梁启超：《论中国学术思想变迁之大势》，汤志钧、汤仁泽编《梁启超全集》第三集，中国人民大学出版社，2018，第97页。
④ 梁启超著，朱维铮校注《梁启超论清学史两种》，复旦大学出版社，1985，第15、57页。
⑤ 梁启超著，朱维铮校注《梁启超论清学史两种》，第446页。
⑥ 相同的看法还可以在傅振伦、瞿宣颖等人的著述中看到。例如傅振伦《中国方志学通论》，商务印书馆，1935；瞿宣颖《志例丛话》，《河北月刊》1933年第1卷第1期。
⑦ 梁启超：《中国历史研究法》，上海古籍出版社，2006，第50~51页。

皆史"时，梁启超说："他以为史部的范围很广，如六经皆史，什么地方都是史料。"① 经过胡适的开风气之先和梁启超的细致阐述，"六经皆史"的"史料说"在民国时期风行一时，甚至关于"六经皆史"的讨论最终超出了章学诚研究本身。②

在由胡适著成，经姚名达订补的《章实斋先生年谱》问世时，何炳松为该书撰写了序文。何氏后来又发表有《章学诚史学管窥》一文。在两篇文章中，何炳松把章学诚的许多命题和西方话语概念进行了对译。一方面，何炳松用"史料"概念来诠释章学诚对"记注"和"撰述"的区分，将"记注"诠释为"史料"的等价名词。他说："章氏此地所说的'撰述'，不就是我们现在所说的'著作'么？所以要能够抉择去取例不拘常。他所说的'记注'，不就是我们现在所说的'史料'么？所以要能够赅备无遗体有一定。"③ 经由何氏的解释，似可以认为，章学诚成功区分了近代科学范畴下的历史研究材料和历史研究成果。另一方面，何炳松援引近代科学中主体与客体的二分思维来诠释章学诚于《史德》篇中提出的"天人之际"之说。何氏认为章学诚"所说的'天人之际'完全就是我们现在所说的历史上的客观主义和主观主义。"④ 他对此的解释是："历史的内容是人类的事实，事实的外表就是史文。历史家研究人类事实的时候，看见他们有得失是非和盛衰消息，当然免不了出入予夺和往复凭吊的心理作用，因此就免不了生出气和情来。这种气和这种情就是史学上主观主义的两个原素。这两个原素尽量在史文上发表出来的时候，就是世界上绝顶的好文章。但是这里面有客观和主观的不同，我们应该辨别清楚。"⑤ 在何炳松的笔下，章学诚口中的"天"对应于"客观历史"这一近代范畴，"人"则对应于主观一侧的史家。史家作为人，在研究历史时难免会出现主观性的感受与情绪，这就是"气"与"情"。由此，章学诚的学术思想与近代的科学话语概念完成了相互对译。何炳松在以近代西学概念诠释章学诚时也不忘将章学诚与西方学者做一番比较。他说："我近来再去翻看德国海尔达尔（Herder）的'观念'说，海格尔（Hegel）的'民族精神'说，英

---

① 梁启超：《中国历史研究法》，第 272 页。
② 刘巍：《经典的没落与章学诚"六经皆史"说的提升》，《近代史研究》2008 年第 2 期，第 16~25 页。
③ 何炳松：《何序》，载胡适著，姚名达订补《章实斋先生年谱》，第 144 页。
④ 何炳松：《何序》，载胡适著，姚名达订补《章实斋先生年谱》，第 149 页。
⑤ 何炳松：《何序》，载胡适著，姚名达订补《章实斋先生年谱》，第 151 页。

国白克尔（Buckle）的'文化进步的定律'等等'历史的哲学'，我总要发生一种感想，觉得他们的见解太是肤浅，太是没有实质上的根据。就我个人研究世界各国史学名家所得到的知识而论，我以为单就这'天人之际'一个见解讲，章氏已经当得起世界上史学界里面一个'天才'的称号。"① 何炳松此番比较的合理性姑且不论，但在他的口中，章学诚一跃成为一位在史学领域做出了卓越贡献，可与西方近代学者并驾齐驱的"天才"。由此，章学诚的形象自然而然地偏离了传统意义上的士大夫形象，而表征于一种近代意义上的"学者"形象。

被严耕望赞誉为自己"前一辈的中国史学界的四位大家"② 之一的吕思勉同样涉足章学诚研究。吕思勉在阅读《文史通义》时常作评语。这些评语被今人摘录为《〈文史通义〉评》一书。在是书中，吕思勉称章学诚为一"近代之思想家"，认为"其学说见于《文史通义》《校雠通义》二书。其说不必尽合于今；然精深透辟，足以矫前贤之失，而为后人导先路者甚多。"③ 在这里，吕氏直接将"近代思想家"这一标签贴在章学诚的身上。具体而言，吕氏在评论章学诚的"史德"说时，言道："今人论学，莫不知重客观；然所谓客观，亦难言之矣。心有所偏，曲立一说，固不足论；即诚不杂以好恶之私，然史事如物，吾心如衡，衡之正久失于平时，临事致谨，又恶足用哉？欲为良史，当尽天而不益以人，从来论史学求真，未有若此之入微者也。"④ 在吕氏看来，章学诚的学术思想并未局限在近代科学中的客观精神层面，而是向前一步，触及"史家心灵"这一精微之处。按吕氏此思想进路，若他得知当代西方知识论的相关学说⑤，说不定还会再称章学诚为一"当代之思想家"。

章学诚在自己的家书中留下了"刘言史法，吾言史意"⑥ 这一千古名言。刘知幾与章学诚的关联不可谓不多。张其昀就将刘知幾与章学诚放在一起，撰写了一篇长文讨论二人的史学。张氏在西方史学的参考系下论述

---

① 何炳松：《何序》，载胡适著，姚名达订补《章实斋先生年谱》，第 153 页。
② 严耕望：《治史三书》，上海人民出版社，2008，第 169 页。
③ 吕思勉：《〈文史通义〉评》，《史学与史籍七种》，译林出版社，2016，第 192 页。
④ 吕思勉：《〈文史通义〉评》，《史学与史籍七种》，译林出版社，2016，第 212 页。
⑤ 西方当代心灵哲学中的一支就强调知识本身与人类的心灵息息相关，存在一种"只可意会不可言传"的特殊知识。参见〔英〕吉尔伯特·赖尔《心的概念》，商务印书馆，1952；〔英〕迈克尔·波兰尼《个人知识：朝向后批判哲学》，徐陶译，上海人民出版社，2017。
⑥ 章学诚：《家书二》，《章学诚遗书》，文物出版社，1985，第 92 页。

刘、章二人的史学特点和思想，文中充斥着对章学诚学术与西方各史学流派的比较。是文开篇，张其昀便说："余近读西洋史家朗各 Langlois、辛诺波 Seignobos、文森 Vincent、鲁滨孙 Robinson、法林 Fling 诸氏之书，觉西人之所研究之史学问题，二君（刘知幾与章学诚——引者注）多已道其精微。"① 在诠释章学诚"六经皆史"说时，张其昀同样站在"史料"的立场上说："章君之意，以为'盈天地间，凡涉著作之林，皆是史学'。盖典籍皆古人言行思想之遗蜕，即可取以考见古人活动之迹。故章君言搜罗史料之广，实为有史以来所罕见。"② 此后每每论及章学诚的某项思想命题时，张其昀都不忘将其与西方史学中的某种学说联系起来，加以对照和比较。他在文中言及的有："（章学诚）有所谓裁篇别出之法，与西洋所谓 Bibliography 者相近，是为科学著作 Scientific Exposition 之所贵"；"西人称考据分析之事为方法，与章君所谓功力者，其意正同"；"二君已弃除美术史观，而注全力于道德史观、政治史观。至于哲学史观，虽有明道之志，而语焉不详"；"西洋史籍自 Manuals 以外常有 Source Books 与 Readings 相辅而行，此正与章君之意冥符而遥契者也"。③ 张其昀将章学诚的诸多思想命题和西方史学学说依次对应，且他援引的西学大都是西方史学在近代学科化的过程中逐渐形成的学说。章学诚由是在张氏的笔下实现了与近代西方史家的"对话"。

通过简单罗列几位民国学人的章学诚研究成果，不难发现，他们的章学诚研究有许多相似之处。首先，他们借助近代以来传入中国的西方学术话语概念来诠释章学诚的"六经皆史"和"史德"等命题。其次，他们在援西释中的同时，也将章学诚和西方近代学者进行了对照和比较。最后，他们的章学诚研究都凸显了章学诚在史学理论上的"创新性"，强调章学诚其人其学的独特创造性。④ 在该研究取向下，章学诚学术在西学语境中得到认同的同时，章学诚也就与西方近代学者一道共享了近代科学意义上的认识观。例如，当民国学人以"史料"诠释"六经皆史"时，就使得章

---

① 张其昀：《刘知幾与章实斋之史学》，《学衡》1922 年第 5 期，第 4 页。
② 张其昀：《刘知幾与章实斋之史学》，《学衡》1922 年第 5 期，第 11 页。
③ 张其昀：《刘知幾与章实斋之史学》，《学衡》1922 年第 5 期，第 43 页。
④ 同处在此研究取向下的傅振伦的章学诚研究尤为如此。傅振伦在《章实斋之史学》一文中不遗余力地称赞章学诚的"特识"，常用"前无古人""盖有天才"来形容章学诚。傅振伦：《章实斋之史学》，《史学年报》1933 年第 1 卷第 5 期。

学诚同西方近代史家相类——都"将经文看作证据"。① 因此，在这些民国学人的笔下，章学诚被罩在一圈名为"近代"的光环之下，在一定程度上脱离了身处的历史环境，成为一位在学术思想上冥合近代科学知识体系的人物。就此而言，章学诚成为近代意义上的"学者"。

二　传统意义下的"士人"形象

胡适、梁启超等人的章学诚研究并未成为定论。同在民国时期，部分学人即提出了与之不同的论断，使得章学诚研究成为当时莫衷一是的学术领域之一。在"学者"形象之外，章学诚又在一些民国学人的笔下表现出一种传统的"士人"面相。

姚名达在负笈京师时开始从事章学诚研究。他于1925年入清华国学研究院求学，师承梁启超，并和胡适保持书信往来。在胡适所著的《章实斋先生年谱》问世后不久，姚氏就为之做了订正和补充。经由姚氏订补的章学诚年谱于1928年由商务印书馆刊行。就在同一时期，姚名达分两次发表了他的章学诚研究文章。是文从章氏同家乡师友的交往和当时的时风入手论述章学诚的史学。姚氏之文的开篇七节即意在"测实斋其所得之于家乡师友者"。他认为章学诚学术承自阳明之学，"实斋之宗主，实在阳明蕺山"，同时与戴震之学也有相近之处："世咸称东原、实斋各标异识，积不相能，固矣。然以吾窥探，仅有三端。盖因趋向不同，故主张有殊；其实东原、实斋乃知己，非绝对不能相容者矣。"② 姚名达将章氏学术从其家乡师友上溯至宋明的陆、王之学，并将章氏学术与戴震之学相比较，这实际上测定了章学诚在中国古代学术系谱中的位置。

在梳理章学诚的交友之后，姚名达尝试在中国传统语境中诠释章学诚的"史"之含义。他说："治实斋之史学者，首须了解史学一词之意义如何。今日常识所谓史学，每通指研究历史的学科而言。此吾人之所知也。而在实斋之观念，殊不尔尔。"③ 在姚氏看来，章学诚史学并非民国时期那种近代意义上的历史科学。他强调，章学诚口中的史学"其实与彼平日意

---

① 西方史学史上的"经文"指的是基督教的圣经及其相关手稿。在中世纪时期，这些经文具有经典且神圣的地位。〔澳〕阿维泽·塔克尔（Aviezer Tucker）：《我们关于过去的知识：史学哲学》，徐陶、于晓凤译，北京师范大学出版社，2008，第56页。

② 姚名达：《章实斋之史学》，《国学月报》1927年第2卷第1期，第7页。

③ 姚名达：《章实斋之史学》（续），《国学月报》1927年第2卷第2期，第85页。

中口中之史学，含义实有不同"，"究历史之学科，更异乎实斋心意中之史学"。① 既然章学诚的史学不是近代意义上的史学，那么又该如何理解章氏所论之"史"呢？姚名达给出的答案是："实斋之所谓史学，必先有学而后有史，始得称史学，彼有学而不作史，固不得当此称。即有史而不本于学，亦不得当此称"，"真正之史学，非能著几部之史而已。必先有精深之造诣，学问已卓然成家，然后出其心得，著述书，庶几或有当也"。② 姚氏的文字表明，他将章学诚之"史"置于中国传统之"学"的语境中加以理解。一般而言，中国传统之"学"有别于西方近代以来形成的系统性知识之"学"。由此，章学诚所说的"史学"乃是著述成家之学，自然，"六经皆史"中的"史"字也应当由此理解。姚名达因此直截了当地表达了他对胡适"史料"诠释的不赞同之意。他说："史虽不离乎史料，而史料终不可以尸史学之称。而胡适之先生著实斋年谱，释实斋'盈天地之间，凡涉著作之林，皆是史学'一语，为'一切著作，都是史料'。则于史学史料之分际，尚未能深察。"③ 由此可见，尽管姚名达师承梁启超，并与胡适交游，但在章学诚研究中选择了与胡、梁二人有所区别的诠释取向。在他的笔下，章学诚赓续古代陆、王之学的传统，所论之"史学"也是传统学术意义上的著述之学，即中国古代之"学"这一有机整体之下的"史"，而非近代意义上分门别类从事历史研究的一门知识研究学科。因此，章学诚在此就是一位保持传统思维的古代儒家士人。

远离京师，偏居四川的刘咸炘同样于章学诚研究用力颇深，并且有志于"续章""匡章"。刘氏对章学诚的学术有着独特的理解和认识。例如关于"六经皆史"，刘咸炘认为章氏此语中的"史字只是记实事之称，非仅指纪传、编年"④，即"史"代指记录实事。他说："夫章氏所谓史者，乃指典守之官与后世之史部言，示学者以书本记事，古今同体耳。要之为官守之政教典章。以其官与下流部目言，则谓之史；以其为秩序言，则谓之礼；以其为典章制定之常法言，则谓之经"。⑤ 不难看出，刘咸炘基于中国古代的职官制度和典籍功能来理解章学诚口中的"史"。在刘氏看来，章

---

① 姚名达：《章实斋之史学》（续），《国学月报》1927年第2卷第2期，第86页。
② 姚名达：《章实斋之史学》（续），《国学月报》1927年第2卷第2期，第87页。
③ 姚名达：《章实斋之史学》（续），《国学月报》1927年第2卷第2期，第96页。
④ 刘咸炘：《推十书》（增补全本），甲辑第3册，上海科学技术文献出版社，2009，第1059页。
⑤ 刘咸炘：《推十书》（增补全本），甲辑第1册，第32页。

学诚言"六经皆史"意在标示中国记事传统下的史官和史籍,两者因表现形式不同而有不同名称。刘咸炘的阐发既已回到中国传统学术的框架之中,那么经学作为中国传统学术的核心,刘氏自然不免涉及。他认为章学诚的"六经皆史"不同于今古文经学家所论:

> 章先生开宗明义便言六经皆史,即是认定六经本体。今文经学家谓六经皆微言,不为显用,是不独认之为子,且认为寓言,显然不合。然六经经孔子订定,是孔子之学即在经中。章先生明言先有史,后有子。于六经皆史句下,随即申明曰:古人不著书,古人不离事而言理,是谓理即在事中,史即有子之用。不意古文经学家因矫今文家之诞说,遂谓六经记事不为化人,六籍只是古史陈账,与孔子学术无关。孔子删定六经,只是整齐故事,其功比于刘歆。此与今文家言各走极端,皆不可信。①

这段文字表明,在刘咸炘看来,无论是今文经学家还是古文经学家对"经"性质的理解都过于极端,倒是章氏之说道出了六经作为记事之书,蕴含实事之理的"子书"性质,居于"中行"的位置。刘氏对章氏"六经皆史"的阐发落脚在经学脉络之上,其可以归于传统的经史之论。在刘氏笔下,章学诚所发的议论全然关乎传统学术中的争论。就学术思想的范围和性质而言,章学诚与古代士人别无二致。

钱穆在其名著《中国近三百年学术史》中立专章阐发章学诚的学术思想。同姚名达相似,钱穆详细地考察了章学诚学术思想的渊源,指出了章氏与其他古代士人——尤其是清代士人——之间的异同之处。钱氏在论及章学诚与戴震两人的学术差异时,将其溯源到宋代的朱熹与陆九渊。他说:"实斋与东原论学异同,溯而上之,即浙东学派与浙西学派之异同。其在清初,则为亭林与梨州;其在南宋,即朱陆之异同也。"② 在此基础上,钱穆认为在章氏学术的背后有一条自陆九渊始,次之王阳明、刘蕺山、再次之黄宗羲、万斯同,最后从邵念鲁到章学诚的思想链条。同时,钱穆认为章学诚学术之一端与清初的颜元、李塨相近。他说:"其重事功而抑著述,与颜、李同旨。其重践履而轻诵说,亦与颜、李相似。惟习斋

---

① 刘咸炘:《推十书》(增补全本),甲辑第3册,第1115页。
② 钱穆:《中国近三百年学术史》,九州出版社,2011,第422页。

欲尽废纸墨诵说而重习行，为道似狭，恕谷欲以考古穷经证成其师之意而路益歧；实斋论学，虽重当身事功，而路径较习斋为宽，辩证较恕谷为达。颜、李以《周官》乡三物言六艺，亦不如实斋古者政教不分，官师合一，以《周官》三百六十为六艺源本之论之为大而精也。"① 钱氏此处对章学诚与清初颜、李之学间关系的论断同胡适的言语形成了鲜明的对比：一者显其同，而一者指其异。钱穆的章学诚研究构建起章学诚学术与清代学术整体的联系，从而确定了章学诚在中国传统学术系谱中的位置。

钱穆同样在传统的史学与经学关系视野下阐发章学诚"六经皆史"的内涵。他说："浙西讲经学，浙东重史学，实斋《文史通义》唱'六经皆史'之说，盖所以救当时经学家以训诂考核求道之流弊……苟明六经皆史之意，则求道者不当舍当身事物、人伦日用，以寻之训诂考订，而史学所以经世，固非空言著述，断可知矣。"② 钱氏本中国古代学术传统，将"史"理解为"当身事物""人伦日用"。然后他进一步说："实斋既本'六经皆史'之见解，谓求道不当守经籍，故亦谓学之极致，当见之实事实功，而不当以著述为能事。"③ 钱穆将章学诚"史"之含义阐发为"实事实功"。在钱穆的阐发下，章学诚的"六经皆史"说意在强调史学的实际功用，"史"之一字也指记事实践之用。这样的阐发在与"史料"说相去甚远的同时，也使得章学诚的史学复归于传统儒家的经世脉络上去。因此在钱穆的笔下，章学诚是一位身处于古代学术系谱之中，倡言学术经世以救时弊的儒家士人。

如果说钱穆向上辨明了章学诚学术的渊源所自，那么钱基博则是从思想的相近性标示出了章氏学术在中国传统士人中的下传。他勾勒了一条章氏"六经皆史"说的流传链条：从龚自珍到章太炎再到孙德谦、张尔田。④ 无论这样一根链条是否合理妥当，钱基博在研究章学诚时把章学诚置于中国传统学术网络之中这一点是毋庸置疑的。钱基博的得意弟子陶存煦沿其师的研究理路，对章氏的学术渊源做出总结："章学之渊源，探其近则由其父镳以上继邵廷采而以万斯同、全祖望之文献润色之，探其远则廷采、祖望、斯同，皆将由黄宗羲以窥蕺山之慎独，阳明之知行，而为永嘉之经

---

① 钱穆：《中国近三百年学术史》，第437~438页。
② 钱穆：《中国近三百年学术史》，第426~428页。
③ 钱穆：《中国近三百年学术史》，第436页。
④ 钱基博：《〈文史通义〉解题及其读法》，《国学要籍解题及其读法》，上海古籍出版社，2012，第217页。

制，金华之文献者也。若夫朱筠之考据，邵晋涵之史学，向、歆之校雠，知幾、曾巩、郑樵之书，则章氏所资以发挥浙学者。"①

钱基博提到，章学诚之学下传至生活在晚清民国时期的孙德谦和张尔田。王国维也曾指出孙、张二人与章学诚在学术上的亲缘关系。王氏评价孙、张两人之学时说："同辈惟钱唐张君孟劬，又从孟劬交元和孙君隘庵，二君所居距予不数百步，后遂时相过从。二君为学皆得法与会稽章实斋先生，读书综大略，不为章句破碎之学。孟劬有《史微》，隘庵有《诸子通考》，既籍甚学问，丁巳秋，隘庵复出所撰《汉书艺文志举例》。"② 孙德谦和张尔田两人基于中国传统固有的诸子学脉络和话语来理解和发扬章学诚之学，并将其作为自身学说的基础。以章学诚在民国时期最受关注的"六经皆史"说为例。孙德谦高举"六经皆史"的旗帜说："三代盛时，学统在官，故儒家为司徒，道家为史官。以《汉志》考之，自名、法以下，无不原于古之职官，天下所以为同文之治。自周室东迁，天子失官，于是百家之学兴。虽其弊之所至，儒家则苟取哗众，道家则绝去礼乐，法家则伤恩薄厚，名家则钩鈲析乱，或有如班氏所讥者，然立为专家，各推所长，其始则皆设官以掌之。故《隋志》以儒、墨诸家推本《周官》，诚以《周官》者，千古之学案也。今曰'世之治也，列在众识，下至衰乱，官失其守'，然则《周官》废而诸子盛，乃学术升降之大原哉！"③ 孙氏之言与章学诚在《诗教》篇中所言"周衰文弊，六艺道息，而诸子争鸣。盖至战国而文章至变尽，至战国而著述之事专，至战国而后世文体备，故论文于战国，而升降盛衰之故可知也"④ 的意旨一脉相承。就此而言，章学诚学术已然成为孙德谦阐发传统学术命题时所凭借的思想资源。

张尔田在其《史微》中《史学》一节的开篇说："盖六艺者，先王经世之书也。经世之书皆掌诸柱下，皆太史之所录，非如后世仅以编年、纪传为史而已。章实斋有言：'三代以下，撰述有定名而记注无成法；三代以上，记注有成法而撰述无定名。'惟其无定名，故天人之故，政教之原，体国经野之规、宰世御民之略，皆得以史目之；惟其有成法，故《诗》以道志，《书》以道事，《礼》以道行，《乐》以道和，《易》以道阴阳，《春

---

① 陶存煦：《章学诚学案卷上》，《国专月刊》1931年第5卷第2、5期。
② 王国维：《汉书艺文志举例·序》，转引自孙德谦著，张京华校证《诸子通考》，华东师范大学出版社，2013，第10页。
③ 孙德谦著，张京华校证《诸子通考》，第74页。
④ 章学诚：《诗教上》，《章学诚遗书》，第5页。

秋》以道名分，不相合而相为用。故曰《礼》之敬文也，《乐》之中和也，《诗》《书》之博也，《春秋》之微也，在天地间者毕矣。试以六艺征之，《周易》为伏羲至文王之史，《尚书》为尧舜至秦穆之史，《诗》为汤武至陈灵之史，《春秋》为东周至鲁哀之史，《礼》《乐》为统贯二帝三王之史。"① 依张氏的阐发，"六经皆史"意在表明六经皆是上古三代之"经世之书"，记载三代的政教实事，从而具有"经世"的意旨。在孙、张二人的笔下，章学诚其人和学术被罩在传统经世之学的穹庐之下，由此在旁观者的眼中，章学诚自可被视为传统意义下的士人。无论是孙、张两位先生的章学诚研究本身，还是他们从章氏学术出发而形成的一家之学术，均归属于中国传统思想话语体系。

综合上述民国学人的章学诚研究，从中可以总结出两点。首先，他们并未将当时的西方话语概念径直地"拿来"用于章学诚研究，而是历史性地将章学诚置于传统的话语体系中加以理解，即基于中国传统学术资源对其进行阐发。其次，他们注重考察章学诚学术的渊源和流传，分析指明章学诚与中国古代其他士人在学术思想上的亲缘关系。由此，他们的研究在一定程度上实现了对章学诚的"再定位"，即梳理并确定了章学诚在中国传统学术思想系谱中的位置。这些民国学人的章学诚研究依据的是中国传统学术的坐标轴。因此，在这些民国学人笔下，章学诚的思想世界弥漫着传统儒家士人的气息，章学诚的学术命题也都植根于古代传统学术土壤之中。就此而言，章学诚是一位传统意义下的儒家"士人"。

三 "学者"与"士人"形象背后：
对民国时期章学诚研究的思考

章学诚在民国学人一派繁荣的研究中同时表现为一位近代意义上的"学者"和传统意义下的"士人"。出现两种形象的问题根源是民国学人在研究取向和关注重心上的差异。"学者"形象成型于民国学人援西释中的研究取向之下。胡适和何炳松等吸收当时新进的西方思想资源和话语概念对章学诚学术加以诠释，在中西对比中凸显出章学诚的"创新"。而"士人"形象的出现源于民国学人立足传统的研究取向。钱穆和刘咸炘等赓续本土的传统思想体系和话语概念对章学诚学术加以阐发，在上下求索中实

---

① 张尔田著，黄曙辉点校《史微》，上海书店出版社，2006，第4~5页。

现对章学诚的"定位"。由此,民国时期的章学诚研究中至少存在两种有所区别的研究取向:一者向外,援西释中地研究章学诚;一者向内,立足传统地研究章学诚。

民国学人群体对章学诚学术的关注重心也有所不同。胡适、梁启超等学人的章学诚研究聚焦于章学诚的史学。在他们的诠释下,章学诚于史学上常"讲前人之未讲,发后人之未发",其诸多命题都与近代的历史科学若相符合。姚名达、钱穆等学人的章学诚研究聚焦于包括史学在内的章学诚学术整体。在他们的阐发下,章学诚的学术上本宋明的陆王之学,承浙东学术之余韵,下启晚清经世之学,承继发扬了中国传统学术中的一脉。因此可以进一步说,章学诚近代意义上的"学者"形象是一种史学理论家的形象,而传统意义下的"士人"形象则是一种古代思想家的形象。

章学诚的史学理论家和古代思想家两种形象微妙地折射了中国史学的近代转型。民国学人援西释中的诠释路径和对史学的格外关注背后隐含的是中国史学的独特性。中国古代的经、史、子、集诸学,能够与西方现代学科相呼应的唯有史学一门,故中国传统学术与西方现代科学间的交集在于史学。梁启超正是认识到了这一点,才会在《过去之旧史学》开篇高呼:"于今日泰西通行诸学科中,为中国所固有者,惟史学。"① 相比于中国传统学术中的其他门类,史学具备通过转型从传统学术转变为近代科学的可能。20世纪上半叶此起彼伏的"新史学"浪潮即由此而来。② 在史学的转型过程中,中国史学吸收西方知识,在理论、方法和话语等诸多方面都发生革新,出现话语概念的转换。正如葛兆光在谈及外来知识冲击时说的那样:"面对新的世界和新的知识的冲击,人们总是要反身寻找理解和解释的资源,一种新知识的理解,与一种新语言的翻译并没有什么两样,就像 lion 使中国人想起了《穆天子传》中传说的'狻猊'、mastiff 使中国人想起了《左传》中扑向赵盾的'獒',晚清时代,科学(science)让人想到了朱子提倡的"格致",而民主(democracy)使人想到了孟子的'民为贵',自由(liberty)则让人想起庄子的'逍遥游',语言的翻译需要用

---

① 梁启超:《中国之旧史学》,载王东、李孝迁主编,王应宪校《中国古代史学评论》,上海古籍出版社,2018,第1页。该文原载于《新民丛报》1902年2月8日第1号。
② 梁启超在1902年于《新民丛报》上发表《新史学》一文,首次提出"新史学"的口号。此后何炳松在引介美国鲁滨逊(时译鲁滨孙)的史学理论时同样称其为"新史学",李大钊在介绍马克思主义史学理论时亦称其为"新史学"。民国学人常在介绍西方史学理论时将其冠以"新史学"之名。

自己本土原有的语词去一一对应，对于新知识的理解，也需要唤起历史记忆、传统知识和原有的想象空间，来充当再度理解和诠释的'思想资源'（resources of thought）。"① 就此而言，何炳松所言的章学诚的"记注"使人联想到"史料"不正是一个鲜活的例子吗？这样来看，民国时期的章学诚研究为当时的中西史学交流构建起一座桥梁，使诸如"史料""主观""客观"等西方概念在中国传统史学中找到归宿。章学诚学术成为民国学人榫接西方史学理论与传统史学话语的本土载体。因此，民国时期的章学诚研究既是中国史学转型的具体实践，也为中国史学的转型提供了助力。

同时，两种形象和与之相关的不同解释也开启了章学诚研究中的诸多分歧，引发了延续至今的学术争论。再度以章学诚的"六经皆史"说为例，胡适、梁启超等人将其中的"史"理解为"史料"；姚名达将其理解为中国传统之"学"范围中的"史"；钱穆、刘咸炘等则把章氏口中的"史"理解为"先王政典"。这些不同的解释导致章学诚思想原意问题的产生：究竟哪一种解释才符合章学诚的本意呢？时至今日，学者们仍莫衷一是。仓修良曾试图调和两说，认为实斋"'六经皆史'的'史'，既具有'史料'之史的内容，又具有'史意'之史的含义"②。章益国则在其2020年出版的章学诚研究著作中再度援引西方当代知识理论，将"六经皆史"说解释为一种"互文性的知识网络"。③ 尽管在具有"后见之明"的学者眼中，胡适、梁启超等民国学人援西释中式的章学诚研究存在许多问题，例如简单地比附，割裂了章学诚与所处时代和社会间的关系等。但无法否认的是，正是这些民国学人的章学诚研究，使中国史学能够在话语转换的层面上从一种传统学术过渡至一门现代科学而不至于断裂，因此其有着重要的时代价值。

最后值得一提的是，章学诚在民国时期研究中的"学者"和"士人"形象跨越了时空，在21世纪初的一次学术争鸣中再度显现。日本学者山口久和的章学诚研究专著于1998年付梓。六年后，中译本在中国大陆刊行。山口氏在"序说"中言："是把章学诚其人视为意欲亲自参预经世场域的儒者，还是把他视作企图对经世之'迹'（history）进行再构筑的近代意

---

① 葛兆光：《中国思想史》，复旦大学出版社，2004，第77页。
② 章学诚著，仓修良编注《文史通义新编新注》，商务印书馆，2017，第4页。
③ 章益国：《道公学私——章学诚思想研究》，北京大学出版社，2020。

义上的学者（scholar），这种差异是岛田和我对章学诚理解的根本性差异。"① 在这里，山口氏自觉地区分了自己和岛田氏笔下的章学诚形象，而他区分出的两种形象恰好正是近代意义上的"学者"形象与传统意义下的"儒士"形象。时隔八年，吴震对山口久和笔下的章学诚形象提出了质疑，旗帜鲜明地反对将章学诚视作近代意义上的"学者"而强调章学诚在文化上的保守主义。② 由此可见，民国学人们的研究理路时至今日依然影响着当代学者。这些都表明，民国时期章学诚研究本身具有重要的时代价值与历史影响。

---

① 〔日〕山口久和：《章学诚的知识论——以考证学批判为中心》，王标译，上海古籍出版社，2006，第12页。
② 吴震：《章学诚是"近代"意义上的"学者"吗？——评山口久和〈章学诚的知识论〉》，《南国学术》2014年第1期。

外国史学研究

希罗多德《历史》记载与其求真精神

李 渊

(北京师范大学历史学院,北京 100091)

摘 要:学界对希罗多德《历史》记载是否可靠,以及其本人是否具有求真意识有诸多争议。以今人视角看,《历史》记载真伪并存,然而史家之求真意识与探索结果常不一致,希罗多德作为希腊史学发展中的关键性人物,不仅关注史家的求真问题,也对求真能力的局限性有着清晰的认识。希罗多德求真意识和《历史》记载之间的矛盾,除了缘于史家个人能力以及当时的城邦语境外,也是史学形成阶段,史家形成独立批判能力的产物,而其背后则反映了这一时期希腊文史的密切互动。

关键词:希罗多德 《历史》 记载 求真

希罗多德在西方史学史上具有重要地位,然自古典时代以降,对其《历史》所载内容真实性的争论始终未曾消失。20世纪中期以来,《历史》记载可靠与否以及希罗多德是否具有求真意识等问题,对学界的吸引力有增无减。[1]

---

[1] 参见 D. Fehling, *Herodotus and His 'Sources': Citation, Invention and Narrative Art*, Leeds: Francis Cairns, 1989; S. West, "Herodotus' Epigraphical Interests", *The Classical Quarterly*, Vol. 35, No. 2 (1985), pp. 278-305; O. K. Armayor, "Did Herodotus Ever Go to the Black Sea?", *Harvard Studies in Classical Philology*, Vol. 82 (1978), pp. 45-62; W. K. Pritchett, *The Liar School of Herodotos*, Amsterdam: J. C. Gieben, 1993; G. S. Shrimpton, *History and Memory in Ancient Greece*, Montreal and Buffalo: McGill-Queen's University Press, 1997 等。此外,国内学者的相关研究有王以欣《居鲁士的早年传奇与口传历史》,《古代文明》2014年第1期,第2~13页;吴晓群《20世纪后半叶西方希罗多德研究的两种路径》,《世界历史》2015年第1期,第139~147页;郭涛《文本与历史的对话:希罗多德〈历史〉的海伦叙事》,《历史研究》2020年第6期,第118~141页等。

部分学者坚称希罗多德所引用的史料并不可靠。费林对《历史》的史料来源进行了系统梳理，他批评为希罗多德辩护的学者存在矛盾——后者承认《历史》的史料有问题，却又将错误归于材料来源而非希罗多德本人；① 同时，他认为《历史》中的不少史料来源不过是修辞手段，材料的创造者正是希罗多德，科学历史学也并非希罗多德所创。② 费林的部分观点过于偏激，受到了包括与其同阵营的学者的批判——韦斯特就是其中之一，但总体上韦氏仍承认希罗多德所用铭文资料有可疑之处。③ 批判《历史》材料真实性的另一角度则是否定希罗多德的游历活动，耳闻目睹的材料是《历史》的重要来源，希氏也以此为傲，④ 不断使用"这些内容是埃及祭祀告诉我的"等语言，⑤ 可见游历过程对其撰述意义重大。此经历的可靠性引起阿马约尔等人的质疑；⑥ 如果书中描述的游历活动被推翻，其求真立场自然有待商榷。总之，在持批判意见的学者看来，希罗多德有意"创造"史料，这与史家的求真立场相背离。

为希罗多德辩护的学者也不少见。普利切特逐一反驳费林、韦斯特以及阿尔托格等人对《历史》的批评，其论著旁征博引，对某些问题的回应有一定依据；然未能建立有效理论体系，其论点较之费林等人的讨论反而有所逊色，其论证方法也不无可商榷之处。⑦ 此外，施林普顿等人也对希罗多德所用的材料进行了具体分析，并为其辩护。⑧

两派观点截然对立，批评者否定希罗多德作品中的史料和记载的可靠性，不少论断确有一定依据；而支持希罗多德的学者，其论断也有得有

---

① D. Fehling, *Herodotus and His 'Sources': Citation, Invention and Narrative Art*, pp. 4-5.
② D. Fehling, *Herodotus and His 'Sources': Citation, Invention and Narrative Art*, pp. 12-17; 50-65; 154-155.
③ S. West, "Herodotus' Epigraphical Interests", *The Classical Quarterly*, Vol. 35, No. 2 (1985), pp. 278-305.
④ Herodotus, *The Persian Wars*, II. 99. 本文所用古典文献采用 Loeb 本，并参考 *Herodoti Historiae*（Oxford Classical Texts 本），中译文参考徐松岩教授译《历史》（中信出版社，2013，第149页）。
⑤ Herodotus, *The Persian Wars*, II. 120.
⑥ O. K. Armayor, "Did Herodotus Ever Go to the Black Sea?", *Harvard Studies in Classical Philology*, Vol. 82 (1978), pp. 45-62.
⑦ 如普利切特使用类推方法，以其他地区或其他历史阶段的情形作为希罗多德材料可靠性的证据，见 W. K. Pritchett, *The Liar School of Herodotos*, pp. 226-267。
⑧ Gordon S. Shrimpton and K. M. Gillis, "Herodotus' Source Citations", in G. S. Shrimpton, *History and Memory in Ancient Greece*, pp. 229-265.

失。讨论双方之所以存在较大分歧，原因主要有二：一是部分讨论将史学记载与现实是否吻合同史家的求真意识相混淆，淡化了对二者差异的认识；二是部分论著以现代视角观察古代观念，譬如费林认为希罗多德笔下的史料来源之叙述有修辞成分，其论证不无道理，但在史学形成之初，此现象对求真的意义与后世有所不同。近年来部分学者从案例出发，探寻《历史》文本的构建过程，也取得了不少成绩。本文则试图结合希腊求真思想的变迁和希腊史学的发展历程，讨论其求真精神及这种精神的形成原因。

一 《历史》记载与希罗多德对"真"的认识

中文的"求真"包含了"求"与"真"两层含义，蕴含求真过程与结果，它肯定历史事实的存在（无论人们能否正确认识），也反映史家追求真之态度，二者一体两面。因此，本文对希罗多德《历史》真实性问题的讨论分为两个层面，一是以今人视角探讨其记载能否与历史过程吻合，二是其主观上对历史真实性的看法。

尽管学者多承认历史的真实面貌常难以尽知，但不能否认，史家可以通过考证了解某些事实之真。对比当代考证的结果，《历史》中有些记载是比较精确的，否则其史著毫无价值，希氏也不可能被视为"历史学之父"。值得注意的是，受其所处时代等因素制约，希罗多德所记事件或者做出的判断并不一定正确，但错误判断并非无意义，有时甚至能反映所载内容的可靠性。《历史》记载，腓尼基人在法老的命令下，乘多艘舰船绕行非洲，回程时通过赫拉克勒斯柱，在第三年返回埃及。然而，希氏对此事件不以为然，因为这些人绕行利比亚之时，太阳在其右手。[①] 有关这一过程的真实性已有不少讨论，但腓尼基人所说之情况未必为虚构，因为经好望角向西行驶，情况恰恰是如此。[②] 希罗多德囿于其地理知识和时代的

---

① Herodotus, *The Persian Wars*, IV. 42.
② 相关争论参见 W. W. How and J. Wells, eds., *A Commentary on Herodotus*, New York: Oxford University Press, 2010, Vol. 1, p. 318. 豪在书中提到该说法可靠性的原因之一在于："希罗多德不相信的这个细节极其可信，只要他们向西行驶，太阳（并非'日出'）在南半球确实在右手一侧，从赤道到好望角的航线是向西南，然而后向西，当返回时，航线是轻微向西北的。"

局限性，理解此现象较为困难，最终的判断与事实可能存在出入，却恰好证明了他所听闻和记录的事件很可能是可靠的。希罗多德虽不相信此事，但他将其保留下来，这一方面显示出他在调查的过程中仍然坚持有闻必录的原则，希望尽可能地保留材料，另一方面也反映出《历史》中不少记载的可靠性并不能完全以希罗多德的判断为标准，即使是被希罗多德所否定的材料，也有可能是可信的。

当然，希罗多德的部分记载确有可商榷之处。据他所言，希腊人在战胜波斯人之后，曾利用战利品铸造了一个三足鼎，将其放在一个青铜三头蛇支架的上面。此鼎有实物依据，后被运往君士坦丁堡。[1] 韦斯特提出，希罗多德对支架的描述并不准确，且铭文位置也记载有误。由于描述存在偏差，希罗多德很可能没有见过此鼎，而是依靠其他材料，[2] 为《历史》辩护的学者则强调此问题过于琐碎，希罗多德可能未对这些部件做很明确的区分，且其他史家也将其描述为三头蛇的样子。[3] 但这并不能否认希罗多德记载有失真之处。至于阿马约尔等人提及的记载错误之处更是毋庸讳言。某些记载中与事实不相吻合之处甚是明显，《历史》记载，底米斯托克利曾命人在石壁上刻字，内容是希望波斯阵营中的伊奥尼亚人投奔希腊一方，或者退出战斗，其目的在于促使伊奥尼亚人倒戈或挑拨他们与波斯人的关系。[4] 韦斯特提出，希罗多德的记载显得过于草率，"可能是后来根据情形的发展所做的建构"[5]。她对希罗多德的批判应当是合理的，很难想象人们在当时的情况下有条件在石头上进行详细刻画，而希罗多德明确提到文字是刻画而非书写在石头上的。希罗多德对黑海和斯基泰人历史的记载也与考古发现、常识等相冲突。[6] 类似的例子在《历史》中尚有不少，这也正是部分学者批评希罗多德的记载可疑，甚至他不具备严肃治史精神的原因之一。

---

[1] W. W. How and J. Wells, eds., *A Commentary on Herodotus*, Vol. 2, p. 322。《历史》讨论见 IX. 81。

[2] S. West, "Herodotus' Epigraphical Interests", *The Classical Quarterly*, Vol. 35, No. 2 (1985), pp. 280–281.

[3] W. K. Pritchett, *The Liar School of Herodotos*, p. 147.

[4] Herodotus, *The Persian Wars*, VIII. 22.

[5] S. West, "Herodotus' Epigraphical Interests", *The Classical Quarterly*, Vol. 35, No. 2 (1985), p. 286.

[6] 普利切特认为，希罗多德测量的误差有可能受制于水流、风速等（见其著作第 138 页），但以此解释巨大的误差仍显无力。

史书记载有可疑之处，甚至明显有误，这并不罕见，其原因较为复杂，不能简单归于缺乏求真意识。因为史家是否具有求真意识还要考察其文本体现出的作者意识，并将二者结合起来加以分析。

希罗多德在《历史》开篇提及写作目的：

> 这里展示的是哈利卡纳苏斯人希罗多德的调查研究，为的是使人们对过去的记忆不随时间流逝而被抹杀，让希腊人和异族的伟大事迹尤其是他们相互交战的原因不致黯淡无光。①

尽管此处并未明确提及求真问题，但"希罗多德的调查研究"已经蕴含了作者试图通过个人努力探寻真相的意义，他探索精神的来源之一当是伊奥尼亚学派的思想。② 不过，序言主要反映作者的写作目的和方法，希罗多德是否有求真意识，仍需要从文本中寻找证据。《历史》显然并未忽视对真相的追求，仅从其中与"真"直接相关的文字便可看出。希腊语 ἀλήθεια 具有真实、真相等含义，学者们注意到该词在《历史》一书中屡次出现，有时候会被用来指示过去发生之事的真实情况。尽管有学者提出，此类与"真"相关的词汇在《历史》中多反映所记人物的思想，但希罗多德的记载经过其选择和辨析，自然能反映他对"真"的重视。

进一步言之，希罗多德对旁人所提供的资料，如口述资料等，多加以审视而非轻信，这显示出他在考量材料时也具有求"真"的意识。他曾记载，库劳尼斯岛上的少女用沾有沥青的鸟羽毛从湖底挖掘金沙。尽管他称自己"只是把人们的说法记载下来"，自己并不知道此事是否属实，但此说未尝不是一种修辞手段。他接受材料与否建立在其个人观察、推理之上，由于他曾经在扎金苏斯看到当地的妇女利用桃金娘的树枝从水塘中捞取沥青，于是他推断迦太基人的口述有一定可信性。③ 对不可信的事物，希氏表示出明显的怀疑，他在关于埃及的记载中曾经讨论彻米斯岛：

> 埃及人宣称它是漂浮的，因为我自己从没有见过它漂浮，也根本

---

① 此外，略晚的修昔底德在《伯罗奔尼撒战争史》的第一卷中已经提到对历史记载真实性的追求，强调自己的结论较之于诗人和编年史家更为可信，他要追求史事的真相。
② 张巍：《希罗多德的"探究"——〈历史〉序言的思想史释读》，《世界历史》2011年第5期，第126~134页。
③ Herodotus, *The Persian Wars*, IV. 195.

没有移动，我认为一个岛可以浮起来是一个不可思议的事情。①

在此，希罗多德同样对材料加以仔细考证，不仅是因为他从埃及人处听闻了信息，也是因为他自己"没有见过它漂浮，也根本没有移动"；并辅之以逻辑分析——一般而言岛很难浮起。最终结果是：他对听说的事情表示怀疑，否定了埃及人的传说。可见，希罗多德承认有真相存在，但他并不轻信口述材料，而是需要对其进行多方考证。

从上述与"真实"有关的记载可以看出，希罗多德在探索历史时，首先承认现实中存在所谓的"真"，认为客观事实可以被人观察，并可被叙述和记载。不过，他又认识到历史事实并不会自动地呈现在史家面前，包括某些口述资料在内的史料未必能够反映历史的"真相"，从他对待库劳尼斯岛的传说以及埃及的浮岛传说的态度可以看出，他认为历史学家对材料特别是口头资料不应盲从，而有责任追求真实的历史过程。这种探索过程与真实历史的结合，正是史家求真精神的展现。

二　希罗多德求真意识的特色和价值

《历史》体现了希罗多德的求真意识，而希氏在求真的过程中，也赋予其以鲜明的个人特色。这种特色首先表现为他对"求真"有着自觉的认识，并且确立了自己的方法。在《历史》中，希罗多德曾记载：

> 我认为现在的埃及过去曾经是一个这样的海湾……如果尼罗河选择将它的水倾泻入阿拉伯湾，有什么能够阻止它在两万年的时间内不被尼罗河水淤塞呢？……我相信这些人所说的，我自己被深深说服了，因为我已经看到尼罗河入海的地方远超过周边的陆地，而且山上的贝壳显而易见，地面被盐所覆盖，甚至金字塔都受到破坏。②

希罗多德认可埃及曾是海湾，并提出了相关的证据，有学者对地表有盐能否支撑他的论点提出质疑，③但希氏将贝壳化石与过去的海洋形态相联系

---

① Herodotus, *The Persian Wars*, II. 15.
② Herodotus, *The Persian Wars*, II. 11-12.
③ David Asheri, Alan Lloyd and Aldo Corcella, eds., *A Commentary on Herodotus Books I-IV*, Oxford: Oxford University Press, 2007, p. 250.

应是合理的,豪等人认为,《历史》中的描述反映出史家具备良好的观察能力。① 而希罗多德所具有的理性思维能力更值得重视,他对埃及地形地貌的考察,首先来自听闻(获取他人所说的话)、观察(对入海处、贝壳、盐的观察);更有赖于合理判断,他通过努力突破了时代认识的制约,将海洋的特有物质,如贝壳等,与过去的地理面貌相联系,对三角洲附近的地理变迁做出了合理推论。从现有的知识得出结论是他努力获取材料和考证真实情况的必要手段,尽管希罗多德在选择材料之时提倡"百闻不如一见",但在实践中,多种史料批判方法之间并不存在矛盾,而是常常被同时利用,这受到学界的关注。② 它们成为《历史》能够记录真实情况的重要基础。这当中的重要一环,是运用推理和观察能力做出判断,这一特点的价值已超过了史料来源的重要性,因此部分学者提及的希罗多德对史料来源的修辞,可能意义并不如想象的那么重要。

希罗多德求真意识的更深一层体现,是他对于求真的局限性有较清醒的认识。在历史研究中,主客观因素都会影响史家的判断,在历史学尚未得到充分发展的古典时代,此情形更为明显,故不少学者对希罗多德所用材料的质疑,应当说有一定依据;此外,受外部和自身条件的限制,任何历史研究都只能是阶段性的成果,历史永远存在未被揭露的一面,因此追求历史真实与史家局限性之间的矛盾始终存在。希罗多德以个人的身份探寻过去的事情,自然注意到探索研究的边界。首先,他大胆地承认自己掌握资料的有限性,如他曾提到"以上就是我所知道的居住在沙丘地带直到阿特兰特斯人范围之内诸民族的名字,再远的地方我就不知道了。"③ 可见他承认自己所掌握的资料有一定的范围,超过此限度的则难以探寻,这是人的探寻与诗歌中神的启示间存在的差异,也恰恰是史学存在的价值(详见下文)。其次,除了客观条件制约之外,他还承认自身在分析处理史料时的局限性。有时《历史》能够列举不同的材料和观点,但作者却难以做出确定的判断,如在谈及希腊、埃及人观念中赫拉克勒斯、潘恩等神的年代问题时,希罗多德就列举了不同的传说,尽管他也陈述自己的看法,但

---

① W. W. How and J. Wells, eds., *A Commentary on Herodotus*, Vol. 1, p. 165.
② 例如,希罗多德对《伊利亚特》中海伦故事的探讨就运用了多种手段。参见 Suzanne Said, "Herodotus and the 'Myth' of the Trojan War", in E. Baragwanath and M. de. Bakker, eds., *Myth, Truth and Narrative in Herodotus*, Oxford: Oxford University Press, 2012, p. 92。这种结合并不意味着一定能得到真实的结果,但它是希氏获取真实信息的重要手段。
③ Herodotus, *The Persian Wars*, IV. 185.

是他仍提出"一个人可以相信他自己认为最可信的内容",① 而在波斯人和阿尔戈斯人是否勾结的问题上,希罗多德则承认自己"不能给出确实的说法"。我们承认在很多问题上他可能存在一定的倾向性,② 但考虑到希氏常对史料真伪做出明确判断,那么他叙述中的模糊性就不能简单以修辞手段来解释,更意味着史家承认自己知识与能力的有限性。对此类史料处理方法,固然可以借助中国史学的"信以存信,疑以存疑"的两存其说理论予以认识,视其为更好的保留史料的方法,但希罗多德之时代是否有此意识尚难以考证;同时中国史家两存其说的思想通常表现较为含蓄,因为其中毕竟蕴含着史家难以判断史料真伪的困境,而希罗多德则将其较为明确地表达,他承认史家在求真过程中有所不足,这较之于一般性地表达求真意愿更有说服力。③

希罗多德作品中求真意识的出现,在希腊史学史中的地位极为重要。学者均认可追求真相是史学的重要特征之一,但求真意识在古希腊却并非自始至终地自然存在。斯塔尔研究了古希腊人的"真"之概念,指出"真"的观念在希腊地区经历了漫长的发展过程。④ 虽然希腊地区很早就出现了记载往事的作品——"荷马史诗",且在其中已经初步体现出鄙视谎言的一面,⑤ 但在较长时间内,古希腊人似乎并不将追求真相作为文学创作中的重要目标,原因之一就是他们认为掌握真理非人力所及,只有神具有此能力。⑥ 学者们注意到,在"荷马史诗"中,诗人在追求"真相"方面并无困难,因其对过去历史的记录并不依赖于个人的调查研究,而是求助于缪斯女神。《伊利亚特》开篇即提到"女神,请你歌唱佩琉斯之子阿喀琉斯的愤怒。"⑦ 缪斯对人类历史的理解不受制约,诗人并不是在探究过去,而是在替神灵讲述过去。直到赫西俄德时代,史诗作者仍宣称,缪斯

---

① Herodotus, *The Persian Wars*, II. 145-146.
② Herodotus, *The Persian Wars*, VII. 152. 希罗多德可能相信一般希腊人的说法,只是未明确说出。
③ 与之相比,修昔底德在西方史学发展史中,以其史料批判严密著称,然而其著作更多表现出作者的独断性。
④ 切斯特·G. 斯塔尔讨论了这一概念在古希腊的发展变化。见 C. G. Starr, "Ideas of Truth in Early Greece", *La Parola del passato* (1968), pp. 348-359.
⑤ 参见 *Odyssey*, XI. 361-367。
⑥ C. G. Starr, "Ideas of Truth in Early Greece", *La Parola del passato* (1968), pp. 351-352.
⑦ Homer, *Iliad*, 1.1.

将"一种神圣的声音吹进我的心扉,让我庆祝将来和过去的事情。"① 史诗中的知识与灵感来自缪斯,其求真不受讲述者、记录者个人能力的限制。② 同时,在史诗中,对真相的追求,也远不如命运等主题重要。希氏之前的赫卡泰戊斯的作品中虽有求真观念的雏形,但尚不明显,倘若鲜明的求真意识首先表现于希罗多德笔下,其自然标志着希腊史学的一大转变。希罗多德在《历史》中承认历史中存在真相,并将"求真"作为史家追寻的一项目标,这在希腊史学乃至西方史学发展过程中标志着一次重大转折。它意味着求真的能力和责任,已经从神的手中,转移到人类的手中,史学家有可能通过自己的观察、研究等,获取历史的真相,尽管这一过程难度较大,但毕竟意味着人的能力的一次重要提高,也是希腊史学乃至思想中人文精神的突出体现。希罗多德在史学刚建立之时,已经开始重视求真的重要性,并试图展现出探索求真方法的一面,他不仅重视从他人处探寻过去的事情,更注重历史学家主观能动性的发挥,借助多重手段以得到关于过去的真相。希罗多德在寻求"真"的目的、方法等多方面均有重大突破,是古希腊史学家求真意识萌发的重要体现。既然史学家是人而不是神,就意味着包括希罗多德在内的历史学家的求真过程,有存在谬误的可能,不可能像缪斯女神对诗人的启示所展示的,做到事无巨细且"不会出错",但其中存在的谬误,并不是全部都需要被批评和鄙视,这恰是史学形成与发展中必须承担的代价。

三 《历史》记载出现不足的时代原因

希罗多德的求真意识带有鲜明的个人特点,然而在求真意识与求真结果之间,既存在一致性,也存在分离的一面。对于其发生冲突的一面,不少学者倾向于从希氏自身寻找原因。诚然,希罗多德的能力和品德都会影响《历史》所记述内容的可靠性,譬如,他对异族语言并不熟悉,因此对

---

① Hesiod, *Theogony*, pp.30-35. 参见赫西俄德《工作与时日、神谱》,张竹明、蒋平译,商务印书馆,1991,第28页。有关缪斯的相关讨论参见 John Marincola, *Authority and Tradition in Ancient Historiography*, Cambridge: Cambridge University Press, 1997, pp.3-4。另可参见 F. Hartog, "The Invention of History: The Pre-History of a Concept from Homer to Herodotus", *History and Theory*, Vol.39, No.3 (2000), pp.384-395。

② 有学者指出,在《奥德赛》中,诗人的技艺等也受到重视,不过,诗人的 authority 仍然是缺乏的,参见 John Marincola, *Authority and Tradition in Ancient Historiography*, pp.3-4。

异域历史的记载（这在《历史》中占据相当篇幅），常常需要以当地人作为信息来源，在此过程中，希罗多德极有可能受到误导。① 但对今人视野下《历史》求真意识与结果出现分歧的探讨，需要超越对史家史才与史德的研究，从希腊史学自身的特点寻求答案。希罗多德所处的时代，对其求真特点的形成产生了巨大的影响，一方面，此时史家的地位正在树立之中，另一方面，此时的文史关系也有其特点，这些都影响了希罗多德的历史书写。

希罗多德听闻抑或目睹的资料，不过是原始材料，将它们转变为史书，形成关于过去的完整记载，还需要史家认真地、大胆地分析、选取与编排材料。正如柯林武德所言："他（注：即历史学家）绝没有任何义务或任何权力，让别人来为他下决心。"② 在此过程中，史家需要对作品的真实性负责，同时，修史也是他自由意志的反映，是其根据自己的认识独立做出选择的过程。

回到《历史》一书，其记载可靠与否以及作者是否具有求真意识，是后世史学家和读者对这部作品及其史家的评价。历史记载真实性的评价一方面具有共性，即跨越时空的人可形成共识；另一方面，它也具有一定个体性，每个历史学家、读者对史料真实性的评判标准总有所不同，特别是在时空变化的背景下，更易产生误读。希罗多德不少记载的史料来源并不单一，例如在居鲁士的死亡问题上，他承认存在多种说法，但只选择了其中一种，以今日视角而言，保留的说法未必符合历史真相，但希氏恰认为该说最可信。③ 此类判断，恐非仅能从希罗多德有意造假或所获资料有误等角度解释，更应理解为，他确信某种史料来源较之于其他来源更可信，只不过他的视角后人难以理解了。无论今人如何看待希罗多德的文本，在

---

① 例如，Herodotus, *The Persian Wars*, II. 125. 学者们注意到在希罗多德所处的时代，口述史学占据重要地位，有关此方面的研究，可参见 Oswyn Murray, "Herodotus and Oral History", in Nino Luraghi ed., *The Historian's Craft in the Age of Herodotus*, Oxford: Oxford University Press, 2012, pp. 16-44；亦可参见 Carolyn Dewald and John Marincola, eds., *The Cambridge Companion to Herodotus*, p. 36。

② 柯林武德：《历史的观念》，何兆武、张文杰、陈新译，北京大学出版社，2010，第253页。

③ Herodotus, *The Persian Wars*, I. 212. 有关不同史料中对居鲁士逝世的记载，参考 Amélie Kuhrt, *The Persian Empire: A Corpus of Sources from the Achaemenid Period* (London: Routledge, 2007), pp. 109-113. 对此问题的论述亦可参见希罗多德：《历史》，徐松岩译，第105页，脚注1；王以欣：《居鲁士的早年传奇与口传历史》，《古代文明》2014年第1期，第2~13页等。

著书时希氏对材料的选取总应有其理由,而且他明确指出选择这条材料是因为其可靠,书中材料可信性、合理性的最终评判者,只能是史家本人。希罗多德这种不依赖于其他权威,只依靠自身主体能力的求真过程,是史学自身的特点之一,也可视为希腊史学逐渐形成的标志之一。

鉴于史家的史料评价和史事建构标准带有浓厚的个体性色彩,部分学者将希氏的史学置于更广阔背景下加以讨论,他们注意到《历史》需要在城邦体系内流传,应得到希腊听众的认可,故从历史环境(尤其是城邦背景)考察《历史》材料的可靠性,以及从《历史》与其他文体的竞争性关系入手展开讨论。[1] 此类研究富有价值。但除此之外,史学自身的特性以及《历史》产生时期史学的发展水平同样有重要意义,且在很大程度上影响着希罗多德如何处理史料。

史学与文学的关系极为重要。后现代背景下关于文史关系的讨论对史学的价值构成了重大挑战。[2] 而他们对历史学提出的质疑,却有助于理解此时的希腊史学。历史创作中存在一定的文学成分,史家需要利用想象、修辞等弥补所记事实中缺乏的环节。尽管希罗多德等古典史家撰述的内

---

[1] 参见 J. L. Moles, "Truth and Untruth in Herodotus and Thucydides", n Christopher Gill, T. P. Wiseman, eds., *Lies and Fiction in the Ancient World*, University of Exeter Press, 1993, p. 97; Oswyn Murray, "Herodotus and Oral History", in Nino Luraghi ed., *The Historian's Craft in the Age of Herodotus*, pp. 16-44; Gordon S. Shrimpton and K. M. Gillis, "Herodotus' Source Citations", in G. S. Shrimpton, *History and Memory in Ancient Greece*, pp. 229-265;吴晓群:《西方史学通史(第二卷)》,复旦大学出版社,2011,第 58~65 页;郭涛:《在历史和文学之间:希罗多德 historia 的体裁》,《史学史研究》2017 年第 3 期,第 62~74 页等。

[2] 黄进兴认为,直到 18 世纪以前,历史学和文学的关系仍处于"混沌未开"之状态,历史属于艺术抑或是科学是一个近代的问题,见黄进兴《后现代主义与史学研究》,三联书店,2008,第 55 页。后现代史学家尤其重视文学和史学的关系。在海登·怀特看来,史学本质上与诗歌、戏剧等文学作品的语艺模式并无不同,有关怀特对四种比喻以及情节化模式、论证模式以及意识形态模式等内容的讨论,可参见〔美〕海登·怀特《元史学:19 世纪欧洲的历史想象》,陈新译,译林出版社,2004,第 9~49 页。但是在古典史研究界,包括莫米利亚诺在内对海登·怀特等人的观点进行了反驳。莫米利亚诺强调:"历史并非史诗,历史并非小说,历史亦非宣传,因为在这些文体中,证据的把握是一种选择,而非强制性的",而海登·怀特则忽视了证据,见 A. Momigliano, "The Rhetoric of History and the History of Rhetoric: On Hayden White's Tropes", in E. S. Shaffer, ed., *Comparative Criticism: Volume 3: A Yearbook*, Cambridge: Cambridge University Press, 1981, p. 261。同时,莫米利亚诺对希罗多德的价值也予以了极高的评价。他认为,尽管自修昔底德之后,希罗多德曾被多次批评。但是,自近代以来,希罗多德才被视为"历史学之父",学术的发展,特别是东方学、希腊史的发展,均证明了希罗多德记载的有效性,而相信希罗多德也是我们从事古代历史研究的第一要务。

容，距离作者时代较近，甚至是作者亲历的历史，但不少史料支离破碎，要形成完整著述，作者就必须要运用合理想象；而优秀史著中，史家的想象又应当受到历史资料与史学家个人研究的限制。修昔底德在谈及《伯罗奔尼撒战争史》中的演说词时对此做了明确论述，他承认逐字逐句精确地回忆演说词极为困难，因此他一方面保持演说词的大意，另一方面让演说者说出场合所需要的演说词。① 修昔底德认识到历史写作中存在必不可少的想象，同时又认识到其具有界限，即所谓的场合需要。希罗多德距离修昔底德不远，古典时代的希腊人当已经认识到历史虽然与想象、修辞等密切相关，但毕竟有所不同，因此在其作品中，除了使用修辞手段之外，运用想象等方法自然不足为奇，这恐怕也是部分学者认为《历史》一书不足信的原因之一。

建立在资料基础之上的想象在历史作品中普遍存在，那《历史》为何遭受诸多批评？这固然由于部分现代史家推断希罗多德在撰述中，添加的"想象"抑或说"建构"的成分过多，也可能与希罗多德过于倚重口述材料有关，但除了上述原因之外，《历史》所处的时代更深刻地塑造着历史书写的特点。近年来，不少学者关注其文本书写，研究也取得了较为丰硕的成果，但讨论仍有深入的空间。

《历史》一书形成的时代，恰恰是史学与文学关系复杂变化的年代。一方面，希罗多德之后的某些希腊人强调历史与诗歌的界限，如亚里士多德在《诗学》中提出，历史和诗歌的区别不在于是否具有格律，希罗多德的作品即使改编为格律文也仍然是历史，而"诗比历史更科学、更严肃，诗歌给出一般真理，而历史却给出具体的事实。"② 亚里士多德认为诗歌的价值高于历史。此言论有贬低史学价值之嫌，但也折射出在时人观念中，史学与一般文学作品确存有差异。亚里士多德在文学和史学之间划出了界限。此观点虽在《历史》成书之后，但反映出古典时代的希腊人已经在尝试将史学与诗歌等作品做出区分了。波利比乌斯不赞同亚里士多德，他强调史家最重要的任务是忠实记录历史事件，而悲剧与历史目的不同。③ 波利比乌斯重视史学的价值，但也承认文学和史著有显著差异。希罗多德并未赋予史学专有名称，更未专论《历史》与其他文体的区别，但他已认识

---

① Thucydides, *History of the Peloponnesian War*, I. 22.
② Aristotle, *Poetics*, 1451b. 有关此问题，可参考柯林武德：《历史的观念》，何兆武、张文杰、陈新译，第 23~26 页。
③ 参见 Polybius, *The Histories*, II. 56。

到史学的特殊性。在《历史》第二卷中,希罗多德提及海伦传说,并认为"荷马史诗"称海伦在特洛伊,这并不符合"史实"。他认为史诗的谬误并非缘于诗人无知,而是由于诗歌与《历史》性质不同,前者内容需要符合主题的需要。① 此处希氏暗示诗歌可以为了情节,与史实保持距离,而自己的调查研究则不然,这从侧面反映出史学有反映真实历史过程的诉求。部分学者认为希罗多德的作品反映出《历史》同其他文体的竞争关系,这当然有其道理,但情况显然不止于此。从上述内容可以看到,首先,竞争是一种双向的关系,不仅史学在向文学争取其合法性,而且文学也在回应着史学的挑战。其次,希罗多德在讨论文(诗歌)史(历史)之别时,立足点仍然是"求真",这不仅是为史学找到竞争点,更反映出在当时的观念中,"真"具有合法性,且它具有特殊地位,是可以超越传统史诗等作品的巨大影响的,"真"也因此受到希罗多德的重视。

除了区别之外,《历史》与此前的文学作品也有千丝万缕的联系。修昔底德在《伯罗奔尼撒战争史》开篇曾提及,希罗多德与他前辈的作品中保留了吸引听众的文学特征,他认为这是值得批评之处,不过修昔底德在讨论中将问题简单化了。古典时代希腊史学并不成熟。学者们注意到 historia 一词在《历史》完成后的较长时间内也并未成为史学专称,如修昔底德就未用该词。史学的原始性,不仅表现为收集和批判资料的理念与方法较为初步,还表现为《历史》带有不少前辈作品的影子。尽管希罗多德在提及荷马以及赫卡泰戊斯时,常带有一定的讽刺与重构,② 但《历史》与"荷马史诗"的继承关系和紧密联系,已经被诸多学者所认可。③ 包括史诗在内的文学作品是希罗多德史料的重要来源。在前述对"荷马史诗"的批判中,希罗多德也引用了《伊利亚特》的诗句,这不仅与史诗在希腊

---

① Herodotus, *The Persian Wars*, II. 113-116. 他认为,荷马是有意摒弃了正确的说法,而采用了更适合史诗的说法。
② 在埃及历史的记载中,也曾对赫卡泰戊斯提出过讽刺,见 Herodotus, *The Persian Wars*, II. 143。
③ 有关此类问题的讨论很多,近年来较系统的讨论可参见 D. Boedeker, "Epic Heritage and Mythical Patterns in Herodotus", 载 Egbert. J. Bakker, I. J. F. de Jong and H. Van. Wees, eds., *Brill's Companion to Herodotus*, Leiden and Boston:: Brill, 2012, pp. 97 – 116; 以及 John. Marincola, "Herodotus and the Poetry of the Past", in Carolyn Dewald and John Marincola, eds., *The Cambridge Companion to Herodotus*, pp. 1-12。

的影响力有关,① 还说明希罗多德对诗歌内容极为熟悉,透露出他对"荷马史诗"和其他文体的重视。② 此外,《历史》中亦有不少材料来自其他前辈,除了他明确指出来源的材料外,一些与埃及相关的记载,如与鳄鱼、菲尼克斯等有关的史料可能来自赫卡泰戊斯等人的作品。③ 希罗多德从前代史著吸取营养还体现在主题、写作方法等方面对前辈的效法上。例如《历史》同《伊利亚特》一样,记载了希腊人和东方的冲突,在古典时代它们都被视为描述希腊人和异族冲突的典范。④ 而《历史》对异域世界的模仿,可能正是向在异族文化影响下的伊奥尼亚史学家学习。从史料来源、文体,乃至写作方法等诸多方面,均可以发现该书并未与史诗、纪事散文等文体彻底割裂,而是力图在继承基础上有所创新。在此背景下,《历史》就不仅展现了后现代史学所提倡的史学与文学的天然相似性,还真实地反映了此时史学尚未完全脱离其他文体的影响,而必须向其他文体借鉴的情况。而文学的特色,反映在《历史》之中,在某些后世史家看来,就强化了该书的"不真实"因素,不过,在希罗多德那里,他可能未对此有自觉的认识。

需要补充的是,希罗多德在吸收前辈成果时,其来源并不单一。奥斯温·默里等注意到,希氏作品中存在多种口述传统,其中一部分来自希腊大陆的传统,它重视政治等活动,强调理性分析,而宗教因素的影响有限;另一部分则与德尔菲等地有关,其中非理性、宗教性等因素意义不容忽视。⑤ 尽管在默里看来,求真等问题并非希罗多德的主要关注点,然而其观念对我们认识希罗多德的求真特点具有启发性,理性和宗教因素对希罗多德写作风格的影响不可忽视,一方面,希罗多德的作品中,具有求真、理性的一面,他积极探寻事件的真相,寻求其背后的原因;另一方面,书中又具有宗教特征,且关注英雄传说、奇闻逸事等内容,而这些,

---

① 从《历史》中还可以看出,希腊人去叙拉古求援时,引用了"荷马史诗",也从一个侧面反映出"荷马史诗"在希腊社会的影响力。
② 郭涛的《文本与历史的对话:希罗多德〈历史〉的海伦叙事》一文则从文本形成的历史和文学语境思考希罗多德的历史叙述。
③ 转引自 Robert Fowler, "Herodotus and His Prose Predecessors", in Carolyn Dewald and John Marincola, eds., *The Cambridge Companion to Herodotus*, p. 35。
④ 参见黄洋:《古代希腊罗马文明的"东方"想象》,《历史研究》2006 年第 1 期,第 114~123 页。
⑤ Oswyn Murray, "Herodotus and Oral History", in Nino Luraghi, ed., *The Historian's Craft in the Age of Herodotus*, pp. 16–44.

也为批评希罗多德的学者提供了更充分的理由。

四　结语

　　希罗多德在历史书写中发展了希腊的求真意识，并指出了史学求真的局限性；古典时代希腊史学所处的发展阶段以及赫卡泰戊斯等前辈的工作，决定了希罗多德在《历史》的书写中，一方面已经注意到史学与其他文体的差异，特别是认识到历史在求真意义上的价值，并试图向此方向努力；另一方面，又导致希罗多德在求真的同时，继承了传统文学作品的修辞和想象的因素。这是造成其求真意识和内容上存在冲突的重要原因之一。此局限性，已非希罗多德能够解决，后世的希腊史学家，如修昔底德、波利比乌斯等人，则在希罗多德的基础上，不断在求真方面有所突破。这一方面巩固了希腊史学的地位，使得史学作为独立学科、史著作为独立文体的地位日趋稳定，另一方面，史家的求真意识和史料批判能力也在不断发展，对后世的西方史学不断发挥着影响。

历史文献学研究

"家谱刻辞"续说
——兼谈作伪材料在史料辨伪中的价值

黄国辉

(北京师范大学历史学院,北京 100875)

摘 要:通过对《库方》1989、威尔茨藏品和《金璋》566 等伪刻"家谱刻辞"的研究,可以看到于省吾先生从文字学理论上做出的诸多推论可与实际作伪过程相印证。《库方》1506 当属真品,是其他伪刻"家谱刻辞"的底本。作伪材料也有其相应的价值,应当引起重视。

关键词:家谱刻辞 伪刻 于省吾 弟

众所周知,"家谱刻辞"是最为著名的甲骨刻辞之一。这不仅由于它所记载的内容之于甲骨学与殷商史研究的重要性,还在于其研究集中了学界众多的学术名家。这片甲骨现藏于大英图书馆,收录于《库方二氏藏甲骨卜辞》(以下简称《库方》)1506,又见于《英国所藏甲骨集》(以下简称《英藏》)2647 (见图1)。它的真伪问题曾在学界引起过较大的争论,最为著名的一次莫过于1979年在中国古文字学术研究会第二届年会上,胡厚宣和于省吾分别就"家谱刻辞"的真伪问题提出了针锋相对的看法。① 不管结论如何,两位名家的这次学术讨论无疑极大地促进了对"家谱刻辞"的研究,颇具价值。专家们得出的一些推论至今依然经典。如于

---

① 胡厚宣:《甲骨文"家谱刻辞"真伪问题再商榷》,载中山大学古文字研究室编《古文字研究》第4辑,中华书局,1980;于省吾:《甲骨文"家谱刻辞"真伪辨》,载中山大学古文字研究室编《古文字研究》第4辑。后文所引胡厚宣、于省吾的观点均出此注,不再另行注出。

省吾主张"家谱刻辞"是真品,他研究指出:

> "家谱刻辞"弟字两见,均作❖,此乃未曾见过的弟字初文。弟为从㠯弋声的形声字,甲骨文弋字作❙或❧(详《甲骨文字释林·释弋弟》)。弟字,甲骨文第三期作❖,周代金文作❖者屡见,古玺文作❖,《说文》作❖。以上是说明弟字源流递嬗的规律。但是,弟为从㠯弋声的形声字以及弋字初文之作❙或❧,连现在的一些古文字学家还不知道。如果"家谱刻辞"是伪造,那么,作伪者有什么依据把弟字写刻作❖呢?

这个看法不仅解释了古文字"弟"的字形结构,梳理了"弟"字的演变递嬗,而且进一步从文字研究学史出发,指出学界对"弟"字的辨识是晚出的,在"家谱刻辞"的时代,人们并不知道古文字中的"弟",作伪者没有依据把"弟"字刻写作"❖"。于省吾的这个看法有理有据,是主张"家谱刻辞"作伪说的学者们无法绕过的一道坎。笔者同样认为,"家谱刻辞"当属真品,且已有专文论述。① 在此,笔者将从此前学者较少关注的伪刻"家谱刻辞"入手,对于省吾的看法进行补充论证,从而进一步明确"家谱刻辞"真品说。

关于"家谱刻辞"的数量,目前所知共有 5 片。除了胡厚宣所举到的《库方》1506、《库方》1989(见图 2)、《金璋所藏甲骨卜辞》(以下简称《金璋》) 566(见图 3)以外,尚有李学勤所谈到的《金璋》760(见图 4)和威尔茨所赠,德国柏林皇家民俗博物馆所藏的一片牛肩胛骨(见图 5)。对于这 5 片"家谱刻辞"的收藏和流传情况,郅晓娜女士曾有过详细考察,② 兹不赘述。

在这 5 片"家谱刻辞"中,除了《库方》1506 存在较大的争议外,其余 4 版"家谱刻辞"均属伪刻,学界对此没有异议,属于共识。也正是由于它们属于伪刻,所以没有引起研究者的足够重视。实际上,细致考察这些伪刻,反而能进一步证实《库方》1506 的真品说。试析如下。

---

① 黄国辉:《"家谱刻辞"研究新证》,载李学勤主编《出土文献》第 3 辑,中西书局,2012。
② 郅晓娜:《甲骨文"家谱刻辞"的重新审视》,2016 年 1 月 28 号台湾"中央研究院历史语言研究所"主办"第二届古文字学青年论坛"学术论文。

"家谱刻辞"续说　271

在上述 5 版"家谱刻辞"中,《库方》1506 和《库方》1989 的内容基本一致,除了后者"贞"字前多出"王曰"二字以外。《金璋》760 是圭璧形刻辞,伪刻文字凌乱无章,几不成辞,可不讨论。值得注意的是《金璋》566 和威尔茨所藏牛肩胛骨的伪刻。胡厚宣已指出,《金璋》566 甲骨的右下方有两条卜辞说,"癸巳卜,贞王旬亡畎。□□卜,贞王旬亡畎"。这是标准的帝乙或帝辛时的甲骨文字。除了这部分卜辞以外,其上面所谓"家谱刻辞"的文字都是伪刻。这是非常可信的。然而正是这些伪刻为我们提供了非常宝贵的线索。现将《库方》1506、《库方》1989、威尔茨藏品和《金璋》566 的刻辞对比如下(见表 1)。

表 1　4 种"家谱刻辞"对比

《库方》1506	《库方》1989	威尔茨藏品	《金璋》566
贞。兒先祖曰吹	王曰贞。兒先祖曰吹	贞。兒☒伊祖曰吹	贞曰☒☒☒祖曰☒
吹子曰戠。	吹子曰戠。	吹子曰☒	☒子曰☒
戠子曰☒	戠子曰☒	☒子曰侯	☒子曰☒
☒子曰雀	☒子曰雀	侯子曰雀	☒子曰☒
雀子曰壹	雀子曰壹	雀子曰壹	☒子曰妹
壹弟曰启	壹弟曰启	(壹)弟曰启	妹弟曰☒
壹子曰丧	壹子曰丧	☒令…	☒子曰兕
丧子曰养	丧子曰养	…曰养	兕子曰养
养子曰洪	养子曰洪	养子曰☒	养子曰羌
洪子曰御	洪子曰御	☒子曰梌	羌子曰麂
御弟曰役	御弟曰役	梌弟曰惠	麂弟曰鼠
御子曰竞	御子曰竞	惠子曰☒	鼠子曰宁
竞子曰☒	竞子曰☒		宁子曰☒

对比上述 4 种刻辞可知，在世系的记载上，《库方》1989 与《库方》1506 基本一致，所以除了多出来的"王曰"二字以外，其他部分内容完全相同（我们把它们上面所记载的世系称为 A 型）。威尔茨藏牛肩胛骨则是半模仿《库方》1506，在世系的记载上，近半数人名与《库方》1506 相同，如吹、雀、壹、启、养、㝒等。但在世系上，漏刻了一世（我们把它上面记载的世系称为 B 型）。而《金璋》566 所刻写的世系除了"养"以外，其他的均与《库方》1506 完全不同（我们把它所记载的世系称为 C 型），这显然是企图在《库方》1506 以外，另外伪造一版其他家族世系的甲骨。

非常值得注意的是，无论是威尔茨藏品还是《金璋》566，其中的"弟"字在其世系中所处的位置竟然和《库方》1506 完全相同，分别处于第 5 世和第 9 世上。这充分说明作伪者根本就不认识"弟"字，所以才会出现这种机械式的照搬现象。否则，他在伪造另一个家族谱系时，根本不会愚蠢到在 A、B、C 三个不同家族谱系中（尤其是《金璋》566 所记的家谱与《库方》1506 基本不同），不约而同地在第 5 世和第 9 世都出现了不传子而传弟的情况。所以我们完全可以肯定作伪者根本不认识"弟"字。即便当日有人把带有"弟"字的甲骨摆在作伪者的面前，他们也认不出"弟"字来。在这种情况下，作伪者如何能够在成千上万的甲骨中准确找出"弟"字，又非常恰当地把"弟"字放置到家谱世系中呢？可见，这些"家谱刻辞"中必然有一正确的底本，那只能是《库方》1506。

在此，我们实际上从作伪的角度进一步证实了于省吾从文字学史出发得出的对"弟"的研究结论，即学界对"弟"字的辨识是晚出的，在发现"家谱刻辞"的时代，人们并不知道古文字中的"弟"。除此以外，于省吾还曾指出，在《库方》1506 的"家谱刻辞"中，"兒先祖曰吹"的"先祖"二字在卜辞中极为罕见。卜辞的"其祀多先祖"（佚 860），是作伪者不可能见到的。于省吾的这一看法也是非常可信的。现在，我们从威尔茨藏品和《金璋》566 的作伪情况中可以明显看到，当时的作伪者根本不认识"先"字，根本不知道"先祖"构成一个词，因此他们在伪造这些"家谱刻辞"时，把原来的"先"字和"祖"字割裂，然后东拼西凑地找来其他字放置在"祖"字的前面，正如我们所看到的，其造成的结果是完全不成辞。

以上我们从确定无疑的伪刻，即《库方》1989、威尔茨藏牛肩胛骨和

《金璋》566 所记的"家谱刻辞"出发，进一步确证了于省吾关于当日作伪者根本无法辨识出"弟""先"等字的看法，因此他们也根本没有能力伪造出《库方》1506。《库方》1506 当属真品（见表2）。

表2 4种"家谱刻辞"的伪刻鉴定结果

底本	伪刻		
	A型：基本仿刻	B型：半仿刻	C型：基本不仿刻
《库方》1506	世系与真品一致	半数世系与真品一致	世系与真品基本不一致
	《库方》1989	威尔茨藏牛肩胛骨	《金璋》566

不仅是"弟"字和"先"字的问题，实际上，笔者非常怀疑作伪者根本不具备基本的甲骨文识读能力。原因很简单，如果我们关注《金璋》566上面的伪刻，就可以看到除了伪刻的"家谱刻辞"以外，在骨颈部分还有这样4条伪刻："弟曰南"，"贞曰静"，"心曰安"，"畲曰止"。之所以有这样的伪刻，完全是因为作伪者没有明白"家谱刻辞"中"某子曰某"和"某弟曰某"是什么意思，否则断然不会出现这样的伪刻。再如威尔茨藏牛肩胛骨上，伪刻的家谱世系第5世"壹弟曰启"之后莫名插入"✦令"二字，显然也是不明刻辞基本含义所致。正是由于作伪者不具备基本的甲骨识读能力，他们在进行仿刻时，要么呈现出类似上文所述的错漏百出且不成辞的拼凑，要么生搬硬套地进行机械式照搬和替换。如除了在作伪不同家族时，把"弟"字同样都安排在第5世和第9世中的愚蠢做法以外，我们还可以看到，在A、B、C三个不同的家族谱系中，他们世系数基本相同，而且第7世继承人都称为"养"，写作✦，这显然是不合情理的，是一种机械式的照搬。

造假的目的是逐利，必然要求尽可能地做到字体自然，文意流畅，天衣无缝，而《库方》1989、威尔茨藏牛肩胛骨和《金璋》566 所记"家谱刻辞"的造假体现出来的却恰恰相反，它们字体生硬，错漏百出，反映出造假者的拙劣水准。仅凭作伪者的学识根本无法伪造出"家谱刻辞"，因而《库方》1506必属真品。作伪者之所以能够伪刻出《库方》1989、威尔茨藏牛肩胛骨和《金璋》566等赝品，完全有赖于《库方》1506"家谱刻辞"的存在。由于《库方》1506"家谱刻辞"的语言具有很强的规律性，多以"某子曰某"和"某弟曰某"的句式呈现，"某"字常变，而

"子曰"和"弟曰"不常变,所以作伪者仅机械式地替换"某"字,即可新造出一版刻辞。可是如果你要问他"某子曰某"和"某弟曰某"应该怎么释读,是什么意思,那他还是全然不懂得呢。

最后需要特别强调的是,我们应该如何看待作伪材料的问题。长期以来,作伪材料一旦被证实,便往往为研究者所抛弃。殊不知,作伪材料背后同样站立着个人,受教育背景、学术训练、知识结构等影响,他们在作伪的过程中,常常也会无意中留下许多蛛丝马迹,这在早期的作伪作品中体现得尤为明显。如果我们能够细致有效地抓住这些作伪的痕迹,并进行深入考察,那无疑将有助于促进我们对史料辨伪的研究。因此,作伪材料的价值问题,应当引起我们足够的重视。

图1 《英藏》2647 = 《库方》1506①

---

① 本文所引图版,除图1《英藏》2647外,其余均转引自郅晓娜《甲骨文"家谱刻辞"再审视》一文。

"家谱刻辞"续说　275

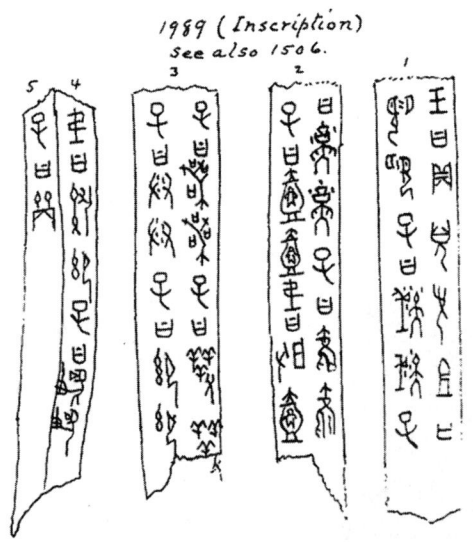

图 2　《库方》1989，方法敛摹本

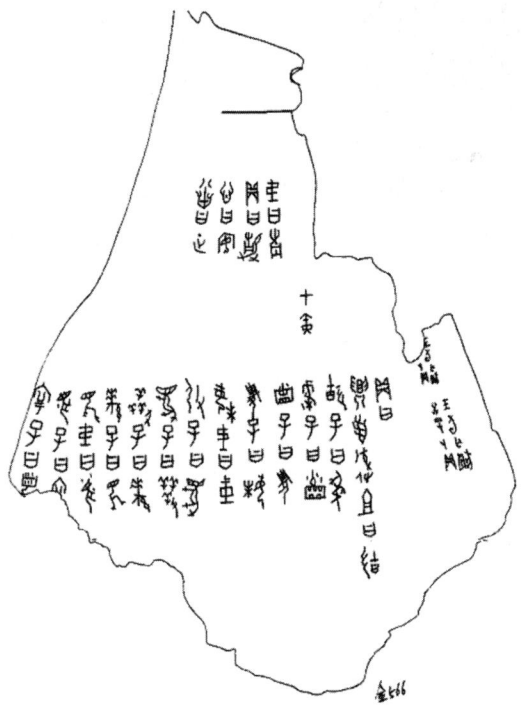

图 3　《金璋》566

276　史学理论与史学史学刊

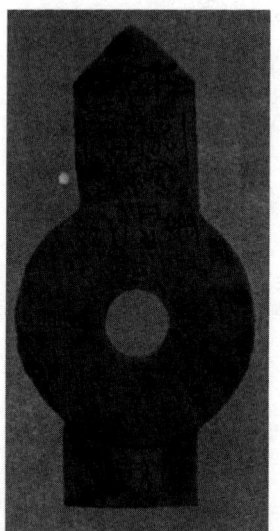

图 4 《金璋》760 反面
（正面是伪刻的干支表）

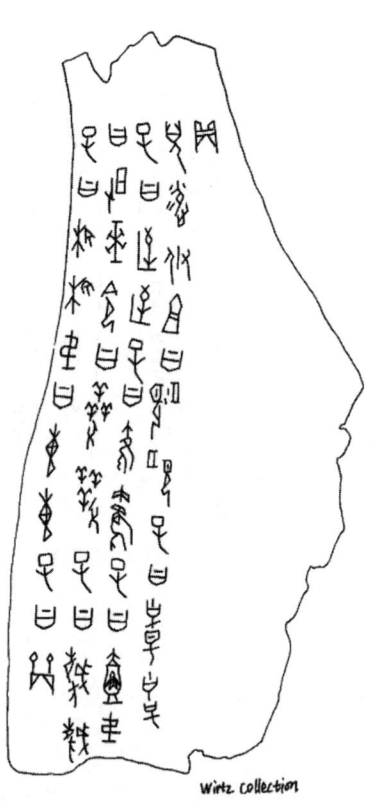

图 5 威尔茨藏牛肩胛骨

新发现《童书业著作集》及《童书业杂著辑存》佚文（1949年前）述论*

贾鹏涛　赵梦鑫

（华东师范大学中国史博士后流动站，上海　200241；
延安大学历史文化学院，陕西延安　716000）

摘　要：七卷本《童书业著作集》已于2008年由中华书局刊行。然而，童书业生平著述颇丰，著作集收录不全的问题较为明显。2018年，由童教英编辑整理，商务印书馆出版的《童书业杂著辑存》，仍有遗漏之文。介绍和评述二书未收录的发表于1949年前的文章，有助于进一步完善童书业著作集的整理工作。

关键词：童书业　佚文　辑佚

童书业（1908～1968），字丕绳，号庸安，安徽芜湖人。中国著名历史学家。童书业早年入读家乡私塾，但未进中学。1934年，童书业任浙江图书馆附设印行所校对员，因将自己所撰《虞书疏证》文稿寄给顾颉刚，得到顾颉刚的赏识，后应顾颉刚之邀，到北平担任顾颉刚助手。抗日战争期间，他曾在上海私立光华大学、江苏等地中学任教。1945年，任上海市立博物馆历史部主任和总务部主任。1949年，任山东大学历史系教授。先后担任山东大学历史系副主任、山东大学文学研究所研究员。著有《春秋史》《中国疆域沿革略》《中国手工业商业发展史》《精神病与心理卫生》

---

* 本文为教育部哲学社会科学后期资助项目"童书业年谱"（21JHQ054）阶段性成果。

《春秋左传考证》等。童书业去世后，他的女儿童教英一直致力于乃父的著作整理。2008 年，中华书局出版了童教英整理的七卷本《童书业著作集》。2018 年，童教英又发现童书业文章 20 余篇，于是将之前未整理出版的《中国手工业商业史讲稿》（1955 年初稿）和《中国手工业商业史讲稿》（1958 年修订稿）一起编作《童书业杂著辑存》，由商务印书馆出版。尽管她尽力搜辑，但到目前为止，仍然有一些文章未被收录。笔者此文，将新发现的童书业作于 1949 年前的 25 篇文章（见表 1）做一介绍，希望能进一步完善童书业著作集的整理工作。

表 1　新发现童书业文章（1949 年前）情况

文章名称	刊发的期刊及时间
《尚书中"曷""何"二字之用法》	《惠兴女中》1934 年第 1 期
《我们怎样研究历史》	《惠兴女中》1934 年第 2 期
《〈尚书·秦誓篇〉今译》	《惠兴女中》1935 年第 3 期
《历史评论》（一）	《惠兴女中》1935 年第 4 期
《历史评论》（二）	《惠兴女中》1935 年第 5 期
《历史评论》（三）	《惠兴女中》1935 年第 6 期
《中国山水画皴法之演变》	《惠兴女中》1935 年第 7 期
《希腊哲学史纲系》	《惠兴女中》1935 年第 7 期
《危城来鸿》	《工余园地》1936 年第 3 期
《评〈史前期中国社会研究〉》	《图书展望》1937 年第 2 卷第 8 期
《不团结便灭亡的一个例子》	《美商青年》1941 年第 3 卷第 3 期
《欧战史话》	《美商青年》1941 年第 3 卷第 4、5、7、9、10 期
《科学的历史与历史的科学》	《科学画报》1944 年第 10 卷第 10 期（署名章卷益）
《贺双卿一：前记》	《家庭》1944 年第 11 卷第 1 期（署名吴流，与梦因合著）
《清才薄命的贺双卿》	《家庭》1944 年第 11 卷第 2 期（署名吴流，与梦因合著）
《贺双卿三：考证》	《家庭》1944 年第 11 卷第 3 期（署名吴流）
《周代平民的恋爱与婚姻》	《家庭》1945 年第 12 卷第 1 期（署名章卷益，与忧嘉田合著）
《医治"名士病"和"官僚病"的方案——提倡"墨""法"两家的精神》	上海《民国日报·觉悟》1946 年 1 月 26 日第 4 版
《唐伯虎的画及其影响》	上海《新夜报·夜明珠》1946 年 5 月 13 日第 3 版
《释"俑"》	上海《新夜报·夜明珠》1946 年 5 月 27 日第 1 版

续表

文章名称	刊发的期刊及时间
《杜诗评——旧诗新解之一》	上海《民国日报·觉悟》1946年2月3日第2版（署名吴流）
《论诗的情与景的关系——旧诗新解之一》	上海《民国日报·觉悟》1946年3月6日第4版（署名吴流）
《论诗的内与外》	上海《民国日报·觉悟》1946年4月2日、4月3日第4版（署名吴流）
《古诗杂评——旧诗新解之一》	上海《民国日报·觉悟》1946年4月26日、4月30日、5月2日第4版（署名吴流，与承名世合著）
《诗的"生"与"熟"——旧诗新解之一》	上海《民国日报·觉悟》1946年6月5日第4版（署名吴流）

下文即按照文章发表的时间顺序依次介绍。

一 《惠兴女中》发表的八篇文章

惠兴女士，满族，白山（今吉林省）人。随先辈进驻杭州，夫曾任协统。惠兴文学有根底，留心时事，认为女子欲摆脱压迫之痛苦，非提高知识求得谋生不可。1904年，当地绅士办理公立学校，她排除亲族之阻止，前往投考。但当时公立学校欲在学生中灌注革命意识，不容她加入。乃斥资办女学，名贞文小学。她为建校舍而向旗营富有的女眷募款，女眷允校舍落成即付款。她又乞得营中三亩空地，开始兴建，同年十月告成。乃向各家取款，女眷拒付，并斥她醉心新潮流。工匠日夜催款，她智穷力竭以死谏。惠兴之死，震动杭州，以为非具有大知识、大勇气，决不能为本族为人民有壮烈之牺牲。皇帝下旨建坊，遗骸葬于孤山放鹤亭。又在北京为惠兴义演，得款二千余元，并拨专款，将女学易名为惠兴小学，又三年开办师范。辛亥革命后，校长被枪毙，校舍所有财产被没收。1912年，由地方才俊申请，要求复校，由杭县年拨补助费一千元。指聘原校长之女为校长，开办国民小学，仍名惠兴。1920年秋，惠兴试办旧制中学，易名为惠兴女子中学。1923年，正式定名为惠兴女中初级中学，并附属完全小学。①

---

① 褚寿康：《惠兴女中》，政协杭州市委员会文史资料工作委员会编《杭州文史资料》（第6辑），1985，第54~56页。

《惠兴女中》，为初中学生之刊物，刊发平日研究所得，以资"观摩联情谊"。① 亦刊发学校教师的文章。1934年夏，由王季欢介绍，童书业任浙江图书馆附设印行所校对员，后又由夏定域介绍为惠兴初级女子中学干人俊代课，教三年级外国史。② 童书业有8篇文章发表在《惠兴女中》。

第一篇《〈尚书〉中"曷""何"二字之用法》，750余字。《尚书》中用"曷"字，皆作今语之"怎么"解，或作"怎么不"解；用"何"字皆作今语之"什么"解，或用于"如何""奈何""若之何"等语；唯《盘庚篇》有"汝悔身何及"一语，颇不可解，或抄写传误，或古人文简，此"何"字当作"如何"二字看耳。文中罗列今文《尚书》中所有涉及"曷""何"之语，以证明己说。

第二篇《我们怎样研究历史》，1100余字。文中告诫青年学生读史非常重要，在国难严重时期，应深切注意本国史和世界史。文中认为研究历史的人，应该具有三种特质，一是"孜孜不倦"的精神。初学必须要有极坚贞的决心，和不断的努力，才能得到反应的兴味。研究历史的人，最忌的便是"不诚心"！二是"万物齐观"的态度。对研究结果，不容有一丝成见；对于研究对象，应抱有一律平等的观念。三是"科学研究"的方法。历史是复杂的，是表面似很混乱的东西，全靠研究的人去解剖它，整理它，寻出它的统绪来。所以必须应用科学的方法，分析，综合，归纳，演绎，经过观察，怀疑，假设，求证种种的阶段，然后才可以得到结论。宁疑毋信，宁缺毋滥。此外，研究历史要博览，慎选材料，同时又要深求，范围越缩得紧越好，研究越钻得深越妙。同时，还得注重历史的贯通。希望学生对历史如有兴趣，先去试试看，不要怕幼稚和肤浅。

第三篇《〈尚书·秦誓篇〉今译》，1900余字。文中认为《秦誓》为《尚书》中的可信篇章，《秦誓》是秦穆公誓众之辞，语义深切，含有统治者自我敬戒之意。其思想与当时国难潮流相合，因此童书业将其分段注释并翻译成白话文。

第四篇《历史评论》（一），1600余字，评介房龙著，沈性仁译的《人类的故事》。文中认为这本书是一部"较有意味的中学生历史读物"。认为此书有两个特点：第一，浅显而有趣，百读不厌；第二，附图新颖，

---

① 《发刊词》，《惠兴女中》1934年第1期。
② 童书业：《精神病与心理卫生 集外集》，童教英整理《童书业著作集》第7卷，中华书局，2008，第680页。

有许多有趣的插图，粗看似乎幼稚，实在深有理致。此外，此书还有选材精严，叙述条达，分期停当，文笔优美等优点。此书也有缺点，即虽为人类的故事，所述只是西洋人的故事，没有述及东方。文章最后告诉学生们在读外国史时，应注意几个重要的段落和问题，如读上古史应注意亚非文化、希腊文化、罗马文化的代禅，读中古史，应注意民族迁移、宗教发展、封建制度等。弄清这些问题，其他的一切都迎刃而解了。

第五篇《历史评论》（二），1000余字，讲宗教改革的功与罪。宗教改革的原因有四点：一是旧教会的腐败，二是新学问的兴起，三是罗马帝国观念的消失，四是民族国家的形成。宗教改革是文艺复兴的余波，"它一方面承接了文艺复兴的进步趋势，同时却又做了文艺复兴的劲敌"。因此，宗教改革的结果有功也有罪。

第六篇《历史评论》（三），1500余字，讲罗马帝国的沿革和它的内容。

第七篇《中国山水画皴法之演变》，990余字。山水画南北宗之说始于董其昌，"北宗山水，自元以后，渐降为南宗之附庸，合流同衍，不可复分矣。"明代以后，画风渐降，除石涛"摘山川之灵奇，运自然之妙理，前无古人，后无来者，其皴法不名一家之外。"而文、沈、唐、戴（进）、仇、董、四王、吴、恽、龚、戴（熙）等人最为有名，但"皆袭取宋元之余绪，稍加变化，能自成面貌而已，若云开创，未之有闻！"

第八篇《希腊哲学史纲系》，800余字，为一教学大纲，将希腊哲学分为四个时期，分别是：草创时期、启蒙时期、全盛时期和衰落时期。

二 《危城来鸿》等文章介绍

《危城来鸿》，400余字。本文是童书业写给浙江图书馆附设印行所同事的两封回信。1934年，童书业任浙江图书馆附设印行所校对员，因将自己所撰《虞书疏证》文稿寄给顾颉刚，得到顾颉刚的赏识，后应顾颉刚之邀，到北平担任顾颉刚助手。在北平期间，印行所同事编有《工余园地》小册子，将其寄童书业，童书业在回信中说这个小册子"编得好极了"，自己对老同事都很挂念，并告诉对方自己的近况，"每个月要读五十卷书，写三万字的文章，忙得真可以！"

《评〈史前期中国社会研究〉》，3900余字，文中认为吕振羽的《史前期中国社会研究》"在史料考证和应用方面，是无一评的价值的！"因为吕振羽不知少典氏与有蟜氏女婿等传说的出处，而去转引向乃祺的《土地政策讲义》。不知"圣人皆无父，感天而生"两句话的出处，而去转引李泰棻的《西周史征》。不知"虞有三苗"是《左传》里的话，而去引《五经正义》。不认识"鄟"字和"郐"字的分别，把陆终之后妘姓的郐国和夏禹之后的鄟国合并成一个，并因之得出"楚亦应为夏族的一个支派"的结论。在应用方面，吕振羽说："那些散见各种记载中的神话传说的来源，我们虽不敢完全确定，但它们能代表历史上一个时代的真际意义，是我们敢于确定的。"这是吕振羽的中心观念，在童书业看来，用这个观念解释中国古代社会是很荒谬的。比如吕振羽举"蚩尤兄弟八十一人，并兽身人语"等记载，说这完全是"刚从兽类脱离出来只是知道言语的人类的形状"，以及说《山海经》里的小人国，是一个小人阶级——幼年人阶级，女子国是新石器时代母系社会的写真等，都是荒诞不经的。

《不团结便灭亡的一个例子》，2000 余字，文章认为南明的灭亡，全是由于内部的不和睦。朝廷内：高杰和黄得功不合；刘泽清、刘良佐不奉统率调遣，互争城池，不协力对外。朝廷内外也不和睦：马士英嫉妒史可法，让他一人独力支持危局；左良玉怀恨马士英，不发他军饷。在童书业看来，如果明朝内外能团结一致，扼守河淮，不至于亡国。因此，明朝的灭亡是自亡。文章最后指出："我们应该记取：流寇是摧残国力的根源，内乱更是亡国的因素。'殷鉴不远，在夏绍之世。'我们应该把力量统一起来，只有内部无间，才是觅取最后胜利的最可靠的途径！"

《欧战史话》，10000 余字，这是童书业为惠兴女中讲时事时学生所记的笔记。文章以欧战中的许多问题作中心，追述它的历史上的因果，名为"欧战史话"，实是欧战探源论。文章是按照二次大战发生的经过，如德国为什么进兵波兰、法国为什么参战、英国为什么帮助法国、苏联为什么侵犯芬兰、义国为什么向英法宣战等问题展开的。

《科学的历史和历史的科学》，2300 余字，科学的历史是指用科学方法整理出来的历史，这个概念的提出在中国是"五四"时代的事情。当五四运动开始后，文学革命、哲学革命相继发展起来，史学的革命便是史学的科学化。在史学革命中，首先是对于上古神话的怀疑。根据达尔文的生物进化的原理科学的社会学，人类的文化是由野蛮而进于文明的，绝没有古代反而比后世文明的道理。比如，春秋时代中国疆域只有黄河下游，在东周初年，现在的河南中部的地方还需要"斩之蓬蒿藜藿而共处之"；现在河南西部一部分的地方还是"狐狸所居，豹狼所嗥"；现在山西南部的地方还是"戎狄之与邻,王灵不及,拜戎不暇";现在的淮水流域还是淮夷的根据地;现在的湖北地区还需要"筚路蓝缕以启山林"。怎么尧舜禹的时代已经分天下为十二州,夏禹又把全中国分为九州——"东渐于海,西被于流沙,朔南暨;声教讫于四海"?又如上古说大禹能在八年或者十三年时间中,把"怀山襄陵"而"滔天"的全中国的洪水完全治平。这是违反常理的。因为在中古和近世时发生的黄河决口,竭天下之力都束手无策,现代德国工程师设计的最新的机械都没法治好淮河。这些违反常理的"奇迹"都在科学观念和方法的打击下现了原形。而随着考古学的发展,上古的神话传说被否定了,在考古学家的考释下,殷代还是铜器时代初期,文字没有固定形状,其他一切文化程度比未开化或半开化社会高不了许多,哪里有"焕乎其有文章"的唐虞夏的文化。科学的历史比较容易达到,因为用科学的观念和科学的方法,便可达到。而历史的科学则比较困难,因为历史学能不能成为科学还是一个正在争论的问题。社会情状万变,能不能求出规定规律来,这定律能不能应用,稍有科学头脑的人就不敢武断。但相对的历史的科学确是可能的,比如社会必由野蛮而进于文明,必由散漫的组织而演进为严密的组织;经济条件变了,一切文化的形态都随之而改变;等等。

《贺双卿一:前记》和《贺双卿三:考证》,4200 余字,两文是对胡适考证的商榷。贺双卿是史震林《西青散记》中的一个人物,散记是小品文章的结晶,全书没有什么结构,内容都是随笔杂记,是些神话式的故事。第二卷以下所记,多是些才子佳人骚人墨客的故事,各条中诗词很多,大多是艳情之作,双卿的故事也见于第二卷。胡适怀疑贺双卿并无其人,只是史震林幻想出来的"佳人"。童书业不同意这点,并提出两点质疑。其一,贺双卿这人有住址,有家庭,并有她的田,还有张梦觇作证,这些都是不能伪造的。其二,即使张梦觇帮着史震林作伪,但是见过双卿的人是很多的,如段玉函、赵暗叔、张石怜、恽宁溪等,难道也都帮了史震林作伪吗?但他同时指出,文中描述贺双卿才情好,而她的诗词大约是经过史震林改削的。胡适又说:"女诗人女词人双卿,便是这个穷酸宗教里的代天下女子受苦受难的女菩萨。"童书业通过考证得出,胡适这个判断确有见解。"菩萨"固然有向壁虚造的,但也有本是凡人而被宗教家"菩萨"化的,我们以为女诗人贺双卿是一位经过穷酸们"菩萨"化的不十分寻常的女子!

《清才薄命的贺双卿》,12000 余字,文章主要描写一个受旧礼教旧风俗的压迫而不敢反抗的女性，同时试图把当时所谓才子的真相揭露一二，使读者认识到当时人心目中之所谓佳人才子不过如此。

《周代平民的恋爱与婚姻》，3700余字。文章认为，周代贵族女子的行动已是相当自由了，而平民阶级女子的行动，更是自由，她们可以随意外出游玩。男女之间的恋爱是自由的，女子游春、怀春的词句在诗词中经常能看到。男女之间有互相追求，还有邂逅的事情发生。此外，古代还有一种特殊的风俗：在某一特定时日，男女可以自由相会，彼此相戏相谑，甚至因此而发生关系，也在所不禁。文中又说，周代的平民阶级的恋爱，虽说很是自由，但那时已不是太古，正式的男女结合，已经需要"父母之命"和"媒妁之言"，所以他们和她们的恋爱，在相当自由之中，也已经有不自由的成分存在。自由恋爱达到成功的目的，固然有收场很好的，但也有"始乱终弃"，女性方面遭到很大的不幸的。

《医治"名士病"和"官僚病"的方案——提倡"墨""法"两家的精神》，1200余字。作者从杨宽提出的"名士派与官僚派的弊病"① 谈起，杨宽的结论是名士派太放纵随便，官僚派太腐化，两种人都要不得。童书业认为这样的结论是完全正确的，并进而指出，"一般人多只反对腐化的官僚，殊不知'风流自赏'的名士，更应该反对。因为腐化的官僚只能为害政治，而'风流自赏'的名士，则能为害于社会和文化。"名士们的高谈阔论，弄得中国上流社会中真能办事的人极少，而真能治学的人更少。这是国难临头的根本祸源。如何医治名士派和官僚派？在童书业看来，名士派的来源，是古代的道家思想。道家的反面，是墨家。墨家的精神是"摩顶放踵，利天下为之"的，这正是名士派的始祖道家杨朱"拔一毛而利天下不为"的精神的对头。墨家所标榜的人物，是勤劳天下治平洪水的大禹，也正是名士派祖师道家们所依托的但求一己快乐，不愿为天下人办事的许由、善卷一类人的对头，足见医治"名士病"的良药，唯有墨家的思想和行为了。官僚派的来源，是儒家的思想。儒家的反面是法家。法家的精神是不问亲疏，不论贵贱，不顾情面，不讲恩怨，有功必赏，有过必罚；而综核名实，督责效率，则是他实行的方法。这也正是医治"官僚"的良药。最后指出，墨法两家的思想固然也有其流弊，例如墨家的过于自苦，丧失了人生乐趣，法家的刻薄寡恩，丧失了人间的热情。但是良药苦

---

① 杨宽：《论名士派》，《民国日报·觉悟》（上海）1946年1月18日第4版，收入贾鹏涛整理《杨宽学术随笔》，上海人民出版社，2020，第353~355页。

口利于病,药固然也有药毒,治病却非他不可。因为"害之中取其小者,利之中取其大者","我们宁可使现代中国人少享受些人生的乐趣和人间的热情,而亡国奴的痛苦,却决不可以一加尝试!"

《唐伯虎的画及其影响》,1000余字。唐伯虎的名声很大,在世的时候,其作品便可以质押巨金。普通人只知道唐伯虎的画好,研究绘画的人,只知道唐伯虎是明代大画家,但是对于唐伯虎画法对后世的影响,知道的人却不多。在童书业看来,从明朝中叶到清朝初年,很多画家受他的影响。比如,石谷、南田、渔山三家,他们后来的画法,诚然接近元人,然而他们早期的作品,都显露出很浓厚的唐伯虎的风格。

《释"俑"》,1100余字。文章考证"俑"的含义。俑即木制或陶制的人像,陪葬在古人坟墓中。有人认为"俑"是"踊",送葬的人像设有机关而能跳跃。承名世认为"俑"字就是殉葬"用"的人像。童书业认为,"俑"字从"甬","甬"为钟柄,钟柄中空正与古俑形制亦中空相同。故"俑"或即"空腹人之意"。又《说文》:"俑,痛也;从人,甬声。"俑即为丧具而义为"痛",即哀痛之义,故俑者哀痛之具,即丧具也。对包括自己说法的三种解释,童书业认为都不能成立。据蒋大沂说,"甬"是一种奴仆之称,"甬"即"俑"之本字。殉葬者多为臣仆,故名之为"俑"。童书业认为这一解说最近情理。

《杜诗评——旧诗新解之一》,1300余字。从小时读杜甫,童书业对杜甫的诗一直不满意,不满意处有以下三点。第一,造句拙滞。例如他的"秋来相顾尚飘蓬""向来江上手纷纷""自蒙蜀州人日作"等句,初看简直不知所云。第二,有意做作。例如他的"社稷一戎衣""路人纷雨泣""剩水沧江破""四海八荒同一云""却绕井阑添个个,偶经花蕊弄辉辉"等句,都做作得令人作呕!第三,文理不通。如杜甫的《课伐木》《八哀》等诗的序和其他许多的长题目,文句往往艰涩不可卒读。此外,牢骚和颓唐太过。但他同时也指出,杜甫毕竟是唐人,去古未远,有些天真自然的语句。如他的《少年行》:"马上谁家薄媚郎,临阶下马坐人床。不通姓字粗豪甚,指点银瓶索酒尝。"因此,在童书业看来,"我以为真正爱杜甫的人,如能把杜甫的诗集,痛加删削,只留下十分之二三的可诵的作品,那就真令人爱读不置了。"

《论诗的情与景的关系——旧诗新解之一》,1600余字。文中认为朱光潜所说的"写景的诗要显,言情的诗要隐"是一伟大发明。朱光潜认为"隐"的境界在"显"之上,他说:"无我之境即同物之境,比有我之境即超物之境品格较低；超物之境所以高于同物之境者就由于超物之境隐而深，同物之境显而浅。""中国诗愈到近代，味愈薄，趣愈偏，亦正由于情愈浅，才愈露。"在童书业看来，写景的诗固然要显，但是景中要有了情趣，这景就格外能动人；言情的诗固然要隐，但是如能使情从景出，这情就格外能感人。

《论诗的内与外》，2500余字。朱光潜先生说："诗的要素有三种，就骨子里说，它要表现一种情趣，就表面说，它有意象，有声音。"（《诗的隐与显》）他所谓"骨子里"，就是我们所说的"内"，他所谓"表面"，就是我们所说的"外"，作诗必要兼顾这两方面，才会有佳作的出现。作为诗的"内"的情趣，最要深厚，要使人读了感觉余味无尽才好，古诗中往往有情趣极深，而字句极平易的作品。作为诗的内容的情趣，要深厚，要真切。而真切尤其是必要的条件，因为诗的情趣，当然越深厚越好，但不能篇篇都求深厚；而情趣不真切，却是万万要不得的。诗的外部就是意象，"意象"最要高超，切忌庸俗。意象之妙，是可体会而不可言说的。

《古诗杂评》，4800余字。童书业在文中发表自己对古诗的某些问题的看法。如《孔雀东南飞》的年代，梁启超、陆侃如等都认为是六朝诗，并提出四条证据。其一，五言诗在东汉时方才渐兴起，为何在建安时就会有这样的长篇呢？其二，"青庐"据酉阳杂俎记载，为北朝婚礼风俗，为何诗中提及？其三，诗中的垄子幡是南阳的风俗。其四，本诗似受佛本行赞的影响。反驳的学者也很多，且证据充足。其一，五言诗至汉末本已渐盛，而向长的叙事诗方面发展。其二，社会婚俗往往有很古的遗迹流行后世，不尽保存于一隅。其三，佛本行赞是无韵的，内容风格也和《孔雀东南飞》不同。童书业补上一条证据以证明《孔雀东南飞》出于六朝，如"交广市鲑珍"一语，广州是吴大帝孙权建立的，因而"交""广"称呼起于三国以后。又如《木兰诗》出自唐代以前，但经过唐人窜改；陶渊明的诗充满达观趣味，而他的达观从悲观中来，这种诗格和思想在汉代已具有。古诗十九首的最大好处，便在一个"真"字。后人作的诗不及古人，也便不能"真"。杜甫赠李白诗说："李侯有佳句，往往似阴铿。"所不同的是，李白才气更高，句法更自然，阴铿的句子终嫌来得生硬平浅，这是阴铿不及李白之处，也是梁陈人不及唐人之处。杜甫的诗也有许多出自阴铿和何逊的，因为他自己"苦学阴何"，所以能看出李白与阴铿的关系，所谓非个中人，不能道其甘苦。

《诗的"生"与"熟"——旧诗新解之一》，1700余字。这里所说的

"生熟"的定义有三点。一是字句近于古人或人人能道的是"熟",未经人道或非人人能道的为"生"。二是字句流利脱口而出的是熟,字句艰涩经过琢磨的为生。三是意思平易的熟,意思新奇的为生。诗是"生""熟"都好的,只不过要生而不隔,熟而不庸才好,即"生而不熟,熟而不庸"。论及如何做到,作者认为有三点需要注意。第一,作诗摹仿古人太甚,便容易犯庸熟的毛病。第二,唱山歌式的作诗,也容易犯庸熟的毛病。第三,诗务新奇险怪,或雕琢过甚,也会走入魔道的。最后,作者指出所谓的好诗是"'未经人道'同时又是'语语如在目前'的作品!"

三 辑佚文章之意义

以上仅就目前发现的未整理的童书业文章略加叙述,这些文章的内容非常丰满,可以充实丰富我们对于童书业的认知。这些认知反映在以下四个方面。

第一,注重历史的贯通。众所周知,童书业是古史辨派的重要一员,该派的主要特点是疑古,重视细节之考证。现在看来,这样的认知似有点狭窄,至少对于童书业来说是这样的。童书业虽然批评史观派,如批评吕振羽的《史前期中国社会研究》在考证和应用方面无一是处,但他在《我们怎样研究历史》中却指出,除了关注历史的复杂、细节处,还得注重历史的贯通,"历史是整个的,连环的;一个看着好像很零碎,很孤立的问题,它的连带影响,往往波及到整个的大问题;所以历史上的问题,是没有大小的,只看研究的人能否贯通发现"。他在《科学的历史与历史的科学》中也说:"社会必由野蛮而进于文明,必由散漫的组织而演进为严密的组织;经济条件变了,一切文化的形态都随之而改变。"

第二,对外国史的研究。在童书业自订年谱中,1934年夏,他曾在惠兴初期中学替人教三年级外国史。[①] 之前对于这方面的认知我们仅止于此,现如今我们发现童书业在此期间发表了5篇外国史的论文,内容有对房龙著,沈性仁译的《人类的故事》的评介,有讲宗教改革的功与罪的,有讲罗马帝国的沿革和它的内容的,有讲希腊哲学分期的,还有讲二战发生原因的,这些文章都通俗易懂,简洁明了,是很好的中学生读物。

第三,关注社会现实。关注国情,是史学工作者研究的应有之义。他

---

① 童书业:《精神病与心理卫生 集外集》,童教英整理《童书业著作集》第7卷,第680页。

在写于 1941 年的《不团结便灭亡的一个例子》中,认为南明之所以灭亡,是因为内乱。文章最后指出:"我们应该记取:流寇是摧残国力的根源,内乱更是亡国的因素。'殷鉴不远,在夏绍之世。'我们应该把力量统一起来,只有内部无间,才是觅取最后胜利的最可靠的途径!"写于 1945 年的《医治"名士病"和"官僚病"的方案——提倡"墨""法"两家的精神》一文,认为国难临头的根本祸源是:名士们只知高谈阔论,办实事和真能治学的人少。如何医治名士派和官僚派?童书业提出了使用法家和墨家的精神来治疗。《〈尚书·秦誓篇〉今译》亦是因为《尚书·秦誓篇》中的思想与当时的国难潮流相合。非常明显,这 3 篇文章都是有感而发。

第四,对诗词绘画的研究。在已整理的《童书业著作集》及《童书业杂著辑存》中,我们能发现童书业对于绘画和诗词都有研究。对于绘画,其最为突出的成就是第一个全面辨析画届流行 300 年之久的山水画南北宗说,为明末莫是龙、董其昌、陈继儒等出于宗派目的而伪造的画史,揭示出中国山水画发展的真实进程并创中国山水画南北派说,对江南画派之意境、构图、笔法、墨法、设色做了详细的阐述。① 《中国山水画皴法之演变》对表现山石、峰峦和树身表皮的脉络纹理画法的皴法观念的梳理已流露出某些端倪。《唐伯虎的画及其影响》,认为从明朝中叶到清朝,有很多画家受到唐伯虎的影响,如石谷、南田、渔山,他们的画法,接近元人,然而他们早期的作品,都明显受唐伯虎的影响。对于诗词,从《童书业著作集》第七卷《集外集》中,已看到童书业写过很多诗词,也写过一些纯美学的作品,如《旧诗的"蕴藉"趣味》《"神韵"与"格调"——旧诗新解之一》《"快感"与"美感"》《所谓"意境"》② 等,但还没有看到童书业对诗词理论的看法,而在上述已发现的文章中,如《杜诗评——旧诗新解之一》《论诗的情与景的关系——旧诗新解之一》《论诗的内与外》《古诗杂评》《诗的"生"与"熟"——旧诗新解之一》则是童书业对诗词的理论性看法。

---

① 童教英:《童书业传》,中国大百科全书出版社,2018,第 123 页。
② 童教英:《童书业传》,第 109 页。

历史教育研究

中国历史教育的时代逻辑

李 凯 胡小溪

(北京师范大学历史学院,北京 100875)

摘 要:中国历史教育是重集体主义与人伦教化的中国史学传统的折射。讲好中国故事,突出中国特性是构建国家民族身份的重要行为,更是当代中国历史教育的时代逻辑。在历史教育实践中,我们反对碎片化、无序化的处理方式,而提倡"通",即以政治史为主干,强调重大人物与事件的历史价值,通过宏观叙事框架完善学生的知识结构。学术研究成果是重要的教育资源,但并不能替换历史教育;我们应化学术资源为教育资源,使学生形成对国家、民族和社会的认同。当下历史教育工作者的任务,是在阐释历史现象过程中凸显中华优秀传统文化、革命文化和社会主义先进文化的合理性;要在历史教育实践中,通过宏观叙事框架构建学生健全的知识结构;要着眼世界,立足中华文化土壤,在长时段中深入挖掘中华文明自身的因果链条,厘清中华优秀传统文化与革命文化、社会主义先进文化三者的关联;要突出中华民族伟大复兴过程中的具体实践,特别是中国后来者居上的现代化成就。

关键词:历史教育 中国特性 时代逻辑

在《〈黑格尔法哲学批判〉导言》中,马克思说:"革命需要被动因素,需要物质基础。理论在一个国家实现的程度,总是取决于理论满足这

---

* 本文为北京社科基金"北京中学历史教育中中华优秀传统文化传承研究"(19JDLSD03)、"北京师范大学历史学院青年教师发展资助项目"的阶段性成果。

个国家的需要的程度。"① 理论是历史性的；只有具备相当的社会基础，理论才可能被人们接纳。然而社会基础的形成不可能一劳永逸，人们要针对时代需求对观念进行调整。历史教育亦然，人们对历史的呈现总是基于当前的兴趣，为现实目的服务。② 习近平同志在致第二十二届国际历史科学大会的贺信中指出，"中国人民正在为实现中华民族伟大复兴的中国梦而奋斗，需要从历史中汲取智慧，需要博采各国文明之长。"③ 因此，牢牢把握当下历史教育的时代逻辑，为中华民族的伟大复兴而服务就显得尤为关键。④

自改革开放至今，中高等教育历史教科书的编纂，以及一线历史教育工作者的实践为历史教育的理论总结提供了诸多宝贵的实践经验。因此，教育工作者对历史教育的时代逻辑进行归纳总结显得尤为迫切；然而当下历史教育界对若干问题的认识并不统一，似有辨析的必要。我们认为，讲好中国故事，突出中国特性是构建国家民族身份的重要行为，更是当代中国历史教育的时代逻辑。

一 历史教育应提倡"通"

当下历史教育中，培养学生形成自己的独立观点成为人们追求的目标。有教育工作者不主张设置知识框架，认为不同知识结构、不同能力、不同学情的学生拥有不同的学习节奏，而设置框架只能让学生望而却步。有人认为框架只能带来灌输，而教育的任务应该是对教科书的内容进行质疑。还有人提倡学生要像历史学者那样，用知识和方法以独立的方式面对新的情境，解决新问题，揭示历史现象的深层次因果联系与历史规律；知识框架是研究问题的负担。更有批评者指出，历史教育如果只是传递知识

---

① 《马克思恩格斯文集》（第 1 卷），人民出版社，2009，第 12 页。
② 有学者在总结中国学术史的规律时说，传统可以被视为"有效应的历史"，并非固定的'过去'，而是每一代人根据"现在"的内在需要而创造出来的指向"未来"的进程。见江湄《创造"传统"：梁启超、章太炎、胡适与中国学术思想史典范的确立》，社会科学文献出版社，2013，第 5 页。这既是学术史也是历史教育的特征。
③ 《习近平致第二十二届国际历史科学大会的贺信》，《人民日报》2015 年 8 月 24 日。
④ 所谓历史教育的时代逻辑，指的是历史教育工作者在历史叙述过程中，选取内容、诠释历史现象、突出重点、贯穿主线以及渗透情怀等工作背后的思想观念与态度。换言之，它主要体现在"我为什么教历史"这一问题上，通过叩问叙述初衷，凸显历史教育的价值。

的话，那么将难以令学生具备高层次的素养，也不便于区分学生的认识是来自老师，还是自发生成。由于不满足于以政治史为主线的教育方式，有人主张将经济、社会、思想诸多内容一股脑呈现给学生；有人不满足于传授知识，主张探究和质疑才应是历史教育的常态。于是不少历史课堂呈现出无序的状态：历史知识框架作为对学生心智的束缚而被瓦解，为"探究"和"质疑"服务的内容显得杂乱无章，以为学生机械地组成"小组"，随意进行空洞的"探究"和"合作"，就能体现学生的主体性并发挥历史教育的价值。总之，人们会以西方个人本位、旨在形成个人思考的历史教育路数为蓝本，对我国的历史教育现状进行检讨，认为我们的教育实践陈旧、保守、创新性不足，并试图改变宏大叙事框架，不遵循历史时序，淡化常识，将历史叙述碎片化，以"做中学"为历史教育的目的。

上述做法在今日并不少见，但问题很明显。虽然鼓励学生独立思考无可厚非，但其思考的内容是否符合学科规律，是否有大是大非？质疑精神固然可贵，但一味质疑教科书是否会倒向历史虚无主义？学者做学问尚且殚精竭虑、"上穷碧落下黄泉"而很可能结果是"两处茫茫皆不见"，学生的模拟活动的真正价值又如何？知识填鸭固然令人诟病，可是无章法的"探究"或"质疑"，又有多少活动不是磨洋工或者作秀？"线性"知识单一有局限，然而政治、经济、社会方方面面目不暇接的知识学生消化得了？有多少内容对学生而言是似懂非懂的"夹生饭"？学生的知识结构不健全，思路混乱，有限的知识难以辨明是非；又因其不知在多元价值观中如何去取，于是迷失了历史教育的方向。甚至连不少学生都觉得这样的实践是做无用功，枯燥无聊，该讲的不讲，虚耗光阴。如果这就是历史教育该有的样子，那么立德树人的功用从何谈起呢？

我国的历史教育自古以来就很重视对知识结构的构建。在当今社会，历史知识的学习是我国历史教育工作的一件大事。缺失历史常识，会引起人们的不安；于是教科书中历史知识的去留，成为师生乃至社会关注的焦点。像秦皇汉武、唐宗宋祖这些历史人物，五四运动、中国共产党诞生、抗日战争等重大事件成为必须叙述的历史现象，也是历史教育的着力点。我们认为，在历史教育中强调脱离知识的能力，缺少必要的历史知识教学，将很难令学生形成民族认同与文化认同；放弃体系搞碎片的历史教育，反而不符合中国国情。如日本右翼势力美化与回避谈论侵略战争，使得日本青少年对法西斯主义带来的灾难不了解，因此，他们不会吸取历史教训，也就谈不到以史为鉴；空洞的思维培养不能解决大是大非的问题。教师欠缺必要的知识结构，就不大可能驾驭历史教育工作。在历史教育中形成健全的知识结构，应是我们的当务之急；搭建必要的宏观叙事的框架，使学生产生对历史的规律性认识，才能以古鉴今、启迪思考。这要求我们把历史教育建立在历史常识教学的基础上，没有一定量的知识就不可能解决问题；尤其要在教学过程中用大量历史信息诠释重点知识，否则就是囫囵吞枣①。

更重要的是，我们要在常识的基础上形成框架，实现贯通。有学者概括白寿彝主编的《中国通史·导论卷》最核心的一个字是"通"。白寿彝说："在内容上，要求在'通'字上下功夫，重视各种社会现象的内在联系，重视贯通古今的发展规律。做到这一点很不容易，但这是我们努力的方向。"②白寿彝意谓，历史现象是规律的支撑，规律延伸了历史现象的空间，"尽精微"是要"致广大"。这样就要求历史教育工作者不能停留在碎片化的历史现象中，而是要引领学生把握史事的来龙去脉，总结规律，举一反三。③有了这样的精神，即便面对历史的碎片，我们也有足够的信息和诠释能力去解读它们，尤其是将它们放置在全局性的知识结构中的时候。④

---

① 何兹全曾说："历史课本最忌骨瘦如柴，就剩下一个架子。文字写出来要让学生愿意看，写成大纲的样子不行。有人强调字数问题，字数少了，干巴巴的，学生不爱看，少就好吗？历史课本字数多一些没关系。写得很生动，学生爱看，就好。少了让他记，他就能记住了？反而倒记不住。"见何兹全《著名史学家谈中学历史教材问题—— 何兹全先生访谈录》，《历史教学》2002 年第 11 期。也有学者说史家并不是摄影家，而是画家，对映入眼帘的景象不是一一摘取下来而是有适当的选择，美善、鉴诫、新异、文化价值、现状渊源是选择事实的标准。但绘画同样需要宏观构划。见杜维运《史学方法论》，台北三民书局，1986，第 24~31 页。

② 周文玖：《白寿彝先生对中国通史理论的构建——从〈中国历史上的十二个方面 346 个问题〉到〈中国通史·导论卷〉》，《史学史研究》2020 年第 4 期。

③ 英国史学家奈米尔（Lewis B. Namier，1888~1960）指出，"历史最重要的是有大纲领（the great outline），兼具有意义的细节（the significant detail），必须避免的，是无谓的叙事（irrelevant narrative）。""不作无谓的叙事，只有在叙事与解释冶于一炉时，才大致能做到；历史不流于年鉴（chronological anna）或断烂朝报，胥系于此。"见杜维运《史学方法论》，第 127 页。"大纲领"和"细节"的说法，对我们也有很大启迪。

④ 晁福林认为，针对众多碎片和小问题，研究应该从大处着眼。例如，孔子的理想社会就是行"大道"的、孔子采用"天下"（而不是用周王朝或是鲁国）的概念来讲述自己心目中的理想时代，在今天看来非常高瞻远瞩，可以说孔子所说的"天下"就类似于我们今天所谓的世界通史视野。之所以要以世界通史的视野来看待中国古代的社会形态，是因为唯有如此才可以看清中国古代社会形态的特色，看清中国古代社会发展道路的世界意义。如果我们研究历史碎片时都有这样的全局眼光，历史碎片的意义就会大不一样。见晁福林《发挥好历史碎片的大作用》，《人民日报》2015 年 7 月 20 日第 16 版。从大处着眼，不拘泥于碎片，对历史教育的意义是不可小觑的。

于是我们的工作就不是杂乱无章的信息堆砌，而是寄托一定思想价值观的理性表达，如此，历史教育的功能也能很好地发挥。

历史教育工作者从各自的知识和立场把握历史现象，对于同一内容，不同的人立意不同，呈现的结果差别会很大，自然"横看成岭侧成峰"。"成岭""成峰"的观察维度就是主线。人类的政治实践是历史教育绝好的主线，白寿彝曾指出："历史主要是写政治，政治是历史的脊梁，经济虽是基础，但要受政治的制约。"① 中国政治史不仅有很强的影响力，能够连接起最大量的历史信息，而且对当代社会的借鉴意义巨大。② 中国自古就是统一的多民族国家，政治教育是史学功能的重要组成部分；当今历史教育从教科书书写到教学活动的开展都须贯彻国家意志，这是发挥其立德树人功能的重要空间。以中国政治史为历史教育的主线，要求我们做到四点。

一是以重大政治人物、大事件为教学重点。固然人民群众创造历史，凡人的日常生活也是历史的重要组成部分，但其代表性要比大人大事逊色许多。班固在《汉书·公孙弘卜式儿宽传》中记载："汉兴六十余载，海内艾安，府库充实，而四夷未宾，制度多阙。"此时汉武帝"方欲用文武，求之如弗及，始以蒲轮迎枚生，见主父而叹息。"于是"群士慕向，异人并出"，造就"兴造功业，制度遗文，后世莫及。"③ 班固罗列的大量汉武帝及昭宣时代的贤能人才，在汉代历史上是空前绝后的，绝非一般人所能替代。

二是通过典型人物与事件渗透这一时期经济社会等复杂的历史信息。尧、舜、禹之间的社会面貌就值得剖析。《尚书·尧典》所谓尧"克明俊德，以亲九族。九族既睦，平章百姓。百姓昭明，协和万邦，黎民于变时雍"，《皋陶谟》中大禹说"知人则哲，能官人；安民则惠，黎民怀之。能哲而惠，何忧乎驩兜？何迁乎有苗？何畏乎巧言令色孔壬？"④ 此谓知人、安民可带来部落内部稳定，驩兜、有苗以及其他巧言令色孔壬之辈是不足

---

① 北京师范大学史学研究所编《历史科学与理论建设——祝贺白寿彝教授九十华诞》，北京师范大学出版社，1999，第13页。
② 在历史教育实践中，生动有过程的信息最有感染力。政治实践体现了人与人之间的复杂纠葛，在人类生活中有血有肉，各种矛盾冲突形象具体。较之政治史来说，经济较为枯燥（正如白寿彝所说，经济也受政治的制约），文化思想较为空泛，两者都在政治实践中留下痕迹；军事民族外交是政治的延伸。
③ （汉）班固撰《汉书》，中华书局，1962，第2633、2634页。
④ 陈戍国校注《尚书校注》，岳麓书社，2004，第1、18页。

为惧的。《墨子·尚贤》谓"古者圣王之为政也,言曰:'不义不富,不义不贵,不义不亲,不义不近。'""古者圣王之为政,列德而尚贤。"①《韩非子·五蠹》也主张"上古竞于道德,中世逐于智谋,当今争于气力"②。诸如此类记载,都是对唐虞时代以品德教化维系社会秩序的追溯。专家指出,从古史记载中可以看出,建立在广泛氏族组织基础之上的中国早期国家,具有团结广大社会成员的功能,并在行使这一功能时表现出仁慈性质。③ 这些必要的历史阐释,具备十足的历史感,很有教育意义。

三是在阐释历史现象过程中凸显精华内容,尤其是中华优秀传统文化、革命文化和社会主义先进文化的合理性。大千世界无奇不有,发挥历史的教育功能须遴选积极向上的内容。顾炎武说:"孔子之删述六经,即伊尹、太公救民于水火之心,而今之注虫鱼、命草木者,皆不足以语此也。故曰:'载之空言,不如见诸行事。'……愚不揣,有见于此,故凡文之不关于六经之指、当世之务者,一切不为。"④ 所谓"六经之指"即儒家典籍端正人心之精义,所谓"当世之务"即当时社会亟待解决的重大问题。这既是学术研究的重心,也是教化人心的素材。

四是为突出政治史的主线删繁就简。历史学科包罗万象,信息繁多,倘若不得要领,内容悉数呈现,不用说学生难以消化,就是老师也非常吃力。历史教育以政治史为主线,其他内容为辅助;对非历史学科的、过于精专的细节,不建议着力呈现,这样就能做到删繁就简。就科学史而言,某一科学本身的学术发展史,或称之为内史;该学术内容与经济社会的互动关系,或称之为外史。如医疗方面,医务工作者热衷的是内史,搞医疗史的历史工作者关心的是外史,毕竟两者的知识结构差别甚大。即便是人口、战争、环境等内容,也有内史外史之分。属于内史的一系列精专因素,分别属于社会学、军事学、环境学等学科。即便是历史教育工作者把属于内史的问题钻研透讲透,很多内容亦不属于历史教育的范畴。有学者指出,在历史教学中应"精选一两个重点知识,补充历史细节,还原历史原貌,让学生在具体生动的历史情境中体验过去人们的生活、他们面临的

---

① 吴毓江撰,孙启治点校《墨子校注》,中华书局,2006,第66、67页。
② (清)王先慎撰,钟哲点校《韩非子集解》,中华书局,1998,第445页。
③ 晁福林:《中国早期国家问题论纲》,《光明日报》2000年12月1日C03版。
④ 顾炎武:《与人书三》,《顾亭林诗文集》,中华书局,1983,第91页。

问题、他们的所思所想所为。"① 也就是说，教师可把历史教育的重点放在最能够体现历史阶段特征的史实上，这样学生在建构知识形成系统时，就能够从容许多。

二 学术研究要为历史教育服务

21世纪以来，大量学术知识下移到历史教育一线工作中。为了改变被动接受知识、死记硬背的局面，老师们围绕收集资料、阅读学术文献与模拟学者思考等一系列内容展开了大量的工作。于是历史课的任务越来越冗杂繁多，不少老师感叹教历史真不是一件容易的事。之所以感觉任务艰巨，其中很重要的一个原因在于对历史教育和学术研究的关系没有厘清，把学术研究等同于历史教育，造成一系列盲目的跟风行为。我们认为，学术研究需要为历史教育服务，前者是途径，后者是目的；混淆两者，颠倒其关系就会造成许多乱象。如下的现象在教学实践中应不罕见。

其一，漠视学生的接受能力。学术是一个无底洞，学术领域中有相当多的工作就是专家学者也需要终年累月，乃至穷其一生去完成。对于知识结构不完全、人生经验不丰富的且学力有限的学生来说，精专的学术问题肯定吃不消。笔者曾经见过很多课例，老师从专著和论文中截取大段的信息印发给学生，结果很不理想，不是学生恹恹欲睡，就是在课堂上根本完不成这么多文献的阅读任务。我们也曾听过这样的课：老师试图和学生一起讨论云梦睡虎地竹简秦律的内容属性问题，然而学生无精打采，无人应和；结论也是老师自己强加给学生，甚至就是把学者论文中的原话拿来，老师也不加消化与诠释。这样的课，我们很难说学生有什么思维提升，因为大量的信息学生难以接受。究其原因，学术研究是很艰辛很复杂的工作，不少教育工作者在"做中学"等理论的引导下忽略了它的难度，致使教学活动失去意义。

其二，把探究活动庸俗化。有教育工作者认为，只要把学术文献扔给学生，学生就能够探究问题。但事实上这种活动是盲目的，不仅相当一部分学生对此味同嚼蜡，就是老师自己也会丈二和尚——摸不着头脑。因为一方面这种探究缺乏明确的方向性，此时的教学活动是无导向的。"以学

---

① 郑林：《郑林教授与师范生谈统编历史教材的使用》，北京师范大学"历史教育通讯"公众号2020年12月2日。

生自我发现取代教师指导"的无导向教育，在美国风靡一时，但最终以失败告终，处于青少年时期的大部分学生不具备探研究诘的本领，缺乏辨别能力，且以自我为中心，叛逆思想严重，无导向教育带来的是学生的扭曲成长以及老师的惰性。在当下历史教育中无导向的情况也不少见，只要学生在说就是王道，即使违反学术知识与原则问题也得肯定。学生的思维导图离题万里，老师的随声附和不知所云，有教研员说这样的课堂一半是学生胡说，另一半是老师跟着学生胡说。我们认为以此为探究就是对探究的大大矮化。另一方面课堂上呈现的资料良莠不齐，往往不仅缺乏问题意识与针对性，眉毛胡子一把抓，而且大量资料并不是史料，不能说明历史现象。学生以此为基础进行探究也得不出什么认识，大部分是茫然地读读材料，即便有想法也会不着边际。探究活动缺乏历史深度、老师欠缺深入研究和教育导向、学生磨洋工，这样师生的行为都带有相当的盲目性和形式化倾向。

其三，把批判性思维极端化。批判性思维在历史教育圈中非常流行。它提倡独立思考、理性判断、不盲从，这无疑也是当今学术研究与历史教育的重要原则。荀子曾说"信信，信也；疑疑，亦信也"（《荀子·非十二子》），谓信可信的事物是为了求真；怀疑可疑的事物也是为了求真。在解决问题的过程中，前者是必要的知识储备，后者是严谨的科学态度。两者辩证相生，缺失后者则为教条，缺失前者则为诡辩。由此而言，批判性思维的建设性要大于破坏性，不是见人就怼，不是抬杠和诡辩，而是在去粗取精基础上做研判的理性思考。然而有人把批判性思维教条化，主张批判才是历史课应当追求的目标，历史学习就要把学生的思维"搞乱"；凡能通过读教科书就可以得到的信息，都应该颠覆，于是批判性思维流于诡辩。如果学生持相对主义的态度，处处抬杠、愤世嫉俗、无视真理，就违背了历史教育的初衷；一旦历史课成为空洞的责难与翻案，历史现象的合理性就无从谈起①。只有诠释历史现象的合理性，给学生哲理和价值观上

---

① 布洛赫说："我们对自己、对当今世界也未必有十分的把握，难道就这么有把握为先辈判定善恶是非吗？将一个人一个党派或一个时代的相对标准加以绝对化，并以此去非难苏拉统治时期的罗马和黎塞留任枢机主教时的法国的道德标准，这是多么荒唐啊！""要是他们敢在当时的国民议会中这样大声抗议，那才算得有勇气呢！在远离断头台的地方猛烈抨击当年的政策，这只能令人发笑。"布洛赫还指出，评判极易受集体意向和反复无常的个人爱好的影响，加上人们轻视搜罗随笔记录，种种因素"使历史学天然地蒙上一层反复无常的外表"，甚至诙谐地说："空洞的责难，然后又是空洞的翻案，亲罗伯斯庇尔派，反罗伯斯庇尔派，发发慈悲吧！"见〔法〕马克·布洛赫《历史学家的技艺》，张和声、程郁译，上海社会科学院出版社，1992，第102~105页。

建构性而非颠覆性的启迪，历史教育的各项功能才可能发挥。或者说历史教育的要义在"立"而不在"破"，因为"破"而不"立"带来的是精神家园的荒芜，我们很难想象一片废墟之上会有怎样积极的人生导向。

学术研究在历史教育过程中是必需的，但落足点应是让它为历史教育服务。只有充分地继承历史文化遗产，而不是抱着虚无的态度，才可能使学生获得正确的历史教育。白寿彝曾说："我们阐述这一长期的革命传统，既要讲中国人民革命传统的顽强性，又要讲清楚中国革命成果的得之不易。我们要用生动、丰富的史实，饱满的热情进行这种教育。"[①] "历史教育从根本上说，是历史前途的教育。我们的祖国前途怎么样？我们中华民族的前途怎么样？这是学历史的很重要的大问题。""像这样的大问题，历史上的知识对帮助我们瞻望我们历史前途，同时感染我们青年一代，提高对祖国前途的信心，树立革命理想，都是很重要的。"[②] 这都说明，学术研究的成果应该是历史教育的重要资源，是明理增信的学术依据，是达成情怀、价值观飞跃的推动而非障碍。当今国家统编中学历史教科书系铸魂工程，体现国家意志，事关中华民族的长治久安，其历史价值和战略意义自不必言。我们应该如何落实这一精神，是值得深入研究的重大问题。

有学者批评现在的历史教学活动是行为主义，强调教师传授知识的主导作用，这样虽然能够快速呈现学习内容，让学生领悟教科书知识，但不同程度、不同学情的学生学习节奏是一样的；学生不能质疑所学内容，反馈也不乐观；尤其是学生不容易拥有自我的独立观点，也难以验证学生的认识是老师教的，还是自己形成的。但是我们要看到强调教师传授知识主导作用的实践行为，在我国的历史教育中具有不可替代性。一是自古以来我们都在强调历史教育工作者的价值导向，欠缺这种导向或者无导向不可能实现正确的历史教育。二是历史教育作为意识形态工作的重要组成部分，重在让教科书知识引领学生明理，认可民族、国家和社会，从而启迪人生；学生从教育过程中获得的应该是国民的共识，而学生是否有个性，是否能够拥有独立观点并不是意识形态工作的中心话题；我们的任务并不应是带着学生质疑教科书，而应是恰当地运用学术资源，论证教科书中积

---

① 白寿彝：《史学工作在教育上的重大意义》，《白寿彝史学论集》上，北京师范大学出版社，1994，第244~245页。
② 白寿彝：《历史工作者的光荣职责》，《白寿彝史学论集》上，第220~222页。

极内容的合理性,从而使社会主义接班人得到正确的价值引领。三是按照党中央精神,读史是为了明理增信,其理论性要远大于操作性,而理论性的认识是入脑入心的,往往不形之于外。而行之于外的表现,多少能够反映真正的思想提升,还需要具体问题具体分析(即便是一部分西方人热衷的"做中学"和形形色色的探究学习,学生的反馈情况也不乐观,因为小组中会有相当一部分人在磨洋工,使得评价效度大打折扣)。这样,历史教育的最佳方式,仍是以教师传授知识为主的启发讲授。

历史教育不是学术研究,广大学生也不是学者,历史教育自有路数。我们应该遵循白寿彝等老辈历史教育家的精神,化学术资源为教育资源;依据课程需要,针对特定问题补充材料,基于可信的生动史事设计探究活动;把教科书文字背后的来龙去脉以可接受的方式传达给学生,使学生理解历史现象,形成对中华优秀传统文化、革命文化与社会主义先进文化的认同。好老师能以其艺术化的教学方式与人格魅力从情感态度价值观上感染学生,从高屋建瓴的角度启迪学生思考,这样历史教育才能落到实处。

三 当代中国历史教育工作者的任务

进入21世纪以来,我国的历史教育改革付出巨大,而在教育收效层面并不十分乐观。从中学到大学,名目繁多的舶来品往往都虎头蛇尾,难免南橘北枳。其中的原因很复杂,除了急于求成之外,西方个人本位的教育思路与中国集体主义的文化背景多有龃龉,也是重要因素。我们应当跳出西方教条的窠臼,从中国历史文化发展轨迹重新审视我们的历史教育。

中华民族各个时期的历史成就不容忽视。我国拥有五千年文明史,而统一多民族国家的发展和巩固在世界范围内是少有的历史现象;百年来中华民族争取民族解放、国家独立与人民富强的斗争史,尤其是中国共产党领导的革命斗争、中国特色社会主义建设的丰功伟绩,都是历史教育的重点内容。历史教育工作者的任务,不应是把西方理论与中国情况机械嫁接,更不应是用西方理论瓦解中国文化制度的合理性,而应是立足于中国,建立中国历史教育的话语权。

首先,中华文明史自成系统。历史现象的更迭存在自身的因果链条,其合理性是在特定的历史土壤中产生的,这需要我们深入挖掘。如果历史教育忽视了中华文明史中的因果链条,就会脱离文化土壤而做出有违事实的结论，起不到应有的教育作用。尤其是在西方文明强势来袭的背景下，人们往往会以己之"短"比人之"长"，得出的结论并不公允。比如指责中国文化土壤中欠缺科学的、民主的、开拓的、平等的因素，就是以西方文明上升阶段的某些历史现象为放之四海而皆准的标尺，把中国古代的文明程度大大矮化（在西方特定时空中的现象，也并不具备普遍适用性）。同时，这也导致统一多民族国家的建立与巩固、中国历代版图的确定、中国农耕文明的积累、中华文化的传承等重大问题，在西方思维先入为主的削足适履式的叩问中，得不到有效的澄清。尤其是在相当长的一个时期内，中国古代大量优秀文化被打上"封建性"和为专制皇权服务的标签，"厚今薄古"口号之下的中国古代文化在历史教育中非常单薄，机械地定性覆盖了对"是什么"层面的研究与历史现象合理性的诠释。如此，部分人产生了中国社会土壤就欠缺现代性的因素，中国人骨子里就比西方弱，中华文明无论如何都是先天不足的偏颇观念。[①] 历史教育构建国家和民族身份的功能，因为这样的偏见而不能发挥，不能不说是遗憾；甚至由此引发历史虚无主义沉渣泛起，更是巨大的悲哀。

我们认为，中国文明的确应放置在世界视野中进行解读，但是也需要通过长时间的比较研究认清其历史价值，才能避免机械比附。文明的价值，虽然在碎裂的吉光片羽中留下痕迹，但终究语焉不详，对其的解读也会因为视角不同而产生误差。这就需要我们跳出吉光片羽的小世界，通过大量史事来论证古今更迭。比如中国古代具备典型的广域王权特征，这的确是许多小国寡民式的文明不具备的特色，也是近代以来西方人批判的重点内容。然而从中国数千年文明史看，广域王权国家能够在水患、疫病、战争等天灾人祸面前，最大限度调动人力物力纾解灾难，稳定社会秩序，如此就不会像世界上许多文明那样随灾难而湮没，因而其功能与价值也并非批判专制王权就能够抹杀。又如进入文明之时，古希腊罗马文明中血缘链条被地缘因素"炸毁"，但中国"族"的因素仍然长期存在，有人认为

---

① 马克垚指出："一直到现在，我们史学的理论和方法，可以说都是学习西方的结果。""我们学习的结果，就是以人家的标准为标准，以人家的是非为是非。""陷入西方的话语霸权控制下而不能自拔。""一谈到专制主义，我们就要陷入东方主义的泥塘，就出现一些认识上的预设前提：一、从古代起，东方是专制的，西方是民主的，所以专制是属于东方的；二、专制是不好的，民主是好的；三、对专制的论述就是历数其坏处，其消极作用与影响。东方一向专制，所以东方的古代史尽是消极的内容。这些可以说是专制主义的原教旨主义，也就是西方的话语霸权"。见马克垚《古代专制制度考察》，北京大学出版社，2017，第2、10、30页。

这是中国先天不足的根源。然而从三代历史发展看,"族"的因素在中国非但不是文明的障碍,反而和文明的表征——国家很好地结合;在古代中国早期国家的构建过程中,无论是制度的创立,抑或方式的选择,无不关注各个部落、氏族的情、义、利、患等问题。这种关注与社会实践,成为社会相对稳定的基石。直到古代中国早期国家成熟时,还能够看到这条发展道路痕迹。① 这样和谐发展的文明演进道路,恐怕是西方历史所不具备的。

其次,中华优秀传统文化与革命文化、社会主义先进文化之间一脉相承,三者之间的联系也是历史教育的重要内容。中华优秀传统文化是现代中国人的精神家园,在精神境界与行为实践上都对后世有着不可磨灭的指引作用。革命文化基于近代一百多年来中国人民的抗争奋斗史,是中国共产党人带领人民群众进行不屈不挠斗争的革命实践,也是对中华优秀传统文化的继承与发展。社会主义先进文化表达了中国特色社会主义的文化内涵,是马克思主义普遍原理指导下去粗取精、去伪存真的中国文化。历史教育要把握三者的共性,弄清"古今之变"中"通"的地方,引领学生抓住万变不离其宗之"宗"。我们认为,这至少在很多方面有明显的表现。其一,中国人几千年来对统一多民族国家的政治认同是一脉相承的。从新石器时代开始,各个部族就在不断交往中相互融汇,演变为以夏、商、周族为核心的族群;春秋战国时期,又以周文化为核心形成了华夏与戎狄蛮夷并峙的局面,之后秦汉大一统的政治使得国家安全有了基本保障,各族融汇过程加快;魏晋隋唐时期,"中华"一词逐渐代替"华夏"成为中国各民族的集合称谓;近代以来"中华民族"之称深入人心。魏晋以降,人们为"中华"而自信;近代以来,各个民族、各个社会阶层的人们无不为"中华民族"这个庄严的称谓而自豪和骄傲。② 固然古人的"华夏"和"中华"同今天"中华民族"还有一定差别,然而中国人从古至今对国家和民族的认同并没有断裂。正是有了对统一多民族国家的认同,中国人民在历次反侵略斗争中才会不屈不挠,从而形成中国特色社会主义道路。其二,中国的制度文化自古至今一脉相承。所谓"百代皆行秦政法",并不是说中国自秦以后就专制与禁锢,而是说秦的制度建设与中国社会发展趋

---

① 晁福林:《关于中国早期国家形成的一个理论思考》,《历史研究》2010年第6期。
② 晁福林:《从"华夏"到"中华"——试论"中华民族"观念的渊源》,《史学史研究》2020年第4期。

势合拍。章太炎在《秦政记》中指出，秦始皇继承了法家传统，终结了贵族制度，"刑罚依科"，"要以著之图法者，庆赏不遗匹夫，诛罚不避肺府，斯为直耳。""世以秦皇为严，而不妄诛一吏也。""由是言之，秦皇之与孝武，则犹高山之与大湫也；其视孝文，秦皇犹贤也。"其历史功绩远出汉代皇帝之上。[①] 张传玺也指出，"秦朝的疆域与西汉接近，人口约为其三分之一强。如果不是秦皇、汉武创行以郡县制为主体的中央集体制度，要想有效地管理这样一个地区广大、人口众多、自然与社会复杂的偌大国家，并推动其经济、文化迅速发展，将是很困难的。""中央之设三公九卿制，是不是反映多民族大一统的政治需要呢？回答也是肯定的。""我认为中央集权制度的创立，是中国古代社会发展到一定时期的需要，是中国古代史上最主要的政治文明。"[②] 秦顺应了"贵"的没落与"贤"的上升这一历史趋势，后世推行有效的中央集权制度，中央集权、因能授官、法义结合、严明赏罚等政治实践，都与秦制密切相关，并且直到今天还发挥着巨大作用。其三，中国人的文化传承数千年来没有断裂。集体主义的价值观，天人和谐的自然观，自强不息、不偏不倚的人生原则，重人轻神、持重内敛的处事态度，突出经验与整体的思维方式，都是中华优秀传统文化的内涵所在，也是近现代以来应对西方强势文化压力以及一系列内忧外患的正确态度，更是当代中国奋发图强的智慧源泉。而我们的教育实践，如果只针对当下中国的问题与成就就事论事，忽略了长久以来的文化土壤，就缺乏历史教育的深度，各种问题也不能澄清。

最后，突出中华民族伟大复兴过程中的具体实践，特别是中国后来者居上的现代化成就。中华民族近代百年落后于西方，但经过漫长而艰苦的奋斗，在新中国成立后尤其是改革开放以来，中华民族伟大复兴展现出前所未有的光明前景。21世纪以来，我国在载人航天、探月工程、量子科学、深海探测、超级计算、卫星导航等领域取得重大成就。人工智能技术作为赢得科技竞争主动权、服务于美好生活的战略抓手，在中国当下方兴未艾。中华民族虽然在第一次、第二次工业革命中落伍，但完全能够吸收人类优秀的文明成果，在新一轮科技革命中大有作为。恰如罗马法先有法条，后有注释以及不断丰富的各种判例，一代代裨补缺漏，直到东罗马查士丁尼当政时集大成。而古希腊、罗马的典籍，经过阿拉伯人的百年翻译

---

① 章太炎：《秦政记》，《章太炎全集》（第四卷），上海人民出版社，1985，第71~72页。
② 罗炳良：《张传玺教授访谈录》，《史学史研究》2005年第1期。

运动，在意大利出现文艺复兴。某一重大历史现象的创制者和发扬光大者，很可能不是一批人。这些现象表明，后来者居上以及后出转精的确是客观的现象。现代化也可如是观，虽源自西方，但中国人能借鉴西方先进成果，结合中国国情与文化背景进行创造，积累经验，摸索规律，从而树立我们的话语权。

我们的历史教育具备鲜明的中国特色。习近平同志在哲学社会科学工作座谈会的讲话中指出，"绵延几千年的中华文化，是中国特色哲学社会科学成长发展的深厚基础。"[①] 历史教育亦然，它是重集体主义与人伦教化的中国史学传统的折射。发挥传统史学的优势，树立中国历史教育的时代逻辑，建立历史教育的话语权格外有必要。或者说，在中华优秀传统文化、革命文化与社会主义先进文化中寻求智慧，随着时代需求的变化对历史教育思路进行调整，因循损益，扬长避短，从而形成当下历史教育的时代逻辑，是合理的做法。宋人陆九渊所说"六经注我"，和我们的历史教育有相合之处。古人意谓，我之思想皆以"六经"为基础，前圣之言可为我所用。陆象山言："学苟知本，六经皆我注脚。"[②] 这里的"我"即为中华民族伟大复兴的中国梦服务的历史教育时代逻辑，"六经"即包括教科书在内的能够论证中华民族合理性的一切资源。[③] 明乎此，历史教育才能在当代中国顺理成章地落实下去。

---

① 《习近平谈治国理政》第二卷，外文出版社，第339页。
② 黄宗羲：《宋元学案》，中华书局，1986，第1891页。
③ 统编高中历史教科书《经济与社会生活》主编杨共乐也指出，编定教科书也是孔夫子所做的工作："司马迁在《史记》中说：'孔子布衣，传十余世，学者宗之。自天子王侯，中国言六艺者折中于夫子，可谓至圣矣。'所谓'六艺'，也就是'诗''书''礼''易''乐''春秋'，这不就是教科书吗！""既然我们所做的是孔夫子所做的事，就没有理由不把教科书编好。"见李艳辉、杨共乐《中学教科书编写的新实践——杨共乐先生访谈录》，《历史教学》（上半月刊）2020年第9期。

当代史学评论

七卷本《中国古代史学批评史》的几个特点

许洪冲

(北京师范大学历史学院，北京 100875)

中国古代有丰富的史学遗产，其中的理论性成果往往以史学批评的形态存在。通过对中国古代史学批评进行整理、研究，提炼出理论性的观点，对于深入认识中国古代史学，以及建设当代中国的史学理论有重要的作用。瞿林东教授在这方面用功数十年，现在，他主编的七卷本《中国古代史学批评史》，由湖南人民出版社在 2020 年 7 月出版。

相较于中国史学史研究，中国史学批评史是"研究中国史学史上存在于其间的一个最活跃的内部动因即批评与反思，包含批评的意识、批评的思想、批评的理论与方法及各方面成果（思想成果和著述成果）"[1]。由此可见，史学批评研究是在中国史学史研究走向深化的基础上开拓出的研究领域，反映了中国史学史学科理论化和中国历史学建设自身话语体系的需求。中国古代史学批评的发展，推动了史学理论的发展。而研究中国古代史学理论，从研究史学批评入手是比较好的方式。1991~1992 年，瞿林东先生在《文史知识》杂志连载"中国古代史学批评纵横"专栏，这一系列文章于 1994 年结集出版，被誉为"搭起了一个史学评论学科体系的基本框架"[2]。《中国古代史学批评纵横》分十八个专题，"对中国古代史学批评的范畴、原则、方法、主客观因素及社会效果等内容进行梳理、分析和总结"[3]。此

---

[1] 瞿林东主编《中国古代史学批评史》，湖南人民出版社，2020，总序第 3 页。
[2] 田夫：《建设当代史学评论学科的奠基作——读〈中国古代史学批评纵横〉》，《史学月刊》1995 年第 5 期。
[3] 朱露川：《跌宕而不群纵横而自得——评增订本〈中国古代史学批评纵横〉的研究方法》，《史学理论研究》2016 年第 4 期。

后，他不断拓展和深入这方面的研究，并指导博士生对不同历史阶段的史学批评进行系统研究。师生们在这个领域辛勤耕耘，撰成了七卷本《中国古代史学批评史》。

面对这样一部巨著，笔者不揣浅陋，仅就读书时的体会，谈一谈七卷本《中国古代史学批评史》的三个特点。

一　在撰述上力求达到整体与局部的统一

本书断限上起春秋下讫清代（1840年以前），内容涵盖传统文献所分四部中"史学家、思想家及各方面学人对史学的批评"①。作者在纵与横两个方面都力求"通"，而在不同卷目中又注重展现不同时代史学批评的特点，达到"通"的主线与阶段性特征的有机结合。本书每卷的"前言"，分为两个部分，一是时代特点与史学面貌，一是此时期史学批评发展的基本脉络和主要内容。第一部分，即概述影响这一时期史学批评的历史形势与史学发展状况。把史学批评放入历史与史学的发展脉络中研究，表明史学批评的发展是在史学发展的基础上实现的，而史学的发展则不能不置身于历史的发展之中。历史唯物主义的研究方法，首先是把所研究的问题放入当时的历史环境中去考察。本书注重研究史学批评发展的历史及其史学背景，实际上贯彻的就是这种方法论。

作为一部有裁断的"史"书，本书需要对中国古代史学批评的发展大势有一个总体的认识，这离不开对具体的人、具体的书、具体的观点的研究。本书的研究对象、方法、旨趣，"总序"已有统一的说明。对于中国史学批评史的发展大势、分期以及主要问题，主编与各卷作者也具有共识。就各卷风格而言，不同历史时期的史学批评定然有不同的面貌和特点，这在书中首先表现为各卷框架结构的差异。各卷的框架结构大致分两种类型，一是以史学批评主体为序论述，二是以史学批评观点分类论述，两种类型并不冲突，往往在同一卷内相互补充，只是其中一种类型占主体。第一、三、四、五、七卷属于第一种类型，第二、六卷则属于第二种类型。后者的特殊性在于，魏晋南北朝、明朝两个阶段的史学发展复杂而多样，分类论述能够令史学批评脉络更加清晰。各卷章节的设置往往着眼于中国古代史学批评发展的全貌，而不是只就某个阶段而言。如第一卷

---

① 瞿林东主编《中国古代史学批评史》，总序第2页。

《中国古代史学批评的开端（先秦秦汉时期）》，抓住了三个关键环节：《诗》中的史诗孕育了中国古代史学批评的萌芽，孔孟开史学批评之先河，司马迁奠定史学批评发展的基础。① 这三个环节不仅是此卷的重点，也是整个中国史学批评史的起源所在。又如第三卷《中国古代史学批评的深入（隋唐时期）》，"良史"观因刘知幾"史才三长"说的提出而得到较大的发展，但作者对"良史"观的论述显然不局限于唐代，而是将其放入中国古代史学批评史的宏大框架中进行讨论，对它的由来、含义以及理论价值进行了阶段性的总结。② 通过这两个例子，可以看出各卷作者是站在全局的角度分析问题，从而使整部书的逻辑思路达到统一。

然而，在诸多个案之中，构成宏观大势的往往是各个时期有影响力的史学批评观点，其他观点则游离于这一趋势内外，但也是史学批评史的有机组成部分。本书的章节安排，在呈现史学批评发展趋势和主要特点之外，同时兼顾那些"次要"的观点。如第一卷，第一至五章论述这一时期史学批评的主体脉络，第六章论刘向、刘歆父子在整理文献的事业中提出的史学批评观点，最后一章则是总结先秦秦汉时期其他思想家对史学的批评。第三卷最后一章同样是论述前文没有叙及的史学批评观点。由此可见，各卷章节框架的逻辑并不单一，而是具有很强的灵活性和包容性，造就了全书统一而不单一的撰述风格。

此外，作者努力呈现中国史学批评史整体脉络的同时，在展现具体时代的史学批评发展面貌和特色方面下了很大功夫。如第三、七卷，即隋唐、清两个史学批评总结性发展的时期，作者对重要的史学批评概念、观念追根溯源，力图对史学批评在这一时期的发展趋势进行总结。这些也展现了撰述风格上整体与局部的统一。

二 探求史学批评发展的动因

史学史的研究，应该"把史学发展放在中国社会发展的总相中去考察"③。史学批评的发展，内嵌于史学的发展之中。史学批评受到历史与史

---

① 参见阎静《中国古代史学批评史》第一卷，湖南人民出版社，2020，第5、42、119页。
② 参见瞿林东、朱露川《中国古代史学批评史》第三卷，湖南人民出版社，2020，第202~251页。
③ 白寿彝：《中国史学史》第一卷，上海人民出版社，2006，第27页。

学双层因素的影响,成为推动史学发展的"一个动力"①,且在一定程度上反映了历史发展的面貌。

本书作者注重通过研究史学批评所反映的时代特点,以及史学批评的具体社会影响和学术影响,探索史学批评观点产生的社会原因和史学自身原因。这种方法论,不仅坚持了历史唯物主义的指导与运用,而且借鉴了中国古代史学重视体例、知人论世等方法。瞿林东先生认为"史学批评是史学与社会联系的桥梁,是史学发展的内在动力之一,它具有理论的特质,也具有实际的功能。"②作者力图从社会史和史学史两个层面分析不同类型、不同时代史学批评产生的原因。如本书第一卷,主编和作者既然认为孔子评董狐,孟子和《左传》作者评《春秋》,是中国古代史学批评的序幕,又为何要从《诗》讲起呢?主编和作者将中国古代史学批评的渊源追溯到《诗》,是因为"《诗》中的史诗蕴含着历史的内容与价值,在这一时代普遍的用诗风尚中,孕育了中国古代最早的史学批评萌芽。"③当时人引《诗》"论政、评人、明理"④的行为开启了中国史上的批评传统。这正是本书研究方法的体现,即"把所要研究的对象置于相应的历史范围之内进行考察"⑤。

就史学批评发展的学术背景而言,历代的史学成果,以及修史的需求,促使人们主动去认识史学,思考完善史家、史书、史学各方面的要素。具体到历代正史,《汉书》的纂修是建立在对《史记》深刻的认识基础之上的,以后的每一部正史纂修无不考量前代修史的经验和教训。直到清朝官修《明史》,朝野之间的史学批评十分热烈,使《明史》的质量得到保证。目录学的发展也促进了史学批评的发展。从刘向、刘歆校书作《别录》《七略》,到《隋书·经籍志·史部》,到宋代目录书开始大量的出现,一直到《四库全书总目·史部》,目录书成为史学批评的一个系统,集中展现对前代史学的认识。史学自身发展的需求,令史家不断进行批评与反思,消减客观历史与史书体裁体例之间的矛盾。史学的发展促进了史学批评的发展,同样,史学的进步,有相当大的部分是靠史学批评的反作用力来推动的。

---

① 瞿林东:《为什么要研究史学批评》,《史学理论研究》2020年第2期。
② 瞿林东:《中国古代史学批评纵横》(增订本),重庆出版社,2016,第338页。
③ 阎静:《中国古代史学批评史》第一卷,第5页。
④ 阎静:《中国古代史学批评史》第一卷,第40页。
⑤ 瞿林东主编《中国古代史学批评史》,总序第25页。

三　构建中国史学批评史的话语体系

通观全书，以中唐为界，史学批评史的面貌发生了比较大的变化。从刘知幾著《史通》开始，特别是宋代以来的史学批评史，对历史编纂学的批评更加细化和深化。有些出现已久的史学批评观念，其内涵在宋代以后得到极大丰富，如"会通"的思想，司马迁提出"通古今之变"的撰史宗旨，后世就班马优劣不断辩难，到宋代，"会通"之义不但表现在著述如《资治通鉴》《通志》上，还经过郑樵的论述而上升为理论，直至清代章学诚提出"通史家风"，"会通"思想演变为一种系统性的理论。此外，在辽宋夏金元时期多民族史学批评发展的盛况之下，史书编纂中的正统论更加凸显，并成为明清两朝史学批评的要点。而清代统一多民族国家观念认同的加强，又赋予正统论新的内涵。

关于中国古代史学、史学批评史、史学理论之间的关系，本书主编这样概括："中国古代史学的连续性发展为中国史学批评史提供了丰富的资料，中国古代史学批评史的存在又推动了中国史学的发展，也为中国古代史学理论的积累提供了思想遗产。"① 中国古代史学批评史具有连续性，这种连续性不只是表现为不断提出新概念、观念，还在于对经典概念、观念的进一步的认识。比如从"事、文、义"，到"史实、褒贬、文采"，再到"义理、事理、文理"，又到"义理、考据、辞章"，皆是不同时代对撰史要素的不同要求，批评的对象依然是"事、文、义"，后面的概念则是在孟子提出的概念基础上的推陈出新。又如史学功用，从孟子、司马迁、王充、荀悦、刘勰、刘知幾、司马光，到章学诚、龚自珍，对史学功用的认知不断发生变化，第六卷甚至有专门一章讲述明人对史学功用的认识。再如史家修养，从"良史"到"史德"，各种观点在这个发展的过程中呈现，使之成为古代史学批评史的一个重要范畴。此外，还有史学的资治与经世，经史关系，等等。② 除了对概

---

① 瞿林东主编《中国古代史学批评史》，总序第19页。
② 本书主编瞿林东先生培养的博士亦有对某些史学批评范畴的贯通性的个案研究，如江湄：《"直笔"探微——中国古代史学求真观念的发展与特征》，《史学理论研究》1999年第3期；李珍：《"素心"与"史德"》，《史学理论研究》2000年第2期；刘开军：《论"史权"——中国古代史学批评的一个重要范畴》，载瞿林东、葛志毅主编《史学批评与史学文化研究》，黑龙江人民出版社，2009；刘开军：《"史德"范畴的演进与史学批评的深化》，《天津社会科学》2014年第2期；朱露川：《浅论古代"良史"的三种含义》，《历史教学问题》2015年第6期；等等。

念的持续探讨，不同时代出现的对同一著作特别是经典著作的批评，以及不同时代的人不断回溯史学史并由之引发的批评，都使后人对史学的认识越发全面而深刻。

史学批评史含有理论的特质，是特殊的历史叙述对象。本书致力于总结古人对于史书的体例体裁、叙事、史论，以及史家素养、史学功用的批评，在某种程度上已经是对中国古代史学理论的研究。如第七卷《中国古代史学批评的集大成（清时期）》所论，在清代史家重建经史关系的过程中，中国古代史学批评实现了集大成的使命，主要表现在四个方面：一是多样态的史学批评共存，二是自觉继承前代史学批评的话语与理论遗产，三是融通百家从而提出新概念、新范畴，四是形成一套成熟的史学批评理论和方法。① 梳理和研究古人在史家心术、著述风格、史书文辞、史论技艺、叙事审美、古代史学功能认知等方面提出的见解，借鉴古人的史学认知模式和史学术语、概念，对于总结中国古代史学的理论成就，构建当代中国历史学的话语体系有重要作用。

余　论

中国史学有悠久的历史，留下了丰富的遗产。史学批评是关于史学自身的思考，是史学遗产的一部分。其中，有系统化的著作，也有散见于各种典籍中的史学批评观点或专篇文章。正如本书主编所说："中国古代史学理论的发展，虽非全然是但却往往是在史学批评中实现的，并取得了自己的表现形式。"② 本书总结了史学批评发展的趋势及理论成就，标志着中国古代史学批评史的研究已经进入了一个新的层次。将古人的史学批评整合、研究，撰述成史，对于深入认识中国传统史学，提炼出中国古代史学的理论有重要意义，同时也可以为当代中国历史学的理论建设提供丰富的材料和深厚的认识基础。

---

① 刘开军：《中国古代史学批评史》第七卷，湖南人民出版社，2020，第30~36页。
② 瞿林东：《中国古代史学批评纵横》（增订本），第336页。

互鉴交融　共书中华
——评汪受宽教授主编《中国少数民族史学史》

徐黎丽　黄　嫚

（1. 兰州大学 铸牢中华民族共同体意识研究培育基地，甘肃 兰州　730000；2. 兰州大学 铸牢中华民族共同体意识研究培育基地，甘肃 兰州　730000）

中国史学史研究产生已百年之久，白寿彝提出"应该把进行少数民族史学史的研究工作作为一项重要科目加以提倡"距今也已有三十余年，但直到2020年以前，尚没有一部少数民族史学史问世。由华夏出版社于2020年12月出版，兰州大学历史文化学院汪受宽教授任首席专家的教育部人文社会科学重点研究基地项目"中国少数民族史学研究"（05JJD770109）的结项成果《中国少数民族史学史》弥补了中国史学史研究中少数民族史学史缺失的缺憾。本书分上、下两册，总计100万字，历时16年完成，系统地论述了中国古代和现代少数民族史学形成、发展、特点、成果及社会影响。本书的出版，正值中共中央将铸牢中华民族共同体意识为民族工作主线之时，而本书对于民族交往交流交融史、中华民族史的研究与写作具有重要的参考价值。因此写作书评如下，期待更多的人从这本资料翔实、历史清晰的中国少数民族史学史中吸取养分，为铸牢中华民族共同体意识奠定历史基础。

一　《中国少数民族史学史》内容

《中国少数民族史学史》将上古至20世纪末的中国少数民族史学史，分为四个阶段。第一阶段，先秦至南北朝时期（公元前3000～公元580

年),是中国少数民族史学开创阶段。这一阶段涉及的内容有中原史家对少数民族史学的构建,以及十六国少数民族、早期彝族、匈奴族、西南夷各族、百越各族、鲜卑族、吐谷浑族等各民族的史学发展。由于这一阶段出现了最早的少数民族政权修史机构即鲜卑建立的北魏政权设置的著作局、最早的少数民族政权正史即魏收撰写的《魏书》以及最早对少数民族区域的历史记载,因此"开创"就是这一阶段的特点。第二阶段,隋唐宋辽夏金时期(581~1279年),为少数民族史学全面展开阶段。这部分内容主要论述了突厥、回鹘、吐蕃、南诏大理各族,唐宋岭南各族、渤海族、契丹族、党项族、女真族等各民族的史学发展。这一时期,各民族无论在修史机构、方法、类别、成果等方面均取得巨大成就,如突厥、回鹘使用十二生肖纪年法和按历史发展顺序记史的方法;辽金撰修起居注、日历、实录和国史;西夏创立西夏文后撰写了《李氏实录》《西夏国谱》《天盛改旧新定律令》等一系列成果。因此"全面展开"是这一阶段中国少数民族史学的特点。第三阶段,元明清时期(1206~1911年),是中国少数民族史学的兴盛阶段。这一阶段涉及的内容有元明清时期的蒙古族、满族、藏族、回族、维吾尔族、哈萨克族、柯尔克孜族、壮族、苗族、纳西族、傣族、白族、彝族、土家族及西南其他民族、黎族、台湾少数民族等各民族的史学发展。由于这一历史时期蒙古族和满族分别建立一统中国的元朝和清朝,因此少数民族史学研究得以快速发展,如"藏族史学由复兴走向成熟,回族史家的中外交通史、史学思想、回族史和伊斯兰教史研究独占鳌头,维吾尔、哈萨克和柯尔克孜族史学成就独特,南方各民族史学纷呈奇葩,黎族和台湾少数民族史学初露锋芒。"[1] 因此"兴盛"是这一阶段的特点。第四阶段,中华民国、中华人民共和国时期(1911年至今)是中国少数民族史学全面开拓、充分发展阶段。这部分内容主要论述了20世纪中国少数民族史学概略,蒙古族、维吾尔族、藏族、回族、苗族、彝族、纳西族、傣族、白族、壮族、满族、黎族、台湾少数民族、西南其他各族史学,以及达斡尔族、鄂温克族、赫哲族、哈萨克族、柯尔克孜族、裕固族、撒拉族、东乡族、保安族等各民族史学的发展。由于这一时期是中国由半殖民地社会再次走向统一富强的时期,因此这一时期的史学成果包含中国民族史观的"中华民族"概念的提出、中国民族史学体系形成、由国家民委牵头组织出版的少数民族五种丛书《中国少数民族》《中国少数民

---

[1] 汪受宽主编《中国少数民族史学史》(上册),华夏出版社,2020,第25页。

族简史丛书》《中国少数民族语言简志丛书》《中国少数民族自治地方概况丛书》《中国少数民族社会历史调查资料丛刊》等众多版本的中国民族史的出版等众多方面，呈现出"全面开拓、充分发展"的特点。

二 《中国少数民族史学史》的贡献

《中国少数民族史学史》以历史和当代少数民族为研究对象，用史学史的方法研究中国少数民族史学，"以照顾到全体（中华民族、中国史学史）与个别（各少数民族及各个少数民族史学）的有机联系及相互影响。"[①] 总体来看，本书有以下贡献。

第一，以中华民族、大一统的民族观和史学观为指导进行编撰。本书开篇就写道："中国自古以来就是一个多民族国家，秦汉皇朝的建立，更奠定了其统一多民族国家的基础。虽然在此后漫长的历史发展过程中不乏短暂的分裂，但中国却始终保持着一种统一的趋势，并逐步形成了一个人口众多的、以汉族为主体的多民族共同体。"[②] 但是在史学研究过程中，如果"不写兄弟民族的史学史，中国史学史就不算完整。"[③] 因此"研究中国民族史学史可以更准确地认识、总结中国民族史研究，从而更有力地促进和发展中国民族史研究，为繁荣中国史学、维护祖国统一和中华民族的团结做出积极贡献。"[④] 本书之所以基于以上民族观和史学观展开全书写作，是因为各民族史学史研究过程中收集的史料就是如此，并非本书杜撰。如吐谷浑就是有大一统思想的民族，其王视连临终时所说的话就证明了此点："我高祖吐谷浑公常言子孙必有兴者，永为中国之西藩，庆流百世。吾已不及，汝亦不见，当在汝之子孙辈耳。"[⑤] 所以本书作者忠实地记载了各民族的史学思想和传统，并将这种大一统的民族观和史学观上升为本书的指导思想。

第二，在论述每个民族史学研究情况之前，简介每个民族的历史发展脉络，展示各民族悠久的历史和丰富的史学传统，这样有助于读者了解中国各民族历史和各民族交往交流交融历史。比如在写女真史学研究之前，

---

① 汪受宽主编《中国少数民族史学史》（上册），第10页。
② 汪受宽主编《中国少数民族史学史》（上册），第3页。
③ 白寿彝主编《中国史学史》（第一卷），上海人民出版社，2006，第114页。
④ 史金波：《中国民族史学史刍议》，《云南社会科学》2014年第6期。
⑤ （唐）房玄龄等撰《晋书》卷九七《四夷》，中华书局，1974，第2540页。

先写女真族及其建立的金朝政权、女真文字的创制及其使用①，在简明扼要地记述了女真发展简史，使读者对女真有一个基本认识后，再切入对建立金国后女真统治者的史学思想、史学人才培养、典籍文献的收藏和学习、编撰史书的"直书"要求、撰史机构、史书体裁等内容的撰写②，以便读者对女真史学及与其他民族交往交流的历史有一个全面的了解。对于现代民族，则在追溯其族源的基础上，撰写其史学成就、总结其史学特点，如在论述达斡尔族史学时，首先回顾了达斡尔族的族谱，然后书写其口传史、英雄史诗和历史著述③，又论述了达斡尔与其他民族交流互鉴的成果，这样就使读者能够清晰地认识到达斡尔族的史学特点。书中对其他各民族的史学论述均为这样的写作体例。这样，即使是没有史学基础的读者，也能读懂各民族的历史和史学研究成果，从而达到了普及各民族共创中华历史观念的效果。

第三，充分展现了中国各民族史学同时起步、从民间口传史向官修史书逐渐演变的发展过程。如以产生于四五千年前的用彝文写作的《洪水泛滥史》《宇宙人文论》《德布氏史略》《阿者后裔迁徙考》④ 等证明了西南夷与华夏历史同时起步；居于文献首位的藏族的典籍如《红史》《白史》《如意宝树史》《西藏王统记》《西藏王臣记》《佛教史大宝藏论》《贤者喜宴》⑤ 等也充分证明了华夏各民族同时起步的历史。与此同时，各民族都经历过从通过神话、诗歌、故事等口传史记载历史的形式向官修史书过渡的发展过程。如不同版本的《蒙古秘史》都记载了蒙古族早期的折箭传说，而蒙古族建立的蒙古帝国、塔塔统阿创制的蒙古文字都为蒙古族官修史书奠定了坚实的政治和文化基础。如成吉思汗时期就有记言记事官；元世祖忽必烈则于至元元年（1264）设翰林国史院"敕选儒士编修国史，译写经书，起馆舍，给俸以赡之。"⑥ 至元五年始设起居注官。⑦ 为元朝各代帝王后妃功臣实录、《大元通志》、《大元大一统志》、《经世大典》等史籍的编撰奠定了基础。其他各族莫不如此。因此《中国少数民族史学史》充

---

① 汪受宽主编《中国少数民族史学史》（上册），第 291~295 页。
② 汪受宽主编《中国少数民族史学史》（上册），第 301~322 页。
③ 汪受宽主编《中国少数民族史学史》（上册），第 568~571 页。
④ 汪受宽主编《中国少数民族史学史》（上册），第 13 页。
⑤ 汪受宽主编《中国少数民族史学史》（上册），第 14 页。
⑥ （明）宋濂等撰《元史》卷五《世祖二》，中华书局，1976，第 96 页。
⑦ （明）宋濂等撰《元史》卷六《世祖三》，第 120 页。

分展现了中国各民族史学同时起步、从民间口传史向官修史书逐渐演变的发展过程。

第四，总结出交融互鉴是中国各民族史学史发展的显著特征。这一特征体现在史学史研究与写作的各个方面。如在史料方面，各民族民间史料、官方史料、国外史料杂糅其中。在这方面，蒙古族的史学史表现更为突出，如《蒙古秘史》就是通过官方力量收集整理民间史料的结果，除此之外，因为蒙古族建立的帝国涉及亚欧非三大洲，因此一些外国史籍也专门著书立说，如波斯的拉施特著《史集》、志费尼著《世界征服者史》。在修史方面，史官、史馆、修史人等方面均存在交融互鉴。如太史令一职早在夏商周时期就有，以后各民族政权多有效仿，如十六国时期各民族政权均设有太史令，所著史学著作也与司马迁所著《史记》体例大同小异，如《上党国记》《大单于传》《燕书》《敦煌实录》等。在编史人员方面，"他者书写"比比皆是。如汉人所著的《越绝书》《吴越春秋》等百越史，唐文宗的使臣张建章著《渤海国记》，宋人所撰《契丹国志》都是汉族对其他民族历史进行研究后撰写的作品。在内容方面，各个民族的史学作品相互借鉴，如北朝的地志强调实用性，如《十三州志》《水经注》的写作内容，更多地关系到国计民生，而不是田园式的散文。除此之外，各民族史学著作都更注重历史的连贯性，无论人物传记还是族谱的编写均如此，这就为以后历代历史的撰写提供了样板。因此汪受宽教授评价道："十六国时期的少数民族史学，身处中国古代少数民族史学的承上启下期，并且打破了十六国割据政权之间、南北政权之间空间上和时间上的双重禁锢。"[①] 到了元明清时期，中国各个民族之间的深度交融更体现在史学史方面，如在维吾尔族史学方面，不仅有多种文字研究作品，如《伊米德史》《阿帕克和卓传》，也有国外研究成果，更有国内其他地区对维吾尔族的修史成果，内容相互借鉴和补充，共同成就了中华民族历史。

第五，展现各民族凝聚力和向心力。仍以魏晋南北朝时期为例说明。当时"汉族政权的史书《晋书》《宋书》《南齐书》将北朝民族政权斥为'索虏'，而北朝民族政权的史书《魏书》《北史》又将东晋斥为'僭晋'，将南朝政权讥讽为'岛夷'。"[②] 这种相互贬低的记载，从本质上来说是互争正统的表现，即各民族政权都在争取使自己成为华夏正统，客观上为中

[①] 汪受宽主编《中国少数民族史学史》（上册），第55页。
[②] 汪受宽主编《中国少数民族史学史》（上册），第112页。

国隋唐时期的再度统一奠定了思想基础。元朝在修撰宋、辽、金三朝历史时，也因体例问题争而不决，直到元顺帝作出"分史置局，纂修成书"的指示，总裁脱脱确定了"三国各与正统、各系其年号"①的办法后，争论才平息。这说明元朝统治者在修史指导思想方面，既肯定前朝对中华民族的贡献，且从肯定中奠定了自己的正统地位，而后世肯定元朝的正统地位，一是元朝建立了中国历史上规模最大的多民族统一政权，二是后世了解元朝的贡献的方式就是读史。因此《中国少数民族史学史》忠实地记载了历史上各民族的向心力、凝聚力所在，同时也以民族向心力和凝聚力为主线，记载中国各民族共创中华的历史。

第六，填补了中国史学史研究有关民族史学史研究的空白，促进了中国史学史学科建设。在《中国少数民族史学史》出版之前，有研究某一个民族的史学论著，如关于匈奴的史学研究论著就有很多，我们从《百年来匈奴族历史地理研究综述》②可以看到；也有研究某一区域各民族的历史作品，如《中国西北少数民族史》③；也有研究整个中国少数民族历史或某一方面的作品，如中国少数民族文学史④、诗歌史⑤、美术史⑥等，但研究中国各民族史学史的作品相对较少，将历史与现代各民族的史学史作为研究内容的作品更是少之又少，因此汪受宽教授主编的《中国少数民族史学史》的出版，填补了学界从整体上研究中国少数民族史学史的空白，从而也为中国史学史的学科发展做出了贡献。

三 总评

以史为鉴，汪受宽教授的这部作品对我们今天以铸牢中华民族共同体意识为主线的历史研究和教学工作具有十分重要参考作用。

首先，为民族交往交流交融史的撰写提供了丰富的史料。习近平总书记在 2019 年 9 月 27 日在全国民族团结进步表彰大会上的重要讲话中指出：

---

① （元）权衡著，任崇岳笺证《庚申外史笺证》，中州古籍出版社，1991，第 44 页。
② 王兴锋：《百年来匈奴族历史地理研究综述》，《唐都学刊》2016 年第 5 期。
③ 杨建新：《中国西北少数民族史》，民族出版社，2009，第 7 页。
④ 马学良、梁庭望、张公瑾：《中国少数民族文学史》（上），中央民族学院出版社，1992，第 17 页。
⑤ 祝注先主编《中国少数民族诗歌史》，中央民族大学出版社，1994，第 11 页。
⑥ 王伯敏主编《中国少数民族美术史》，福建美术出版社，1995，第 3 页。

"一部中国史，就是一部各民族交融汇聚成多元一体中华民族的历史。"① 又在第七次西藏工作座谈会上提出"挖掘、整理、宣传西藏自古以来各民族交往交流交融的历史事实，引导各族群众看到民族的走向和未来，深刻认识到中华民族是命运共同体，促进各民族交往交流交融。"② 这不仅是对藏学工作者的特别要求和鼓励，更是对全国各民族研究者的殷切希望。汪受宽教授主编的《中国少数民族史学史》全面收集和整理了中国各民族在长期的历史发展过程中通过迁徙、重组、战争、和亲、质子、结盟、互市等不同的方式进行全面交往、广泛交流和深度交融的口头传统资料、多民族文字资料和通用语言文字资料，这些资料为书写中国民族交往交流交融历史奠定了史料基础。

其次，为中华民族史的写作奠定了史学理论基础。中华民族是56个民族组成的大家庭，民族团结是国家的生命线。认同是团结的前提，没有认同就没有团结；认同是团结的根基，没有认同，团结就是无本之木。为此习近平总书记多次强调认同的作用，并总结出"五个认同"。如2015年8月24日，习近平总书记在中央第六次西藏工作座谈会上指出："必须全面正确贯彻党的民族政策和宗教政策，加强民族团结，不断增进各族群众对伟大祖国、中华民族、中华文化、中国共产党、中国特色社会主义的认同。"③ 对中华民族的认同，必须建立在对中华民族渊源、发展和进步认同的历史基础之上，因此，书写中华民族在漫长的历史进程中，共同开创各民族和睦共处的美好家园、培育历久弥新的优秀文化、为人类文明发展进步做出不可磨灭的贡献的历史过程，势在必行。汪受宽教授主编的《中国少数民族史学史》就为我们书写中华民族史奠定了史学理论基础，这个史学理论基础就是以中华各民族向心力、凝聚力为主题，以大一统的历史观和民族观为基础，在书写各民族交往交流交融史的基础上，书写中华民族史，为铸牢中华民族共同体意识提供历史依据。

---

① 习近平《在全国民族团结进步表彰大会上的讲话》，人民出版社，2019，第7页。
② 《习近平：全面贯彻新时代党的治藏方略 建设团结富裕文明和谐美丽的社会主义现代化新西藏》：https://www.ccps.gov.cn/xtt/202008/t20200829_142974.shtml?from=singlemessage。
③ 《习近平关于全面建成小康社会论述摘编》，中央文献出版社，2016，第99页。

别具匠心的党史建构
——评李颖著《文献中的百年党史》

张延华

(青岛西海岸新区工委党校,山东青岛　266000)

中国共产党走过万水千山、历经千难万险,从一艘小小红船发展为领航中国行稳致远的巍巍巨轮。从建党的开天辟地,到新中国成立的改天换地,到改革开放的翻天覆地,再到党的十八大以来党和国家事业取得历史性成就、发生历史性变革,我们党的百年历史就是一部实现中华民族伟大复兴的革命史、奋斗史、实践史。中央党史和文献研究院的党史专家李颖所著的《文献中的百年党史》,在浩瀚的党史著作中可以说是别具一格。该书依据"几代中国共产党人智慧的结晶"的党的重要文献,每年以一件(组)珍稀文献为导引,百年选取100个(组)重大事件、380幅历史图片,每个重大事件既深耕细作独立成篇,又注重前后接续浑然一体,全面反映党的不懈奋斗史、理论探索史和自身建设史,着重讲述时代英雄和普通人物的感人事迹和故事,点面结合,串联起中国共产党苦难与辉煌的百年奋斗历程,构成了一部图文并茂的简明百年党史。

一　突出了党百年历史的主题:争取民族独立、人民解放和实现国家繁荣富强、人民共同富裕

习近平同志曾在2010年全国党史工作会议上的讲话中指出:"近代以来,中国人民面临着争取民族独立、人民解放和实现国家繁荣富强、人民共同富裕这两大历史任务。""团结带领全国各族人民为实现这两大历史任务而不懈奋斗,这就是党的历史发展的主题和主线。"该书重点突出了党

百年历史的主题,从1921年中国共产党诞生写起,聚焦新民主主义革命、社会主义革命和建设、改革开放和社会主义现代化建设、中国特色社会主义进入新时代等不同历史时期,全面分析总结了党在重大历史关头,力挽狂澜团结带领全国各族人民,取得中国革命和社会主义建设伟大胜利的宏阔历程,回顾了党在百年奋斗中所经历的艰险与磨难,清晰呈现出党在发展壮大中所经历的光荣与梦想。

《文献中的百年党史》通过文献展示了我们党为了完成这两大历史任务,团结带领中国人民进行28年浴血奋战,打败日本帝国主义,推翻国民党反动统治,完成新民主主义革命,建立了中华人民共和国;完成了社会主义革命,确立社会主义基本制度,消灭一切剥削制度,推进了社会主义建设;进行了改革开放新的伟大革命,全面激发了广大人民群众的创造性,极大解放和发展了社会生产力,增强了社会发展活力,人民生活显著改善,综合国力显著增强,国际地位显著提高的过程。党的十八大以来,以习近平同志为核心的党中央团结带领全党全国各族人民,统揽伟大斗争、伟大工程、伟大事业、伟大梦想,统筹推进"五位一体"总体布局、协调推进"四个全面"战略布局,解决了许多长期想解决而没有解决的难题,办成了许多过去想办而没有办成的大事,推动党和国家事业取得历史性成就、发生历史性变革。"党的历史是最生动、最有说服力的教科书。"该书牢牢把握党的历史的主题和主线,让广大读者在党史文献中重温中国共产党和中华民族的集体记忆,汲取奋进的力量。

二 突出了党百年历史的主流:党的不懈奋斗史、党的理论探索史、党的自身建设史

《文献中的百年党史》一书的作者在还原历史的同时,尤其注重党的不懈奋斗史、党的理论探索史和党的自身建设史的书写。我们党在长期奋斗历程中形成的大量历史文献,记录了党在革命、建设和改革实践中艰辛探索的奋斗历史,记录了党在不同历史条件下完成伟大艰巨任务所积累的宝贵经验,是党和国家长治久安繁荣发展的精神财富。

该书围绕党的不懈奋斗史,阐述了党的百年奋斗从根本上改变了中国人民的前途命运,开辟了实现中华民族伟大复兴的正确道路,展示了马克思主义的强大生命力,锻造了走在时代前列的中国共产党,同时也深刻影响了世界历史进程。习近平总书记曾指出:"中国特色社会主义不是从天

上掉下来的，是党和人民历尽千辛万苦、付出巨大代价取得的根本成就。"这一根本成就，就是探索、开创、坚持和发展了中国特色社会主义。

该书围绕党的理论探索史，阐述了中国共产党是用马克思主义武装起来的政党，一百年来，我们党既始终不渝地坚持马克思主义，又在领导革命、建设和改革开放的实践中，不断推进马克思主义中国化，创造性地丰富和发展了马克思主义。在新民主主义革命时期、社会主义革命和建设时期，以毛泽东同志为主要代表的中国共产党人，把马克思列宁主义基本原理同中国革命具体实践结合起来创立的毛泽东思想，实现了马克思主义中国化的第一次飞跃。在改革开放和社会主义现代化建设新时期，以邓小平、江泽民、胡锦涛同志为主要代表的中国共产党人，从新的世纪和时代特征出发坚持和发展马克思主义，形成了包括邓小平理论、"三个代表"重要思想、科学发展观在内的中国特色社会主义理论体系，实现了马克思主义中国化新的飞跃。党的十八大以来，以习近平同志为主要代表的中国共产党人坚持把马克思列宁主义基本原理同中国具体实际相结合、同中华优秀传统文化相结合，深刻总结并充分运用党成立以来的历史经验，从新的实际出发，创立了习近平新时代中国特色社会主义思想，实现了马克思主义中国化又一次新的飞跃。习近平新时代中国特色社会主义思想是对马克思列宁主义、毛泽东思想、邓小平理论、"三个代表"重要思想、科学发展观的继承和发展，是马克思主义中国化最新成果，是党和人民实践经验和集体智慧的结晶，是中国特色社会主义理论体系的重要组成部分，是全党全国人民为实现中华民族伟大复兴而奋斗的行动指南。

该书围绕党的自身建设史，突出党坚持自我革命的历史经验。中国共产党的百年历史，也是党不断加强和改进自身建设的历史。首先，该书突出了勇于自我革命是中国共产党区别于其他政党的显著标志。从作者选取的古田会议到遵义会议，从延安整风到党的十一届三中全会，再到新时代全面从严治党，都是党以伟大的自我革命精神主动纠正错误、总结经验、完善自身、走向胜利的典范。其次，该书阐述了自我革命精神是党永葆青春活力的强大支撑。透过百年党史的历史文献读者可以看到，面对各个历史时期的风险考验，我们党始终坚持刀刃向内，坚决同一切弱化党的先进性和纯洁性的问题做斗争，祛病疗伤，激浊扬清，以自我革命保持自身始终过硬，确保党始终成为时代先锋、民族脊梁和人民的主心骨，带领人民进行伟大革命，创造历史伟业。党的伟大自我革命引领推动伟大社会革命贯穿党的百年奋斗历程，成为中国革命、建设、改革不断从胜利走向胜利的根本保证。

三 突出了党百年历史的脉络：坚守信念，寻找道路，追求梦想

信念是根基，道路是途径，梦想是目标。信念指引道路，道路通往梦想！

《文献中的百年党史》展示了从红船上诞生的中国共产党之所以能够筚路蓝缕、披荆斩棘、一路走来，带领中国人民实现了由站起来富起来到强起来的伟大飞跃，成为一个在有着九千多万党员、14亿多人口的大国长期执政的大党，是因为一代代中国共产党人始终不忘初心、牢记使命的历史逻辑。正如习近平总书记指出："为中国人民谋幸福，为中华民族谋复兴，是中国共产党人的初心和使命，是激励一代代中国共产党人前赴后继、英勇奋斗的根本动力。"以坚定的理想信念坚守初心，是中国共产党的政治品格和政治优势，是中国共产党的成功之道。自从选择了马克思主义，中国共产党人从未动摇过。坚定共产主义理想和马克思主义信仰，是共产党人的政治灵魂，是中国共产党人经受住任何考验的精神支柱，是中国共产党人的精神标识。

该书阐述了一百年来，我们党始终坚持把马克思主义基本原理同中国具体实际相结合、同中华优秀传统文化相结合，始终坚持从我国国情出发，始终坚持独立自主，走出了正确道路，团结带领中国人民创造的新民主主义革命的伟大成就、社会主义革命和建设的伟大成就、改革开放和社会主义现代化建设的伟大成就、新时代中国特色社会主义的伟大成就。该书通过重要的历史节点文献阐释：走自己的路，既是党的全部理论和实践的立足点，也是党百年奋斗得出的历史结论。我们不但要从党的百年奋斗历程来认识和把握中国特色社会主义道路，也要从中华文明五千多年发展历程的广阔视野来认识和把握中国特色社会主义道路。脚踏中华大地，传承中华文明，走符合中国国情的正确道路，党和人民就具有无比广阔的舞台，具有无比深厚的历史底蕴，具有无比强大的前进定力。中国特色社会主义道路是在改革开放历史新时期开创的，也是在总结党长期奋斗形成的宝贵经验基础上开创的。改革开放以来，我们坚定不移走中国特色社会主义道路，国家经济实力、科技实力、综合国力显著增强，国际地位空前提

高，人民生活由温饱不足跨越到全面小康，创造了世所罕见的经济快速发展和社会长期稳定两大奇迹。历史和现实充分证明，中国特色社会主义道路走得通、走得对、走得好。只有这条道路而没有别的道路，能够引领中国进步、增进人民福祉、实现民族复兴。

该书阐述了一百年来以爱国主义为核心的伟大的民族精神，以实现中华民族伟大复兴为主题的中国梦，已成为中华儿女的最大共识，成为激励全体人民团结奋进的精神旗帜，具有强大的号召力和感染力。正是在这种强烈的民族精神驱动下，在实现中华民族伟大复兴中国梦的强大感召下，为了拯救民族危亡，中国人民奋起反抗，仁人志士奔走呐喊，进行了可歌可泣的英勇斗争。中国共产党从诞生以来，便致力于救国救民，为国家谋福利，为人民谋幸福，为民族谋复兴，苦苦探索复兴之路，实现中华民族伟大复兴的中国梦贯穿整个百年党史，成为中国共产党带领人民百年奋斗的最大主题。

四　以珍贵文献为支撑，多层次多视角生动反映党的奋斗历程

该书精选每个时期重大党史事件，注重利用原始档案文献，竭力挖掘使用第一手最新档案文献。例如作者亲赴俄罗斯莫斯科五一村找到的中共六大珍贵文献，在四川绵阳梓潼发现的邓稼先珍贵手记，以及大量俄罗斯解密的共产国际与中国革命有关档案材料，涉及大革命时期国共合作和工农运动、1936 年西安事变、1937 年十二月会议等文献。

该书注重把握领袖和人民群众的关系。党的领袖在历史发展关键时刻，往往起到举旗定向、统领全局的作用，这一点在《文献中的百年党史》中有明确体现。但同时该书也体现了同人民风雨同舟、血脉相通、生死与共，是我们党战胜一切困难和风险的根本保证的重要观点。例如在第一节"中国共产党宣告成立"中，该书就明确指出中国共产党的成立，使中国人民谋求民族独立、人民解放和国家富强、人民幸福的斗争有了主心骨。在"一切反动派都是纸老虎"一节中，作者引用毛泽东的话指出，我们能够打败蒋介石，因为人民解放军的战争所具有的爱国主义的正义的革命的性质，必然要获得全国人民的拥护。在"办好中国的事情，关键在党"一节中，作者写到抗击新冠肺炎疫情时，既写了习近平总书记的多次讲话部署，又配了《人民日报》上《英雄的人民，人民的英雄》新闻报道的图片。

该书注意对典型事例和生动细节的刻画，包括北伐胜利进军期间上海

工人三次武装起义的内幕细节，1950年抗美援朝战争的艰难决策过程，1962年七千人大会上毛泽东、刘少奇、周恩来、朱德、邓小平、陈云的发言，1978年中央工作会议突破原定议题引发的"一系列大是大非问题的讨论"。以小见大，见微知著。该书深情塑造体现民族精神的革命英烈、时代英雄、先进模范和奋战在一线的普通劳动人民的感人形象。如土地革命战争时期湘江战役受伤被俘后绞肠壮烈牺牲的34师师长陈树湘、狱中撰写流芳千古的《可爱的中国》的方志敏，抗日战争时期毅然砸枪跳崖的"狼牙山五壮士"、被敌人割头剖腹誓死不屈的东北抗联名将杨靖宇和写下"八女投江"壮丽篇章的冷云等8名年轻女战士、用乳汁救八路军受伤小战士的沂蒙红嫂明德英、"为人民利益而死"的张思德，解放战争时期舍身炸敌暗堡的董存瑞，抗美援朝战争时期身抱炸药包与敌人同归于尽的杨根思，社会主义革命和建设时期"宁肯少活二十年，拼命也要拿下大油田"的王进喜、"甘当螺丝钉"的雷锋、"县委书记的榜样"的焦裕禄……天地英雄气，千秋尚凛然。尊崇英雄，礼敬人民，理当是一个国家和民族最基本的价值观，也是该书秉持的一个基本价值理念。该书采用故事的笔法辅助史料叙事，使得这部30万字的党史书读来不仅毫无枯燥之感，而且会爱不释手。

凡是过往，皆为序章。风雨兼程百年路，不忘初心再出发。新时代品读《文献中的百年党史》，能进一步加深对中国共产党初心使命、奋斗历程和发展经验的领悟，更好地学习贯彻党的十九届六中全会《决议》精神，从百年党史中获取精神之钙、理论之魂和奋进之力，做到学史明理、学史增信、学史崇德、学史力行，汲取奋进社会主义现代化国家新征程的磅礴力量！

会议综述

史学思想研究与构建中国特色史学

——吴怀祺先生逝世周年纪念会综述

孙广辉

(北京师范大学历史学院,北京 100875)

吴怀祺(1938~2020)先生是北京师范大学历史学院教授,博士生导师,于2020年2月4日不幸逝世。吴怀祺先生治学严谨,学养深厚,勤勉育人,师德高尚,被批准享受国务院特殊津贴。他长期从事中国史学史研究,特别是在中国史学思想史的研究领域做出了开拓性的贡献。他出版了《宋代史学思想史》《中国史学思想史》《郑樵评传》《易学与史学》《史学理论与史学史研究》等著作,主编10卷本《中国史学思想通史》、6卷本《中国史学思想通论》等,点校整理钱澄之的《田间易学》,在学术界影响深远。他为人师表,誉满杏坛,深得学生爱戴。

为了纪念吴怀祺先生,北京师范大学历史学院于2021年6月26日上午在北京师范大学国际学术交流中心召开了"史学思想研究与构建中国特色史学"研讨会。北京师范大学的专家学者、吴先生的生前好友、学生及家属代表共四十余人参加了会议。

北京师范大学历史学院院长张皓教授在会上首先发言。他指出吴怀祺先生作为著名史学家白寿彝先生学术思想的重要传承人,在中国史学思想史领域成就卓著,出版了多部中国史学思想史著作,构建了系统的史学思想史体系,培养了一批中国史学思想史研究方向的科研骨干,为建设中国特色马克思主义史学做出了重要贡献。我们应当以吴先生的学术研究为基础,不断推进我们的史学史研究工作。吴怀祺先生对工作兢兢业业,将自己的全部精力奉献给北京师范大学的历史学科建设,我们要以他为榜样,把历史学院发展得越来越好!

在座谈会上，大家深切缅怀了吴怀祺先生的高尚品德、治学精神，对他的学术成就、治学特点及如何进一步推进中国特色史学建设做了深入探讨。

一 潜心治学，立德修身

与会学者高度评价了吴怀祺先生执着求索的精神和甘于奉献的情操。郑师渠先生（北京师范大学前副校长、前党委副书记，历史学院教授）说："吴怀祺先生讲'伟哉！中华传统史学中的丰厚的民族精神也！大哉，源远流长的中国史学思想史也！在未来新世纪世界史学发展过程中，中国史学一定会有自己的大贡献，有历史和理论可以证明的认识'。中国的史学源远流长，蕴含丰富的智慧，但西方学者对此加以否认，吴先生认为这是绝对不能接受的，并且应该通过学术研究进行抗争。吴先生一以贯之地对中国史学思想执着就是对中国文化执着。习总书记讲我们要坚持道路自信、理论自信、制度自信、文化自信，最基础的就是文化自信，吴先生那些带有浪漫情绪的执着表达就是一种对中国文化的自信。"周少川教授（北京师范大学历史学院）说："吴老师的史学自信思想与他在治学上的会通理念和执着追求、开拓创新的精神密切相关，他在思想史研究上重视文献、考辨文献，主张探根求源，他的史学思想将是我们今后不断探究的一个重要课题。"许殿才教授（北京师范大学历史学院）指出，吴先生有一种永不满足的学习进取精神，他严格要求自己，在五六十岁的年纪还努力学习计算机和英文，这一点令人佩服。吴先生对待工作富有热情，无论是座谈会还是授课，永远慷慨激昂，激情四射。自进入白先生门下，吴先生的学术由郑樵研究走向史学思想研究，再由宋代史学思想研究拓展到中国史学思想研究，同时率领自己的弟子在此领域继续拓展。他终身坚守史学思想阵地，既是劳动人，又是统率者，这种执着精神值得我们学习。郭小凌先生（首都博物馆前馆长，北京师范大学史学研究所前所长、历史学院教授）说："怀祺是一个具有美德的人，他不掠人之美，愿意把自己的美诚心诚意地给予别人，这是一种不争名不争利的高风亮节。"瞿林东先生（北京师范大学资深教授）回忆道："我和龚书铎教授主编《中华大典·历史典·史学理论与史学史》时，吴怀祺教授对我的工作给予了大力支持，这一点我一直铭记于心。"杨共乐教授（北京师范大学历史学院前院长、现北京师范大学史学理论与史学史研究中心主任）说："吴先生对后辈们关爱有加，给机会、献智慧，甘为人梯。他生命不息、学术不止的精神令人敬佩，这种精神将不断鼓励后辈们勤奋工作，不断鞭策后辈们努力向前。"

王记录教授（河南师范大学历史文化学院前院长）说："今天在这里为恩师吴怀祺先生举行追思会，我心情非常激动。去年先生走的时候，因为疫情，我们外地学生都没有来。今年先生骨灰下葬，疫情起起伏伏，也没有让我们来。因此我们外地学生的心情非常沉重。我和周文玖是吴先生招的第一届硕士研究生，1991年9月入学。在此前的1987~1988年，我参加过咱们史学研究所举办的'中国史学史助教进修班'。在跟吴先生读研究生期间，吴先生对我们的要求非常严格，就连学习的时间都必须保证，请假回家说几天就几天，不按时回来就挨批评，这方面我们都深有感受。但是先生到了晚年，性情大变，对学生也不像他带我们时那么严厉了。他晚年更关心我们的身体，经常给我们减压，嘱咐我们少熬夜。我想，无论是早年他对我们严格要求，还是晚年劝我们注意身体，都体现了他对我们的关爱。吴先生是那种严中有大爱的人。"吴清（教授级）高级工程师（吴怀祺先生女儿，清华大学建筑设计院副总工程师）说："今天历史学院召开研讨会追思父亲，并给予父亲特别高的评价，在此向各位领导和老师表示由衷的感谢。各位老师评价我父亲是一个好的学者、一个好的老师，也是一个好的学生，我也想说，我爸是一个好父亲。在我的印象中，他的话题永远是学术，他永远在赶各种稿件，参加各种学术会议，和学生们讨论治学之道。他没有像别的老人一样退休养生，他也不会去欣赏花草鱼虫。他的事业简单而纯粹。他淡泊名利，生活简朴，对家庭有强烈的责任感。我读中学时在安徽住校，他每周都给我写信，鼓励我学好数理化报考清华。我结婚生子后，他帮助我带孩子。孩子进入大学后，他教育孙辈要融会贯通，文理兼修。我的孩子在北大读书期间主修计算机，也辅修了中文类课程。父亲传承家学，事业有成，我们后辈以他为骄傲。感恩时代的机遇，感谢恩师的栽培和照顾，也感谢师兄弟和同仁的帮助，期待师兄们事业有成，也期待父亲的文集早日出版。"

二 史学思想史的研究与学科建设

吴怀祺先生在史学史研究中注重继承与开拓，撰写和主编了多种大部头著作，奠定了中国史学思想史的研究基础，使史学思想史成为一门学科，为中国马克思主义史学的学科建设做出了贡献。周少川教授指出，吴老师长期致力于史学思想的研究，其主旨是在文化自信的基础上确立史学的自信，通过大力地弘扬中华民族史学思想的丰富内涵、阐述中国人历史思维的特殊模式，来展现西方史学理论所不能代替的中国史学思想的丰厚成果。张涛教授（北京师范大学历史学院）说："吴先生对易学造诣深厚，他的《易学与史学》以及他点校的《田间易学》，都是做易学、研究易学与史学关系必读的著作。同时我想强调，吴先生的逝世也是易学界的巨大损失，我接触到的易学界同仁，听说吴先生去世，也说易学界少了一个导师。"汪高鑫教授（北京师范大学历史学院）说："吴先生传承和发展白先生学术思想最重要的领域便是中国史学思想史，先生出版的《宋代史学思想史》《中国史学思想史》分别成为学术界第一部中国史学思想史研究的断代史、通史教材，主编的10卷本《中国史学思想通史》、6卷本《中国史学思想通论》、16卷本《中国史学思想会通》为中国史学思想史的研究奠定了雄厚基础。"瞿林东先生说："吴怀祺教授是最先提出史学思想史研究的，他的独立著作和由他主导的团队的研究成果在史学界、历史教学中都发挥了重要作用。他尽心尽力地编辑《史学史研究》，负责期刊与联合国教科文组织的联系工作。他注重人才培养，他的学生都是教学和科研上的骨干力量，有的还做编辑工作，传播哲学社会科学的研究成果。这些学生取得的成绩和怀祺教授的辛苦培养是密不可分的。"郑师渠先生认为，以白先生为代表人物建设的史学史学科能够成为当今北京师范大学历史学的品牌学科，白先生的三位弟子功不可没，吴怀祺先生就是其中之一。吴先生在相当长一段时间里独自负责《史学史研究》的编辑工作，为保障期刊的高水平发行做出了重要贡献。许殿才教授说："吴老师不辞辛苦认真办刊，已近花甲之年的他与我多次往返印刷厂商定《史学史研究》的印刷事宜，为我们学科的发展付出了很多心血，令人敬佩。"

三　彰显中国史学魅力，推动中国特色史学发展

吴怀祺先生作为当代"白寿彝史学"的主要传承人之一，深耕史学思想史领域，形成了独具特色的学术风格，推动了中国史学史研究的进一步

发展。郑师渠先生指出，吴怀祺先生继承了白寿彝先生治学上的优良传统，他坚持马克思主义，强调通变思想和理论思辨，把许多问题提高到理论层面进行解读。蒋重跃教授（《北京师范大学学报》前主编、现历史学院教授）说："吴怀祺先生在治学方法上主张读原著、做札记，既读马克思主义经典的原著，也读我们民族史学的原著。"郭小凌先生认为，吴怀祺先生是一位具有中国特色的马克思主义史学家，他在治学上坚持以马克思主义为指导，但反对教条主义，秉持实事求是、与时俱进的理念。余敏辉教授（淮北师范大学副校长）说："吴先生特别注重学术的创新。我在追随先生学习期间对他有三点印象特别深：第一个是先生特别强调郑樵的自得之学，跟我讲学术要原创、要创新，要在前人的基础上不断往前推进；第二个是先生还经常借用章学诚的话给我讲札记之功不可少，读书要做札记；第三个是顾炎武的'采铜于山'，就是做学问搞研究要从读原著、读代表作出发。"邹兆辰先生（首都师范大学历史学院教授）说："吴先生的学术特点比较突出。他提出并深入阐述史学的二重性问题，揭示了史学思想存在和发展的重要机制；研究《周易》思维方式的特点，论述了易学对史学思维方式的影响。他论述两宋史学的阶段性，研究宋代理学和史学的关系；对中外历史思维方式的特点进行了比较；努力挖掘了中国民族史学思想的特点和时代价值；论述了全球化趋势与新世纪中国史学。"汪高鑫教授指出，吴先生高度重视揭示中国史学的民族思维特点，《中国史学思想会通·历史思维卷》集中展现了这一学术旨趣。先生是第一位肯定司马迁"究天人之际，通古今之变，成一家之言"的撰述宗旨为富有中国民族特色的三大历史思维的人。先生关于中国史学民族思想特点的总结包含丰富的内容，其中很多观点都是发前人所未发。吴先生在中国史学思想史的研究方法上独树一帜，这里主要体现为三个视野：一是四部视野，先生关注中国传统四部学术的相互包含、文献具有多重意蕴以及史家一身多任的学术特点，充分肯定经学、子学与史学之间的密切关系，重视在四部学的视野中探讨中国史学史与史学思想史；二是易学视野，先生认为"易"是一种思维术，易学的丰富思维内容可以帮助史家更好地理解历史和史学；三是全球视野，先生强调要重视对中国传统史学与史学思想的系统总结，加强对外国史学以及中外史学比较的研究，积极向外国史学界介绍中国史学的民族特性和理论特色，让中国史学走向世界，最终成为世界史学的一分子。周少川教授说："吴老师主张中国史学走向世界的一个出发点就是要掌握中国人的史学话语权。为实现这个目标，他身体力行地在各种国际会议和国外学术交流活动上大力宣讲中国民族史学的思想内涵、重要价值和成就，这也是他史学自信的一个重要体现。"

在座谈会上，大家还对具有民族特色的史学建设问题做了有益的思考。瞿林东先生指出，我们要想在怀祺教授学术成绩的基础上进一步推进我们的史学史研究工作，应从以下两点着手。一是贯彻习总书记的"五一七"讲话精神。习总书记讲有时中国哲学社会科学是有缺位的，投入很多，而收获却与之不相匹配，我们要时时记住这一点，加强对中国史学史的深入研究，更好地致力于三大体系建设。二是要响应习总书记关于铸牢中华民族共同体意识的倡导。作为史学史研究工作者，我们要用我们的知识来为促进民族交融、共同繁荣贡献力量。邹兆辰先生说："吴怀祺先生把史学史研究上升到史学思想史研究的高度，为史学史研究的发展开拓了新的领域，把史学研究和哲学研究紧密地联系在一起，把史学的社会功能提高到一个新的层次。学习史学思想史有助于提高历史思维，有助于更好地理解历史与现实，所以我们要加强对史学思想史的研究，以便更好地发挥史学的致用功能。"向燕南教授（北京师范大学历史学院）说："吴怀祺先生致力于史学思想史的研究，其学术研究背后的主旨就是问题意识，即探求史学如何思考历史，史学怎么表述历史，等等。在构建中国特色史学的过程中，我们要继承吴先生的学术财富，秉持自觉的问题意识，不断地去探求具有中国特色的史学是什么、在哪里，以及如何表现。"

本次会议由北京师范大学史学研究所承办，史学研究所副所长周文玖教授主持了会议。他最后总结说："今天的会开得很成功，大家对吴怀祺先生做了深情的缅怀。吴先生的治学精神、学术业绩令人敬佩。他严格要求自己，对工作富有热情，热心提携后学，帮助他人，这些都是难能可贵的优秀品质。大家的发言还对史学思想史、史学史学科的发展做了回顾，对具有民族特色的史学建设问题做了有益的思考。吴先生一生以学术为生命，孜孜不倦地从事学术研究，是我们学习的楷模。作为晚辈，我们一定要努力工作，勤奋钻研，不断取得学术业绩。做好学术工作，锐意创新，把史学史、史学思想史的研究和教学向更高的水平推进，就是对吴怀祺先生最好的纪念。"

除上述发言者和历史学院的部分学生，参加纪念研讨会的还有：北京师范大学历史学院副院长刘林海教授、赣南师范大学林晓平教授、河北师范大学董文武教授、中国军事科学院研究员武军大校、厦门理工学院洪认清教授、厦门大学吴海兰教授、北京世纪文景文化传播有限责任公司何晓涛副总编、首都师范大学陈晓华教授、淮北师范大学吴航副教授,以及北京师范大学历史学院古籍研究所的毛瑞方副教授,北京师范大学历史学院史学研究所的张越教授、董立河教授、李锐教授、王志刚副教授、朱露川博士,中国铁道科学院研修学院院长兼党委书记、吴先生的女婿李子春研究员。

附录一　北京师范大学史学理论与史学史研究中心大事记

（2020年9月~2021年8月）

李　艳

（北京师范大学史学理论与史学史研究中心　北京　100875）

2020年

9月

▲ 我中心瞿林东、郑师渠、晁福林、杨共乐四位教授受聘中国历史研究院

9月24日，中国历史研究院学术委员会、学术咨询委员会成立大会暨首次学术委员会会议在京召开。中国社会科学院副院长、中国历史研究院院长高翔指出，"两委会"的成立是中国历史研究院成立以来又一值得纪念的重要时刻，是中国历史研究院全面落实习近平总书记致中国历史研究院成立贺信精神和组建方案的又一重大举措，是发挥统筹协调指导全国史学力量、促进学科融合、推进创新发展的又一重要制度安排。"两委会"的成立，旨在为新时代中国历史学的繁荣发展做出应有的贡献。根据中共中央批准的组建方案，中国历史研究院从全国史学界遴选41位专家学者，成立学术咨询委员会。我中心瞿林东、郑师渠、杨共乐三位教授受聘成为中国历史研究院学术咨询委员会委员，晁福林教授受聘成为中国历史研究院学术委员会委员。

▲《历史视野下的中华民族精神》入选中华人民共和国建国 70 周年外译百部图书工程

由我中心教授郑师渠、史革新（已故）主编的《历史视野下的中华民族精神》，为国家社会科学基金重大项目——"弘扬与培育中华民族精神研究"重要研究成果，是国内首部从历史角度系统阐述中华民族精神发展的权威著作。此著全面系统梳理了中华民族精神的历史发展脉络，从历史角度对这一具有重大理论意义和现实意义的问题进行了深入探索，在民族精神分期、弘扬民族精神途径等方面见解独到，既具有很高的学术价值，又能为国家相关部门理解、弘扬和培育中华民族精神提供参考。该书相继入选国家出版基金项目、国家新闻出版广电总局学习贯彻党的十八大精神主题重点出版项目、国家"十二五"重点出版规划增补项目，并在 2019 年 9 月入选中华人民共和国建国 70 周年外译百部图书工程。

10 月

▲ 励耘书院第二期开班，资深教授刘家和先生开讲

励耘书院的开设，得到了北京师范大学资深教授刘家和先生的鼎力支持。91 岁高龄的刘先生以强烈的学术使命感，亲自指导历史学院本科拔尖人才并为其开堂讲授中国古代史学经典研读、小学、史源学、考证学、文献学等课程内容。在刘先生看来，一流的大学，离不开一流学科的支撑与一流学者的努力，更离不开对"根柢之学"的重视。陈垣先生作为当时一流的教育家，不仅奠定了今天北京师范大学一流大学的根基，更是以史学家的身份传承、发展了传统的小学、史源学、考证学、文献学与历史学，从而为今天北师大一流学科中国史乃至中国史学的发展做出了突出贡献。基于此，励耘书院将秉承陈垣先生的治学传统与思想方法，注重从史学经典入手，基于对经典篇章的研读与分析，努力夯实基础，培养问题意识，将年代学、地理学、职官学、目录学等相关内容融入其中，在学习中实践，在实践中学习，融会贯通，切实掌握历史学治学的基本思想与方法。中心主任杨共乐教授对刘先生这种崇高的学术使命感给予高度的称赞，并强调励耘书院的开设旨在传承、弘扬老一辈史学家陈垣先生为学的精神与方法，更是借此为国家、社会培养一批专业基础扎实、综合能力强的年轻学人。

11月

▲我中心教授的课程与作品分别入选北京高校"优质本科课程"和"优质本科教材课件"

为落实全国和全市教育大会、新时代本科教育工作会等会议精神,北京市教委决定于2020年继续开展北京高校"优质本科课程"和"优质本科教材课件"项目建设工作。通过遴选,北京高校有231门课程和234个教材课件分别进入2020年北京高校"优质本科课程"和"优质本科教材课件"名单。其中,我中心张越教授的"中国近代史学思潮"课程获评北京高校"优质本科课程",张昭军、孙燕京教授的《中国近代文化史》获评北京高校"优质本科教材课件"。

▲我中心子基地召开铸牢中华民族共同体意识座谈会

11月13日,北京师范大学铸牢中华民族共同体意识培育基地主任郑师渠教授参加了由国家民委组织召开的铸牢中华民族共同体意识工作会议。11月15日上午,北京师范大学铸牢中华民族共同体意识培育基地在前主楼B区105召开座谈会。郑师渠教授在座谈会上传达了国家民委工作会议精神,并结合我中心的优势,指出了北京师范大学铸牢中华民族共同体意识培育基地下一步工作努力的方向:第一,向学校汇报,将中央精神正确传达给学校有关部门;第二,提出一个具体的要求和一套具体的计划;第三,依据北师大特色设计课题、申报项目。如:充分发挥北师大在师范教育、编写教材方面的优势,组织历史、中文、地理、图书馆等多方面力量共同出版"铸牢中华民族共同体意识"教科书系列;调动、引导博士、硕士生选题,出版"认同"丛书;以"铸牢中华民族共同体意识"为主题,开设面向全校的公共课程。与会同志认真听取了郑教授的发言,并就基地进一步工作部署提出意见,包括:组织全国性的中华民族史论坛或学术研讨会;组织某专题系列文章发表;以白寿彝先生民族史研究和思想为主体编纂一部资料集;等等。

▲我中心一项课题获批教育部人文社会科学重点研究基地重大项目

11月24日,教育部社科司公布2020年度教育部人文社会科学重点研究基地重大项目立项名单,我中心董立河教授申报的课题《古代中国与西方史学重大理论问题比较研究》获准立项。本课题研究的开展,将有助于深化对古代中西史学重大理论问题、古代中西史学的理论特点及价值的认识。

▲我中心瞿林东、杨共乐、宁欣、罗新慧教授获批国家级一流本科课程

11月下旬，教育部公布首批国家级一流本科课程认定结果。根据《教育部关于一流本科课程建设的实施意见》（教高〔2019〕8号）精神和有关通知要求，经省级教育行政部门、有关部门（单位）教育司（局）、部属高等学校申报推荐，并经专家评议与公示，认定5118门课程为首批国家级一流本科课程，其中，线上一流课程1875门，虚拟仿真实验教学一流课程728门，线下一流课程1463门，线上线下混合式一流课程868门，社会实践一流课程184门。我中心瞿林东教授领衔主讲的"史学名家的治史历程与方法"、杨共乐教授主讲的"世界文明专题"（古代部分）、宁欣教授主讲的"隋唐五代史专题"入选国家级"线上一流课程"；罗新慧教授领衔主讲的"中国古代史"入选国家级"线下一流课程"。

▲《史学理论与史学史学刊》获得"优秀集刊奖"

2020年11月27~28日，由社会科学文献出版社、江南大学联合举办的第九届人文社会科学集刊年会在江苏无锡召开，年会主题是"学术集刊高质量发展：机制与创新"。我校史学理论与史学史研究中心主办《史学理论与史学史学刊》（以下简称《学刊》）获2020年"优秀集刊奖"。此前，《学刊》于2014年、2017年、2019年多次获得该奖项。

《史学理论与史学史学刊》由教育部人文社会科学重点研究基地北京师范大学史学理论与史学史研究中心主办，收录于集刊数据库、CSSCI来源目录、社科文献名录集刊等文献数据库，现任主编杨共乐教授、副主编周文玖教授。自2002年创刊至今，《学刊》积极贯彻"百花齐放、百家争鸣"的方针，秉承继承优秀史学遗产，促进中外史学交流，切磋学术，开拓创新的办刊宗旨，主要刊发关于中国马克思主义理论成就、古代中西史学与理论的比较研究、中国古代史学思想、中国近代史学思潮等领域的学术论文、书评札记和前沿信息，在推动史学理论与史学史研究方面开拓了重要平台，广受学界好评。2016年以后，《学刊》由一年一辑扩充为一年两辑，展现了良好的发展前景。

12月

▲我中心召开"十四五"规划征求意见座谈会

2020年12月30日，基地召开"十四五"规划征求意见座谈会。会议由中心主任杨共乐教授主持。汪高鑫、周文玖、董立河、张昭军、朱露川

出席会议。会议通报了基地评估的各项准备工作的进展情况，对基地在"十三五"时期取得的各项成果进行了系统总结，并就"十四五"规划进行了认真讨论，确定了突出特色和贡献的发展思路，同时对各项具体工作进行了安排和部署。

2021 年

1 月

▲瞿林东先生所著《中国历史文化散论》（增订本）出版

瞿林东先生所著《中国历史文化散论》（增订本）由华东师范大学出版社于2021年1月出版。该书在原书基础上补入《论春秋时期各族的融合》《顾炎武的社会理想及政治学说》《中国古代史学家和思想家怎样看待历史进程》三篇文章。瞿先生在增订本序中回顾了研究中国历史文化认同的历程，并提出深入研究的目标和前景，他指出："在中国特色社会主义建设事业进入新时代以来，我和我的同事们致力于'铸牢中华民族共同体意识'的研究。历史表明：中国自古是一个多民族国家，《诗经》《尚书》《春秋》《左传》等先秦文献生动地记述了多民族活动的历史。中国自秦汉以后形成不断发展的统一多民族国家，太史公司马迁在《史记》中描绘了统一多民族国家的宏伟画卷。史学工作者、民族工作者有责任用丰富的历史事实，讲述中国历史上各民族之间的交往，其间虽有种种复杂情况，但总的趋势是各民族间的关系越来越密切，历史文化认同的程度越来越深入，形成伟大的合力，共同创造了光辉灿烂的中华文明，共同推动了中国历史发展，为中华民族共同体奠定了历史基础。"

2 月

▲我基地开设"铸牢中华民族共同体意识"通识教育课程

自2月25日起，我基地为北京师范大学本科生开设"铸牢中华民族共同体意识"通识教育课程，该课程同时面向青海师范大学本科生在线开放，共计有152位同学选课。本课程以铸牢中华民族共同体意识为主线，带领学生认识中华民族波澜壮阔的交往、交流、交融史，重点阐明历史上特别是近代以来，中华儿女如何在中国共产党领导下，团结各族人民，历经民族抗战，最终探寻出一条适合中国国情的社会主义道路，以及新中国成立以后中华民族如何在中国共产党的领导下，走出一条从站起来到富起来再到强起来的民族复兴之路。课程采取理论学习和实践参观相结合的教学方式，通古贯今、中西互鉴，具有突出的理论性、系统性、民族性、时代性。本课程的主要目标是以厚重的历史学底蕴，服务新时代中国特色社会主义思想铸魂育人工程，做好"铸牢中华民族共同体意识"的入脑入心入课堂工作，解决好我是谁、从哪里来、往哪里去的根本问题，发挥好高校思政课在落实立德树人根本任务中的关键作用。

3月

▲我中心张越教授的论文《范文澜与"汉民族形成问题争论"》荣获"《中国社会科学》2020年度好文章"

2021年3月22日，首届《中国社会科学》杂志好文章评选结果揭晓，我中心张越教授发表在《中国社会科学》2020年第7期的论文《范文澜与"汉民族形成问题争论"》荣获"《中国社会科学》2020年度好文章"。评审专家认为，张越教授的《范文澜与"汉民族形成问题争论"》一文，以20世纪50年代史学界关于汉民族形成问题大讨论为背景，分析了范文澜提出的观点，评析了其在讨论中发挥的重要作用，从中国马克思主义史学史的视角复原了这场学术争鸣事件的来龙去脉，对于弘扬中国马克思主义史学的优良传统，在新时代开展历史学学科基础理论及民族史实证研究，促进历史学学科体系建设具有重要价值。《中国社会科学》2020年度好文章评选活动自2020年12月底正式启动，评选范围为2020年《中国社会科学》第1~12期刊发的115篇文章，最终有7篇文章获奖，张越教授的《范文澜与"汉民族形成问题争论"》是历史学科唯一获奖文章。

4月

▲汪高鑫教授应邀赴中国历史研究院做学术讲座

2021年4月15日下午，汪高鑫教授应邀在中国历史研究院执中楼知幾厅，做题为"多重视野下的中国古代史学史研究"的讲座。汪教授指出，研究中国古代史学史，应该具有多重视野。具体来讲，可以从四个方面努力：一是多民族史学视野，即通过对中国古代多民族史学的系统研究，构建中国古代史学系统；二是大历史视野，即将中国古代史学置于时代社会背景当中，揭示史学与社会的联动关系；三是四部学视野，即关注中国古代史学的发展与经子集等其他学术门类之间的相互关系；四是中西比较视野，即通过对中西史学的相互观照，揭示中国古代史学的民族特性。汪教授的讲座引起了良好的学术反响。

▲张昭军教授应邀赴北京大学做学术报告

2021年4月13日下午，北京大学文研院第十期邀访学者报告会邀请我中心副主任张昭军教授做主题报告，报告题目为"钱穆经世史学的学术理路——以《国史大纲》为中心的讨论"。报告集中探讨的核心问题是，作为经世之作，《国史大纲》是如何从历史学角度提出问题、解决问题，以回应时代的挑战的？其特色和意义何在？张教授首先概述钱穆的学术风格和《国史大纲》在他学术生涯中的重要位置，然后着重分析钱穆治史含有的深切现实关怀和思想用意。他指出，在抗日战争这一特定的时代背景下，《国史大纲》以新史学的形式承接并活化了中国传统史学的通史致用精神，可作思想史读。报告最后，张教授以钱穆《国史大纲》为例总结了历史学解决现实问题的方法论意义及启示，并以坐标系为喻阐述了历史研究的价值所在。

5月

▲我中心瞿林东、杨共乐教授参加首届铸牢中华民族共同体意识研究论坛和铸牢中华民族共同体意识研究基地工作联席会议

5月14~15日，由中央统战部、中央宣传部、教育部、国家民族事务委员会有关部门主办的首届铸牢中华民族共同体意识研究论坛和铸牢中华民族共同体意识研究基地工作联席会议在北京举行。全国政协民族和宗教委员会主任王伟光、全国人大民族委员会副主任委员丹珠昂奔、国家民委副主任赵勇、中国社会科学院副院长王灵桂等领导出席开幕式。来自国家相关部委、有关科研机构和高校、中央四部委铸牢中华民族共同体意识研究基地等的领导、专家学者130余人参加论坛。

北京师范大学资深教授、史学理论与史学史研究中心教授瞿林东在大会做题为"当代中国的重大国是——"铸牢中华民族共同体意识"的历史内涵和现实意义"的主题演讲。他指出，习近平总书记关于"铸牢中华民族共同体意识"的号召，反映了中华民族的历史内涵、发展规律和现实诉求，是中国马克思主义民族理论的新成果，是当代中国的重大国是。发言从中华民族共同体是在中国历史进程中形成的、中华民族共同体意识是中国人民在反侵略斗争中的觉醒、"铸牢中华民族共同体意识"是中华民族走向伟大复兴的思想基础三个方面论证了以上观点。

中心主任杨共乐教授在大会分论坛做了题为"文明兴衰的两大关键因素——以罗马和两汉为例"的研讨发言。他指出，罗马帝国与中国秦汉是公元前后2个世纪世界上最强大的两个政治实体，它们有着不同的发展路径。从比较的视野看，中国文明体系持续发展的关键因素至少表现在两个方面。第一，民族的人口数量与结构。它影响着民族未来发展的走向。第二，文化的力量。文化的黏合与互融，使人口的数量与结构发生质的飞跃，使文明的连续性成为现实。他强调，文化是最深层次的力量，文化认同是一个民族最深层次的认同。

北京师范大学副校长周作宇教授在铸牢中华民族共同体意识研究基地工作联席会议上做了主旨发言。他指出，北京师范大学党委高度重视铸牢中华民族共同体意识研究培育基地建设，学校在研究"中华民族共同体意识""中华民族史"等重大问题上有深厚的历史积淀。培育基地获批一年来，建设成效显著，开设了"铸牢中华民族共同体意识"本科通识课程，多项成果产生了广泛的社会影响。未来，北京师范大学将进一步从科学研究、教材编撰、立德树人、智库建设等方面加强基地建设，为构筑各民族共有精神家园、铸牢中华民族共同体意识、促进各民族交往、交流、交融贡献才智。

北京师范大学铸牢中华民族共同体意识研究培育基地成立于2020年，是中共中央统战部、中共中央宣传部、教育部、国家民委共同批准的重点建设基地之一，在民族理论、民族关系史、民族史等研究领域贡献卓著。

6月

▲周文玖教授应邀赴中国历史研究院历史理论研究所做学术讲座

6月24日上午，我中心周文玖教授应邀在中国历史研究院知幾厅做题为"马克思主义史学理论的阶段性发展及其成就"的学术讲座。讲座由历史理论研究所副所长左玉河研究员主持，20余名学者参与并就相关主题展开了讨论。周文玖教授将中国马克思主义史学理论的发展进程划分为六个阶段：第一，《史学要论》——中国马克思主义史学的理论基石；第二，《历史哲学教程》——中国马克思主义史学初步形成的理论标志；第三，毛泽东对史学理论的杰出贡献；第四，在普及马克思主义中扩展和深化——新中国成立至"文革"爆发；第五，从学科自觉到中国风格——自改革开放至20世纪末；第六，守正与创新——对21世纪以来马克思主义史学理论的认识和思考。周教授同时也分析了当前学术界在史学理论研究中存在的问题，并提出了针对性建议：一是要强化史学理论的独立地位，反思其偏重史学史研究的倾向；二是要加强古今、中外史学理论的融会贯通；三是要创立和提炼具有民族特色的史学理论新概念、新范畴，在创建具有民族特色的史学理论话语体系方面下功夫。

讲座最后，周教授还与参加讲座的专家学者进行了学术探讨和交流。左玉河研究员做了总结，他表示周教授对中国马克思主义史学理论的发展进程，以及当前史学理论研究中存在的问题的思考，很有启发性。100多年来中国马克思主义史学理论的发展史有很多值得深入探讨的问题，我们一方面要重视史学理论研究，另一方面也要有史学研究的具体实践，要有自己的学术"自留地"，以实现史学理论与具体研究实践的良性互动。

7月

▲中国民族报社记者到基地采访交流

2021年7月16日上午，中国民族报社副总编辑肖静芳、记者李翠等一行三人来到北京师范大学铸牢中华民族共同体意识研究培育基地进行采访并与基地师生座谈交流。基地主任郑师渠教授、基地首席专家晁福林教授、基地专家杨共乐教授、陈涛副教授、朱露川老师，青海师范大学高若晨老师，"铸牢中华民族共同体意识"课程选课学生代表马轩同学等参加座谈。杨共乐教授介绍了铸牢中华民族共同体意识研究培育基地的总体情况、基地开展中华民族史研究的学术传承以及开设"铸牢中华民族共同体意识"通识教育课程的详细情况。郑师渠、晁福林、陈涛、朱露川等主讲教师结合教学实际，交流了通识课建设的经验。高若晨老师介绍了青海师范大学具体组织线上课程的情况和学生的反馈意见。马轩同学谈了自己学习通识课的感受。座谈交流气氛热烈，双方都表示，今后会进一步加强合作交流。

8月

▲《中国民族报》头版报道我基地开设"铸牢中华民族共同体意识"通识课的教学实践

2021年8月6日，《中国民族报》头版报道："夯实中华儿女大团结的思想基础——北京师范大学开设'铸牢中华民族共同体意识'通识课的实践"。报道指出，为什么开设"铸牢中华民族共同体意识"通识课，正如习近平总书记所说："一个民族、一个国家，必须知道自己是谁，是从哪里来的，要到哪里去。"这个重要的历史之问、时代之问，一直是包括北师大学人在内的几代学者上下求索的课题。这门特殊的课程，是北师大铸牢中华民族共同体意识研究培育基地立足深厚的历史学科积淀，通过教育探索"铸牢中华民族共同体意识"的重要实践。自"铸牢中华民族共同体意识"重要论断提出以来，理论层面已经积累了很多有益的探讨，实践层面还有待探索。北师大围绕"铸牢中华民族共同体意识"的主线，面向广大青年学生开设通识课，迈出了从理论到实践的重要一步。

附录二 史学理论与史学史论著要目

（2020年9月~2021年8月）

崔高翔

（北京师范大学历史学院，北京 100875）

一 论文要目

（一）史学理论与中国史学史论文要目

安成日：《俞辛焞先生的治史特点与史学理念》，《南开史学》2020年第2期。

白倩、刘晓峰：《霍布斯鲍姆的史学思想在中国的译介、传播与接受》，《翻译界》2021年第1期。

白羽：《论郑樵〈通志·昆虫草木略〉的编纂》，《史学史研究》2020年第4期。

白悦波：《"井田辨"：吕思勉对胡适史学的一次回应与批评》，《史学理论与史学史学刊》2020年第2期。

薄音湖：《曹永年先生的明代蒙古史研究》，《内蒙古师范大学学报》（哲学社会科学版）2020年第5期。

蔡智力：《〈四库全书总目〉"门户批评"的主调与异音》，《史学月刊》2021年第8期。

曹万青：《独辟蹊径 行稳致远——黎虎先生中国古史研究论略》，《许昌学院学报》2021年第3期。

常建华：《改革开放以来南开大学的中国区域史研究》，《南开史学》

2021年第1期。

常建华：《生活与制度：中国社会史的新探索》，《社会科学文摘》2021年第3期。

常征江：《刘知幾褒贬史学思想述要》，《南开学报》（哲学社会科学版）2020年第5期。

晁福林：《从"华夏"到"中华"——试论"中华民族"观念的渊源》，《史学史研究》2020年第4期。

晁天义：《"大一统"含义流变的历史阐释》，《陕西师范大学学报》（哲学社会科学版）2021年第3期。

陈琛：《晚清史学译介中"国"的话语演变与"国族"意识的现代性发端》，《全球史评论》2020年第2期。

陈冬冬：《论吕思勉的古书考辨成就与反思》，《历史教学问题》2021年第3期。

陈峰：《反省与创造：改革开放以来中国特色马克思主义史学的构建》，《四川师范大学学报》（社会科学版）2020年第5期。

陈峰：《民国时期史语所学人与中国社会经济史研究》，《史学史研究》2020年第3期。

陈峰：《中国马克思主义史学的域外渊源再估量》，《史学集刊》2021年第4期。

陈峰：《中国马克思主义史学范式构建论纲》，《福建论坛》（人文社会科学版）2021年第4期。

陈娇娇：《论钱穆在章学诚研究上的贡献》，《史学理论与史学史学刊》2020年第2期。

陈娇娇：《政治实用理念下"良史"内涵的衍变》，《石河子大学学报》（哲学社会科学版）2020年第6期。

陈其泰：《〈文史通义·说林〉篇的史学价值》，《淮阴师范学院学报》（哲学社会科学版）2021年第2期。

陈其泰：《陈垣先生学术成就的时代意蕴》，《北京行政学院学报》2021年第1期。

陈其泰：《马克思主义史家与历史考证》，《中国史研究》2021年第2期。

陈勇、官陈：《早期中国史学史研究范式论略——以蒙文通为考察中心》，《史学理论研究》2021年第1期。

成一农：《时代与历史书写——中国古代地图学史书写的形成以及今后的多元化》，《唐宋历史评论》2021年第1期。

陈赟：《人生路向与文明类型：梁漱溟历史哲学中的"人""文"交构》，《杭州师范大学学报》（社会科学版）2021年第4期。

程鹏宇、兰梁斌：《走向马克思主义：侯外庐大学时代的思想及其转变》，《史学理论与史学史学刊》2020年第2期。

储著武：《20世纪七八十年代国史研究学术建制的发展历程》，《安徽史学》2021年第1期。

崔壮：《华长卿与〈唐宋阳秋〉》，《社会科学论坛》2021年第1期。

崔壮：《论章学诚史学之理论架构》，《史学理论研究》2020年第6期。

戴磊：《史地教育委员会与抗战时期的史学》，《史学理论与史学史学刊》2020年第1期。

戴昇：《史学碎片化的哲学省思》，《社会科学文摘》2021年第7期。

邓锐：《中国古代史学形态略论》，《学术探索》2021年第7期。

邓小南：《数字人文与中国历史研究》，《中国文化》2021年第1期。

董国强：《中国当代史研究方法论两题》，《中共党史研究》2021年第1期。

董欣洁：《中国马克思主义史学的世界史话语》，《江海学刊》2021年第4期。

段金生、蒋正虎：《中国近代边疆研究的发展脉络与路径》，《云南师范大学学报》（哲学社会科学版）2021年第2期。

樊丽沙、杨富学：《司马迁"行国"史观及其对后世的影响》，《史学史研究》2021年第2期。

封磊：《顾颉刚的考古实物思想及古迹古物考察述论》，《天津大学学报》（社会科学版）2020年第5期。

冯尔康：《抗战时期郑天挺的史学研究及清史学开创者之一地位的奠定——读〈郑天挺西南联大日记〉的若干体会》，《南开史学》2021年第1期。

冯天瑜：《复现中国史分期本真——兼评〈联共（布）党史简明教程〉单线历史模式》，《江汉论坛》2021年第3期。

傅正：《改革开放以来近代史叙事的转型——兼对一种流行观点的商榷》，《四川大学学报》（哲学社会科学版）2020年第6期。

葛剑雄：《警惕"历史热"背后的史学民粹化倾向》，《探索与争鸣》2020年第9期。

葛兆光：《传统中国史学中的世界认识》，《文史哲》2021年第3期。

郭震旦：《后现代之后如何重启宏观史研究——从三种"大历史"谈起》，《文史哲》2021年第4期。

龚伟：《论20世纪40年代古史研究思潮对早期巴蜀古史重建的影响》，《四川师范大学学报》（社会科学版）2021年第4期。

韩建业：《结合古史传说探索中华文明起源》，《历史评论》2021年第1期。

韩军垚：《新中国成立以来中国近现代史研究范式的演变与思考》，《江汉论坛》2021年第7期。

郝鑫：《新史料、新问题与新史学——从华北区域史研究看史学与史料的关系》，《首都师范大学学报》（社会科学版）2021年第4期。

侯旭东：《政治史与事件史在中国：一个初步反思》，《清华社会科学》2020年第2期。

胡传吉：《经史分离与史学"致用"——梁启超"新史学"与黄梨洲〈明儒学案〉关系考论》，《关东学刊》2021年第1期。

胡逢祥：《"从选题到著述，每每是感于历史使命"——吕振羽的治学之要》，《历史评论》2021年第3期。

胡守为、刘勇：《读书不肯为人忙——胡守为教授学术访谈》，《中山大学学报》（社会科学版）2020年第6期。

胡小溪、莫凡：《中华民族共同体意识是中华民族特有的标志——"铸牢中华民族共同体意识"学术前沿论坛综述》，《史学史研究》2021年第1期。

奂平清：《顾颉刚疑古立场的变与不变——兼谈中华民族研究的理论自觉》，《江海学刊》2021年第3期。

奂平清：《论顾颉刚的中华民族共同体思想：以民族史编撰为中心》，《史学集刊》2021年第3期。

黄爱平：《清代浙东史学的文献特色与传承意识》，《中国文化》2020年第2期。

黄东兰：《内在视角与外在标准——内藤湖南的同时代中国叙述》，《史学理论研究》2021年第4期。

黄觉弘：《郝经〈续后汉书〉之〈义例条目〉考论——兼论道统圣贤

谱系》,《史学史研究》2021年第2期。

黄立斌:《蔡元培与北京大学国史编纂处》,《史学史研究》2021年第2期。

冀震宇:《康熙的史学活动与史学思想》,《史学理论与史学史学刊》2020年第1期。

贾红霞:《比附西学与立足传统:民国时期清代史学诠释的两种倾向》,《近代中国》2020年第2期。

贾红霞:《金毓黻东北史研究中的日本因素与学术诉求》,《历史教学问题》2020年第6期。

贾红霞:《抗战时期金毓黻史学思想的嬗变与延续》,《史学理论与史学史学刊》2020年第2期。

贾鹏涛:《论吕思勉、杨宽师生古史研究的异同》,《常州大学学报》(社会科学版)2020年第5期。

贾鹏涛:《杨宽与〈战国史料编年辑证〉》,《史学史研究》2021年第2期。

江湄:《人心与世局:陈寅恪的"新"史学》,《读书》2021年第5期。

江沛、王峰:《转折时代的探索、共进及感悟——江沛教授访谈录》,《历史教学》(下半月刊)2020年第9期。

蒋正虎:《延续文化传统:顾颉刚与〈文史杂志〉》,《史学史研究》2020年第4期。

金春峰:《逻辑分析是学术研究的重要方法——评顾颉刚先生的学术研究》,《河北师范大学学报》(哲学社会科学版)2021年第1期。

金民卿:《在历史正确方向上推进近代史研究》,《历史评论》2021年第1期。

康桂英:《何干之对20世纪30年代中国社会史问题论战的研究》,《廊坊师范学院学报》(社会科学版)2021年第1期。

孔德成:《考据与流派——内藤湖南视野中的清朝史学》,《唐山师范学院学报》2021年第1期。

孔定芳:《学术"对手方"与钱穆的清学史研究》,《社会科学战线》2021年第7期。

孔勇:《经世致用是中国史学深厚的优良传统》,《历史评论》2021年第3期。

孔勇：《口述文本之形成与真实性辨析——以〈孔府内宅轶事——孔子后裔的回忆〉为例》，《史学理论研究》2021年第3期。

李丹凤：《沿流溯源：〈左传〉文本来源研究的新进展——读王和先生〈左传探源〉》，《史学月刊》2021年第4期。

李放春：《"心"与"理"：革命史研究中的"中国哲学"问题》，《开放时代》2021年第1期。

李小东：《理论与实践的反思：为什么研究日常生活史》，《史学理论研究》2020年第6期。

李孝迁：《探源与传衍：近代中国史家的兰克论述》，《学术研究》2021年第8期。

李孝迁、胡昌智：《兰克在新中国史学界的境遇》，《史学史研究》2021年第1期。

李勇：《20世纪50年代郭沫若史学观念中的史论关系》，《史学理论研究》2021年第4期。

李勇：《驳郭沫若史学在台港地区遭遇的贬损——以马彬、许冠三和金达凯为例》，《史学月刊》2021年第2期。

李勇：《吕振羽史料学理论与实践》，《历史教学问题》2021年第1期。

李长银：《梁启超的"新史学"与"古史辨运动"》，《史学理论研究》2020年第5期。

李长银：《乾嘉考据学与"古史辨运动"》，《人文杂志》2021年第6期。

李长银：《王国维的"古史新证"与"古史辨运动"》，《四川师范大学学报》（社会科学版）2021年第3期。

李长银：《由经入史：崔适的今文家言与"古史辨运动"》，《孔子研究》2021年第4期。

李振宏：《多卷本学术通史的典范——评瞿林东主编〈中国古代史学批评史〉》，《史学理论研究》2021年第4期。

李振宏：《关于改善史学著述风格的理论思考》，《河南师范大学学报》（哲学社会科学版）2021年第1期。

李正君、姜磊：《朱绍侯先生与历史人物研究》，《淮阴师范学院学报》（哲学社会科学版）2021年第3期。

李政君：《"中国历史学话语体系建设"学术研讨会综述》，《史学理论研究》2021年第1期。

李政君：《故事的跨地域流布与古史的"层累"造成——试论20世纪前半期顾颉刚古史考辨路径之推进》，《南开学报》（哲学社会科学版）2021年第2期。

李政君：《张荫麟对唯物史观的认知及其演变》，《齐鲁学刊》2020年第6期。

李治安：《从"五朵金花"到"皇权""封建"之争》，《中国经济史研究》，2020年第5期。

李周峰：《1949年前后顾颉刚的内心世界》，《档案与建设》2021年第5期。

历史理论研究所"中国封建社会的主要特点"课题组、赵庆云：《试论中国封建社会的主要特点》，《史学理论研究》2021年第4期。

连心豪：《连横〈台湾通史〉早期版本及其复籍改名考略》，《台湾研究集刊》2020年第5期。

梁启政：《金毓黻的好太王碑研究与调查——兼考金毓黻好太王碑释文来源》，《史学史研究》2021年第1期。

梁艳玲：《刘大年对西方史学思想的认识与评论》，《史学理论与史学史学刊》2020年第1期。

廖靖靖：《如何在书写中祛魅历史"常识"与惯性——读杨念群〈重建另一种叙事〉》，《中国图书评论》2021年第1期。

林家有、张金超：《孙中山与近代中国研究的传承和开拓者——林家有教授学术访谈》，《中山大学学报》（社会科学版）2021年第2期。

林展、陈志武：《量化历史与新史学——量化历史研究的步骤和作为新史学的价值》，《史学理论研究》2021年第1期。

刘国宣：《"子道治子身"：张荫麟的近三百年学术史研究》，《烟台大学学报》（哲学社会科学版）2021年第2期。

刘海静：《20世纪上半期清学研究缘何引发关注探析》，《历史教学问题》2020年第6期。

刘开军：《罗炳良教授译注〈文史通义〉述评》，《淮阴师范学院学报》（哲学社会科学版）2021年第1期。

刘开军：《通史家的史学世界：吕思勉中国史学史撰述评议》，《河南师范大学学报》（哲学社会科学版）2021年第3期。

刘开军：《中国古代史学概念的界定、意蕴及其与史学话语的建构》，

《江海学刊》2020年第5期。

刘凌淞:《明代嘉、隆、万朝局研究述评》,《中国史研究动态》2021年第4期。

刘萍:《"史料革命":近十年来的史料学研究及反思》,《北方论丛》2021年第5期。

刘澍:《晚清士大夫对古埃及的历史书写》,《史学史研究》2021年第1期。

刘未:《考古学与历史学的整合——从同质互补到异质互动》,《中国史研究》2021年第3期。

刘小龙:《〈明实录〉建文朝科举书写及其意涵》,《史学史研究》2021年第1期。

刘星:《应该对若干重大史学倾向进行再平衡、再调整——王学典先生近年新思考简论》,《济南大学学报》(社会科学版)2021年第4期。

刘永祥、陈其泰:《史学视角下传统文化的现代元素》,《史学理论研究》2021年第2期。

刘永祥、杨清然:《20世纪初"新史学"主体意识的形成》,《淮阴师范学院学报》(哲学社会科学版)2020年第5期。

刘重来:《"以身殉学"的史家张森楷及其〈廿四史校勘记〉》,《历史文献研究》2020年第2期。

娄梦然:《展现史学研究的广阔视野——读瞿林东著〈中国古代史学批评纵横(外一种)〉》,《史学理论与史学史学刊》2020年第2期。

鲁西奇:《中国历史学的空间取向》,《社会科学战线》2021年第8期。

路则权:《范文澜及其〈中国经学史的演变〉的理论启示》,《云南大学学报》(社会科学版)2020年第5期。

罗检秋、徐凤:《经学潜流:夏曾佑、刘师培编纂历史教科书的学源探析》,《安徽史学》2021年第3期。

罗衍军:《黄宗羲史学观念探析》,《山东理工大学学报》(社会科学版)2021年第2期。

罗志田:《文如其事则雅俗皆宜》,《抗日战争研究》2020年第4期。

吕薇洲、刘海霞:《社会形态更替的"五形态"论与"三形态"说》,《史学理论研究》2021年第4期。

马俊亚、茆静:《从江南到淮北——马俊亚教授访谈录》,《历史教学》

（下半月刊）2021年第6期。

马亮宽：《历史语言研究所研究生培养述论（1928—1949）——以史语所档案记载为主的探讨》，四川大学学报（哲学社会科学版）2020年第6期。

马强：《从出土唐代墓志看唐人的史学修养及其著史活动》，《河南大学学报》（社会科学版）2021年第2期。

马新月：《论中晚唐史学通识思想的发展》，《史学理论与史学史学刊》2020年第1期。

马新月：《中国古代史学会通思想探研》，《史学史研究》2020年第3期。

茅海建：《心中要有读者：经历与体会》，《抗日战争研究》2020年第4期。

孟尧、杨念群：《"治道关系"研究基本范式之反思——兼论清代政治文化探索的新方向》，《天津社会科学》2021年第4期。

苗润博：《〈辽史·食货志〉探源》，《中国社会经济史研究》2020年第3期。

牟发松：《唐长孺先生早年在沪行踪及其家学师承、治学次第略述（上）》，《许昌学院学报》2020年第6期。

牟发松：《唐长孺先生早年在沪行踪及其家学师承、治学次第略述（下）》，《许昌学院学报》2021年第1期。

南江涛：《纪昀批校〈史通训故补〉略考》，《历史文献研究》2021年第1期。

宁江英：《突破创新，不落窠臼——访黄留珠先生》，《中国史研究动态》2020年第5期。

牛润珍、管蕾：《清代史官议叙制度考略》，《史学史研究》2021年第1期。

潘斌：《明清之际学风的嬗变——以礼学兴起为中心的探讨》，《史学月刊》2021年第8期。

彭丰文：《胡汉二元对立思维不可取》，《历史评论》2021年第1期。

钱茂伟：《仓修良先生的学术道路与学术特点》，《淮阴师范学院学报》（哲学社会科学版）2021年第3期。

钱茂伟：《当代公众历史记录：由人的生活存在而文本存在》，《河南师范大学学报》（哲学社会科学版）2021年第2期。

钱云：《一位词学家的史学梦》，《读书》2021年第4期。

乔克、吴国伟：《2019年北京现代史研究述评》，《北京党史》2020年第5期。

乔治忠：《马克思主义揭示的历史发展规律》，《史学理论研究》2021年第4期。

乔治忠：《郑天挺之明清史讲义及相关的学科建设》，《历史教学》（下半月刊）2020年第10期。

乔治忠：《中国马克思主义史学史研究的若干理念问题》，《学术研究》2020年第11期。

乔治忠：《中国史学的起源及早期发展考析》，《史学月刊》2021年第1期。

秦颖、刘合波：《中国当代日常生活史研究的缘起、现状与展望》，《齐鲁学刊》2021年第2期。

邱伟云、郑文惠：《走向新世界：数字人文视野下中国近代"世界"概念的形成与演变》，《南京大学学报》（哲学·人文科学·社会科学）2020年第5期。

曲柄睿：《白寿彝先生的〈史记〉研究——兼论〈项羽本纪〉之设立》，《史学理论与史学史学刊》2020年第1期。

曲柄睿：《天命、天道与道论：先秦天人关系理论的形成与发展》，《史学理论研究》2021年第4期。

瞿骏：《五四：地方视野与长程革命》，《读书》2020年第11期。

瞿骏：《中国历史学知识体系建设的"内外圆融"》，《探索与争鸣》2020年第9期。

瞿林东：《毛泽东中华民族观的内涵、根源和历史意义》，《史学史研究》2020年第4期。

瞿林东：《说创造性转化与创新性发展——关于历史学学术体系构建的一点思考》，《史学理论与史学史学刊》2020年第1期。

任锋：《待解放的先知与被重构的传统——在现代脉络中辨识钱穆》，《中国文化研究》2021年第1期。

任虎：《继往开来：白寿彝中国史学史研究的唯物史观转向》，《史学史研究》2020年第3期。

任虎：《论〈联共（布）党史简明教程〉对范文澜〈中国通史简编〉的影响》，《史学理论研究》2021年第3期。

桑兵：《对话前贤与标高学术》，《华中师范大学学报》（人文社会科学版）2020年第6期。

单磊：《吕思勉中国通史撰述对赵翼史学成果的借鉴与超越》，《历史教学问题》2021年第3期。

单磊：《史才与将才的交融：赵翼〈皇朝武功纪盛〉初探》，《西北民族论丛》2020年第1期。

申慧青：《柔远与慕华——简论北宋与高丽的史学交流》，《史学理论与史学史学刊》2020年第1期。

沈长云：《中华文明起源的历史学、考古学与人类学考察》，《历史研究》2021年第1期。

施建雄、姚征：《推进南宋史学研究的一部力作——读罗炳良教授著〈南宋史学史〉》，《淮阴师范学院学报》（哲学社会科学版）2021年第4期。

石鹏：《〈历代名臣奏议〉的编纂及其史学影响和价值》，《中国典籍与文化》2021年第2期。

时培磊：《中国古代史学"国可灭，史不可灭"理念探析》，《南开学报》（哲学社会科学版）2020年第5期。

时培磊：《中国史学史学科的研究趋势与发展走向——以近十年国家社会科学基金立项为视角》，《史学理论研究》2021年第2期。

舒习龙：《全面抗战时期的中国史学会新探》，《河北学刊》2021年第4期。

宋洪兵：《郭沫若的法家观及马克思主义史家法家观的内部分歧》，《史学月刊》2021年第2期。

宋开金：《台北所藏稿本〈直隶河渠书〉考》，《史学史研究》2021年第1期。

宋学勤、杨宗儒：《分野与整合：当代中国社会史学科边界再议》，《当代中国史研究》2021年第4期。

苏航：《中国历史与历史中国——论现代中国的历史基础与历史中国的现代叙事》，《社会科学文摘》2020年第11期。

苏力：《岂止方法？——文史传统与中国研究》，《开放时代》2021年第1期。

苏晓涵：《眼光向下的史学尝试：董作宾在1920年代的学术实践》，《史学月刊》2021年第3期。

孙正军：《近十年来中古碑志研究的新动向》，《史学月刊》2021年第4期。

谭樊、马克、张京华：《陈垣与〈日知录〉》，《读书》2021年第2期。

谭佳：《"古"在何方：钱穆与顾颉刚的一场古史讨论》，《读书》2021年第1期。

谭星：《"五形态"论与"三形态"说论争辨析》，《史学理论研究》2021年第4期。

谭徐锋：《人民史观、贯通视野与义理涵养——张舜徽史学片思》，《华中师范大学学报》（人文社会科学版）2021年第4期。

汤城：《罗炳良先生的邵晋涵史学研究》，《淮阴师范学院学报》（哲学社会科学版）2021年第1期。

田艺景：《中国古代"飞蝗避境"现象记载与史家观念演变》，《史学史研究》2021年第1期。

汪高鑫：《白寿彝先生中国史学思想史研究的学术历程》，《史学史研究》2020年第4期。

汪高鑫：《论中国传统史学的经世致用理念》，《福建论坛》（人文社会科学版）2021年第4期。

汪高鑫：《先秦诸子天人观的思想特色》，《史学理论与史学史学刊》2020年第1期。

汪高鑫、汪增相：《中国古代史学求真理念的演变》，《求是学刊》2021年第3期。

王安琪：《学问的起点：戴震早期知识来源》，《史学理论与史学史学刊》2020年第1期。

王丁：《刘泽华与历史认识论研究》，《史学理论研究》2021年第1期。

王东平：《白寿彝先生与中国民族史教育》，《史学理论与史学史学刊》2020年第1期。

王惠荣：《道光朝域外史地研究兴起原因新探——基于学术史角度的考察》，《史学理论与史学史学刊》2020年第2期。

王记录：《乾嘉时期经学与史学的互动与融通：学术史意义及特征》，《史学史研究》2021年第2期。

王记录：《易学与顾炎武的历史哲学》，《史学理论与史学史学刊》2020年第1期。

王记录、丁文:《在史法与史义之间:刘知幾的经史观与史学批评》,《河北学刊》2020年第5期。

王记录、张志霖:《两难之境:崔述的经史关系论与考信辨伪》,《河南师范大学学报》(哲学社会科学版)2020年第5期。

王继平、董晶:《文化抗战视野下的中国马克思主义史学贡献》,《史学理论研究》2021年第3期。

王加华:《让图像"说话":图像入史的可能性、路径及限度》,《史学理论研究》2021年第3期。

王嘉川、张卉子:《如此疏忽为哪般——钱大昕与前辈学者何焯之间的一段学术公案》,《廊坊师范学院学报》(社会科学版)2021年第1期。

王骏光:《〈涛声回荡:杨国桢先生八十华诞纪念文集〉读后》,《中国史研究动态》2021年第1期。

王康:《融通与创新:2019年中国近代社会史研究检视》,《阜阳师范大学学报》(社会科学版)2020年第6期。

王梅:《略论刘掞藜的史学成就与学术风格》,《史学理论与史学史学刊》2020年第2期。

王晴佳:《为什么论文写作会成为一个问题?》,《抗日战争研究》2020年第4期。

王锐:《"文明主义":宫崎市定的中国观》,《读书》2021年第4期。

王瑞芳:《多轮访谈:口述历史访谈的突出特征》,《史学理论研究》2021年第4期。

王伟光:《立足中国社会形态演变 坚持五种社会形态理论》,《史学理论研究》2021年第4期。

王向远:《"五天竺""国—城—村"概念与中国古代的印度社会研究》,《兰州大学学报》(社会科学版)2020年第6期。

王兴:《20世纪三四十年代中国马克思主义史家历史撰述中的"古史"建构》,《中国史研究》2020年第3期。

王旭东:《信息史学基本特点再阐释》,《中国社会科学评价》2021年第1期。

王云燕:《张之洞与〈廿二史札记〉的经典化——兼论晚清时期史学地位之变》,《学习与实践》2021年第3期。

王桢:《历史的义理之维——程颐历史观念的层次、方法及流布》,《华中师范大学学报》(人文社会科学版)2021年第2期。

王振红：《章学诚"别识心裁"说再议——兼论中西史学比较的本质与目标》，《史学史研究》2021年第2期。

王子今：《政论与史论：秦政治人物关于"史"的对话》，《史学史研究》2020年第4期。

吴航：《论宋明以来集录碑传的史学传统》，《南开学报》（哲学社会科学版）2020年第5期。

吴浩、蔡敏敏：《当代中国史学界对唯物史观的理论认知与思考历程》，《史学理论研究》2020年第5期。

吴娜琳：《在微观与宏观之间——评王笛〈袍哥：1940年代川西乡村的暴力与秩序〉》，《哈尔滨学院学报》2020年第9期。

吴启讷：《族群政治形态的流变与中国历史的近代转型》，《新史学》2020年第2期。

吴琼：《后现代视野下的影像史学——兼论"Historiophoty"在中国史学语境的实践与发展》，《北京联合大学学报》（人文社会科学版）2021年第1期。

吴兆丰：《明代宦官历史教育论析》，《史学史研究》2021年第1期。

吴铮强：《超越现代化焦虑与理学叙述之去蔽——宋史叙述的发展与展望》，《唐宋历史评论》2021年第1期。

武晓兵：《马克思主义史学体制化与"旧史家"治史思想之转变——以〈历史教学〉创刊者为中心》，《历史教学问题》2021年第1期。

西山尚志：《"疑古"与"释古"的前哨战——从白鸟库吉与林泰辅的争论再探"释古"的本质性问题》，《现代哲学》2020年第6期。

夏春涛：《2020年历史理论研究综述》，《史学理论研究》2021年第2期。

夏中义：《论王元化对王国维、陈寅恪的价值认祖——百年中华学统的三个"托命之人"》，《华东师范大学学报》（哲学社会科学版）2020年第6期。

向燕南：《是学科基础也是学科方法：史学史学科地位解析》，《史学理论研究》2020年第5期。

萧冬连：《改革开放史研究需要多学科对话——以解释"中国奇迹"为例》，《中共党史研究》2020年第5期。

谢贵安：《传统史书的近代命运：〈清实录〉整理研究的民国分途》，《杭州师范大学学报》（社会科学版）2021年第1期。

谢贵安：《抗战时期"南明"语境的形成与史学表达》，《史学理论研究》2021年第4期。

谢辉：《叩问思想：研究陈垣的新路向——评〈陈垣史学思想与20世纪中国史学〉》，《淮北师范大学学报》（哲学社会科学版）2021年第4期。

谢辉元：《进化史观与中国马克思主义史学撰述的诞生》，《中国史研究》2020年第3期。

谢辉元：《良史翦伯赞》，《历史评论》2021年第2期。

谢辉元：《十年内战时期平沪马克思主义史学研究群体的学术活动》，《史学史研究》2020年第4期。

谢想云：《郭沫若民众生存论史学思想二题》，《史学月刊》2020年第9期。

徐国利：《郭沫若的文史关系理论及其史学实践与特色》，《安徽大学学报》（哲学社会科学版）2021年第4期。

徐国利：《张荫麟的史学艺术论及其思想来源与特征》，《南开学报》（哲学社会科学版）2021年第1期。

徐良高：《关于史学价值与意义的几点认识》，《南方文物》2020年第6期。

徐义华：《中国古史分期问题析论》，《中国史研究》2020年第3期。

徐莹：《历史学研究的辩证思维和历史学家的现实关怀——读李振宏〈当代史学平议〉》，《中国史研究》2020年第3期。

许殿才：《白寿彝先生关于历史文学的论述》，《史学理论与史学史学刊》2020年第1期。

许洪冲：《"2019年史学理论与史学史国际学术研讨会"综述》，《史学理论与史学史学刊》2020年第1期。

闫志强、孟凡港：《近四十年赵翼史学研究述评》，《江苏科技大学学报》（社会科学版）2020年第3期。

阎静、朱露川、李凯、吴凤霞、廉敏、毛春伟：《深入史学研究 增强理论意识——谈中国古代史学批评史撰述》，《廊坊师范学院学报》（社会科学版）2021年第2期。

杨博：《探索未知 揭示本源——历史学与考古学研究的融合发展》，《中国史研究》2021年第3期。

杨德会：《"〈明英宗实录〉诽谤景帝说"考释——兼论明代史家史权

意识的复苏》,《历史教学问题》2021年第4期。

杨凤城、付吉佐:《新中国马克思主义史学发展历程研究(1949—1966)——基于对〈历史研究〉的考察》,《现代哲学》2020年第6期。

杨国桢、赵红强:《傅衣凌与中国社会史论战》,《学术研究》2021年第4期。

杨华:《"后学"留痕:后现代史学在国内的传播、实践及影响》,《东岳论丛》2021年第1期。

杨建中:《学术复兴需文献先行——抗战口述史刍议》,《中北大学学报》(社会科学版)2020年第6期。

杨念群:《"大一统"与"中国""天下"观比较论纲》,《史学理论研究》2021年第2期。

杨绪敏:《从〈左编〉〈右编〉看唐顺之的历史编纂学》,《史学史研究》2020年第3期。

杨绪敏:《论刘知幾双重人格的形成及表现》,《淮阴师范学院学报》(哲学社会科学版)2021年第1期。

杨艳秋:《马克思主义社会形态理论与中国史学》,《史学集刊》2021年第4期。

姚中秋:《经史传统抑或文史哲传统》,《开放时代》2021年第1期。

叶建:《20世纪三四十年代马克思主义史家的高校任教与学术研究》,《史学集刊》2021年第4期。

叶建:《探寻新中国文化发展的历史逻辑——评〈当代中国文化建设史论(1949—1956)〉》,《廊坊师范学院学报》(社会科学版)2020年第3期。

叶建华:《学必求其心得——从论文批注看仓修良先生对研究生的培养》,《淮阴师范学院学报》(哲学社会科学版)2021年第3期。

叶娟丽:《以词(概念)解史:可能与可为——评〈中国革命语境中的"资本主义":一项概念史考察〉》,《社会科学动态》2021年第4期。

叶坦:《求真务实治史 恪守传承创新——访郭松义先生》,《中国史研究动态》2021年第2期。

尹媛萍:《未来已来:互联网历史学蠡测》,《中国社会科学评价》2021年第1期。

应星:《"以史解经"与中国共产主义文明研究的整全性路径》,《开放时代》2021年第4期。

尤小立：《顾颉刚的"出走"》，《读书》2021年第2期。

尤学工：《清初史家的兴亡论》，《廊坊师范学院学报》（社会科学版）2020年第4期。

游彪：《学术研究历久弥新——访陈智超先生》，《中国史研究动态》2021年第1期。

于化民：《用科学精神与历史对话——学习习近平同志关于历史科学的重要论述》，《史学理论研究》2021年第1期。

于沛：《中国马克思主义史学的文化选择》，《社会科学战线》2021年第1期。

虞和平：《中华民国通史编撰体系的回顾与检讨》，《史学理论研究》2021年第2期。

庾向芳：《近代史学转型视域下的清史学》，《江海学刊》2021年第3期。

袁一丹：《史家的权柄与道义之诤 以"陈门四翰林"为中心》，《中国文化》2021年第1期。

曾祥金：《"二史馆"藏陈寅恪、顾颉刚佚信及相关史料考释》，《关东学刊》2021年第1期。

曾育荣：《从教化到通识：中国史学传统功能的现代转换》，《南开学报》（哲学社会科学版）2021年第1期。

张博、孙兆阳：《廓清历史虚无主义的迷雾》，《史学理论研究》2021年第4期。

张广智：《春意遍于华林——1961年"史学史热"追忆》，《历史评论》2021年第3期。

张海鹏、耿云志、郑师渠、朱英：《唯物史观与近代历史人物的评价》，《史学理论研究》2020年第6期。

张华腾：《北洋军阀史研究百年：历程、特点及展望——以大陆学者的研究为中心》，《河北学刊》2020年第6期。

张辉：《近水楼台：史语所学人群体结构与社会关系（1928—1948）》，《安徽史学》2021年第3期。

张骏：《新时代史学理论与史学史研究的新进展——第23届全国史学理论研讨会综述》，《史学理论研究》2021年第1期。

张士民：《中国史学思想和历史书写特点刍议》，《学术界》2021年第8期。

张小敏：《中国海洋史研究的发展及趋势》，《史学月刊》2021 年第 6 期。

张旭鹏、王向阳：《自我、理论与世界——张旭鹏教授访谈录》，《历史教学》（下半月刊）2020 年第 10 期。

张勇安、乔晶花：《荆棘载途：书写多维历史的尝试——张勇安教授访谈录》，《历史教学》（下半月刊）2020 年第 11 期。

张越：《民国史家对唯物史观和马克思主义史学的评论和认识》，《史学集刊》2021 年第 4 期。

张越：《近 40 年来中国古史分期问题研究述论》，《思想战线》2021 年第 4 期。

张昭军：《钱穆经世史学的学术理路——以〈国史大纲〉为中心的讨论》，《北京师范大学学报》（社会科学版）2021 年第 2 期。

赵梅春：《民族主义史学思潮下的中国通史撰述》，《廊坊师范学院学报》（社会科学版）2020 年第 4 期。

赵骞：《论白寿彝先生的学术自信观》，《回族研究》2021 年第 1 期。

赵庆云：《"十七年"共和国史研究的起步与初创——以近代史所为中心的考察》，《历史教学问题》2021 年第 1 期。

赵庆云：《"我们党对自己国家几千年历史有了发言权"——范文澜的中国通史编纂事业》，《历史评论》2021 年第 1 期。

赵庆云：《马克思主义史学史视域下的概念研究》，《史学集刊》2021 年第 4 期。

赵少峰：《京师同文馆与西方历史图书编译出版》，《聊城大学学报》（社会科学版）2020 年第 6 期。

赵四方：《惠栋的史学思想及经史研究关系论析》，《中国典籍与文化》2021 年第 2 期。

郑立柱：《从传统史学到多学科融合：晋察冀抗日根据地史研究的回顾与反思》，《社会科学辑刊》2021 年第 3 期。

郑师渠：《中华民族实现由自在转向自觉的鲜明标志——论李大钊的〈新中华民族主义〉》，《史学史研究》2020 年第 4 期。

郑素燕：《试论姚鼐的史学思想》，《史学史研究》2020 年第 3 期。

郑素燕：《薛福成史学思想初探》，《安庆师范大学学报》（社会科学版）2020 年第 5 期。

郑振满：《民间历史文献与经史传统》，《开放时代》2021 年第 1 期。

仲伟民：《论文写作中的学术伦理问题》，《抗日战争研究》2020年第4期。

周丹丹、李若晖：《寓封建于郡县：论费孝通"双轨政治"的历史真实》，《史学月刊》2021年第4期。

周国林：《唯物史观对张舜徽史学研究的深刻影响》，《华中师范大学学报》（人文社会科学版）2021年第4期。

周国林：《张舜徽先生早年治学历程及其启示》，《武汉文史资料》2020年第10期。

周积明：《智者光芒 通博气象——冯天瑜的文化史研究之旅》，《武汉大学学报》（哲学社会科学版）2021年第2期。

周励恒：《太炎文学院的创办及终结》，《史学理论与史学史学刊》2020年第2期。

周励恒：《一位中国共产党创始人的史学观——"文化经典与中国共产党"之二》，《博览群书》2021年第2期。

周少川：《白寿彝先生对古籍整理事业与历史文献学科建设的贡献》，《史学史研究》2020年第4期。

周文玖：《白寿彝先生对中国通史理论的构建——从〈中国历史上的十二个方面346个问题〉到〈中国通史·导论卷〉》，《史学史研究》2020年第4期。

周文玖：《学问道德两纯粹——读乔治忠编〈杨翼骧文集〉》，《史学理论与史学史学刊》2020年第1期。

周文玖：《郑天挺与中国现代史学》，《南开学报》（哲学社会科学版）2020年第5期。

朱洪斌：《走向历史的记忆——新世纪以来中国历史学的一个新趋向》，《思想战线》2021年第4期。

朱佳木：《再谈国史分期问题》，《当代中国史研究》2021年第2期。

朱露川：《〈汉纪〉叙事特点与撰述旨趣的再认识》，《史学理论与史学史学刊》2020年第2期。

朱露川：《从类叙法到类叙法之论——关于中国古代史书叙事一项方法论的考察》，《人文杂志》2020年第10期。

朱露川：《近现代史家叙事的新进境》，《文史知识》2020年第12期。

朱露川：《论中国古代史学话语体系中的"叙事"》，《四川师范大学学报》（社会科学版）2020年第5期。

卓立、杨晶：《傅斯年史学思想的曲解与辨正——以〈旨趣〉为中心的观念史新解》，《史学月刊》2020年第10期。

邹兆辰：《"老派学人"戚国淦先生的治学风范》，《首都师范大学学报》（社会科学版）2021年第4期。

邹兆辰：《一位马克思主义史学家的学术追求——林甘泉先生治史的基本特点》，《淮阴师范学院学报》（哲学社会科学版）2021年第4期。

（二）史学理论与西方史学史论文要目

艾仁贵：《"耶路撒冷学派"与犹太民族主义史学的构建》，《世界历史》2020年第6期。

安凤仙：《狄奥尼修斯对罗马人希腊起源的构建》，《史林》2021年第2期。

贝尔巴·贝弗纳奇、陈慧本：《时间、在场与历史非正义》，《史学月刊》2020年第11期。

蔡梦竹：《美国史学界关于美国革命历史记忆的研究》，《世界历史》2021年第4期。

曹小文：《全球史研究：对民族—国家话语的反思与构建》，《史学理论研究》2021年第4期。

陈安民：《西方史学批评的传统、方法与启示——基于"西方史学，中国眼光"的解读》，《史学理论与史学史学刊》2020年第2期。

陈磊：《博雅与专业的妥协：19世纪牛津大学历史学科的建立》，《世界历史》2021年第4期。

陈新：《史学理论的性质、对象、价值与方法》，《史学月刊》2021年第1期。

成思佳：《越南古代史家对本国古史的书写和构建初探》，《史学理论研究》2021年第1期。

翟书宁：《海洋与帝国——首都师范大学暨华东师范大学全球史联谊工作坊综述》，《全球史评论》2020年第2期。

翟书宁：《评乔吉奥·列略〈棉的全球史〉》，《全球史评论》2020年第2期。

董立河：《当代西方史学理论的人文反思评析》，《中国社会科学》2020年第11期。

段光鹏：《马克思世界历史思想视野中的"百年未有之大变局"》，

《湖南社会科学》2021年第1期。

范莉莉：《西方史学界对E.P.汤普森工人阶级史观的研究述评》，《侨园》2020年第12期。

冈本充弘、贾凌雁：《民族国家史与全球史：以日本的历史学为例的思考》，《全球史评论》2020年第2期。

顾晓伟：《"史学原理"：一部未完成的大书》，《史学理论研究》2020年第6期。

顾晓伟：《从媒介技术角度重新理解西方历史书写的秩序》，《中国社会科学评价》2021年第1期。

郭丹：《谢·米·索洛维约夫与19世纪下半叶俄国史学的特征》，《北方论丛》2021年第4期。

郭涛：《文本与历史的对话：希罗多德〈历史〉的海伦叙事》，《历史研究》2020年第6期。

郭涛：《希罗多德与雅典"史前史"的书写》，《世界历史》2021年第4期。

哈根·舒尔茨-福贝里、李娟：《全球史的空间和时间层次——通过将莱因哈特·科泽勒克的"时间层次"拓展到全球空间反思全球概念史》，《史学月刊》2020年第11期。

黑尔格·约德海姆、张涛：《导论：多重时间与共时化的工作》，《史学月刊》2020年第11期。

胡昌智：《论兰克的史学思想》，《学术研究》2021年第8期。

黄肖昱：《世界眼光与中国特色：作为历史学家的端木正》，《史学理论研究》2020年第5期。

黄艳红：《贝尔纳·葛内的中世纪史学研究述略》，《世界历史评论》2021年第1期。

黄艳红：《历史性的体制和当下主义：弗朗索瓦·阿赫多戈的历史时间研究述评》，《安徽史学》2021年第2期。

姜启舟：《威廉·乔治·霍斯金斯与英国新社会史的兴起》，《史林》2020年第6期。

金嵌雯：《西方史学思想中的历史想象观念探析》，《史学月刊》2021年第6期。

卡洛·金兹堡、李汉松、沈奕楠：《微观史与思想史——对话卡洛·金兹堡》，《世界历史评论》2021年第1期。

康昊：《全球史在日本的兴起、实践及其特点》，《史学理论研究》2021年第2期。

孔妍：《埃及编年史家杰巴尔提及其史学"三部曲"》，《北方论丛》2021年第2期。

李宏图：《"下笔须论两百年"——王养冲先生的学术遗产》，《华东师范大学学报》（哲学社会科学版）2020年第5期。

李宏伟：《记忆、历史与遗忘：雅典大赦与吕西阿斯的修辞策略》，《世界历史》2021年第4期。

李剑鸣：《从跨国史视野重新审视美国革命》，《史学月刊》2021年第3期。

李娜：《评马克·霍尼斯鲍姆〈人类大瘟疫：一个世纪以来的全球性流行病〉》，《全球史评论》2020年第2期。

李任之：《反"科学理性"的潮流："历史感"与以赛亚·柏林的思想史写作（1930—1970）》，《史学月刊》2021年第7期。

李腾：《中世纪研究在美国的建立及其早期风格》，《史学史研究》2021年第1期。

李万春：《公元9至12世纪伊斯兰史学发展中的"地方意识"——以〈布哈拉史〉为例》，《世界宗教文化》2021年第2期。

李文明：《20世纪日本学界的"古代虾夷族群"论争》，《世界历史》2021年第4期。

李晔梦：《美国区域研究的发展趋势》，《史学月刊》2021年第5期。

李友东：《20世纪以来世界历史分期问题探讨》，《社会科学战线》2021年第7期。

梁道远：《阿拉伯编年史家伊本·艾西尔及其所处的时代》，《北方论丛》2021年第2期。

林漫：《男性史：当代美国性别史的新视角》，《史学月刊》2021年第5期。

刘贝贝：《评娜塔莉·泽蒙·戴维斯〈行者诡道：一个16世纪文人的双重世界〉》，《全球史评论》2020年第2期。

刘丹、赖正维：《伊波普猷"日琉同祖论"的形成与转变探析》，《外国问题研究》2021年第1期。

刘嘉仁、商嘉琪：《文明的统一性与多样性——"中西文明比较研究学术研讨会"综述》，《史学史研究》2021年第2期。

刘军：《洛布本〈地理志〉残篇55b的史源学考察》，《史学史研究》2021年第2期。

刘林海：《刘家和先生学术研究的实践、特点及品格》，《学术研究》2021年第1期。

刘爽：《米罗诺夫〈帝俄时代生活史〉及相关史学思想评析》，《史学理论研究》2020年第5期。

刘祥：《近年来史学界对跨国史的批评与反思》，《全球史评论》2021年第1期。

刘寅：《彼得·布朗与他的古代晚期研究》，《史学史研究》2021年第2期。

刘颖洁：《从哈布瓦赫到诺拉：历史书写中的集体记忆》，《史学月刊》2021年第3期。

吕厚量：《泰西阿斯〈波斯志〉的"东方主义"及其历史渊源》，《史学史研究》2020年第3期。

梅华龙：《希伯来经典文献对世界帝国话语体系的重构与借鉴》，《世界历史》2021年第3期。

梅雪芹：《以景观为媒——英国史学家威廉·霍斯金斯的乡土情怀及公众史学实践探析》，《史学理论研究》2020年第6期。

莫凡：《赫洛迪安对元首品行的述评——以〈帝国史〉为考察对象》，《史学理论与史学史学刊》2020年第2期。

莫磊：《二战前后英国左翼知识分子与1930年代的历史书写》，《史学史研究》2021年第2期。

倪凯：《戈登·柴尔德的历史观》，《史学月刊》2020年第12期。

皮耶特·弗朗索瓦、J. G. 曼宁、哈维·怀特豪斯、罗布·布伦南、托马斯·柯里、凯文·费尼、彼得·特钦、闵超：《全球史的宏观显微镜：Seshat全球史数据库的方法论梳理》，《全球史评论》2020年第2期。

冉博文、董立河：《2019年西方史学理论研究年度盘点——以〈历史与理论〉〈重思历史〉和〈历史哲学杂志〉为中心》，《史学理论与史学史学刊》2020年第2期。

沈培建：《〈君主与大臣〉：西方法治视野中的清朝军机处——兼论"冲击—回应"说及学术与国际"接轨"》，《史学理论研究》2020年第5期。

施华辉：《历史是政治才能的学校——约翰·西利的史学观及其政治

意涵》,《英国研究》2020年第2期。

施华辉:《再思19世纪的历史学家——评刘志来〈麦考莱史学思想研究〉》,《学术评论》2020年第6期。

施晓静:《波里比阿著史的立场二重性问题》,《古代文明》,2021年第2期。

孙立新:《"人类命运共同体"的世界历史诠释》,《史学理论与史学史学刊》2020年第2期。

孙立新、石非凡:《美国当代史学家莫泽的纳粹研究探析》,《史学史研究》2021年第2期。

孙中华:《彼得·布朗对基督教化问题的新认识》,《史学史研究》2021年第1期。

汪丽红:《〈双城史〉和弗赖辛主教奥托的历史哲学》,《史学理论研究》2020年第5期。

汪荣祖:《我读布罗代尔》,《历史教学问题》2021年第3期。

汪荣祖:《西方马克思主义史学的过去、现在与未来》,《文史哲》2021年第1期。

王栋、殷晴飞:《从冷战国际史到冷战全球史:国内冷战史研究范式的多样化趋势》,《华东师范大学学报》(哲学社会科学版) 2021年第3期。

王加丰:《浪漫主义运动与浪漫主义史学》,《历史教学》(下半月刊) 2020年第12期。

王加丰:《年鉴学派的总体史理论及其实践》,《华东师范大学学报(哲学社会科学版)》2020年第5期。

王立新:《国家史观视域下新印度史学的叙事建构:从雅利安文明到莫卧儿帝国》,《世界历史》2021年第2期。

王利红:《论克罗齐"哲学是历史学的方法论"》,《历史教学问题》2020年第6期。

王萌:《村冈典嗣的日本思想史学理论方法与历史认识》,《史学史研究》2020年第4期。

王燕:《试论兰普莱希特在中美史学界的回响》,《历史教学问题》2020年第6期。

王子奇:《克里斯多夫·戈沙的越南史研究叙论》,《史学理论研究》2021年第1期。

吴呈苓:《从组合到融合:"世界史"在日本的存在与构建方式》,

《全球史评论》2020年第2期。

吴宏政、徐中慧:《马克思"世界历史"概念的三重内涵》,《江苏社会科学》2021年第3期。

吴彦:《沙特阿拉伯历史上的部落与国家》,《史学月刊》2021年第5期。

武晓阳:《近五年来我国的世界上古中世纪史研究》,《史学理论与史学史学刊》2020年第1期。

熊宸:《19世纪罗马"帝国主义"问题在西方学术界的缘起与发展》,《世界历史》2021年第2期。

徐善伟:《当代西方全球通史编纂的成就与困境》,《史学理论研究》2020年第5期。

徐松岩:《修昔底德选用史料方法刍议》,《史学集刊》2021年第1期。

晏绍祥:《70年来中国的世界上古史研究》,《古代文明》2020年第4期。

姚汉昌:《论柯林武德"科学的历史学"》,《史学史研究》2020年第4期。

姚汉昌:《全球史学史研究入门——评丹尼尔·沃尔夫〈简明史学史〉》,《史学理论研究》2021年第3期。

尹灿:《微观史视角下全球史学术内涵的拓展》,《重庆科技学院学报》(社会科学版)2021年第3期。

于明波:《战后英国有色人种移民问题研究述评》,《史学月刊》2021年第3期。

于沛:《李大钊的世界历史观》,《世界历史》2021年第3期。

虞云国:《摹绘中外史学交流的壮阔图景——评张广智〈近代以来中外史学交流史〉》,《世界历史评论》2021年第2期。

张博:《近20年来西方环境史视域下动物研究的发展动向》,《世界历史》2020年第6期。

张弛:《孟德斯鸠商业思想语境辨析》,《史学月刊》2021年第8期。

张弛、成沅一:《书籍史和启蒙运动研究的往昔与未来——美国文化史学家罗伯特·达恩顿访谈录》,《史学理论研究》2021年第1期。

张耕华:《论历史叙事的"关联性"——以史学案例来复核曼德尔鲍姆的一个观点》,《武汉科技大学学报》(社会科学版)2021年第3期。

张文涛:《全球史的兴起与当代中国全球史学科建设》,《甘肃社会科学》2021年第4期。

张小敏:《卡洛·金兹伯格的小人物研究》,《史学理论研究》2021年第2期。

赵北平:《论李维的史学致用思想》,《史学史研究》2020年第3期。

赵薇:《〈文明论概略〉与东洋史学的文明论思维》,《哈尔滨工业大学学报》(社会科学版)2021年第4期。

郑鹏:《论比德的神迹书写》,《学术研究》2021年第6期。

周芬、张顺洪:《帝国和帝国主义概念辨析》,《史学理论研究》2021年第2期。

周小兰:《从社会史到情感史——法国历史学家阿兰·科尔班的学术之路》,《史学理论研究》2021年第3期。

周雨霏:《兰克史学在日本的传播与接受》,《学术研究》2021年第8期。

朱孝远:《如何在世界文明史范式研究中突显中国特色》,《中国大学教学》2021年第6期。

邹兆辰:《从耿淡如到张广智——西方史学史学科建设的代际传承》,《史学理论与史学史学刊》2020年第1期。

二 著作要目

[英]彼得·伯克:《什么是文化史》,蔡玉辉译,北京大学出版社,2020。

曹金成:《史事与史源:〈通鉴续编〉中的蒙元王朝》,社会科学文献出版社,2020。

陈其泰:《从文化视角研究史学》(增订本),华东师范大学出版社,2021。

[日]渡边信一郎:《中国古代的王权与天下秩序》(增订本),徐冲译,上海人民出版社,2021。

段润秀:《文化认同视角下的清代〈明史〉修纂研究》,人民出版社,2020。

方维规:《历史的概念向量》,三联书店,2021。

[德]格奥尔格·G.伊格尔斯:《二十世纪的历史学:从科学的客观

性到后现代的挑战》，何兆武译，商务印书馆，2020。

〔美〕韩瑞：《图像的来世：关于"病夫"刻板印象的中西传译》，栾志超译，三联书店，2020。

黄进兴：《历史的转向：现代史学的破与立》，香港中文大学出版社，2021。

黄克武：《反思现代：近代中国历史书写的重构》，四川人民出版社，2020。

姜萌：《从"新史学"到"新汉学"——清末民初文史之学发展历程研究》，人民出版社，2020。

焦培民：《历史理论与学术规范：构建中华文明史观的哲学思考》，社会科学文献出版社，2020。

〔英〕杰弗里·丘比特：《历史与记忆》，王晨凤译，译林出版社，2021。

〔美〕柯文：《与历史对话：二十世纪中国对越王勾践的叙述》，董铁柱译，中华书局（香港）有限公司，2021。

李孝迁、胡昌智：《史学旅行——兰克遗产与中国近代史学》，上海人民出版社，2021。

梁民愫：《英国学派与历史学家：霍布斯鲍姆的马克思主义史学》，社会科学文献出版社，2021。

〔美〕林·亨特：《历史学为什么重要》，李果译，北京大学出版社，2020。

〔美〕林恩·亨特：《史学的时间之维》，熊月剑译，北京师范大学出版社，2020。

刘龙心：《知识生产与传播：近代中国史学的转型》，三联书店，2021。

罗志田：《斯文关天意：近代新旧之间的士人与学人》，三联书店，2020。

罗志田：《昨天的与世界的：从文化到学术》，北京师范大学出版社，2021。

〔加〕玛格丽特·麦克米伦：《历史的运用与滥用》，孙唯瀚译，广西师范大学出版社，2021。

聂溦萌：《中古官修史体制的运作与演进》，上海古籍出版社，2021。

乔治忠：《中国史学史》（第2版），中国人民大学出版社，2021。

瞿林东：《中国历史文化散论》（增订本），华东师范大学出版社，2021。

瞿林东主编《中国古代史学批评史》（七卷本），湖南人民出版社，2020。

桑兵：《历史研究的碎与通》，广东高等教育出版社，2020。

桑兵：《晚清民国的学人与学术》，四川人民出版社，2020。

施厚羽：《巾帼入戎事：晋唐之间的战争与性别》，稻乡出版社，2020。

孙卫国：《"再造藩邦"之师：万历抗倭援朝明军将士群体研究》，社会科学文献出版社，2021。

孙卫国：《王世贞史学研究》（修订版），四川人民出版社，2021。

孙文阁：《柳诒徵史学研究》，中国社会科学出版社，2021。

孙颖涛：《宋代义理化史学之演进及挑战》，浙江大学出版社，2021。

孙宇凡：《历史社会学的逻辑：双学科视角下的理论探索》，四川人民出版社，2021。

汤勤福：《华发集》，上海三联书店，2020。

汪荣祖：《清帝国性质的再商榷——回应"新清史"》，中华书局，2020。

汪受宽主编《中国少数民族史学史》，华夏出版社，2020。

王明珂：《毒药猫理论：恐惧与暴力的社会根源》，允晨文化，2021。

吴泽：《吴泽先生纪念集》，上海古籍出版社，2020。

夏春涛：《触摸历史》，浙江古籍出版社，2020。

徐冲：《观书辨音：历史书写与魏晋精英的政治文化》，北京大学出版社，2020。

徐国利：《钱穆学术思想研究论集》，上海财经大学出版社，2020。

杨念群：《昨日之我与今日之我：当代史学的反思与阐释》（2020再版），四川人民出版社，2020。

袁英光：《袁英光史学论集》，上海古籍出版社，2020。

张广智：《近代以来中外史学交流史》，复旦大学出版社，2020。

赵轶峰：《在亚洲思考历史学》，中华书局（香港）有限公司，2021。

郑天挺著、常建华等整理《郑天挺清史讲义》，中华书局，2021。

周少川、史丽君：《陈垣史学思想与20世纪中国史学》，人民出版社，2020。

《史学理论与史学史学刊》稿约

　　《史学理论与史学史学刊》为教育部普通高等学校人文社会科学重点研究基地北京师范大学史学理论与史学史研究中心主办的研究论集,是国内外史学理论与史学史工作者发表研究成果的阵地,欢迎中外专家、学者惠赐稿件。

　　1. 本刊设有历史理论与史学理论、中国古代史学、中国近现代史学、外国史学、中外史学比较、史学批评、图书评论等栏目。

　　2. 来稿一般应在1.5万字以内,重大选题可适当放宽至2万字。稿件使用A4型纸张打印,并请将稿件的电子版通过电子邮件发给我们。限于经费原因,恕不退稿,作者如果在3个月内未接到刊用通知,可自行处理稿件。

　　3. 本刊实行匿名评审,请作者不要在来稿上署名,另纸附上作者姓名、性别、出生年月、职称、工作单位、通信地址、邮政编码、联系电话、电子信箱等相关信息。来稿避免使用有可能透露作者个人信息的表述,诸如参见拙文、拙作等。

　　4. 来稿应遵守学术规范,尊重前人研究成果。禁止剽窃、抄袭与一稿两投行为，凡发现有此类行为者，5 年内不受理该作者的任何稿件。

5. 来稿请寄：北京市新街口外大街 19 号北京师范大学史学理论与史学史研究中心《史学理论与史学史学刊》编辑部。

  邮编：100875

  电子信箱：history1101@163.com

《史学理论与史学史学刊》编辑部

《史学理论与史学史学刊》匿名审稿实施办法

为保证本论集用稿的学术质量,进一步提高刊物的学术层次,给广大读者奉献高水平的研究成果,我们实行稿件匿名评审制度。具体实施办法如下。

1. 来稿请勿在稿件中出现署名和与作者有关的背景材料,作者简介请另附在一张纸上,内容包括姓名、性别、出生年月、工作单位、职称、通信地址、邮政编码、联系电话、电子信箱等。来稿避免使用有可能透露作者个人信息的表述,诸如参见拙文、拙作等。

2. 来稿请直接寄往或送达编辑部,勿寄个人或托人转交,以免造成延误。

3. 本编辑部收到稿件后,由编辑人员登记,然后将原稿匿名送交有关专家审阅,就稿件的写作质量和学术水平做出评定,提出初审意见。

4. 编委会根据专家初审意见,对来稿学术质量进行进一步讨论,就稿件是否具有新观点和学术价值诸问题形成一致意见。

5. 责任编辑根据上述意见初步提出是否采用的建议,初步决定采用的稿件送交主编,最后由主编终审,决定是否刊登。

《史学理论与史学史学刊》编辑部

图书在版编目（CIP）数据

史学理论与史学史学刊.2021年.下卷：总第25卷／杨共乐主编.－－北京：社会科学文献出版社，2022.1
 ISBN 978-7-5201-9857-8

Ⅰ.①史… Ⅱ.①杨… Ⅲ.①史学理论-文集②史学史-文集 Ⅳ.①K0-53

中国版本图书馆CIP数据核字（2022）第039160号

史学理论与史学史学刊 2021年下卷（总第25卷）

主　　编／杨共乐

出 版 人／王利民
责任编辑／罗卫平
责任印制／王京美

出　　版／社会科学文献出版社·人文分社（010）59367215
　　　　　地址：北京市北三环中路甲29号院华龙大厦　邮编：100029
　　　　　网址：www.ssap.com.cn
发　　行／社会科学文献出版社（010）59367028
印　　装／三河市东方印刷有限公司

规　　格／开本：787mm×1092mm　1/16
　　　　　印　张：24.75　字　数：415千字
版　　次／2022年1月第1版　2022年1月第1次印刷
书　　号／ISBN 978-7-5201-9857-8
定　　价／128.00元

读者服务电话：4008918866

版权所有 翻印必究